Charles Babbage
Die Ökonomie der Maschine

Charles Babbage

(26.12.1791-20.10.1871)

zeitgenössische Xylographie

Charles Babbage

Die Ökonomie der Maschine

Mit einem Vorwort von Peter Brödner

Erweiterte und redigierte Fassung auf Grundlage der Übersetzung
von G. Friedenberg aus dem Jahr 1833

Kulturverlag Kadmos Berlin

Die englische Originalausgabe »The economy of machinery and manufactures«
erschien 1832 (²1832, ³1832, ⁴1835, Nachdrucke 1841 und 1846)

Erweiterte und redigierte Fassung auf Grundlage der Übersetzung
von G. Friedenberg aus dem Jahr 1833

Die Deutsche Bibliothek – CIP-Einheitsaufnahme

Babbage, Charles:
Die Ökonomie der Maschine / Charles Babbage. Mit einem Vor-
wort von Peter Brödner. - Erw. und redigierte Fassung auf Grund-
lage der Übers. von G. Friedenberg aus dem Jahr 1833.- Kulturverl.
Kadmos Berlin, 1999
Einheitssacht.: The economy of machinery and manufactures <dt.>
ISBN 3-931659-11-9

Copyright © für diese Ausgabe 1999, Kulturverlag Kadmos Berlin.
Alle Rechte vorbehalten
Umschlaggestaltung: Readymade, Berlin
Gestaltung und Satz: Readymade, Berlin
Druck: Fuldaer Verlagsanstalt, Fulda
Printed in Germany
ISBN 3-931659-11-9

Inhalt

Die Ökonomie der Maschine

Erster Abschnitt
Über die Mechanischen Prinzipien

§ 1. England hauptsächlich ein Fabrikenland – § 2. Seine Fabrikate sind in der ganzen Welt verbreitet – § 3. Prozentuales Verhältnis der ackerbauenden Bevölkerung in verschiedenen Ländern: langsame Zunahme derselben in England – § 4. Ursachen der Vorteile, welche die Maschinen bringen – § 5. *Erweiterung menschlicher Kraft*; Experiment über die anzuwendende Kraft bei der Fortbewegung eines Steinblocks – § 6. Zeitersparnis; Schießpulver – § 7. Sprachröhren – § 8. Der Diamant zum Glasschneiden; dessen Härte. – § 9. *Benutzung von Stoffen geringen Wertes*; Goldschlägerhaut; Abfall von Horn; alte Zinn- und Eisenwaren – § 10. *Werkzeuge* – § 11. Anordnung der Nadeln – § 12. Den Spitzen der Nadeln gleiche Richtung zu geben – § 13. Substitut für Hände, beim Verfertigen von Nadeln. Nägelfabrikation in Berlin – § 14. Maschinen zur Verfertigung von Schuhen; Schiebefensterschnüre. – § 15. *Einteilung nach den durch Maschinen zu erreichenden Zwecken*; Krafterzeugung; Kraftübertragung; Kraftausübung; allgemeine Grundsätze – § 16. Wind; Wasser – § 17. Dampf; nicht erzeugte Kraft – § 18. Zeitersparnis bei verschiedenen Methoden, eine Baumwurzel zu zerspalten – § 19. Chinesische Art, die Baumwolle zu transportieren, verglichen mit der europäischen

ZWÖLFTES KAPITEL
Methoden, wie man Fabriken beobachten soll 93

Zweiter Abschnitt
Über den inneren Betrieb des Fabrikwesens und dessen Verhältnis zum Staatshaushalt überhaupt

DREIZEHNTES KAPITEL
Unterschied zwischen Handarbeit und Fabrikation 99

Charles Babbage – Ein Vordenker der Moderne

Vorwort von Peter Brödner

Achtzehnhundertvierunddreißig, im Jahr des *Hessischen Landboten*,
konzipierte Charles Babbage, Zwangsneurotiker, Fellow
der Royal Society, Begründer der Operatorenrechnung, die Lochkarte.

Die Herstellung einer Stecknadel teilte er in sieben Einzelvorgänge auf:
Ziehen Ausrichten Spitzen Drehen Mit einem Kopf versehen Verzinnen und Packen,
und den Lohnaufwand errechnete er bis auf einen Millionstel Penny genau.
Mehrere Steinwürfe weit vom Kamin des Herrn Babbage entfernt saß ein Kommunist
im British Museum, prüfte die Rechnung nach und befand sie für richtig.
Es war ein nebliger Abend. Aus den Mahl- und Speicherwerken der Industrie
drang ein leises, unaufhörliches Knirschen.

Die großen unvollendeten Werke: *Das Kapital* und die Analysis-Maschine.
Vierzig viktorianische Jahre. Der erste Digitalrechner,
ohne Vakuumröhre, ohne Transistor. Fünf Tonnen schwer,
so groß wie ein Zimmer, ein Räderwerk aus Messing,
Hartzinn und Stahl, angetrieben von Federn und von Gewichten,
jeder Rechnung fähig, imstande, Schach zu spielen,
Sonaten zu komponieren, mehr als das: *jeden Prozeß zu simulieren,
der die Beziehungen zwischen beliebig vielen Elementen verändert.*

Hans Magnus Enzensberger, Mausoleum

Es gibt wohl keinen anderen Text wie diese den »Balladen aus der Geschichte des Fortschritts« entnommenen Zeilen, der mit so wenigen Worten die Umstände heraufzubeschwören vermöchte, in denen sich das Leben von Charles Babbage (1791-1871) abspielte – mit unübersehbaren Folgen bis in unsere Tage. Kaum ein anderer Zeitgenosse hat wie dieser pedantisch-scharfsinnige und zugleich umtriebige, vielseitig interessierte und sich überall einmischende Egomane den Prozeß der Industrialisierung in seinen fortschrittlichsten Bereichen zum einen so kühn und zukunftsweisend umrissen, zum anderen auch ganz praktisch gestaltet. Mit seinen konzeptionellen Arbeiten an automatischen, programmgesteuerten Rechenmaschinen griff er, wie sich zeigen sollte, seiner Zeit weit voraus, mit seinen übrigen Arbeiten gewann er eher praktischen Einfluß auf die Entwicklung der Industriegesellschaft.

Es erscheint daher sehr verlockend, einige genauere Blicke auf Werk und Einfluß dieses »Philosophen, Mathematikers und Computerpioniers« (Hyman) zu werfen, als der er heute gesehen wird. Es ist, nebenbei bemerkt, ein ihn kennzeichnendes Faktum, daß er selbst am Ende seines Lebens nicht ohne selbstgerechten Unterton die eigenen »Beiträge zum menschlichen Wissen« akribisch aufzulisten sich anschickte. Viele seiner technischen Erfindungen, gedanklichen Modelle und organisatorischen Konzepte, die von der wohl ersten Schnittkraftgleichung der spanenden Metallbearbeitung bis zu Zeiterfassungsgeräten, vom Konzept der Einheitspostgebühr und dessen Überlegenheitsnachweis bis zu Einkommenssteuermodellen, von mathematischen Verschlüsselungsverfahren bis zu Ingenieurleistungen als Berater der Eisenbahnen reichen, sind heute von hauptsächlich historischem Interesse. Aus der Fülle diversester Hinterlassenschaften ragen nun aber ganz außerordentliche Leistungen von bleibendem Wert heraus, denen bis heute nachhaltige Wirkungen zuzuschreiben sind. Sie sind nicht nur mit der heroischen, vom Fortschrittsglauben beflügelten Frühphase der Industrialisierung engstens verbunden, sondern stehen auch in innerem Zusammenhang zueinander. Sie gehören damit zum Wesenskern dessen, was Industrialisierung ausmacht, und sie zu verstehen hilft, den Prozeß der Industrialisierung und das Werden der Moderne auf den Begriff zu bringen. Dem sind die nachstehenden Betrachtungen gewidmet.

Als Mathematiker führte Babbage die vor allem in Deutschland und Frankreich entwickelte fortschrittlichere Mathematik des Kontinents nach England ein. Namentlich die auf Leibniz zurückgehende und von Cauchy 1821 begrifflich wie beweistechnisch zur Vollendung gebrachte, wesentlich sachgerechtere und einfacher zu handhabende Schreibweise des Differentialkalküls der Analysis erwies sich den weit weniger handlichen Bezeichnungen der Newtonschen »Fluxionsrechnung« überlegen, an denen in England noch immer festgehalten wurde. Zusammen mit seinen Mitstreitern John Herschel und George Peacock gründete er zu diesem Zweck die »Analytical Society«, deren wirksame Reformbemühungen bald Erfolge zu verzeichnen hatten.

Daneben entwickelte er mit der Berechnung umfangreicher Sterblichkeitstabellen die statistischen Grundlagen für Lebensversicherungen. In seiner Schrift »Vergleichende Darstellung der verschiedenen Lebens-Assekuranz-Gesellschaften« (original: London 1826, deutsch: Weimar 1827), wo diese Tabellen erstmals veröffentlicht wurden, gibt er sich auch zugleich als streitbarer Wissenschaftspolitiker und stellt die »schändlichen Praktiken« der Branche bloß. Die rasche Übersetzung ins Deutsche verdeutlicht das verbreitete Interesse; unter anderem die »Große Lebensversicherungs-Gesellschaft zu Gotha« machte das Werk zum »Fundament« ihrer Geschäftätigkeit (und übersandte ihm fortan, wie er mit Genugtuung vermerkte, »in jedem Jahr seit diesem Ereignis ein Exemplar des Jahresberichts dieser Gesellschaft« (Passagen, 327).

Im Jahr 1828 wurde er nach mehreren Fehlschlägen an anderen Universitäten auf die Lucasian-Professur in Cambridge berufen, ein traditionsreicher Lehrstuhl, den schon Newton innegehabt hatte. Neben seinen Bemühungen um die Modernisierung der damals eher rückständigen englischen Mathematik richtete sich sein Hauptinteresse seit längerem schon auf die fehlerarme Berechnung mathematischer Tafeln. Derartige Tafelwerke (wie Logarithmentafeln, Funktionstafeln, astronomische Tafeln, nautische Almanache) hatten damals – und, nebenbei bemerkt, noch bis in die sechziger Jahre unseres Jahrhunderts – eminent große Bedeutung für die Bewältigung praktischer Berechnungsaufgaben in der Mechanik, im Bauingenieurwesen, in der Navigation, im Banken- und Versicherungswesen oder bei der Artillerie. Sie bildeten den Wissenskern praktischer Mathematik, ohne die die physikalisch-technisch fundierten Errungenschaften der Industriegesellschaft nicht zu denken sind. So war Babbage unter anderem auch an einer Überarbeitung des britischen »Nautischen Almanachs« beteiligt. Ein ständiges Ärgernis dieser Tafeln war nun deren große (aber im einzelnen unbekannte) Fehlerhaftigkeit. Als ihm Herschel eines Tages gerade neu berechnete astronomische Tafeln auf den Tisch legte und er darin – als intimer Kenner der Materie – auf Anhieb Fehler entdeckte, die sich bei genauerer Suche rasch vermehrten, soll er ausgerufen haben: »Ich wünschte bei Gott, daß diese Berechnungen mit Hilfe einer Dampfmaschine ausgeführt worden wären!«

Damit hatte er unverhofft – noch vage und metaphorisch zwar, aber doch kraftvoll, gewissermaßen aus dem Bauch – das große Hauptthema seines Lebens artikuliert: beliebige mathematische Funktionen maschinell (und damit weitgehend fehlerfrei) zu berechnen. War der Anlaß zur Konzeption einer solchen kalkulierenden Maschine zunächst eher profan, nämlich die häufigen Fehler bei der Berechnung mathematischer Tafeln nach Möglichkeit auszumerzen, so implizierte die Idee dieser Maschine, wie sich zeigen sollte, weit mehr: letztlich jeden durch mathematische Funktionen abbildbaren Prozeß simulieren zu können. Und das war gewiß nicht eben wenig, war doch der Prozeß der Industrialisierung begleitet und vielfältig verzahnt mit einem beispiellosen Aufschwung von Naturwissenschaft und Technik, in dessen Verlauf es mehr und mehr gelang, auch komplizierte Sachverhalte und Vorgänge mathematisch zu beschreiben oder zu modellieren (wie wir heute sagen).

Doch bevor es dahin kommen konnte, hatte Babbage erst noch wesentliche methodische Voraussetzungen zu schaffen und gewaltige Hindernisse aus dem Weg zu räumen. Als Mathematiker wußte er, daß die große und wichtige Klasse der Polynom-Funktionen der allgemeinen Form

$$y = a_n x^n + a_{n-1} x^{n-1} + \ldots + a_1 x_1 + a_0$$

die Eigenschaft besitzt, daß das Verfahren finiter Differenzen, die schrittweise Differenzbildung zwischen Paaren benachbarter Werte gleichen Abstands nach n Schritten stets auf konstante Differenzen führt, die als

Ausgangspunkt für die Berechnung der Funktionswerte dienen können. Das einfach zu steuernde Berechnungsverfahren kommt mit Subtraktionen und Additionen aus, wie am Beispiel des Polynoms dritter Ordnung $y = x^3$ leicht demonstriert werden kann. Sind die ersten vier Funktionswerte bekannt oder anderweitig berechnet, läßt sich das Verfahren folgendermaßen für die Berechnung der übrigen Funktionswerte nutzen (vgl. das nachstehende Rechenschema): Die ersten Differenzen ergeben sich durch Subtraktion benachbarter Funktionswerte, die zweiten Differenzen ebenso durch Subtraktion benachbarter Werte der ersten Differenz; schon die dritte Differenz ist konstant und kann nun durch Addition zur Berechnung des nächsten Wertes der zweiten Differenz, dieser wiederum für die Berechnung des nächsten Wertes der ersten Differenz verwendet werden usw. usf. (vgl. auch S. 150f. in der vorliegenden Ausgabe).

y	x^3	erste Differenz	zweite Differenz	dritte Differenz
0	0			
		1		
1	1		6	
		7		6
2	8		12	
		19		6
3	27		18	
		37		6
4	64		24	
		61		
5	125		.	.
.	.	.		

Als Mathematiker wußte er weiter, daß sich Polynome bestens zur näherungsweisen Berechnung auch anderer Funktionen, etwa von Logarithmen und trigonometrischen Funktionen, eignen, die eine überaus wichtige Rolle für die Beschreibung einer Vielzahl naturwissenschaftlicher und technischer Zusammenhänge spielen. Der strategische Clou der »difference engine« bestand folglich darin, daß damit auf sehr einfache Weise die genaue und fehlerfreie Berechnung einer Vielzahl für die Industriegesellschaft praktisch wichtiger mathematischer Funktionen möglich wurde.

1832 stellte der englische Feinmechaniker Joseph Clement nach zehn Jahren schwieriger Konstruktions- und Fertigungsarbeit einen ersten funktionstüchtigen Modul aus 2000 Teilen fertig. Die ganze Maschine wäre von monumentaler Größe und enormer Komplexität gewesen und hätte, mehrere Tonnen schwer, einen Kubus von ca. 2,5 mal 2,0 mal 1,0 Meter ausgefüllt. Clement hatte etwa 12 000 der konstruktiv vorgesehenen 25 000 Präzisionsteile fertiggestellt (die später größtenteils wieder verschrottet wurden). Entsprechend waren die Kosten dieses von der britischen Regierung mitfinanzierten Projekts gewaltig: Sie beliefen sich auf insgesamt 17 470 Pfund und verschlangen auch Teile des Babbageschen Privatvermögens (zum Vergleich: die 1831 gebaute Dampflokomotive »John Bull« hatte nur 784 Pfund gekostet).

Das mag die enormen praktischen Schwierigkeiten verdeutlichen, vor die sich Babbage bei der Realisierung seines Projekts gestellt sah. So ingeniös er die Konstruktionsprinzipien auf das so wirkungsvolle mathematische Verfahren der finiten Differenzen abgestimmt hatte, so akribisch er sich auch bemühte, die konstruktiven Details auszuarbeiten, so unüberwindlich erwiesen sich am Ende die Hürden der praktischen Verwirklichung. Gleichwohl ließ sich Babbage durch den hart errungenen ersten Teilerfolg, vor allem aber durch die während der jahrelangen konstruktiven Arbeit gewonnenen Einsichten in die Funktionsweise, auf noch wesentlich weiterreichende Konzepte ein.

Trotz ihrer beeindruckenden Eigenschaften konnte die Differenzmaschine ja nur das Verfahren der finiten Differenzen ausführen. Seine mathematischen Fähigkeiten ließen ihn jedoch die ungleich reichhaltigere Konzeption einer »analytischen Maschine« ins Auge fassen, eines programmgesteuerten Universalrechners mit verblüffenden konzeptionellen Ähnlichkeiten zu modernen Computern (die ihm denn auch zurecht den Ruf eines Computerpioniers einbrachten). Diese Maschine – die freilich »nur« als Konstruktion in einer eigens entwickelten kinematisch-funktionalen Notation auf dem Papier beschrieben existierte – sollte die vier arithmetischen Grundoperationen (Addition, Subtraktion, Multiplikation und Division) in beliebiger Reihenfolge programmgesteuert ausführen können. Der Programmablauf sah sogar das Konzept bedingter Verzweigungen vor, demzufolge die Berechnung in Abhängigkeit von bestimmten Zwischenergebnissen unterschiedliche Wege einschlagen konnte. Speicher (»store«) und Rechenwerk (»mill«) waren als eigenständige Komponenten konzipiert, als Programmträger waren Lochkarten vorgesehen, wie sie Jacquard um 1804 für die automatische Steuerung von Webstühlen erstmals konzipiert hatte. Das alles entsprach weitgehend der Grund-»Architektur« der uns heute geläufigen Computer.

Es ist hier leider nicht der Ort, auf weitere Details der Konstruktion und der viele Jahre dauernden Realisierungsbemühungen einzugehen. Zu vermerken bleibt aber noch, daß Babbage diese Arbeiten dazu inspirierten, eine einfachere und elegantere Differenzmaschine (»No. 2«) zu entwerfen, die aufgrund seiner detailgenauen Pläne anläßlich seines 200. Geburtstags 1991 nachgebaut wurde und heute funktionstüchtig im Wissenschaftsmuseum in London zu bewundern ist. Immerhin eine späte, genugtuende

Würdigung einer der faszinierendsten technischen Entwicklungen des 19. Jahrhunderts – auch wenn sie Babbage zu seinen Lebzeiten nicht verwirklichen konnte. So läßt sich mit Fug und Recht sagen, daß er als Computerpionier in summa siegreich gescheitert ist. Siegreich war er mit seinen zukunftsweisenden Konzepten, gescheitert ist er an den vielfältigen Unzulänglichkeiten der damaligen gesellschaftlichen Praxis im fortgeschrittensten Industrieland.

Das hatte weitreichende Folgen, denen unter anderem auch das vorliegende Werk zu verdanken ist. Die enormen Schwierigkeiten, mit denen er bei der Realisierung der Differenzmaschine zu kämpfen hatte, forderten nicht nur seine analytischen und konstruktiven Fähigkeiten heraus, sondern aktivierten auch seine Talente als Organisator gesellschaftlichen Wissens. Erwähnt wurden schon die Gründung der »Analytical Society« und seine Bemühungen um die Modernisierung der englischen Mathematik-Tradition. Auf der gleichen Linie lagen auch die Mitwirkung in der 1834 gegründeten »Statistical Society of London« und der astronomischen Gesellschaft, in deren Obhut die Überarbeitung des Nautischen Almanachs lag.

Richtig in Schwung brachten ihn aber seine Erfahrungen mit dem zähen Geschäft der Beschaffung öffentlicher Mittel für sein Großprojekt, mit der Uneinsichtigkeit mancher Gutachter und der ausbleibenden Unterstützung durch die »Royal Society«. Diese altehrwürdige, erste Wissenschaftsgesellschaft der modernen Welt (gegründet im Jahre 1660), deren Fellow er war, erschien ihm heruntergekommen zu einem wenig schlagkräftigen Verein voll verfilzter Interessen. In seinem 1830 veröffentlichten »Reflections on the Decline of Science in England« verschaffte er seinem Ärger über all dies Luft und gründete mit anderen Kritikern die »British Association for the Advancement of Science«, die der Royal Society bald den Rang ablaufen sollte.

Damit machte er sich zum Vorreiter einer anderen charakteristischen Entwicklungslinie der modernen Industriegesellschaft: der Notwendigkeit der sozialen Organisation der Produktion und Verbreitung von Wissen und der aktiven Pflege des rasch wachsenden Wissenschatzes. Wissenschaft und »Technischer Fortschritt« waren nicht mehr in erster Linie die Sache einzelner »begnadeter« Forscher und Erfinder, sondern bedurften der organisierten Bündelung von Kräften und der öffentlichen Finanzierung, um größere Projekte überhaupt zu ermöglichen. »Die Ergebnisse solcher Treffen sind von unschätzbarem Wert für alle Wissenschaften, insbesondere für die Statistik, in welcher Begriffe definiert, Symbole entwickelt und Beobachtungsmethoden verglichen und vereinheitlicht werden müssen, damit der Wert aller zukünftigen Unternehmungen dadurch erhöht werde, daß man sie besser miteinander vergleichen und leichter zusammentragen kann« (Passagen, 298).

Seine Bemühungen um die Realisierung der Differenzmaschine ließen Babbage in England wie auf dem Kontinent stets nach den fortgeschrittensten Fertigungsmöglichkeiten seiner anspruchsvollen Präzisionsteile suchen. So wurde er notgedrungen zu einem der kenntnisreichsten Experten der industriellen Produktion seiner Zeit. Dies bildet zusammen mit seinen konzeptuellen Überlegungen zur Funktion von Arbeitsteilung und Maschinen den Hintergrund für das vorliegende Werk »Über Maschinen- und Fabrikenwesen«, das zuerst 1832 in London erschien. Damit hatte er offensichtlich einen Nerv der Zeit getroffen, denn binnen dreier Jahre erschienen drei weitere englische Auflagen sowie eine französische und deutsche Übersetzung.

Das Werk handelt davon, »sich mit den aus dem Gebrauch von Werkzeugen und Maschinen entstehenden Wirkungen und Vorteilen auseinanderzusetzen; ihre verschiedenen Wirkungsweisen zu klassifizieren; endlich, zu untersuchen, wodurch die Einführung von Maschinen, die an die Stelle der Geschicklichkeit und der Kraft des menschlichen Armes treten könnte, veranlaßt werden, und was für Folgen diese Substituierung gehabt hat« (S. 15 der vorliegenden Ausgabe). Das Werk hatte in verschiedener Hinsicht Besonderes zu bieten, und seine außerordentlich rasche Verbreitung zeigte an, daß es ein allgemeines Bedürfnis nach ordnender Beschreibung und Aufklärung der vielfältigen und großen Dynamik der damaligen Industrialisierung traf. Man wollte begreifen und verstehen, was da mit großer Geschwindigkeit und ereignisreicher Vielfalt vor sich ging (dem dienten im übrigen ja auch die unzähligen Berichte der »Fabrikinspektoren« und parlamentarischen Ausschüsse, auf die z.T. schon Babbage, später auch Marx zurückgriffen). Hier war offenbar zum ersten Mal eine relativ umfassende, kenntnisreiche und treffsicher ordnende Darstellung gelungen. Es entwickelte sich rasch zu einer Art Standardwerk über Arbeitsteilung sowie Entwicklung und Einsatz von Maschinen, zu einem Werk der Aufklärung der frühen Industriegesellschaft über sich selbst.

Das Werk traf nicht nur ein Bedürfnis der Zeit, es war auch in vieler Hinsicht ein Kind der Zeit. Es teilte die optimistische Grundstimmung der heroischen Phase der Industrialisierung, es beschäftigte sich kenntnisreich mit einer Vielzahl aktueller technischer, sozialer und ökonomischer Entwicklungen und Probleme und es propagierte die ökonomischen Vorzüge des Einsatzes von Maschinen als Basis für mehr Produktivität und Wohlstand (gegen viele Zweifler und Zauderer, die es auch damals gab). Welch gigantische Produktivkräfte im Schoße der kapitalistisch organisierten Industriegesellschaft schlummerten und nun freigesetzt wurden, mag der Umstand erhellen, daß sich die Produktivität seitdem etwa verzwanzigfacht hat (d.h. aus der Sicht von Babbages Zeitgenossen arbeiten wir heute halbtags bei 10-fachem Lohnausgleich).

Der mathematisch-naturwissenschaftlichen Bildung seines Autors entsprechend, war seine Methode im wesentlichen empirisch-induktiv und knüpfte begrifflich an historische Vorläufer an, etwa an Adam Smith (bezüglich Arbeitsteilung und Maschineneinsatz) oder David Ricardo (bezüglich der Arbeitswertlehre). Gleichwohl vermochte Babbage als scharfsichtiger Theoretiker der Arbeitsteilung und des Maschineneinsatzes auch auf diesem Felde weit über die Zeit hinaus vorauszudenken. Das läßt das Werk in mancher Hinsicht bis heute aktuell erscheinen. Beispielsweise erschienen noch sieben Jahrzehnte später unter dem Titel »How to Invent Machinery« (herausgegeben von William H. Atherton im Jahre 1899 in Manchester) Auszüge aus dem 27. und 28. Kapitel über »Erfindung« und »Anwendung der Maschinen« (siehe S. 195ff. in der vorliegenden Ausgabe). Diese Auszüge beschreiben in meisterlicher Weise grundlegende Aspekte und Aufgaben des Konstruierens. Diese Grundsätze bilden eine Art erste Konstruktionsmethodik, die modernsten Darstellungen dieses Gegenstandes kaum nachsteht. Durch den Herausgeber um eine Reihe praktischer Handlungsanleitungen ergänzt, können sie noch heute ob ihres fundierten Verständnisses der Probleme konstruktiven Gestaltens und der Klarheit der Darstellung als Kern einer Konstruktionsmethodik Geltung beanspruchen (wie sie etwa in VDI-Richtlinien niedergelegt sind).

Nicht von ungefähr hat sich auch kein geringerer als Karl Marx bei seinen Darstellungen und Einschätzungen der Industrialisierung ganz wesentlich auf Charles Babbage gestützt. Neben dem Buch von Andrew Ure über »The cotton manufacture of Great Britain« (1836) – und verschiedenen Berichten der Fabrikinspektoren bzw. parlamentarischen Ausschüssen – war das Babbagesche Werk eine Hauptquelle für Marxens historische Realanalyse der kapitalistischen Industrieentwicklung. Marx stellte ausführliche Exzerpte her und verwendete sie mehrfach. Zum ersten Mal brachte er seine auf Babbage und Ure gestützten Vorstellungen zur historischen Entwicklung von Arbeitsteilung und Maschineneinsatz in der »Misère de la Philosophie« gegen Proudhon in Stellung, der diese mystifizierend als »Evolution der ewigen Vernunft« betrachtete. In den »Grundrissen« und vor allem im »Kapital« arbeitete er diese Vorstellungen weiter aus. Das 14. Kapitel im ersten Band des »Kapital« über Maschinerie und große Industrie stützte sich in starkem Maße auf den Babbageschen Maschinenbegriff und dessen Analysen zur Voraussetzung des Einsatzes von Maschinen, ebenso wie auf dessen Erkenntnisse über den ökonomischen Nutzen des Maschineneinsatzes – auch wenn er diese Auffassungen noch modifizierte.

Gerade heute, wo ein mechanistischer, abstrakt geschichtsloser Materialismus die öffentliche Debatte beherrscht – gleichgültig, in welcher Form er in Erscheinung tritt, ob positiv als Technikverehrung oder negativ als Technikverketzerung –, ist eine Rückbesinnung auf ein historisch angemessenes Verständnis der Entwicklung von Arbeit und Technik dringend geboten, um die (noch längst nicht erschöpften) gesellschaftlichen Potentiale entfalten zu können. Und gerade hierzu haben die alten Meister Unverzichtbares beizutragen. Bis heute liefern die Zusammenhänge von industriell-arbeitsteilig organisierter Arbeit mit der darin eingebetteten Entwicklung und Verwendung von Werkzeugen und Maschinen den Schlüssel zu einem angemessenen Verständnis von Produktionsprozessen. Beginnend mit Adam Smith als dem »Stammvater« theoretischer Reflexion von Arbeitsteilung und Maschinenentwicklung, bestimmt die soziale Organisation von Arbeit, das Zusammenspiel von Arbeitsteilung und Kooperation, die Art und Weise, wie sich die Gesellschaft reproduziert, bestimmt sie das Verhältnis des Menschen zur Natur und zur Gesellschaft. Die technischen Arbeitsmittel sind dabei zugleich Ausdruck gesellschaftlicher Verhältnisse und Instrumente gesellschaftlich organisierter Produktion und Reproduktion.

Beide Entwicklungen – Teilung der Arbeit und Entwicklung von Maschinen – verdanken sich dabei der gleichen Denkfigur: analytische Zerlegung in einzelne Elemente und deren synthetische Rekombination zu einem zweckmäßig funktionierenden Ganzen. In der Arbeitsteilung bilden die einzelnen spezialisierten Verrichtungen die Elemente, die im Zusammenwirken der Kooperation das ganze Produkt entstehen lassen. Damit das gelingen kann, muß der kooperative Arbeitsprozeß bereits im Entwurf als sinnvolles Zusammenwirken seiner Elemente konzipiert werden. Bei der Maschinenentwicklung bilden – ganz ähnlich – einzelne Operationen (oder allgemeiner: Funktionen) die Elemente, die im Zusammenspiel den Ablauf einer wiederholbaren Bewegung hervorbringen. Auch hier ist die Gesamtkonzeption des ineinandergreifenden Bewegungsablaufs die wesentliche Syntheseleistung. Das bedarf einer angemessenen funktionalen Beschreibung der Maschine vor ihrer physischen Realisierung, etwa in Form von Zeichnungen, kinematischen Diagrammen oder Schemata, deren Bedeutung zu betonen Babbage nicht müde wurde (und zu deren Darstellungsweise er beitrug). Überspitzt gesagt, existiert die Maschine schon durch ihre Beschreibung (was im Falle des Computers als symbolverarbeitender Maschine besonders augenfällig ist).

Eindrucksvoll exemplifizieren läßt sich dies etwa am Beispiel der Spinnmaschine von Arkwright (die Textilindustrie war damals der tonangebende Sektor). Fast gleichzeitig traten zu Beginn der Industrialisierung zwei ganz entgegengesetzte Konzepte zur Mechanisierung des Spinnens auf den Plan: die »spinning Jenny« von Hargreaves (1770 patentiert) und der »Kettenstuhl« von Arkwright (1769 patentiert, wegen seines Antriebs durch Wasserräder auch »Wasserrahmen« genannt). Während die »spinning Jenny« – gewissermaßen als letzte Antwort der ausklingenden Epoche des Handwerks – ein hoch komplexes Werkzeug zur Steigerung der

Produktivität von geschickter Handarbeit darstellte, war der »Kettenstuhl« von vornherein als selbsttätige Maschine konzipiert, imstande,
handwerkliche Arbeit zu ersetzen. Dazu wurde der gesamte Vorgang des
Spinnens in seine elementaren Operationen des Streckens, Verdrillens und
Spulens zerlegt und gegenüber dem handwerklichen Vorgang mittels mechanischer Funktionsträger völlig umgestaltet, schließlich zu einem durch
eine fremde Kraft angetriebenen, kontinuierlichen und selbsttätigen – eben
maschinellen – Ablauf zusammengesetzt.

Die in der Arbeitsteilung und der Maschinenentwicklung inhärenten
Prinzipien von Zerlegung und Zusammensetzung sowie der wiederholbaren selbsttätigen Bewegung sollten sich als die dem Kapitalverhältnis ad-
äquate Form der Gestaltung von Produktionsprozessen herausstellen. Als
scharfsichtigem Beobachter entging Babbage nicht der gesellschaftliche
Entstehungszusammenhang, in dem Maschinen als Arbeitsmittel entwik-
kelt und eingesetzt werden und durch den sie ganz und gar geprägt sind:
»Wenn jeder zur Vollendung eines Artikels erforderliche Prozeß ausschließlich Geschäft eines einzelnen Individuums bleibt, so ist es viel
wahrscheinlicher, daß seiner ungeteilten Aufmerksamkeit sich eine Verbesserung seiner Werkzeuge oder eine zweckmäßigere Handhabung derselben darbieten werde, als wenn eine Menge verschiedenartiger Beschäftigungen die Aufmerksamkeit beständig zerstreut. Eine solche Verbesserung
des Handwerkzeugs aber ist gewöhnlich der erste Schritt zu einer Maschine [...]. Hat man es erst dahin gebracht, jeden einzelnen Prozeß mit einem
einfachen Werkzeug vollenden zu können, so besteht die Maschine in der
durch ein und dieselbe Kraft in Bewegung gesetzten Zusammenfassung
aller dieser Werkzeuge« (S. 136f.). Und demzufolge hatte er auch – im
Gegensatz zu den technokratisch-funktionalistischen Betrachtern, denen
die Maschine generell als menschheitsbeglückendes Instrument der Befreiung von mühsamer Arbeit erscheinen muß – noch klare Vorstellungen von
den Folgen und den Schattenseiten des Gebrauchs von Maschinen. Im
Kapitalverhältnis hat nämlich die Maschine, abgesehen von ihrer techno-
logischen Funktion, die Arbeitsproduktivität zu steigern, immer noch den
Zweck, den Arbeiter seiner Kontrolle über die Arbeit zu berauben: »Einer
der merkwürdigsten Vorteile, die wir den Maschinen verdanken, besteht
in der Sicherstellung, die sie uns gegen die Unachtsamkeit, Trägheit oder
Spitzbüberei der Arbeiter gewähren« (S. 52).

Noch deutlicher, geradezu ins Auge springend, ist dieses Grundmuster
von Zerlegung und Zusammensetzung am Beispiel der »difference engine«
zu sehen. Mittels der mathematisch-analytischen Methode der Berechnung
von Funktionswerten von Polynomen durch mehrstufige Differenzbildung
(wie oben beschrieben) gelingt es, die recht komplizierte Berechnung der
Funktionswerte auf ein einfaches Ordnungsschema mit nur einer arithmetischen Operation zu reduzieren, das sich leicht maschinell ausführen läßt.

Damit hatte er den Kern eines modernen Maschinenbegriffs freigelegt, der auch die Maschinisierung geistiger Arbeit einschließt.

Auch die Prinzipien der Arbeitsteilung, die er von Adam Smith über-nommen hatte, aber zugleich in einem entscheidenden Punkt weiterent-wickelte, konnte er mit großer Vorteilhaftigkeit auf Prozesse geistiger Arbeit übertragen. In einer Zeit, in der noch fast alle Arbeit in Form der Einheit von Kopf und Hand verrichtet wurde und rein geistige Arbeit einen verschwindend kleinen Anteil an der gesellschaftlichen Gesamt-arbeit ausmachte, mußte dies geradezu als visionär erscheinen: »Wir haben bereits erwähnt, daß die Arbeitsteilung, was einigen unserer Leser vielleicht paradox erscheinen dürfte, sich mit gleichem Erfolg und gleicher Zeitersparnis auf geistige Operationen anwenden lasse« (S. 147 in diesem Band). Er demonstriert dies an der Vorgehensweise eines gewissen Prony, der in der Folge der französischen Revolution den Auftrag erhalten hatte, in dem neu eingeführten Dezimalsystem logarithmische und trigonometri-sche Tafeln neu zu berechnen (vgl. S. 147f.). Die Beschreibung dieses arbeitsteiligen Verfahrens ist gerade aus heutiger Sicht der Computer-entwicklung besonders lesenswert. Noch im Zweiten Weltkrieg wurden in Deutschland nach dem gleichen Verfahren Flugbahnen der V2-Rakete berechnet (allerdings nun mit über 1000 angelernten, z. T. analphabetischen Fremdarbeitern und unter Zuhilfenahme mechanischer Vier-Spezies-Re-chenmaschinen in dreifach paralleler Ausführung, um auf Fehler nicht nur aufmerksam zu werden, sondern sie auch korrigieren zu können). Auch Konrad Zuse, der deutsche Computerpionier, hat mit seiner Rechner-entwicklung im Zweiten Weltkrieg an diese Methode des auf Formularen schematisierten Berechnens komplizierter Funktionen angeknüpft.

Damit ist man auch schon an dem Punkt angelangt, an dem Babbage die Vorteile der Arbeitsteilung, über Smith hinausgehend, zu nutzen ver-stand. Anhand einer minuziösen Kalkulation, die wie bei Smith der Nadel-herstellung entstammte, wies er auf den allerwichtigsten ökonomischen Vorteil hin, den dieser nämlich übersehen hatte. »*Daß, nachdem das Werk in mehrere Prozesse geteilt ist, deren jeder verschiedene Grade von Ge-schicklichkeit oder Stärke erfordert, der Fabrikherr sich in den Stand gesetzt sieht, von beiden Eigenschaften genauso viel in Anspruch zu neh-men, als jeder Prozeß verlangt; wenn dagegen ein einziger Arbeiter das Werk vollenden sollte, so müßte er so viel Geschicklichkeit und so viel Kraft besitzen, daß er einerseits dem schwierigsten und andererseits dem mühsamsten der verschiedenen Prozesse gewachsen wäre*« (S. 138). Wir haben hier das nach ihm benannte Babbage-Prinzip vor uns, das für die Entwicklung der Arbeitsteilung unter dem Kapitalverhältnis grundlegend ist: den Wert der Arbeitskraft dadurch zu senken, daß genau die für die einzelnen Verrichtungen unterschiedlichen Schwierigkeitsgrades benötigte Qualifikation gekauft wird.

Mit diesen Prinzipien von Arbeitsteilung und Maschinenentwicklung, die er auf körperliche wie geistige Arbeit gleichermaßen anzuwenden wußte, erwies sich Babbage als weitsichtiger Theoretiker der Industrialisierung, die er zugleich praktisch mitzugestalten half (auch wenn ihm die praktische Realisierung der »analytical engine« versagt blieb). Er nahm in dieser Hinsicht der genauen Analyse, und damit der Durchschaubarkeit und Beherrschbarkeit von Arbeitsprozessen, Taylor konzeptionell bereits vorweg. Zugleich wies er weit über dessen »Grundsätze wissenschaftlicher Betriebsführung« hinaus, indem er die gleichen Prinzipien auch auf geistige Arbeit (mithin auf Planungsprozesse) selbst anwandte. Damit legte er den gedanklichen Grundstein zur modernen Computerentwicklung als »Maschinisierung von Kopfarbeit«.

Daß Arbeitsteilung und Maschinenentwicklung auf den gleichen Grundmustern von analytischer Zerlegung und synthetischer Kombination der Elemente beruhen, darf aber nicht zu der Annahme verführen, Entwicklung und Einsatz von Maschinen seien direkt aus arbeitsteiliger Spezialisierung herzuleiten (wie das etwa bei Adam Smith zu lesen ist). Und die oben zitierte Passage zur Maschinenentwicklung könnte leicht auch so gelesen werden, als habe Babbage diese Sicht der Dinge übernommen. Viele spezialisierte Verrichtungen, so etwa das Spinnen oder Weben, sind selbst noch kompliziert aus verschiedenen Operationen zusammengesetzte Tätigkeiten. Deren Mechanisierung bedarf folglich ihrerseits noch weitergehender Zerlegung und Rekombination. Maschinen sind nicht einfach eine kinematische Kombination von spezialisierten Werkzeugen, die aus der Arbeitsteilung hervorgehen. Vielmehr bedarf die Maschinenentwicklung selbst einer genauen Analyse von Funktionen und Bewegungsabläufen jeder Verrichtung, die dann in der gestalterischen Synthese zur wiederholbaren, selbsttätigen Bewegung des Gesamtablaufs verknüpft werden. Gleichwohl kann diese Analyse durch die Arbeitsteilung angeregt und erheblich erleichtert werden: »Die Arbeitsteilung führt zur Erfindung von Werkzeugen und Maschinen« (S. 136).

Auch schien Babbage nicht sehr klar zwischen Werkzeugen und Maschinen zu unterscheiden (die er oft in einem Atemzug nebeneinander nennt). Wie das Beispiel der ganz unterschiedlichen Konzepte der »spinning Jenny« (Werkzeug) und des »Kettenstuhls« (Maschine) zeigt, ist diese Unterscheidung aber für das Verständnis der Industrialisierung höchst bedeutsam. Unter Werkzeug ist ein Artefakt zu verstehen, das in der vermittelnden Wirkungskette zwischen Arbeitsperson und Arbeitsgegenstand direkt auf letzteren einwirkt und dabei von der Arbeitsperson geführt oder gesteuert wird. Ein Werkzeug hat dementsprechend eine Greif- und eine Wirkzone. Können nun bei einem durch Artefakte vermittelten Arbeitshandeln wiederholbare, gleichartige Bewegungen identifiziert werden, und lassen sich diese als vom Handlungskontext ablösbare Formen von Wirkungsabläufen beschreiben, mithin in eindeutigen Vorschriften fassen, dann liefern diese eine formale Beschreibung der wiederholbaren Bewegung. Formalisieren heißt dabei nichts anderes, als wiederholbare Handlungen aus ihrem Kontext zu lösen und dekontextualisiert als verallgemeinertes Verfahren, als Algorithmus, darzustellen, gleichviel, ob es sich dabei um Vorgänge der Bearbeitung von Material oder der Manipulation von Zeichen handelt. Maschinen sind dann Realisierungen derartiger formaler Beschreibungen; sie vergegenständlichen dekontextualisierte, regelmäßige Handlungsabläufe und führen entsprechend selbsttätig wiederholbare Bewegungen aus.

So offenbaren – aus heutiger, rückblickender Sicht – die teils widersprüchlichen, teils nicht sehr trennscharf anmutenden Aussagen im Werk von Babbage auch gewisse Schwächen der theoretischen Reflexion des ansonsten mit solcher Klarheit Beobachtenden. In der praktischen Nutzung tragen die in dem Babbageschen Werk angelegten Prinzipien und Konzepte faktisch indes weiter als ihm selbst bewußt zu sein schien.

Heute, mitten im Übergang von der ersten zur zweiten, der »reflexiven« Moderne erleben wir einen ähnlich tiefgreifenden gesellschaftlichen Wandel wie er damals mit der beginnenden Industrialisierung einherging. Im Unterschied zum Glauben an im Prinzip unbegrenzte Durchschaubarkeit, Berechenbarkeit und Steuerbarkeit von Arbeitsprozessen, wie sie sich in der rationalistischen Tradition manifestierten, werden in der Sicht der reflexiven Moderne die Unterschiede zwischen Können und Wissen betont und die prinzipiellen Grenzen des Wissens anerkannt. Damit gelten neue Regeln für die Organisation von Arbeitsprozessen und für den Umgang mit technischen Artefakten. Arbeitsteilung wird wieder weitgehend zurückgenommen, Planung und Ausführung zusammengeführt, um die Handlungskompetenz der arbeitenden Menschen, ihr Können, möglichst umfassend nutzen und in der Arbeit weiterentwickeln zu können. Technische Artefakte – insbesondere Computer – werden dabei wieder als Werkzeuge zur Bewältigung der Arbeitsaufgabe oder auch als Medien der Kooperation konzipiert und angeeignet. Die technische Entwicklung wird als Teil von Arbeitsgestaltung begriffen und unter Beteiligung der Nutzer angegangen; dabei wird die Gestaltung ebenso wichtig wie die Aneignung für die Arbeit genommen.

Das alles bedeutet nun keineswegs die Rückkehr zur vorindustriellen, handwerklichen Arbeit, sondern die qualitative Weiterentwicklung industrieller Arbeit zu leistungsfähigeren Organisationsformen und produktiveren Nutzungsweisen technischer Artefakte. An diesem Entwicklungssprung endet denn auch die Reichweite der Babbageschen Konzepte. Sie sind damit freilich keineswegs hinfällig, sondern werden in diesem Umbruch in einem dialektischen Sinne »aufgehoben«: Indem Babbage die Grundlagen der industriellen Moderne so klar explizierte, schuf er damit zugleich auch

Voraussetzungen, sie auf höherem Niveau weiterzuentwickeln. Und erst an den durch ihn wesentlich mitgeprägten Umrissen der Industrialisierung, die er weit klarer zu zeichnen verstand als die meisten Zeitgenossen nach ihm, läßt sich genauer erfassen und ermessen, worauf das Neue in unseren Tagen hinausläuft.

Literatur

Babbage, C., 1997: Passagen aus einem Philosophenleben. Mit einem Vorwort von Bernhard J. Dotzler, Berlin: Kulturverlag Kadmos

Babbage, C., 1999: Die Ökonomie der Maschine, mit einem Vorwort von Peter Brödner, redigierte und erweiterte Ausgabe der 1833 unter dem Titel »Über Fabriken- und Maschinenwesen« erschienenen Übersetzung von *The Economy of Machinery and Manufactures*

Babbage, C., 1837: On the Mathematical Powers of the Calculating Machine, unveröffentlichtes Manuskript vom Dez. 1837, abgedruckt in: Randall, B. (ed.), 1992: The Origins of Digital Computers, Berlin/Heidelberg/New York: Springer

Brödner, P., 1985: Fabrik 2000. Alternative Entwicklungspfade in die Zukunft der Fabrik, Berlin: edition sigma

Brödner, P., 1997: Der überlistete Odysseus. Über das zerrüttete Verhältnis von Menschen und Maschinen, Berlin: edition sigma

Hyman, A., 1987: Charles Babbage. Philosoph, Mathematiker, Computerpionier, Stuttgart: Klett-Cotta

Strubecker, K., 1967: Einführung in die höhere Mathematik Bd. II: Differentialrechnung einer reellen Veränderlichen, München: Oldenbourg

Swade, D.D., 1993: Der mechanische Computer des Charles Babbage, Spektrum der Wissenschaft April 93, 78-84

Winkelmann, R. (Hg.), 1982: Karl Marx: Exzerpte über Arbeitsteilung, Maschinerie und Industrie, Frankfurt/M: Ullstein

Editorische Vorbemerkung

Die *Economy of Machinery and Manufactory* – so lautet der englische Titel der Originalausgabe – wird von vielen, darunter auch von dem Herausgeber der englischen Werkausgabe Martin Campbell-Kelly[1] – als das wichtigste Buch von Charles Babbage bezeichnet. Wenn die Anzahl seiner Auflagen und Übersetzungen ein Indiz dafür sein kann, dann trifft dies mit Sicherheit auf dieses Buch zu. Keines der Werke von Babbage hat eine ähnliche Aufmerksamkeit erhalten, wie die *Economy*, die 1832 in einer Auflage von 3000 Exemplaren zum ersten Mal erschien und Babbage den Ruf des Ökonomen der Maschinenfabrik einbrachte. Die zweite Auflage folgte noch im selben Jahr, ein Jahr später erschien bereits die dritte und 1835 die vierte Auflage. Das Werk wurde mehrmals nachgedruckt und in zahlreichen Sprachen übersetzt[2]. Ursprünglich jedoch erschien die *Economy* zunächst in embryonaler Form als Aufsatz »On the general principles which regulate the application of Machinery to manufactures« in der *Encyclopedia Metropolitana* 1829.

Dieser Ausgabe, »Die Ökonomie der Maschine« genannt, liegt als Grundgerüst die deutsche Übersetzung der ersten Ausgabe der *Economy* von G. Friedenberg »Über das Fabriken- und Maschinenwesen« aus dem Jahre 1833 zugrunde, die an zahlreichen Stellen ergänzt, aktualisiert und auf die Paragraphenzählung der englischen Werkausgabe von Campbell-Kelly vereinheitlicht wurde, der wiederum die vierte Auflage aus dem Jahre 1845 zugrunde liegt. Eine genaue Rekonstruktion der vier Ausgaben erweist sich als schwierig, weil Babbage, eigentlich untypischerweise, den einzelnen Auflagen diverse, auch stilistische Änderungen unterzog. So fügte er beispielsweise der zweiten Auflage drei bedeutsame Kapitel bei: »Geld als Tauschmittel« [Kap. 14], »Über ein neues Fabrikationssystem« [Kap. 26] und »Von der Wirkung der Maschinen auf die Herabsetzung der Nachfrage nach der Arbeit« [Kap. 32], die auch als separate Veröffentlichungen gedruckt wurden, um sie den Benutzern der ersten Ausgabe zugute kommen zu lassen. Wenige Passagen wurden hingegen fallengelassen. Eine interessante Passage der ersten Ausgabe, mit der § 455 eingeleitet wurde, und die von Babbage später ausgelassen wurde, sei hier angeführt:

---

[1] The Works of Charles Babbage, hrsg. von Martin Campbell-Kelly. Bd. 8: The economy of Machinery and Manufactures; London (Pickering & Chatto) 1989.

[2] Übersetzung ins Deutsche 1833; ins Französische 1833 (Paris u. Brüssel) und 1834 (Brüssel); ins Italienische 1834 (Florenz) und 1863 (Turin); ins Spanische 1835; ins Schwedische 1835 und ins Russische 1835.

»Doch die Gelehrten Englands haben sich über etwas mehr, als bloße Vernachlässigung zu beklagen. Freilich wird in unserem Lande, dessen Gedeihen an Reichtum und Macht so ganz besonders durch den Beistand der Wissenschaft bedingt ist, den Studien, welche der Anwendung der Wissenschaft auf die praktischen Zwecke des Lebens vorangehen, keine Aufmunterung geboten; freilich läßt es in England die Regierung geschehen, daß diejenigen, welche sich der positiven Wissenschaft, dieser fruchtbaren Erzeugerin nützlicher Gewerbe, dieser sicheren Führerin zu den verborgensten Naturgeheimnissen hingeben, alle persönlichen Vorteile aufopfern, über welche die Ausübung derselben Geistesfähigkeiten in anderen Lebensbahnen gebietet. Allein außerdem wird von den englischen Gelehrten noch verlangt, daß sie auch jene Auszeichnungen ausschlagen, welche die aufgeklärten Souveräne fremder Länder als Beweise der Anerkennung ihrer Verdienste, ihnen zu verleihen sich geneigt fühlen.« – »So ist [fügt der Verfasser in einer Fußnote zu dieser Stelle an] »erst vor einiger Zeit die Absicht eines, wegen seiner Unterstützung der Wissenschaft ausgezeichneten nordischen Souveräns vereitelt worden, indem sein Gesandter aus London ihn benachrichtigte, daß britische Untertanen die Annahme solcher Ehrenbezeugungen durch ein bestehendes Verbot untersagt sei.«

In seinem vierten Vorwort geht Babbage nachdrücklich auf die deutsche Übersetzung ein, die er dafür lobt, daß sie als einzige »Kritik oder Ergänzungen zum Werk selber hinzugefügt« habe. Er begründet dies weiter: »In fast jedem Land werden eigentümliche Verfahren praktiziert, die den mechanischen Teil des Werkes hätten veranschaulichen können; und die Bestätigung oder Widerlegung dieser ökonomischen Grundsätze, die ich als die regulierende Kraft für Handel und Manufakturwesen dargelegt habe, ist bedeutsam für das Wohlergehen aller.«

Wir haben uns daher entschlossen, die Anmerkungen der deutschen Übersetzung, in ihrer originalen Schreibweise, aufzunehmen, da sie einiges erahnen lassen, welche Bedeutung das Buch auch im deutschsprachigen Raum gehabt haben mag. Die Fußnoten sind im Gegensatz zur numerischen Zählweise, die Babbages eigene Fußnoten kennzeichnen, mit einem Sternchen (*) versehen. Der Stil der Friedenbergschen Ausgabe wurde belassen, jedoch an vielen Stellen einer der heutigen Lesegepflogenheit verständlicheren Terminologie unterzogen. Diese Ausgabe erhebt keinen textkritischen Anspruch. So haben wir zum Beispiel auf die Original-Paginierung verzichtet, die in der englischen Werkausgabe vermerkt ist. Aus diesem Grund haben wir uns auch entschlossen, das Register, auf das Babbage im vierten Vorwort anspielt, nicht aufzunehmen. Es besitzt vor allem historischen Wert und ist, zumal vielfach redundant, durch das sehr ausführliche Inhaltsverzeichnis prinzipiell überflüssig. Wer dennoch nicht auf das Register verzichten möchte, dem bieten wir die Gelegenheit, es auf unser Hompepage http://www.kv-kadmos.com unter dem betreffenden Titel abzurufen.

Vorwort

Gegenwärtiges Werk kann füglich als eines der Resultate der Rechenmaschine betrachtet werden, deren Konstruktion so lange unter meiner Oberleitung gestanden hat. Um mich mit den verschiedenen Hilfsquellen der mechanischen Künste vertraut zu machen, besuchte ich in den letzten zehn Jahren eine bedeutende Anzahl von Werkstätten und Fabriken, sowohl in England als auf dem Kontinent, und kam ganz unwillkürlich darauf, jene, durch meine anderen Studien natürlich herbeigeführten, Verallgemeinerungsgrundsätze auf die erwähnten Hilfsquellen anzuwenden. Die sich anhäufende Menge anziehender Prozesse und interessanter Tatsachen, welche auf diese Weise unter meine Beobachtung kamen, so wie die der dadurch an die Hand gegebenen Betrachtungen, ließen mich voraussetzen, daß die Bekanntmachung einiger derselben solchen Personen von Nutzen sein konnte, welche den Forschungen, die ich nur zufällig anstellte, ihre Hauptaufmerksamkeit schenken. Diesen Zweck im Auge, wollte ich vorliegendes Werk in der Gestalt einer Reihe zu Cambridge gehaltener Vorlesungen ans Licht treten lassen; eine Absicht, welche wieder aufzugeben ich mich später veranlaßt fühlte. Indessen ist das Wesentliche eines bedeutenden Teils desselben in den Eingangskapiteln der mechanischen Abteilung der *Encyclopaedia Metropolitana* erschienen.

Es lag nicht in meiner Absicht, eine vollständige Aufzählung aller mechanischen Prinzipien zu liefern, nach welchen die Mechanik auf Künste und Manufakturen angewendet wird; nur solche habe ich dem Leser auseinanderzusetzen mich bestrebt, die mir teils zum Verständnis des Wirkens der Maschinen, teils zur Gedächtniserleichterung beim Klassifizieren und Ordnen der mit dem Gebrauch der Maschinen in Verbindung stehenden Tatsachen als die bedeutsamsten vorgekommen sind. Was die Untersuchung aller, mit dergleichen Gegenständen genau zusammenhängenden schwierigen *staatswirtschaftlichen* Fragen betrifft, so lag eine solche noch weiter von meinem eigentlichen Vorwurf entfernt. Bei der großen Mannigfaltigkeit der sich mir darbietenden Fakten, mußte ich notwendig einige Prinzipien auffinden oder aufzufinden glauben, welche vielen Instituten gemeinschaftlich zu Grunde lagen; und war erst eine solche Vermutung aufgestellt, so gewann die Untersuchung neues Interesse durch das Verlangen zu ermitteln, inwiefern sie gegründet sei. Mehrere der von mir dargestellten Grundsätze kamen mir neu vor, namentlich die über die

Einteilung der Arbeit; indessen habe ich mich später überzeugt, daß Herr Gioja mir damit zuvorgekommen ist, und nicht unwahrscheinlich dürften fernere Nachforschungen mich zu der Einsicht führen, daß die meisten übrigen von mir für neu gehaltenen Prinzipien von früheren Schriftstellern stammen; so daß, wenn ich dem Verdienste derselben zu nahe zu treten scheine, dies meiner unvollkommenen Kenntnis des geschichtlichen Teils meines Entwurfs zuzuschreiben ist.

Weit wichtiger jedoch ist es, über die Wahrheit der aufgestellten Prinzipien gewiß zu sein, als über den Ursprung derselben; wenigstens dürfte schwerlich jemand die Nützlichkeit einer genauen Erörterung bezweifeln, da nur so das Irrtümliche entdeckt und Richtigeres an dessen Stelle eingeführt werden kann.

Leider hat man bisher die Kenntnis der Verfahrensweisen in den Manufakturen für weit schwieriger gehalten, als sie ist. Sie mit dem Auge eines Fabrikanten so zu prüfen, daß man sie nach eigener Angabe wiederholen zu lassen imstande sei, dies erfordert freilich viel Geschicklichkeit und eine vorherige Bekanntschaft mit dem Gegenstand; dagegen gehört nur gewöhnliche Bildung dazu, um die allgemeinen Grundsätze und gegenseitigen Verhältnisse jener Prozesse zu begreifen.

In einem Fabrikenland darf von denjenigen, welche hoch in der Gesellschaft gestellt sind, billig gefordert werden, daß ihnen die Prinzipien, deren Entwicklung das Land seine Größe verdankt, nicht unbekannt seien; den Reichen werden Prozesse, die mittel- oder unmittelbar die fruchtbare Quelle ihrer Besitztümer sind, schwerlich ein gleichgültiger Gegenstand sein. Denjenigen endlich, die über ihre Zeit verfügen können, dürfte nicht leicht eine anziehendere und lehrreichere Beschäftigung empfohlen werden können, als die, sich mit den Werkstätten ihres Vaterlandes bekannt zu machen, diesen, von den höheren Klassen nur allzu oft vernachlässigten reichen Fundgruben des Wissens.

So sehr als möglich war ich bestrebt, alle technischen Ausdrucke zu vermeiden und die in Betrachtung kommenden Künste in gedrängtester Sprache darzustellen. Führte die Behandlung zu den abstrakteren Punkten der Staatswirtschaft, so zog ich es vor, ihre wissenschaftliche Begründung nur kurz anzugeben, um bei den Tatsachen und Ereignissen, durch welche sie sich bewahrten, desto langer verweilen zu können. Jüngere Leser werden daher in den Erläuterungen Lehr- und Unterhaltungsstoff finden, während die Schlußfolgerungen, zu denen sie führen, auch Personen gereifteren Urteils zum Gegenstand des Nachdenkens dienen können. Die Grundsätze, zu welchen ich mich bekenne, habe ich durch die Beobachtungen anderer zu unterstützen mich bemüht, wobei die Umstände mir besonders günstig waren. Die parlamentarischen Kommissional-Berichte des Unterhauses über verschiedene Zweige des Handels- und Fabrikenwesens, und die von Zeit zu Zeit in Druck erschienenen Zeugenaussagen über dergleichen Gegenstände, enthalten die wichtigsten Aufschlüsse, welche doppelt schätzbar werden durch die Umstände, die ihre Zusammentragung veranlassen. Aus diesen Quellen habe ich reichlich geschöpft, und gern gestehe ich, daß die Begründung, welche meine Ansichten durch sie erhielten, meine Zuversicht verstärkt hat.[1]

Dorset Street   CHARLES BABBAGE
Manchester Square
8. Juni 1832

---

[1] Ich bin sehr froh, an dieser Stelle die Gelegenheit zu haben, dem Sprecher des Unterhauses, dem Ehrenwerten Herrn Manners Sutton, seinen Dank zu zeigen, durch dessen Vermittlung mir der Zutritt zu einer bedeutsamen Sammlung von Kopien dieser Berichte eröffnet wurde.

Vorwort zur zweiten Auflage

In den zwei Monaten seit der Veröffentlichung der Erstausgabe dieses Werkes wurden dreitausend Exemplare verkauft. In Werbung wurde kaum investiert und die Buchhändler behinderten vielmehr den Absatz als ihn zu fördern[1]. Das Buch erschien nicht in einer populären Reihe und dennoch war die Auflage innerhalb weniger Wochen restlos verkauft. Ein kleiner Teil dieses Erfolgs beruhte vielleicht auf der allgemeinverständlichen Darstellung jener sonderbaren Prozesse, die in unseren Werkstätten Einzug gehalten haben, und auf dem Bestreben, einen kurzen Überblick über die allgemeinen Prinzipien zu gewinnen, welche die Manufakturen dieses Landes bestimmen. Aber der Erfolg verdankte sich hauptsächlich der dominierenden Attraktivität des Themas und dem wachsenden Wunsch, mit den Beschäftigungen und den Interessen jener Leute bekannt zu werden, die sich in jüngster Zeit einen so großen politischen Einfluß erworben haben.

Mehr Aufmerksamkeit, als ich erwartet hatte, war dem zuteil geworden, was ich in der ersten Auflage über den Buchhandel gesagt habe. Als ich das Kapitel »Von den besonderen Kosten eines jeden Prozesses in einer Fabrik« [Kap. 21] begonnen hatte, hegte ich nicht die Absicht, auf dieses Thema anzuspielen, aber der Leser wird verstehen, daß ich in diesem Band, wo ich auch immer konnte, zur Illustration Beispiele verwendete, die für den Leser leicht nachvollziehbar waren und diesem Prinzip folgend, wählte ich zur Veranschaulichung diesen Band selbst. Als ich bei dem Kapitel »Über die Vereinigungen der Fabrikbesitzer gegen die Öffentlichkeit« [Kap. 31] ankam, war ich aus demselben Grund veranlaßt, eine Verbindung mit der Literatur herzustellen, was meiner Meinung nach sowohl moralisch als auch politisch falsch ist. Ich begann diese Untersuchung ohne das geringste Gefühl einer Feindseligkeit gegenüber diesem Gewerbe, und hege auch nicht irgendwelche Wünsche, die diesem nachteilig wären. Ich denke jedoch, daß eine vollständige Reform seines Systems zu seiner Nützlichkeit und seinem Ansehen beitragen würde. Da das Thema dieses Kapitels oft erörtert worden ist, habe ich es für richtig

---

[2] Ich hatte für diese Tatsache aus verschiedenen Bezirken Beweise; und in dem Wunsch, sie zu bestätigen, erbat ich selbst ein Exemplar im Laden eines angesehenen Buchhändlers, der sich wahrscheinlich nicht darüber im klaren ist, daß er selbst dessen Autor eines verweigerte.

erachtet, auf die verschiedentlich vorgebrachten Argumente näher einzugehen und meine Ansicht über ihren Gehalt kundzutun – und hier hätte ich das Thema fallenlassen sollen und es meinem allgemeinen Ruf gestatten sollen, mich gegen die Anspielungen bezüglich meiner Motive zu verteidigen – aber da die Äußerungen von einigen meiner Kritiker den Ruf einer anderen Person betreffen, halte ich es für nur zu richtig, einige Umstände zu nennen, die sie eindeutig widerlegen werden.

Herr Fellowes aus der Ludgate Street, der zuvor einige andere meiner Werke verlegt hatte, übernahm die Veröffentlichung der ersten Auflage des vorliegenden Werkes. Kurz vor seiner Fertigstellung, hielt ich es für richtig, seine Aufmerksamkeit auf das Kapitel zu lenken, in dem vom Buchhandel die Rede ist; um ihn zum einen mit meinen eigenen Darlegungen vertraut zu machen, und zum anderen, um mir sein Wissen bei der Korrektur versehentlicher, von den Fakten abweichender Fehler zunutze machen. Herr Fellowes war »hinsichtlich der Schlüsse, zu denen ich gekommen war, *vollkommen* anderer Meinung« und lehnte daraufhin die Veröffentlichung des Bandes ab. Hätte ich mich dann entschieden, bei einigen jener anderen Buchhändler vorzusprechen, deren Namen im Komitee ›Der Handel‹ erscheinen, so ist wahrscheinlich, daß sie ebenfalls die Veröffentlichung abgelehnt hätten; und hätte mein Interesse tatsächlich darin bestanden, Gründe gegen den Handel anzuführen, so hätte solch eine Vorgehensweise geholfen. Aber ich verfolgte kein solches Interesse; und, nachdem ich mir ein vollständiges Exemplar des *Gesamt*werks besorgt hatte, nahm ich Kontakt mit Herrn Knight aus der Pall Mall East auf, *den ich bis zu diesem Tag nie gesehen hatte, und mit dem ich zuvor nicht die geringste Verbindung gehabt hatte.* Ich ließ das Buch in den Händen von Herrn Knight und bat ihn, mich nach seiner Lektüre zu informieren, ob er dessen Veröffentlichung übernehmen würde. Er willigte ein, dies zu tun. Herr Knight ist daher für keine einzige Meinung im vorliegenden Band verantwortlich, da er ihn erst einige Tage vor der Veröffentlichung für kurze Zeit sah.

Es wurde gegen mich eingewendet, die *Geheimnisse des Handels* zu freizügig offengelegt zu haben. Die einzig *wahren Geheimnisse des Handels* sind Erfindungsreichtum, Rechtschaffenheit und Wissen. Für die Eigentümer dieser Werte kann eine Offenlegung niemals abträglich sein, und sie werden nie versäumen, Achtung und Reichtum zu produzieren.

Die Änderungen in der vorliegenden Auflage sind so zahlreich, daß es mir unmöglich schien, sie in einem Anhang zusammenzufassen. Aber die drei neuen Kapitel »Geld als Tauschmittel« [Kap. 14]; »Über ein neues Fabrikationssystem« [Kap. 26] und »Von der Wirkung der Maschinen auf die Herabsetzung der Nachfrage nach der Arbeit« [Kap. 32] werden in Kürze zum Nutzen der Käufer der Erstausgabe als eigenständige Kapitel gedruckt.

Ich bin geneigt, dem neuen System des Fabrikwesens einige Bedeutung beizumessen. Daher wage ich die Veröffentlichung dieses Buches in der Hoffnung, daß es von jenen, die das Thema am meisten interessiert, umfassend erörtert werden wird. Ich glaube, daß ein solches System, Fabriken zu leiten, die produktiven Kräfte jedes Landes, das es übernimmt sehr steigern würde; und daß aufgrund der größeren Intelligenz und der höheren Bildung der arbeitenden Klassen unser eigenes Land größere Möglichkeiten für seine Anwendung besitzt als andere Länder. Das System würde natürlich in irgendeiner großen Stadt mit dem Zusammenschluß von einigen der besonnensten und aktivsten Arbeiter beginnen; und wenn es sich als erfolgreich erweist, werden andere ihrem Beispiel folgen. Die kleinen Kapitalisten werden sich ihnen als nächstes anschließen, und diese Fabriken werden zu wachsen beginnen, bis der Wettbewerb die großen Kapitalisten zwingt, das gleiche System anzuwenden. Schließlich werden sich die Fähigkeiten *jedes* in dem Manufakturwesen beschäftigten Mannes auf ein Ziel konzentrieren – nämlich die Fertigkeit, einen guten Artikel zu einem so niedrig wie möglichen Preis zu produzieren – während die moralische Wirkung auf diese Klasse der Bevölkerung in höchstem Maße nützlich sein wird, da es dem Arbeiter ein Zeugnis von weit größerem Wert ausstellen wird, als dies zum gegenwärtigen Zeitpunkt der Fall ist.

Einer Kritik gegenüber, die gemacht wurde, ist dieser Band sehr aufgeschlossen. Ich habe das wichtige Thema der Patentgesetze mit einigen Zeilen abgetan. Das Thema beinhaltet meiner Meinung nach große Schwierigkeiten, und ich bin darauf widerwillig eingegangen, weil ich keine Möglichkeit dafür sehe. Ich weise nur hier auf eine Schwierigkeit hin. Woraus besteht eine Erfindung? Wenige einfache mechanische Vorrichtungen sind neu, und die meisten Kombinationen können als eine Art betrachtet und unter Klassen von mehr oder weniger Allgemeingültigkeit klassifiziert werden; und folglich, je nach dem mechanischen Kenntnissen der Person, die ihre Meinung äußert, als alt oder neu bezeichnet werden.

Manche meiner Kritiker haben ihre Leser mit den abenteuerlichen Tabellen amüsiert, die ich gelegentlich hingeworfen habe, und ich habe manchmal selbst mit ihnen gelächelt. Vielleicht wäre es für den gegenwärtigen Ruf klüger, nur tief durchdachte Pläne anzubieten, aber ich denke nicht, daß auf diese Art das Wissen besonders gefördert wird; solche Funken mögen die Energien anderer, für die Durchführung der Untersuchungen besser geeigneterer Geister entzünden. Demgemäß habe ich es jetzt gewagt, einige Spekulationen über die Methode, wie man Schmelzöfen zur Verhüttung von Eisen entfacht; und, sogar wenn man annimmt, sie seien verstiegen, so ist es doch einigermaßen wichtig, die Aufmerksamkeit großer, mit einer unserer zahlreichsten Erzeugnisse beschäftigten Bevölkerungsteile auf die Tatsache zu lenken, daß vier Fünftel der zum Entzünden ihrer Schmelzöfen benutzten Dampfkraft sie eigentlich abkühlt.

Ich habe mich einigermaßen bemüht, die Kritiken der ersten Auflage dieses Werkes zu sammeln[2] und habe mir viele Informationen, die mir von meinen Freunden zur Verbesserung des vorliegenden Bandes überreicht wurde, zunutze gemacht. Wenn ich auszudrücken erfolgreich gewesen bin, was mit solcher Deutlichkeit zu erklären ich mich bemüßigt fühlte, so bin ich mir bewußt, daß ich viel von dieser Klarheit meinem Freund, Dr. Fitton, verdanke, dem sowohl die vorliegende als auch die frühere Auflage in dem Maße für Prüfung und Korrektur verpflichtet sind, wie ein Autor sie selbst zu besorgen selten die Kraft hat.

22. November 1832

---

[3] Einige davon werden meiner Aufmerksamkeit sicherlich entgangen sein, und ich schulde all jenen Dank, die meinen Verleger über zukünftige Anmerkungen informieren.

Erwiderung auf Herrn Babbage*

Herr Babbage hat im Vorwort zur zweiten Auflage seines Werkes, *On the Economy of manufactures*, bemerkt, daß die Buchhändler »den Verkauf, anstatt ihn zu unterstützen, verhindert hätten«. Eine Erwiderung erscheint nötig und die folgende Liste der von einigen aus der Branche auf Spekulation gekauften Exemplare der ersten Ausgabe wird beweisen, daß diese Behauptung jeglicher Wahrheit entbehrt.

Messrs. Simkin & Co	460	Messrs. J. and A. Arch	12
Messrs. Longman & Co	450	Messrs. Parbury & Co	12
Messrs. Sherwood & Co	350	Mr. Groombridge	25
Messrs. Hamilton & Co	50	Messrs. Rivington	12
Mr. James Duncan	125	Mr. W. Mason	50
Messrs. Whittaker & Co	300	Mr. B. Fellowes	25
Messrs. Baldwin & Co	75		
Mr. Effingham Wilson	6		
Mr. J.M. Richardson	25	Gesamt	1977

Die Anzahl der am Tag der Erscheinung von denselben Buchhändlern gekauften Exemplare der *zweiten* Auflage von Herrn Babbages Werk wird darüber hinaus beweisen, daß sie nicht von den unlauteren Motiven ausgelöst wurden, die Herr Babbage ihnen unterstellt, und dient ihrer Rechtfertigung gegenüber einer gleichermaßen ungerechtfertigten wie unverdienten Beschuldigung.

Messrs. Simpkin & Co	500	Mr. Effingham Wilson	25
Messrs. Longman & Co	250	Messrs. J. and A. Arch	25
Messrs. Sherwood & Co	100	Mr. Groombridge	25
Messrs. Hamilton & Co	50	Messrs. Rivingtons	25
Mr. James Duncan	100	Mr. W. Mason	50
Messrs. Whittaker & Co	200		
Messrs. Baldwin & Co	25	Gesamt	1375

---

* Diese »Erwiderung auf Herrn Babbage« ist nicht Teil des Originalwerkes, sondern wurde von einigen Buchhändlern in die zweite Auflage eingefügt [Anm. des Herausgebers].

Vorwort zur dritten Auflage

In dieser dritten Auflage sind nur wenige Änderungen vorgenommen worden und auch die Hinzufügungen sind nicht sehr umfangreich. Das einzige Thema, über welches es vielleicht nötig wäre, eine Anmerkung zu machen, ist eines, welches vielleicht schon größeren Raum einnimmt, als es verdient.

Kurz nach der Veröffentlichung der zweiten Ausgabe erhielt ich einen anonymen Brief, der eine gedruckte Seite mit der Überschrift »Erwiderung auf Herrn Babbage« enthielt; und ich war bald informiert, daß viele der angesehensten Häuser des Buchhandels dieses Papier in jedes verkaufte Exemplar meines Werkes einfügten.

In der ersten Ausgabe hatte ich, wie ich meinte zu Recht, eine Vereinigung zwischen den größeren Buchhändlern getadelt, die den Preis der Bücher über dem Niveau halten, auf den ihn der Wettbewerb sonst natürlicherweise drücken würde, und ich verwies auf das Übel und die Unterdrückung, die dadurch hervorgerufen werden.

Von den zahlreichen Kritikern, die sich zu dem Thema äußerten, hat kaum einer versucht, das Monopol zu verteidigen; und diejenigen, welche meine Schlußfolgerungen bestreiten, haben nie die Genauigkeit auch nur einer einzigen Zahl in den Behauptungen angezweifelt, auf denen sie beruhen.

Ich habe der »Erwiderung« folgende Beispiele entnommen:

Liste der auf Bestellung bei einigen aus dem Gewerbe auf Spekulation gekauften Exemplare.

	Wie angegeben von den Buchhändlern	*Tatsächliche Zahl der auf Spekulation . vorbestellten Exemplare*
Messrs. Simpkin & Co	460	100
Messrs. Longman & Co	450	50
Messrs. Sherwood & Co	350	50
Messrs. Hamilton & Co	50	8
Mr. James Duncan	125	25
Messrs. Whittaker & Co	300	50
Messrs. Baldwin & Co	75	25
Mr. Effingham Wilson	6	6
Mr. J.M. Richardson	25	25

	Wie angegeben von den Buchhändlern	Tatsächliche Zahl der auf Spekulation . vorbestellten Exemplare
Messrs. J. and A. Arch	12	6
Messrs. Parbury & Co	12	12
Mr. Groombridge	25	6
Messrs. Rivington	12	12
Mr. W. Mason	50	25
Mr. B. Fellowes	25	25
Gesamt	1977	425

Obwohl er nicht ausdrücklich erklärt hat, daß diese 1977 Exemplare *abonniert* waren, hat der Autor der »Erwiderung« aufgrund dieser Erklärung bei der Öffentlichkeit trotzdem diese Schlußfolgerung zugelassen, und dies wirklich dadurch suggeriert, indem er behauptete, daß diese Anzahl von Exemplaren *auf Spekulation gekauft* wurde, eine Aussage, welche vollkommen wahr wäre, wenn die gesamte Anzahl auf einmal und vor allem *tatsächlich* gekauft worden wäre.

Nach dem Lesen des Papiers schrieb ich daher meinem Verleger, um ein Exemplar von der *Subskriptions-Liste* zu erhalten, von welcher die bei obigem Auszug angefügte Spalte entnommen wurde.

Am Tag nach der Veröffentlichung stieg die Nachfrage für die »Ökonomie der Manufaktur« rapide und regelmäßig an, bis die gesamte Auflage verkauft war.

Deshalb kann dort kein Anspruch vorliegen, zu behaupten, daß jedes danach entnommene Exemplar *auf Spekulation* gekauft wurde – sie wurden auf Verlangen des Publikums gekauft. Die ersten beiden Häuser auf der Liste *abonnierten* zum Beispiel 150, und wenn sie ihre Bestellisten veröffentlichen werden, wird die Welt in der Lage sein zu beurteilen, ob sie die restlichen 760 Exemplare *auf Spekulation* nahmen.

Ich habe bei den Namen der fünf Häuser, deren Zahlen von den *auf Spekulation* gekauften Büchern korrekt angegeben sind, ein Sternchen gemacht.

Ich sollte hier noch richtigerweise hinzufügen, daß die Verzögerung, die viele beim Kauf dieses Bandes erlebt haben, aus der unerwarteten Schnelligkeit des Verkaufs beider Ausgaben entstanden sind. Ich habe dementsprechend Vorkehrungen getroffen, damit keine derartigen Enttäuschungen mehr auftreten werden.

Das Hauptproblem, und für die Öffentlichkeit das einzig wichtige, ist diese Vereinigung, und die Buchverkäufer haben zu ihrer Verteidigung nichts vorzubringen. Die Prinzipien des »freien Handels« und die Wichtigkeit, Informationen für wenig Geld zu verbreiten, sind nun zu gut bekannt, um das Ergebnis dieser Vereinigung zu bezweifeln; und der weiseste Weg in allen solchen Fällen ist ein rechtzeitiges Entgegenkommen an die öffentliche Meinung. Ich sollte das Thema nun als erledigt betrachten, ohne Angst haben zu müssen, daß meine Motive, dafür Aufmerksamkeit zu erregen, falsch verstanden werden könnten, und ich hoffe, daß die Tatsachen, welche ich vorgebracht habe, das Interesse am Wissen voranbringen möge.

Dorset Street
Manchester Square
11. Februar 1833

Vorwort zur vierten Auflage

Die jetzige Auflage beinhaltet, abgesehen von wenigen Änderungen im Text, einige Anmerkungen, die ich der deutschen Übersetzung von Dr. Friedenberg, veröffentlicht in Berlin im Jahre 1833, schulde.

Obwohl ich nicht anders als höchst geschmeichelt über die zahlreichen Übersetzungen sein kann, welche von der »Ökonomie der Maschine« angefertigt wurden, so erlaube ich mir anzumerken, daß so wenige von ihnen Anmerkungen, Kritik oder Ergänzungen zum Werk selber hinzugefügt haben. In fast jedem Land werden eigentümliche Verfahren praktiziert, die den mechanischen Teil des Werkes hätten veranschaulichen können; und die Bestätigung oder Widerlegung dieser ökonomischen Grundsätze, die ich als die regulierende Kraft für Handel und Manufakturwesen dargelegt habe, ist bedeutsam für das Wohlergehen aller.

Die Übersetzung, auf die ich verwiesen habe, stellt eine Ausnahme dar, und gewinnt noch zusätzlich Wert durch die erhellenden Sichtweisen, die in dem Vorwort von Herrn Kloden und in den Anhängen entwickelt wurden, von denen ich einige in mein jetziges Werk übernommen habe. Ein ausführliches Register ist diesem Werk hinzugefügt, das, wie ich hoffe, dem Werk nützlicher ist als ein Literaturverzeichnis.

14. Januar 1835

Erster Abschnitt

Über die mechanischen Prinzipien

Einleitung

Der Zweck des vorliegenden Werkes ist es, sich mit den aus dem Gebrauch von Werkzeugen und Maschinen entstehenden Wirkungen und Vorteilen auseinanderzusetzen; ihre verschiedenen Wirkungsweisen zu klassifizieren; endlich, zu untersuchen, wodurch die Einführung von Maschinen, die an die Stelle der Geschicklichkeit und der Kraft des menschlichen Armes treten könnte, veranlaßt werden, und was für Folgen diese Substituierung gehabt hat.

Was zunächst unsere Aufmerksamkeit beschäftigen wird, ist ein Überblick des mechanischen Teils unseres Gegenstandes; diesen werden wir daher im ersten Abschnitt des Werkes abhandeln. Das erste Kapitel dieses Abschnitts wird Bemerkungen über die allgemeinen Quellen enthalten, von denen die Vorteile der Maschinen entlehnt sind; hierauf folgt in den nächsten neun Kapiteln eine ausführliche Untersuchung weniger allgemeiner Prinzipien. Das elfte in zahlreiche Unterabteilungen zerfallende Kapitel ist bedeutsam wegen der darin vorkommenden Klassifizierung derjenigen Künste, bei welchen das Kopieren eine so große Anwendung findet. Mit dem zwölften Kapitel, das einige Anleitungen für diejenigen enthält, welche Fabriken beobachten, schließt der erste Abschnitt.

Den zweiten Abschnitt eröffnet ein Kapitel über die Verschiedenheit zwischen *Machen* und *Fabrizieren*; in den darauffolgenden Kapiteln werden verschiedene Fragen über den Einfluß der Manufakturen auf den Staatshaushalt überhaupt und über ihr Verhältnis zu ihm abgehandelt. Es stellte sich indessen bald zwischen dieser allgemeinen Beziehung der Fabriken und ihrem inneren Betrieb* eine so genaue Verbindung heraus, daß beides sich nicht füglich voneinander trennen ließ. Das Kapitel, welches diesen Abschnitt und das Werk schließt, handelt von den künftigen Aussichten des mit der Wissenschaft vereinten Fabrikwesens.

---

* (Anm. der dt. Übersetzung von 1833 [vgl. dazu die editorische Vorbemerkung]): Das Verhältnis der Fabriken zum Staatshaushalt nennt der Verfasser ihre *political economy*, den inneren Betrieb derselben aber ihre *interior* oder *domestic economy*.

ERSTES KAPITEL

Quellen, aus denen die Vorteile, welche Maschinen und Manufakturen gewähren, herzuleiten sind

§ 1. Es gibt vielleicht keinen einzigen Umstand, der England eigentümlicher wäre, und es vor allen anderen Ländern auf eine merkwürdigere Weise auszeichnete, als der große Umfang und die Vollkommenheit seiner Werkzeuge und Maschinen zur Verfertigung jener in so bedeutenden Quantitäten von beinahe jeder Gesellschaftsklasse konsumierten Bedürfnisse. Kaum vermag die Einbildungskraft es zu erfassen, wieviel geduldiges Nachdenken, wieviele wiederholte Versuche, welche glücklichen Anstrengungen des Genies erforderlich waren, um unser Fabrikwesen von seinen ersten Anfängen zu seiner gegenwärtigen Stufe der Vollkommenheit zu erheben. Blicken wir in unseren Wohnzimmern umher, wandern wir durch die Räume der für jeden nur wünschbaren Bequemlichkeits- oder Luxusartikel in den belebten Straßen unserer größeren Städte sich drängenden Kaufhäuser, so wird sich uns in der Geschichte jedes einzelnen Artikels, jeder einzelnen Erfindung, eine Reihe von mißlungenen Versuchen darstellen, welche, unermüdlich fortgesetzt, allmählich zur Vollendung hingeführt haben, so werden wir in der Anfertigung selbst des Unbedeutendsten unter denselben Prozesse bemerken, welche teils durch ihre Einfachheit unsere Bewunderung erregen, teils durch das Unerwartete ihrer Resultate unser Nachdenken beschäftigen.

§ 2. Aber das mühsame Sammeln von Erfahrungen und Kenntnissen, durch welches die Schwierigkeiten der Fabrikatserzeugung vermindert werden, ist nicht dem ursprünglichen Land allein wohltätig gewesen: auch entfernte Reiche genießen die Vorteile davon. Die üppigen Bewohner des Ostens[4], sowie die roheren Eingeborenen der afrikanischen Wüste, haben beide unseren Webstühlen manches zu verdanken. Ja, unsere Manufakturprodukte sind selbst unseren unternehmendsten Reisenden vorangegangen.[5] Auf britischen Schiffen wird die indische Baumwolle von der Süd-

---

[4] Die Bandana-Tücher, welche zu Glasgow fabriziert werden, haben längst die echten verdrängt, und sowohl die Inder als auch die Chinesen konsumieren große Quantitäten davon. – Crawford's Indian Archipelago Bd. III, S. 505.

[5] Bei Gelegenheit seines Besuchs am Hofe des Sultans Bello erzählt Kapitän Clapperton: »Die Speisen von des Sultans Tafel wurden mir regelmäßig auf zinnernen, mit dem Londoner Stempel versehenen Tellern zugeschickt; ja, ich erhielt einmal ein Gericht in einem weißen Waschnapf von englischer Arbeit.« Clapperton's Journey, S. 88.

hälfte unserer Erdkugel nach England transportiert, um in den geschickten Manufakturen Lancashires gewebt zu werden. Aufs neue setzt britisches Kapital sie in Bewegung, und nach denselben Ebenen, denen sie entsprossen, zurückgeführt, kaufen die Herren des Bodens sie zu einem wohlfeileren Preis wieder an, als der, zu welchem selbst ihre roheren Maschinen das Fabrikat zu liefern imstande sind.[6]

§ 3. Die große Anzahl der in diesem Land im Verhältnis zu der übrigen Bevölkerung in Fabriken Beschäftigten, geht aus folgender, einer Abhandlung über die Verteilung des Reichtums von dem Geistlichen R. Jones entlehnten Tabelle hervor:

Für jedes Hundert Ackerbauender Individuen gibt es

	Ackerbauende	Nicht-Ackerbauende
in Bengalen	100	25
in Italien	100	31
in Frankreich	100	50
in England	100	200

Die Tatsache aber, daß die Anzahl der Nicht-Ackerbauenden in England beständig zunehme, wird teils aus dem im Juli 1830 dem Unterhaus vorgelegten Kommissional-Bericht über die Beschäftigung von Fabrikarbeitern, teils aus den noch späteren Ergebnissen der letzten Volkszählung deutlich. Aus der letzteren ist die angefügte Tabelle über die Zunahme der Bevölkerung in unseren großen Manufakturstädten entnommen.

Bevölkerungszuwachs nach dem Hundert

Ortschaften	1801-11	1811-21	1821-31	Gesamt
Manchester	22	40	47	151
Glasgow	30	46	38	161
Liverpool[7]	26	31	44	138
Nottingham	19	18	25	75
Birmingham	16	24	33	90
Großbritannien	14,2	15,7	15,5	52,5

In den drei zehnjährigen Perioden also, in denen jeweils die Bevölkerung des Landes überhaupt um ungefähr 15 Prozent gewachsen ist, oder um

---

[6] In Calicut in Ostindien – woher das Baumwollzeug *Calico* seinen Namen hat – beträgt der Arbeitslohn nur ein Siebenteil des englischen, und dennoch sind es die britischen Webstühle, welche den dortigen Markt versehen.

[7] Obgleich Liverpool selbst keine Manufakturstadt ist, so haben wir es doch in diese Liste mit aufnehmen zu müssen geglaubt – wegen seines starken Verkehrs mit Manchester, dessen Hafen es ist.

beinahe 52 Prozent in der Gesamtperiode von dreißig Jahren, ist die Bevölkerung dieser Städte durchschnittlich um 132 Prozent gestiegen. Nach dieser Angabe ist jeder weitere Beweis, wie wichtig es für das Wohl dieses Landes sei, daß seine Manufaktur-Angelegenheiten genau gekannt und sorgfältigst berücksichtigt werden, überflüssig.

§ 4. Die dem Maschinen- und Fabrikwesen entspringenden Vorteile sind hauptsächlich aus folgenden drei Ursachen herzuleiten: *aus der durch sie bewirkten Erweiterung der menschlichen Kraft; aus der Zeitersparnis, welche dadurch erzielt wird; aus der Verwandlung scheinbar gemeiner und nutzloser Substanzen in schätzbare Produkte.*

§ 5. *Erweiterung menschlicher Kraft.* Bei Erwähnung dieser ersten Ursache bieten sich wohl einem jeden zunächst die vom Wind, vom Wasser und vom Dampf entlehnten Kräfte dar; es sind dies allerdings Erweiterungen der menschlichen Kraft, und wir werden sie später einer näheren Betrachtung unterwerfen. Indessen gewinnt die menschliche Kraft auch aus anderen Quellen Zuwachs, durch welche es dem einzelnen möglich wird, mit weit größerer Wirksamkeit zu arbeiten, als wenn ihm solche Unterstützungen fehlten, und auf diese werden unsere gegenwärtigen Bemerkungen sich beschränken. Die Errichtung von Palästen, Tempeln und Grabmälern scheint die früheste Aufmerksamkeit der Nationen beschäftigt zu haben, sobald sie in das Stadium der Zivilisation eingetreten waren. Noch jetzt erregen die ungeheuren Steinblöcke, die aus den ihnen von der Natur angewiesenen Orten nach jenen hinbewegt worden sind, wo sie der Prachtliebe oder Frömmigkeit der Erbauer dienen sollten, das Staunen der Nachwelt, nachdem die Zwecke vieler dieser Monumente samt den Namen ihrer Gründer längst der Vergessenheit anheimgefallen sind. Die zur Fortbewegung dieser schweren Massen nötigen Kräfte werden verschieden gewesen sein, je nach den verschiedenen Graden des mechanischen Wissens bei dem Volk, welches den Transport bewirkte; daß aber der zu solchen Zwecken erforderliche Umfang von Kraft unter verschiedenen Umständen ein sehr verschiedener sei, ist aus dem folgenden, von Herrn Rondelet in *Sur l'Art et Bâtir* dargestellten Experiment ersichtlich. Zum Gegenstand des Experiments diente ein viereckiger Steinblock:

		Pfund
1.	Gewicht des Steins	1080
2.	Um diesen Stein auf der rauh gemeißelten Sohle des Steinbruches fortzuschaffen, war eine Kraft erforderlich gleich	758
3.	Denselben Stein über eine Bretterfläche fortzubewegen, erforderte	652
4.	Ihn auf einem hölzernen Gestell über eine Bretterfläche fortzubewegen, erforderte	606
5.	Nachdem man beide Holzoberflächen, die sich berührten, mit Seife eingerieben hatte, war noch erforderlich	182

6. Jetzt legte man den Stein auf Walzen von drei Zoll Durchmesser, und es waren zur Fortbewegung desselben über die Steinbruchfläche nur noch nötig   34
7. Auf dieselbe Weise über die Bretterfläche   28
8. Endlich, auf dem hölzernen Gestell, mit den nämlichen Walzen um über eine Bretterfläche den Stein fortzubewegen, erforderte nicht mehr als eine Kraft gleich   22

Aus diesem Versuch ergibt sich, daß die Kraft, welche erforderlich ist, um einen Stein über die rauhgemeißelte Fläche seines Bruches fortzubewegen, fast zwei Drittel seines Gewichts gleichkommt; ihn über eine hölzerne Fläche fortzubewegen, drei Fünftel; mittelst Holz und auf Holz, fünf Neunteile; wenn die hölzernen Oberflächen mit Seife eingerieben sind, einem Sechstel; wenn Walzen auf der Steinfläche gebraucht werden, einem Zweiunddreißigstel; wenn sie auf Holz gehen, einem Vierzigteile; und wenn sie zwischen zwei hölzernen Flächen gehen, einem Fünfzigteile des Gewichts des Steins.

Jeder Zuwachs an Kenntnis, jede Erfindung eines neuen Werkzeugs, vermindert die menschliche Arbeit. Der Erfinder der Walze hat ein Werkzeug erfunden, das seine Kraft verfünffachte. Der, welcher zuerst auf den Gedanken geriet, Seife oder Fett anzuwenden, war dadurch sogleich in Stand gesetzt, ohne größere Anstrengung ein dreimal größeres Gewicht fortzubewegen als vorher.[8]

§ 6. *Zeitersparnis* ist der zweite Vorteil, welchen der Gebrauch von Maschinen in Fabriken gewährt. Diese Wirkung ist so durchgreifend und so wichtig, daß fast sämtliche Vorteile sich unter diese eine Rubrik bringen ließen, wenn es uns um eine Verallgemeinerung zu tun wäre. Doch führt die Erläuterung von minder durchgreifenden Tatsachen zu einer genaueren Kenntnis des Gegenstandes, und da der Leser in der Folge zahlreiche Beispiele finden wird, so werden wir unsere Erklärungen um so kürzer zusammenfassen können.

Als Beispiel der Zeitersparnis verdient die Anwendung des Schießpulvers zum Sprengen der Felsen hervorgehoben zu werden. Eine Summe, die sich durch die Arbeit weniger Tage erwerben läßt, reicht zum Ankauf mehrerer Pfund Pulver hin; dieses aber zu dem erwähnten Zweck benutzt, bringt häufig Wirkungen hervor, welche auf andere Weise, selbst mit den besten Werkzeugen, viele Monate erfordern würden.

Die Dimensionen eines der aus den Brüchen gesprengten Kalksteinblöcke, die zur Erbauung des Steindamms zu Plymouth gebraucht wurden,

---

[8] So einleuchtend ist die Verminderung der Friktion durch Fett, daß zu Amsterdam die Führer von schwerbeladenen Schlitten einen von Talg durchsogenen Strick zur Hand haben, über den sie von Zeit zu Zeit den Schlitten gehen lassen, um seine untere Fläche geschmeidig zu machen.

waren 26½ Fuß Länge, 13 Fuß Breite und 16 Fuß Höhe. Diese Masse, welche über 4800 Kubikfuß enthielt und über 400 Tonnen schwer war, wurde in drei Malen gesprengt. Die ersten Male lud man jedesmal 50 Pfund Pulver in ein 13 Fuß tiefes Loch, dessen Bohrung oben 3 Zoll, unten 2½ Zoll betrug; sodann lud man 100 Pfund in den durch die zwei ersten Sprengungen bewirkten Riffs. Jedes Pfund Pulver trennte vom Felsen eine Masse von 2 Tonnen Gewicht, also 4500mal so viel als sein eigenes Gewicht. Die Kosten an Pulver waren à 6 £ das Pfund, 7½ d.; das Bohren beschäftigte 2 Arbeiter anderthalb Tage und kostete ungefähr 9 s. und der Wert des in dieser Zeit hergestellten Produktes betrug 45 £.

§ 7. Die einfache Vorrichtung von zinnernen Sprachröhren, wodurch man in weitläufigen Fabrikgebäuden, ohne sich von seiner Stelle zu bewegen, Anordnungen nach den entferntesten Teilen des Gebäudes befördert, gewährt eine bedeutende Zeitersparnis. Aber nicht bloß auf Fabriken und Läden, sondern auch auf Privathäuser ließe sich dieses Kommunikationsmittel mit dem zweifachen Nutzen anwenden, daß dadurch nicht allein die Domestiken und Arbeiter, um Befehle zu empfangen, des wiederholten Laufens enthoben werden, sondern daß auch die Herrschaft manchen kleinen Auftrag erteilen kann, den sie jetzt, aus Besorgnis, die Bedienten zu oft den Weg zu sich hinauf zu bemühen, lieber gar nicht gibt. Bis jetzt ist noch nicht ermittelt, wie weit dieses Kommunikationsmittel sich ausdehnen lasse, und doch wäre es sehr wünschenswert. Angenommen, daß es zwischen London und Liverpool möglich wäre, so würden ungefähr 17 Minuten verstreichen, ehe dasjenige Wort – in das eine Ende gesprochen – das andere Ende erreichen würde.

§ 8. Die Kunst, mittelst des Diamanten Glas zu schneiden, hat innerhalb weniger Jahre eine sehr wichtige Verbesserung erfahren. Vor zwanzig Jahren noch war es für einen Glaserlehrburschen sehr schwer, sich beim Gebrauch des in einen konischen Stift gefaßten Diamanten Sicherheit zu erwerben, ja viele handhaben ihn noch sehr mittelmäßig, selbst nach überstandener siebenjähriger Lehrzeit. Die Schwierigkeit lag nämlich darin, den rechten Winkel, mit welchem der Diamant schneidet, zu finden, und wenn er gefunden war, ihn mit der gehörigen Neigung über die Glasscheibe zu führen. Mittelst eines verbesserten Instruments läßt sich gegenwärtig fast der ganze Zeit- und Glasaufwand, den damals das Erlernen dieser Fertigkeit gekostet hat, ersparen. Man faßt den Juwel in ein viereckiges Stückchen Messing so, daß seine scharfe Kante mit einer der Vierecksseiten fast parallel zu stehen kommt. Jetzt wird von jemand, der sich auf den Gebrauch des Instruments versteht, die eine Seite des Messings so lange weggefeilt, bis er nach wiederholten Versuchen findet, daß der Diamant, wenn seine scharfe Kante längs einem Lineal geführt wird, einen reinen Einschnitt macht. Nun wird der Stein mit seiner messingenen Einfassung mittelst eines eine geringe Winkelbewegung zulassenden Wirbels an einen bleistiftähnlichen Griff befestigt. Auf diese Weise kann selbst der Anfänger ohne weiteres den schneidenden Winkel treffen. Er braucht bloß mit dem Messing am Lineal entlang zu ziehen; ja, das Stück, welches er in der Hand hält, mag selbst ein wenig von dem gewünschten Winkel abweichen, es teilt der Lage des Diamanten keine Unregelmäßigkeit mit, der selten – so gebraucht – seine gehörige Funktion verfehlt.

Eine sonderbare Tatsache ist die Verschiedenheit der Härte des Diamanten je nach den verschiedenen Richtungen. Ein erfahrener scharfsinniger Arbeiter erzählte mir, daß er Zeuge war, wie ein Diamant auf einer gußeisernen Fläche mit Diamantenstaub drei Stunden lang gerieben wurde, ohne daß das Geringste sich abschliff, wie aber, als man seine Richtung in bezug auf die reibende Scheibe änderte, das Abschleifen derselben Kante ohne große Schwierigkeit vor sich ging.

§ 9. *Benutzung von Stoffen geringen Wertes.* Die von Goldschlägern benutzten Häute werden vom Abfall der Tiere gemacht. Pferde und Rinderhufe und andere sonst unbrauchbare hornartigen Stoffe werden bei der Verfertigung von blausaurem Eisenkali gebraucht, jenem schönen, gelben, kristallisierten Salz, welches in manchen Apotheken zu sehen ist.

Wenn an den verbrauchten Kesseln, Zinn- und Eisengeräten unserer Küchen die Kunst des Kesselflickers schon nutzlos wird, so sind sie immer noch nicht völlig wertlos. Zuweilen sehen wir einen mit alten zinnernen Geräten und abgenutzten Kasserollen beladenen Wagen durch die Straßen ziehen. Die Ladung hat ihre nützliche Laufbahn noch nicht vollendet: die weniger verrosteten Teile werden in lange Streifen geschnitten, mit kleinen Löchern durchhöhlt und mit einem groben schwarzen Firnis überzogen, in welcher Gestalt der Koffermacher sie zur Befestigung der Ränder und Ecken seiner Kisten benutzt. Was dieser nicht brauchen kann, geht zu den chemischen Fabrikanten in den Vorstädten, welche mit diesem alten Metall, verbunden mit Holzessig, eine schwarze Farbe bereiten, die in den Kattundruckereien gebraucht wird.*

---

* (Anm. der dt. Übersetzung. Diese Passage hat Babbage selbst später in eine der weiteren Auflagen aufgenommen.): Der Verfasser spricht in diesem Paragraph von der Benutzung der Stoffe geringen Werthes. Als ein interessantes Beispiel hierzu erlauben wir uns, aus einem, von dem Medizinalrath Herrn Professor Dr. Burdach in der physikal.-ökonom. Gesellschaft zu Königsberg gehaltenen Vortrage über die Abdeckerei in Paris [Preußische Provinzial-Blätter. Von dem Vereine zur Rettung verwahrloseter Kinder zu Königsberg, Bd, IX, S. 21f.] folgenden Auszug hier mitzuteilen:
Im Jahr 1816 errichtete der Sohn des berühmten Cadet de Vaux eine Abdeckerei, in welcher er die Erfindungen der neuern Zeit zur Benutzung der Körpertheile todther Thiere anwendete, und ein anderer Chemiker, namens Foucques, bereitete aus dem Fleisch, den Knochen und Eingeweiden derselben verschiedene Seifen, Laugen und Thierfutter. Noch mehr Gewinn ziehen aber gegenwärtig die großen Abdeckereien todter Pferde zu Montfaucon auf einer Anhöhe im Norden von Paris. Hier befinden sich zwei Anstalten, von denen die eine Privateigenthum eines gewissen Dusaussois ist, die andere

§ 10. *Werkzeuge.* Zwischen einem *Werkzeug* und einer *Maschine* läßt sich keine scharfe Grenzlinie ziehen; auch bedarf es einer solchen nicht bei

---

aber von verschiedenen Abdeckern gemeinschaftlich benutzt wird. Es werden theils todte Pferde dahin gebracht, theils unbrauchbar gewordene lebend hingeführt und erstochen.

1) Man schneidet zuerst die Mähnen und Schweifhaare ab. Der Ertrag hiervon ist nur gering, da die langen, zum Weben von Zeugen brauchbaren Haare meist schon fehlen. Daher ist nur auf ¼ Pfd. Pferdehaare zu rechnen, das Pfd. zu 4½ Sgr. verkauft wird. Der Ertrag von einem Pferde ist demnach nur auf 1 Sgr. zu schätzen.

2) Dann wird die Haut abgezogen, zusammengelegt und noch frisch an die in der Nähe wohnenden Gerber verkauft. Sie wiegt gewöhnlich einige 60 Pfd. und wird mit 3 bis 4 Thlr. bezahlt.

3) Das Blut läuft unbenutzt auf die Erde und vermehrt den unsäglichen Schmutz, den man in Montfaucon findet. Sammelte man es in Rinnen, so könnte es als Viehfutter, Düngungsmittel und der davon präparirte Cruor in den Zuckerraffinerien, welche 100 Pfd. dieses Präparats mit 25 Sgr. bezahlen, benutzt werden. Hühner, Enten, Tauben und besonders Truthühner fressen das Blut sehr gerne und werden sehr schnell fett dabei. Der widrige Geschmack, den ihr Fleisch davon bekommt, verliert sich, wenn man sie 2 oder 3 Tage vor dem Schlachten mit Körnern futtert. Hühner, bloß mit Blut gefüttert, legen Eier ohne Kalkschale, wenn sie nicht nebenbei nur etwas Getreide erhalten. – Zur Benutzung als Düngungsmittel, wo es an Mist fehlt, muß das Blut erst getrocknet werden, wozu es in Paris eigene Fabriken gibt. Diese versenden davon große Quantitäten ins Ausland, namentlich nach Amerika; 100 Pfd. kosten in Paris 3 Thlr., der Transport nach Amerika eben so viel, und doch finden die dortigen Landwirte noch ihren Vortheil dabei. Man kann von einem Pferde auf 20 Pfd. getrocknetes Blut rechnen, welches für 18 Sgr. zu verkaufen ist.

4) Von todten Pferden werden in Montfaucon die Hufeisen abgenommen und entweder als noch tauglich, oder als altes Eisen verkauft. Auch die dabei ausgezogenen Nägel werden gesammelt und namentlich in den Provinzen verkauft. Der Ertrag ist im Durchschnitt 2 Sgr. vom Pferde.

5) Die abgeschnittenen Füße trocknet man und schlägt dann mit ihnen auf einen festen Körper, damit die Hufe abspringen. Im Winter läßt man die Füße in Haufen liegen, bis sich die Hufe durch Fäulnis ablösen. Man verkauft dieselben theils an Horndrechsler und Kammmacher, theils an Fabrikanten von Ammoniaksalz und Berlinerblau und löset ungefähr 15 Sgr. daraus, wenn sie geraspelt sind.

6) Das Fett wird sehr sorgfältig gesammelt. Zuerst schneidet man das aus, welches auf und zwischen den Muskeln sitzt, legt diese dann einzeln auf den Tisch, um jedes Fettkörnchen auszuschälen und löset endlich das von den Eingeweiden ab. Das gesammelte Fleisch wird in kleine Stückchen geschnitten und geschmolzen; die dabei abgeschäumten Grieben wirft man zur Verstärkung der Flamme ins Feuer. – Das Pferdefett wird, weil es sehr gleichmäßig brennt und mehr Hitze, als Oel gibt, von Emailleurs, Perlenfabrikanten, überhaupt von Leuten, die Glas im Lampenfeuer bearbeiten, sehr gesucht; auch wird es zum Einschmieren von Pferdegeschirr, Schuhleder etc., so wie zur Seifenfabrikation und zur Gasbereitung für Erleuchtung benutzt. Das Pfd. wird mit 5 Sgr. bezahlt; im Durchschnitt ergibt ein Pferd 8 Pfd., im Werthe von 1 Thlr. 10 Sgr.; sehr wohlgenährte Pferde geben aber bis an 60 Pfd., also für 10 Thlr.

7) Das Fleisch dient erstlich den Arbeitern in der Abdeckerei zur Nahrung, wozu sie sich die besten Stücke auswählen und schmackhaft zubereiten. Sodann wird es zur Fütterung von Hunden, Katzen, Schweinen und Hühnern verwendet. Endlich wird es als Düngungsmittel und zur Fabrikation von Berlinerblau benutzt. Ein Pferd hat 300 bis 400 Pfd. Fleisch, welches, auf diese Art benutzt, einen Ertrag von 10 bis 13 Thlr. giebt.

8) Die Flechsen werden von den Muskeln abgeschnitten; die kleineren frisch an die Leimsieder verkauft, die stärkern getrocknet und in großen Partien versendet. Ein Pferd giebt ungefähr 1 Pfd. getrockneter Flechsen, das mit 2½ Sgr. bezahlt wird.

9) Von den Knochen werden jährlich 350 000 Pfd. von Montfaucon ausgefahren; die noch übrig bleibenden dienen als Brennmaterial, namentlich beim Schmelzen des Fettes.

einer populären Erklärung dieser Ausdrücke. In der Regel ist ein *Werkzeug einfacher* als eine Maschine, und wird durch die menschliche Hand in

---

Mehr als an Messerschmiede, Fächerfabrikanten und andere Knochenarbeiter wird zur Fabrikation von Ammoniaksalz und Beinschwarz abgesetzt. Das Pfd. Knochen wird mit 2½ Pf. bezahlt, und da ein Pferd einige 90 Pfd. Knochen giebt, so werden daraus ungefähr 20 Sgr. gelöset. Ungleich mehr würden sie eintragen, wenn man in Montfaucon, wie in Auvergne und Strasburg, Mühlen dazu hätte, indem der Centner Knochenmehl, welches ein vortreffliches Düngungsmittel abgiebt, mit 2½ Thlr. bezahlt wird.

10) Aus dem Dünndärmen werden grobe Saiten zu Drehbankschnüren und dergl. verfertigt. Die übrigen Eingeweide schneidet man auf und verkauft sie, in der Fäulnis begriffen, als Dünger; eine zweispännige Fuhre wird mit 1½ bis gegen 3 Thlr. bezahlt.

11) Ja selbst die Maden, welche in den faulenden Abgängen sich in großer Anzahl ansammeln, gehen nicht verloren. Man schichtet nämlich kleine Stücke Fleisch und Eingeweide ½ Fuß hoch auf und bedeckt sie gegen die Sonne leicht mit Stroh; die dadurch herbeigelockten Fleischfliegen legen ihre Eier hinein, und kaum sind einige Tage verstrichen, so ist das ganze eine lebende Masse und von der faulenden Substanz nur noch ein geringer, erdartiger Rest übrig. (Auf diese Methode ist man durch einen unglücklichen Zufall gekommen. Ein Betrunkener war bei einem Haufen faulender Eingeweide eingeschlafen; die Maden waren ihm in Augen, Mund und Ohren gekrochen und hatten daselbst gräßliche Verwüstungen angerichtet, so daß man im Hospital an seinem Aufkommen zweifelte. Indessen wurde er, wiewohl blind und taub, noch glücklich am Leben erhalten.) Die so erzeugten Maden werden Maaßweise verkauft und dienen als Köder an Angelhaken, vorzüglich aber zum Futter für Vögel, namentlich für Fasanen. – Von den Eingeweiden eines Pferdes erhält man so viele Maden, daß man daraus gegen 15 Sgr. löst. Dessen ungeachtet verpuppen sich viele, weshalb es in Montfaucon große Schwärme von *musca, carnaria, caesar* und *vivipara* giebt; diese ziehen nun wieder eine ungeheure Menge Schwalben herbei, und deshalb gehen alle Jagdliebhaber nach Montfaucon, um sich im Schießen zu üben.

12) Nicht minder spielen endlich die Ratten eine bedeutende Rolle in Montfaucon. Da sie hier im Ueberflusse leben, und da ein Weibchen jährlich 12 bis 18 Jungen wirft, so sind sie in unzählbarer Menge vorhanden. In einer Kammer erschlug man deren 16000 binnen 4 Wochen, ohne daß eine Abnahme zu bemerken gewesen wäre. Sie untergraben die Mauern, so daß die Gebäude sich senken und nur dadurch gesichert werden können, daß man die Fundamente mit Glasscherben von Flaschen umgiebt; die ganze Gegend ist von ihnen so durchwühlt, daß der Boden unter den Füßen schwankt. – Um sie zu fangen, legt man des Abends ein frisches Pferdegeripppe in eine Kammer, deren Mauern unten mit Zuglöchern versehen sind; diese verstopft man des Morgen und schlägt die in der Kammer versammelten Ratten todt. Die Kürschner bezahlen das Hundert Rattenfelle mit 1 Thlr.

Auf diese Art bringt nach Paynes Berechnung, die industrieuse Benutzung der einzelnen Theile eines todten Pferdes, wenn es von mittlerer Güte ist, 18 Thlr., und wenn es von mehr Werth ist, 33 Thlr. ein. Ein todtes Pferd wird aber für 3 bis 4½ Thlr. gekauft, und wenn man noch 1½ bis 3 Thaler Lohn für den Ankäufer und die Arbeitsleute hinzurechnet, so bleiben noch mindestens 12 Thlr. Gewinn übrig. Nun werden nach Parent Duchatelet im Durchschnitt täglich 35, also jährlich 12 775 Pferde, theils aus Paris, theils aus der Umgegend nach Montfaucon gebracht, welche also einen reinen Ertrag von 153 300 Thlr. gewähren.

Als noch einen Beleg, daß Stoffe, die schon ganz abgenutzt scheinen, dem Gebrauche wieder gegeben werden können, mag Folgendes dienen: Der Großhändler und Knochenkohlefabrikant, Joseph Owen zu Kopenhagen, hat in der neuesten Zeit eine leichte Art erfunden, die schon gebrauchten Knochenkohlen nach Belieben aufs Neue zu beleben, ums sie so wiederholt gebrauchen zu können, wodurch den dortigen Raffinadeuren eine bedeutende Ersparung erwachsen wird, und dem Lande viele Knochen zu andern Zwecken erhalten werden.

Bewegung gesetzt, während bei einer Maschine dies größtenteils durch Tier- oder Dampfkraft geschieht. Einfachere Maschinen sind oft weiter nichts als ein oder mehrere in eine Einfassung gebrachte und von irgendeiner bewegenden Kraft in Tätigkeit gesetzte Werkzeuge. In der Darstellung der durch Werkzeuge erlangten Vorteile werden wir mit einigen der einfachsten beginnen.

§ 11. Zwanzigtausend Nähnadeln in einer Schachtel, welche verworren und in alle möglichen Richtungen gemischt durcheinander liegen, in eine solche Anordnung zu bringen, daß sie alle eine parallele Richtung zueinander annehmen, würde dem ersten Anschein nach eine höchst langweilige Beschäftigung sein, und wenn man jede einzelne Nadel von den anderen trennen wollte, so würde das Verfahren viele Stunden Zeit kosten. Und doch muß der Prozeß selbst in den Nadelfabriken sehr oft vorgenommen werden; mittelst eines sehr einfachen *Werkzeugs* aber ist er in wenigen Minuten ausgeführt. Es gehört nämlich weiter nichts dazu als eine kleine flache blecherne Mulde, deren Boden etwas konkav ist. In diese werden die Nadeln getan und auf eine eigentümliche Weise geschüttelt, indem man sie ein wenig in die Höhe wirft, während man der Mulde eine geringe Längenbewegung gibt. Die Gestalt der Nadeln kommt der Lage, die sie annehmen sollen, zu Hilfe, denn wenn zwei Nadeln sich kreuzen – dies müßte denn zufällig, was äußerst unwahrscheinlich ist, im vollkommensten Gleichgewicht der Fall sein – so werden sie, auf den Boden der Schale angekommen, sich von selbst nebeneinander legen, eine Lage, die außerdem durch die hohle Form der Mulde begünstigt wird. Da sie nun nirgends einen hervorstehenden Teil haben, der dieser Steigung hinderlich sein oder Verworrenheit erzeugen könnte, so sind sie durch stetes Schütteln in drei bis vier Minuten längenweise geordnet. Nun wird im Schütteln eine andere Richtung genommen. Die Nadeln werden zwar wieder ein wenig aufwärts geworfen, aber die Mulde ihrer Breite nach geschüttelt; dies bewirkt aber, daß die Enden der Nadeln, welche vorher nach den Längenseiten der Mulde gerichtet waren, jetzt den schmälern Seiten derselben zugekehrt sind, in welcher Lage sie zu Hunderten mit einer breiten blechernen Schaufel abgehoben werden, indem man sie mit dem Zeigefinger der linken Hand darauf festhält. Diese Parallel-Anordnung muß sehr oft wiederholt werden, ehe die Nadeln fertig sind; wenn man daher kein wohlfeiles, wenig Zeit raubendes Mittel dazu gefunden hätte, so würde die Fabrikation von Nadeln bedeutend teurer sein.

§ 12. Ein anderer Prozeß bei der Nadelfabrikation liefert ein Beispiel von einer der einfachsten Erfindungen, die sich unter die Bezeichnung *Werkzeug* bringen lassen. Nachdem die Nadeln auf die eben beschriebene Weise geordnet sind, müssen sie in zwei Parzellen geteilt werden, damit ihre Spitzen alle dieselbe Richtung haben mögen. Dies geschieht gewöhnlich durch Frauen und Kinder. Die Nadeln werden, ganz sowie sie von der

Mulde abgehoben worden, zeitweise vor dem Arbeiter auf einem Tisch aufgehäuft. Mit dem Zeigefinger der linken Hand rollt sich der Arbeiter fünf bis zehn Stück näher; dies bringt einen kleinen Zeitraum zwischen den nähergerollten Nadeln hervor, und nun wird jede einzelne der Länge nach rechts oder links vom Arbeiter geschoben, je nachdem ihre Öhre der rechten oder linken Seite zugekehrt ist. Dies ist die gewöhnliche Methode, bei welcher jedes einzelne Stück mit dem Finger gehandhabt werden muß. Eine geringe Änderung beschleunigt den Prozeß um ein Bedeutendes: das Kind überzieht den Zeigefinger der rechten Hand mit einer Fingermütze aus Tuch, rollt sechs bis zwölf Nadeln vom Haufen ab, hält sie mit dem Zeigefinger der linken Hand nieder, während es mit dem der Rechten die Enden behutsam andrückt. Die Nadeln, deren Spitzen nun der Rechten zugekehrt sind, bleiben in der Fingermütze stecken, und werden so vom Knaben mit leichter Mühe nach der linken Seite hingeschoben; die übrigen, welche eben deshalb, weil ihre Öhren der Rechten zugekehrt waren, nicht im Fingerhut stecken blieben, schiebt er nach der rechten Seite, und beginnt dann das Verfahren aufs neue. Mit Hilfe dieser einfachen Vorrichtung werden mit jeder Bewegung des Fingers nach der einen oder der anderen Seite fünf bis sechs Nadeln der Parzelle zugeführt, zu der sie gehören, während bei der früheren Methode größtenteils jede einzelne Nadel eine Fingerbewegung nötig machte, und nur selten zwei oder drei auf einmal weggeschoben werden konnten.

§ 13. Es kommen in den Handwerken manche Verrichtungen vor, bei welchen der Beistand einer dritten Hand dem Arbeiter große Bequemlichkeit gewähren würde. In solchen Fällen leisten uns Werkzeuge oder Maschinen von der einfachsten Konstruktion große Dienste: Schraubstöcke von verschiedenen Formen, deren Schrauben das zu bearbeitende Material festhalten, sind von dieser Art und fast in jeder Werkstätte zu finden; indes wollen wir – als auffallendes – ein Beispiel aus der Nagelschmiede wählen.

Einige Nägelarten, wie die sogenannten Hufnägel* (*hobnails*) erfordern eine eigentümliche Form des Kopfes, welche durch den Schlag eines Stempels gemacht wird. Der Arbeiter hält die rotglühende Eisenstange, aus welcher er sie verfertigt, in der linken Hand, hämmert das Ende derselben zu einer Spitze, und biegt dann so viel als die Länge des Nagels beträgt beinahe im rechten Winkel ab, so daß sie fast von der Stange abgebrochen ist. Das so abgebogene Stück wird nun mittelst eines Loches in ein kleines Formeisen gesteckt, über welchem ein mit einem Tretschemel in Verbindung stehender Hammer angebracht ist. In die Bahn dieses Hammers ist

---

* (Anm. der dt. Übersetzung): Der Verfasser bezeichnet diese Nägel näher, indem er hinzufügt, daß die Sohlen grober Schuhe damit beschlagen werden, sie würden somit den *Stempelpinnen* unserer Nagelschmiede entsprechen.

der Stempel, welcher der dem Nagelkopf zu gebenden Gestalt entspricht, eingetrieben. Nachdem nun dem Kopf ein Teil der Gestalt mit dem durch die Hand bewegten Hammer gegeben ist, tritt er auf den Schemel, wodurch der andere Hammer niedersinkt und der Form die letzte Vollendung gibt, während der durch die Bewegung des Tretschemels erzeugte Wiederschlag den fertigen Nagel aus dem Loch des Formeisens* herausschnellt. Ohne diese Ersetzung einer dritten Hand durch den Fuß, würde der Arbeiter wahrscheinlich genötigt sein, jeden Nagel zweimal zu glühen.

§ 14. Eine andere, obgleich zum Glück nicht so häufig erforderliche Ersetzung der menschlichen Hände durch Werkzeuge, dient dazu, denjenigen, welche durch Natur oder Zufall irgendeines ihrer Glieder beraubt sind, die Arbeit zu erleichtern. Wer Gelegenheit gehabt hat, die schönen Vorrichtungen zur Verfertigung von Schuhen zu beobachten, welche wir der fruchtbaren Erfindungsgabe des Herrn Brunel verdanken, der hat mehrere Beispiele gesehen, wie es Menschen, denen eine Hand oder ein Fuß fehlt, möglich gemacht wird, ihr Werk dennoch mit Präzision auszuführen. Ein ähnliches Beispiel bietet die Blindenanstalt zu Liverpool, wo die Zöglinge sich zum Weben der Schiebefenster-Schnüre (*sash-lines*) einer Maschine bedienen; sie soll die Erfindung eines Blinden sein. Menschen aus den höheren Klassen der Gesellschaft, denen eines der genannten Glieder fehlt, bedienen sich oft ähnlicher Erfindungen teils zur Unterhaltung, teils auch zur Belehrung. Dieser Sieg der Geschicklichkeit und des Scharfsinns verdient doppelte Bewunderung, weil er zur Linderung natürlichen oder zufälligen Unglücks beiträgt, den Reichen Beschäftigung und Erweiterung ihrer Kenntnisse gewährt und den Armen gegen bitteren Mangel schützt.

§ 15. *Einteilung nach den durch Maschinen zu erreichenden Zwecken.* Es gibt eine natürliche, wiewohl in numerischer Hinsicht sehr ungleiche Einteilung der Maschinen: sie lassen sich nämlich klassifizieren als 1) *solche, die man gebraucht, um Kraft zu erzeugen, und als* 2) *solche, die bloß Kraft übertragen und Arbeit verrichten sollen.* Die erstere Klasse ist von großer Wichtigkeit und zählt nur wenig Gattungen, obgleich einige dieser Gattungen aus zahlreichen Individuen bestehen.

Was diejenige Klasse mechanischer Mittel betrifft, durch welche Bewegung mitgeteilt wird – der Hebel, die Rolle, der Keil und viele andere –, so ist es erwiesen, daß keine neue Kraft durch sie gewonnen wird, wie

---

* (Anm. der dt. Übersetzung): In den Berliner Nagelschmieden fehlt der mit einem Tretschemel bewegte Hammer, und wird durch eine doppelte Vorrichtung ersetzt; 1) durch einen Stempelkopf, welcher dem Nagel im Formeisen mit dem gewöhnlichen Hammer aufgeschlagen wird, während die glühende Eisenstange so lange unter dem Formeisen ruht; 2) durch eine Feder, unter dem Loch des Formeisens angebracht; an diese wird, wenn der Kopf gehämmert ist, ein wenig angeschlagen, und der Nagel springt hervor. Offenbar verdient also die vom Verfasser erwähnte Vorrichtung den Vorzug.

künstlich sie auch zusammengesetzt sein mögen. *Wie viel Kraft auch immer an dem einen Punkt angewendet wird, so kommt doch an einem anderen nur eine durch Friktion und andere zufällige Ursachen verminderte Quantität davon in Ausübung*; ferner ist dargetan, *daß, was an Schnelligkeit der Ausführung gewonnen wird, durch eine entsprechende Hinzufügung ausübender Kraft ersetzt werden muß.* Diese zwei, längst außer allen Zweifel gestellten Grundsätze darf man nie aus den Augen verlieren. Wenn wir aber unsere Versuche nur auf Dinge, die sich innerhalb des Bereichs der Möglichkeit befinden, beschränken müssen, so sind wir dennoch, wie aus den folgenden Blättern hoffentlich hervorgehen wird, im Besitze eines Gebiets unerschöpflicher Forschungen. Es ist noch nicht lange her, daß die aus den Maschinen entspringenden Vorteile sich auf unsere Gewerbe auswirkten. Diese Vorteile lassen sich aber bis ins Unendliche steigern, und werden so immer mehr zur Veredelung, Bereicherung und Beglückung des Menschengeschlechts beitragen.

§ 16. Von den Maschinen, durch welche wir Kraft erzeugen, kann bemerkt werden, daß, wie unendlich groß auch die Vorteile sind, die sie uns bringen, wir doch in bezug auf zwei Quellen dieser Kraft, den Wind und das Wasser, weiter nichts tun als Körper benutzen, welche von Natur in einem Zustand der Bewegung sind; wir geben zwar ihrer Bewegung eine unseren Zwecken entsprechende veränderte Richtung, allein wir können zu der einmal existierenden Bewegung weder etwas hinzutun noch etwas von ihr wegnehmen. Indem wir die Flügel einer Windmühle in schiefer Richtung dem Wind entgegenstellen, so hemmen wir die Schnelligkeit eines geringen Teils der Atmosphäre, und verwandeln dessen eigene geradlinige Bewegung in die Kreisbewegung der Flügel; wir verändern also die Richtung der Kraft, erschaffen aber keine neue. Dasselbe kann von den Segeln eines Schiffes gesagt werden: die Quantität der durch sie mitgeteilten Bewegung ist genau so groß wie die, welche in der Atmosphäre zerstört wird. Bedienen wir uns eines fallenden Baches zur Bewegung eines Wasserrades, so eignen wir uns eine Kraft an, welche die Natur dem ersten Anschein nach nutzlos und unwiederbringlich zu vergeuden scheint, die sie aber, wie eine nähere Untersuchung ergibt, stets durch andere Prozesse wieder ersetzt. Das Flüssige, welches aus einem höheren Niveau einem niedrigeren zueilt, besitzt diejenige Geschwindigkeit, die seine Umwälzung mit der Erde bei einer größeren Entfernung von dem Mittelpunkt derselben notwendig haben muß. Die Summe aller der mit dem Fall sämtlicher auf der Erdoberfläche befindlichen Gewässer entstehenden Zuwächse an Geschwindigkeit, würde mit der Zeit bemerkbar werden, führte die Natur nicht mittels des Ausdünstungsprozesses die Gewässer zu ihren Quellen zurück, könnte sie nicht dadurch, daß sie die Materie weiter vom Mittelpunkt entfernt, die durch die vorherige Annäherung derselben erzeugte Geschwindigkeit wieder zerstören.

§ 17. Die Gewalt des Dampfs ist eine andere fruchtbare Quelle bewegender Kraft; allein selbst hiervon läßt sich nicht behaupten, daß wir die Kraft erzeugen. Das Wasser löst sich mittelst der Verbrennung von Brennstoffen in elastischen Dampf auf. Die auf solche Weise stattfindenden chemischen Veränderungen schwängern unaufhörlich die Atmosphäre mit großen Mengen an Kohlensäure und anderer, dem tierischen Leben schädlicher Gasarten. Die Art und Weise, wie die Natur diese Elemente zersetzt oder verwandelt, daß sie wieder eine solide Gestalt annehmen, ist nicht hinlänglich bekannt. Indessen ist es so gut wie gewiß, daß, wenn der Zweck durch mechanische Kraft zu erreichen wäre, die dazu nötige Kraft zum wenigsten jener gleichkommen würde, welche durch die ursprüngliche Verbrennung erzeugt wurde. Die Kraft wird somit nicht vom Menschen erst geschaffen, sondern er benutzt nur seine Kenntnis der Naturgeheimnisse dazu, einen kleinen beschränkten Teil ihrer Kräfte vermöge seines Talents seinen Bedürfnissen dienstbar zu machen. Mag er nun die geregelte Tätigkeit des Dampfes oder die schnellere furchtbare Wirkung des Schießpulvers in seine Dienste nehmen, immer bringt er nur in geringem Maßstab Zusammensetzung und Zersetzung hervor, welche die Natur beständig wieder in das Gegenteil zu verwandeln tätig ist, um jenes Gleichgewicht wiederherzustellen, das ohne Zweifel in unserem System selbst bis an seine entferntesten Grenzen aufrecht erhalten wird. Die Wirkungen, die der Mensch hervorbringt, tragen den Charakter ihres Urhebers: sie sind klein, aber während der geringen Dauer ihres Daseins, energisch; die der Natur aber, unbeschränkt im Raum wie in der Zeit, verfolgen geräuschlos unwiderstehlich ihre ewige Laufbahn.

§ 18. Bei Aufstellung des Grundsatzes im allgemeinen, daß alle Kombinationen der mechanischen Kunst die der Maschine erteilte Kraft nur auf Kosten der Zeit vermehren können, welche zur Hervorbringung dieser Wirkung angewandt wird, möchte man sich vielleicht vorstellen, daß der durch solche Erfindungen gewonnene Beistand nur gering sei. Indessen ist dies keineswegs der Fall, indem die fast unbegrenzte Mannigfaltigkeit welche sie gewähren, uns befähigt, jede anzuwendende Kraft mit dem größtmöglichen Vorteil auszuüben. Zwar gibt es eine Grenze, jenseits der es unmöglich ist, die für eine gegebene Wirkung nötige Kraft auszuüben, aber es ist sehr selten der Fall, daß die zuerst angewandten Methoden diese Grenze überhaupt erreichen. Wenn man einen knotigen Baumstumpf zu Brennholz zerstückelt, wie sehr wird die verbrauchte Zeit je nach der Beschaffenheit der Geräte verschieden sein. Das Beil oder die Axt wird ihn in kleine Stücke teilen, aber einen großen Teil der Zeit des Arbeiters aufzehren. Die Säge wird demselben Zweck wirksamer und rascher entsprechen, ihrerseits aber vom Keil übertroffen werden, der ihn in noch kürzerer Zeit spaltet. Wenn die Umstände günstig und die Arbeiter geschickt sind, so können Zeit und Kosten noch weiter vermindert werden durch den Gebrauch einer geringen Menge Schießpulvers, welches man in Höhlungen anbrennt, die auf angemessene Weise im Block verteilt sind.

§ 19. Um eine Masse Stoff zu bewegen, muß eine gewisse Kraft aufgewandt werden, und der Preis des Transports hängt davon ab, wie man mit dieser Kraft hausgehalten hat. Ein Land muß jedoch einen hohen Grad der Zivilisation besitzen, ehe es sich dem Minimum dieses Kraftaufwandes nähert. Die Javanische Baumwolle wird in Dschunken nach den Küsten Chinas verschickt; da sie aber nicht gehörig von dem Samen getrennt ist, so sind drei Viertel der Schiffsladung nicht Baumwolle. Dies könnte vielleicht in Java durch den Mangel der Maschinen, um den Samen zu scheiden, entschuldigt werden, oder auch durch das Kostenverhältnis dieser Arbeit in beiden Ländern. Aber die Baumwolle selbst, bei den Chinesen gepackt, nimmt dreimal den Raum eines gleichen Gewichts ein, das die Europäer nach ihren Märkten verschiffen. Also kostet die Fracht einer gegebenen Quantität Baumwolle den Chinesen fast zwölfmal mehr als den Preis, für welchen dieselbe durch eine gehörige Aufmerksamkeit auf mechanische Mittel geliefert werden könnte.[9]

---

[9]   Crawford's *Indian Archipelago*.

ZWEITES KAPITEL

Verstärkung der Kraft

§ 20. Sobald eine auszuführende Arbeit mehr Kraft verlangt, als in der zu ihrer Vollendung nötigen Zeit erzeugt werden kann, muß man zu einer mechanischen Methode, wodurch vor Anfang des Prozesses ein Teil der angewandten Kraft aufgespart und verstärkt werde, seine Zuflucht nehmen. Dies wird am häufigsten durch ein Schwungrad erreicht, das eigentlich nichts weiter ist, als ein Rad mit einem sehr schweren Kranz, dergestalt, daß der größte Teil seines Gewichts am Umkreise liegt. Es wird für einige Zeit die Anwendung einer großen Gewalt verlangt, um dasselbe in schnelle Bewegung zu setzen. Sobald es sich aber mit einer beträchtlichen Schnelligkeit bewegt, sind die Wirkungen außerordentlich kräftig, wenn ihre Gewalt auf einen kleinen Gegenstand zusammengedrängt ist. In einigen Eisenwerken, wo die Stärke der Dampfmaschine ein wenig zu gering für die Walzen ist, welche sie treibt, pflegt man die Maschine eine kurze Zeit eher in Tätigkeit zu setzen, als das rotglühende Eisen aus dem Glühofen unter die Walzen gebracht werden soll, um jene sehr rasch arbeiten zu lassen, bis der Umschwung eine solche Geschwindigkeit erreicht hat, daß diejenigen, welche dergleichen Anstalten wenig besucht haben, fast davor erschrecken. Wenn das erweichte Eisen durch die erste Rinne geht, so erhält die Maschine eine große und sehr merkliche Hemmung, und ihre Eile wird bei jedem folgenden Durchgang vermindert, bis die Eisenbarre auf einen Umfang reduziert ist, daß die gewöhnliche Kraft der Maschine hinreicht, sie zu walzen.

§ 21. Wie gewaltig die Wirkung eines großen Schwungrades ist, wenn dessen Kraft auf einen Punkt zusammengedrängt werden kann, wurde neulich in einer der größten unserer Manufakturen auf bemerkenswerte Weise erläutert. Der Eigentümer wollte einem Freund das Verfahren zeigen, wie Löcher in eiserne Platten zu Dampfmaschinen-Kesseln geschlagen werden. Er hielt in seiner Hand ein Stück Eisenblech, dreiachtel Zoll dick, das er unter das Locheisen legte. Da er nach mehreren Schlägen bemerkte, daß dieses die Löcher immer langsamer schlug, rief er dem Maschinenmeister zu, warum die Maschine so träge arbeite, worauf sich fand, daß das Schwungrad und der Schlag-Apparat sich von der Dampfmaschine gerade beim Anfang des Versuchs getrennt hatten.

§ 22. Eine andere Art, die Kraft zu verstärken, entsteht, indem man ein Gewicht anhebt und wieder fallen läßt. Ein Mann kann selbst mit einem schweren Hammer wiederholte Schläge auf den Kopf eines Pfeilers tun ohne ihn merklich zu senken. Dagegen wird der Fall eines schwereren Hammers von einer bedeutenderen Höhe – selbst bei minder häufiger Wiederholung – die gewünschte Wirkung hervorbringen.

Bei einem kleinen Schlag auf eine große Masse, wie z.B. einen Pfeiler, muß die Bewegung bei der geringen Elastizität des Materials, indem sie sich von einer Partikel auf die nächste fortpflanzt, ein wenig von ihrem Moment verlieren, und so kann es kommen, daß die ganze mitgeteilte Bewegung, noch ehe sie das andere Ende des Pfahls erreicht, aufgehört hat.

§ 23. Wieviel Kraft in einem kleinen, mit Schießpulver angefüllten Raum sich gesammelt findet, ist bekannt; und obgleich eine Beleuchtung des Gegenstandes nicht eigentlich in dieses Kapitel gehört, möge es doch erlaubt sein, einige unter besonderen Umständen eintretende, sehr auffallende Wirkungen des Pulvers zu erklären. Eine mit einer Kugel beladene Flinte verursacht keinen so starken Rückstoß, als eine mit Schrot geladene; und je feiner der Schrot, desto stärker ist der Stoß gegen die Schulter des Schützen. Gibt man der Flinte eine Ladung Sand, welche an Gewicht der Ladung eines Schnepfenschusses gleicht, so stößt sie noch stärker. Läßt man zwischen Ladung und Pfropfen einen Zwischenraum, so springt die Flinte mit Heftigkeit zurück, oder platzt. Hat die Mündung des Laufs zufällig im Boden gesteckt und ist nun mit Erde oder aber mit Schnee verstopft, oder hält man sie beim Abfeuern in Wasser, so sprengt der Schuß fast unfehlbar die Flinte.

Die letzte Ursache dieser unerwartet scheinenden Wirkungen ist darin zu suchen, daß eine jede Kraft, um in Wirkung zu treten, *Zeit* bedarf. Wenn nun zur Befreiung des inwendig eingeschlossenen elastischen Gases weniger *Zeit* nötig ist, die Wände des Rohrs zu sprengen, als die vor dem Pfropfen verdichtete Luft erfordert, um mit ausreichender Kraft das Hindernis an der Mündung fortzutreiben, so muß der Lauf springen. Bisweilen wirken beide Kräfte so gleichmäßig, daß der Lauf nur ausgedehnt wird, indem das Hindernis noch im rechten Augenblick vor Sprengung des Laufs wegfliegt.

Um die Richtigkeit dieser Erklärung einzusehen, muß man dem Verlaufe des Abfeurns einer mit Pulver geladenen, mit einem zylindrischen Pfropfen versehenen und an der Mündung mit Lehm oder sonst einer Materie von mäßigem Widerstand verstopften Flinte Schritt für Schritt folgen. Zuerst entsteht ein heftiger Druck gegen alles Hemmende, welcher den Pfropfen eine kleine Strecke forttreibt. Denken wir uns hier denselben einen Augenblick in Ruhe, um die Umstände besser untersuchen zu können. Die nächste Luft vor dem Pfropfen ist verdichtet worden, und bliebe der Pfropfen nunmehr in Ruhe, so würde bald die Luft durch den ganzen Flintenlauf gleichmäßige Dichte erlangen. Dazu wäre jedoch einige Zeit nötig; denn die Luftverdichtung, mit der Geschwindigkeit des Schalls der

Mündung zueilend, werde, von dort zurückgetrieben, eine Reihe von Luftwellen hervorbringen, welche mit Hilfe der Reibung an den Wänden des Laufes die Bewegung endlich aufheben würden.

Gegen das Hindernis an der Mündung aber drückt die Luft erst, wenn die vorderste Luftwelle dasselbe erreicht. Ist nun die dem Pfropfen mitgeteilte Geschwindigkeit bedeutend größer als die Schallgeschwindigkeit, so kann leicht die ihm zunächst befindliche Luft beträchtlich verdichtet werden, ehe der gegen das Hindernis der Mündung wirkende Druck hinlänglich stark ist, wodurch denn ein solches gegenseitiges Abstoßen der eingeengten Luft-Teilchen entstehen muß, daß ein breiteres Fortrücken des Pfropfen dadurch gänzlich unmöglich wird.[10]

Wenn diese Erklärung richtig ist, so kann der stärkere Rückstoß einer mit Schrot oder Sand geladenen Flinte wohl zum Teil von der Verdichtung der Luft zwischen den einzelnen Teilen der Ladung herrühren; hauptsächlich aber davon, daß die Geschwindigkeit von solchen Teilen der Ladung, die in unmittelbarer Berührung mit dem Pulver sind, durch die Explosion desselben größer ist als diejenige, mit welcher eine Welle hindurchgetrieben werden kann. So erklärt sich auch, warum es vorteilhafter ist, beim Sprengen von Felsen den oberen Teil des Bohrloches mit Sand, statt mit festgestampftem Ton, zu besetzen.* Daß das Springen der Flintenläufe nicht herrühren kann von der Eigenschaft der gleichmäßigen Fortpflanzung des Druckes nach allen Richtungen und einer daraus entspringenden starken Pressung gegen die innere Fläche der Seitenwände, eine Eigenschaft, die Flüssigkeiten und in einem gewissen Grade auch Sand und feinkörniger Schrot besitzen, scheint durch einen von Le Vaillant und anderen Reisenden erwähnten Umstand außer Zweifel gesetzt zu sein: daß nämlich, um Vögel ohne Beschädigung ihres Gefieders zu schießen, eine Ladung Wasser, statt des Bleies, gute Dienste tue.

§ 24. So erklärt sich ferner ein merkwürdiges Phänomen beim Entzünden einer noch mächtiger explodierenden Masse. Wenn man nämlich ein wenig Knallsilber auf einen Amboß legt und nur schwach mit einem Hammer darauf schlägt, so explodiert dasselbe, zertrümmert aber weder

---

10 Vgl. Poissons Anmerkungen, Ecole Polytec. Cahier xxi, S. 191.

*   (Anm. der dt. Übersetzung): Diese Methode des Steinsprengens ist von dem Engländer Yessop erfunden. Mittelst derselben hat man die große Straße über den Simplon und Bernhard in einen faserigen Granit ausgeschossen, und seitdem wird sie zu ähnlichen Zwecken mit großem Vortheile angewendet. – So werden z.B. bei uns große Feldsteine zu baulichen Zwecken jetzt allgemein auf diese Art, statt der früheren Besetzung mit festgestampftem Lehm, gesprengt. Der Umstand, daß zur Besetzung des Bohrloches feiner trockner Sand erforderlich, angefeuchteter Sand aber nicht tauglich ist, beschränkt allerdings die Anwendung der fraglichen Methode beim Grubenbau; macht sie dagegen sehr anwendbar für den Wasserbau, besonders zum Sprengen großer Steine unter Wasser.
    Eine Zusammenstellung der verschiedenen Gestein-Spreng-Methoden findet man in Karsten's Archiv für Bergbau und Hüttenwesen. Bd. II.

den Hammer noch den Amboß, sondern beschädigt nur diejenigen Stellen beider Gerätschaften, welche das Knallsilber unmittelbar berührt haben. Es mag in diesem Falle die elastische Masse schneller frei werden, als eine Wellung den Stahl durchdringen kann, so daß die Teilchen der Oberfläche durch Explosion so sehr an die zunächst befindlichen gedrängt werden, daß diese, mit dem Aufhören der treibenden Kraft, eine Repulsion im Innern der Masse gegen die der Oberfläche näheren Teilchen bewirken, wodurch sie mit solcher Gewalt zurückgetrieben werden, daß sie, die Grenzen der Anziehungskraft überschreitend, in Staub zerfallen.

§ 25. a) Das Experiment, ein Talglicht durch ein fichtenes Brett zu schießen, erklärt sich auf ähnliche Weise, indem man nämlich annimmt, daß die Fortpflanzung einer Wellung im Fichtenholz schneller als im Talg geschieht.

b) Der Kessel einer Dampfmaschine zerplatzt manchmal sogar, während der Dampf durch das Sicherheitsventil ausweicht. Wenn das Wasser im Kessel auf einen Teil geworfen wird, der zufällig rotglühend heiß ist, so dehnt sich der in der unmittelbaren Nachbarschaft von diesem Teil geformte Dampf mit größerer Geschwindigkeit aus, als das, womit eine Welle durch den weniger erhitzten Dampf übertragen werden kann. Folglich wird eine Partikel gegen die nächste gedrängt, und ein fast unbesiegbares Hindernis ist entstanden, und zwar derselben Art, wie im Falle der Entladung einer Waffe beschrieben worden ist. Wenn das Sicherheitsventil geschlossen wird, kann es den auf diese Weise geschaffenen Druck für eine kurze Zeit bewahren und selbst wenn es geöffnet ist, mag das Ausströmen nicht rasch genug gehen, um alle Hindernisse zu entfernen; darum kann augenblicklich innerhalb des Kessels ein Druck von verschiedener Gewalt existieren, der vom Hochheben des Ventils bis zu dem Druck variiert, der, wenn er für eine kurze Zeit ausgeübt wird, genügt, um den Kessel selbst zerbersten zu lassen.

§ 26. Doch muß man bei Anwendung dieser Erklärungsweise vorsichtig sein. Vielleicht mag es zu einer sorgfältigeren Prüfung derselben führen, wenn man sie auf die äußerste Spitze treibt. So könnte man annehmen, was aber nicht notwendig aus der Sache folgt, daß eine Flinte, bei hinlänglicher Länge des Laufes, auch ohne alle Hindernisse an der Zündung beim Schuß springen müßte; oder, daß man durch Entziehung der Luft aus dem Lauf auch eine an der Mündung verstopfte Flinte hindern könnte zu platzen. Ja man könnte aus der Lehre von der Ausdehnung sogar folgern, daß ein in die Luft oder in ein anderes widerstehendes elastisches Medium mit gehöriger Kraft abgeschossener Körper nach Durchlaufung eines sehr kurzen Weges in derselben Richtung wieder zurückkommen müßte.

DRITTES KAPITEL

Regulierung der Kraft

§ 27. Gleichmäßigkeit und Stetigkeit in dem Arbeitsmaß der Maschinen sind für ihre Wirkung wie für ihre Dauer gleich wesentlich. Hierbei wird jedem, der mit Dampfmaschinen vertraut ist, die schöne Vorrichtung des Regulators (*governor*) einfallen. Man bedient sich desselben immer, wenn die wachsende Geschwindigkeit einer Maschine schädliche oder gefährliche Folgen erzeugen würde. Er ist sowohl der Regulator des Wasserrades, das ein Spinnwerk (*spinning-jenny*) treibt, als auch derjenige der Windmühlen, die unsere Moraste austrocknen. In der Schiffswerft zu Chatham wird die absteigende Bewegung einer breiten Plattform, worauf das Bauholz in die Höhe gehoben wird, durch einen Regulator gemäßigt; da aber das Gewicht sehr beträchtlich ist, so wird die Schnelligkeit dieses Regulators noch außerdem dadurch gehemmt, daß seine Bewegung im Wasser vor sich geht.

§ 28. Eine andere sehr schöne Vorrichtung, um die Zahl der Stöße bei einer Dampfmaschine zu regulieren, wird in Cornwall angewendet; sie heißt der *Wasserfall* (*cataract*) und hängt von der Zeit ab, welche nötig ist, um ein in Wasser gesenktes Gefäß zu füllen, während die Öffnung des Ventils, durch welches die Flüssigkeit zugelassen wird, nach dem Willen des Maschinenmeisters erweitert oder verengt werden kann.

§ 29. Durch die Regelmäßigkeit in der Zufuhr des Brennmaterials für das Feuer unter den Dampfmaschinen-Kesseln wird ebenfalls Gleichmäßigkeit in dem Arbeitsmaß derselben hervorgebracht und nebenbei auch Ersparnis beim Kohlenverbrauch erzielt. Verschiedene Patente sind auf Methoden, diese Zufuhr zu regulieren, genommen worden; dabei liegt das allgemeine Prinzip zugrunde: vermittelst eines Trichters (*hopper*) an der Maschine das Feuer mit kleinen Quantitäten Brennstoffs in regelmäßigen Zwischenzeiten zu speisen, und diese Zufuhr zu vermindern, sobald sie lebhaft arbeitet. Einer der zufälligen Vorteile dieses Plans ist, daß, indem man nur eine sehr geringe Menge Kohlen in einer gegebenen Zeit hineinwirft, der Rauch fast ganz verzehrt wird. Die Dämpfer der Aschegruben und der Schornsteine sind in einigen Fällen mit ähnlichen Regulatoren versehen.

§ 30. Eine andere Vorrichtung, um die Wirkung von Maschinen zu regulieren, besteht in einem Windfang oder Flügel von geringem Gewicht, der aber eine breite Oberfläche darbietet. Dieser dreht sich schnell und erlangt bald eine gleichmäßige Bewegung, über welche er nicht weit hinausgehen kann, weil eine Vermehrung seiner Schnelligkeit eine viel größere Vermehrung des Widerstandes bewirkt, den er von der Luft erleidet. Ferner werden durch dieses Mittel die Intervalle zwischen den Schlägen an der Glocke einer Uhr reguliert, und der Windfang ist so angebracht, daß die Zwischenzeit abgeändert werden kann, indem man die Flügel desselben mehr oder weniger schief gegen die Richtung seiner Bewegung stellt. Diese Art von Regulatoren wird bei den kleineren Arten von Mechanismen allgemein benutzt, und ist im Gegensatz zum schweren Schwungrad statt einer Bewahrerin eine Zerstörerin der Kraft. Sie ist der in Musikboxen und bei fast allen mechanischen Spielwerken gebräuchliche Regulator.

§ 31. Die erwähnte Eigenschaft des Windfanges erzeugt die Idee zu einem Höhenvermessungs-Werkzeug, mit welchem Versuche anzustellen wohl der Mühe Wert wäre. Denn gelänge es nur einigermaßen, so gewönne man dadurch ein weit tragbareres Instrument als das Barometer. Dieses zeigt bekanntlich die Schwere einer Luftsäule, deren Basis sich an der Mündung der Barometer-Röhre befindet. Ferner ist bekannt, daß die Dichte der das Werkzeug zunächst umgebenden Luft von der Schwere der darüber befindlichen Luftsäule und zugleich von der am Ort herrschenden Luftwärme abhängt. Wenn wir daher die Dichte und Temperatur der Luft messen können, so läßt sich die Höhe der durch sie im Barometer getragenen Quecksilbersäule durch Berechnung finden. Nun gibt aber das Thermometer über die Temperatur der Luft unmittelbare Auskunft, und die Dichte derselben könnte mittelst einer Uhr und eines kleinen Instruments bestimmt werden, bei welchem die Anzahl der Umdrehungen eines durch eine beständige Kraft bewegten Windfangs angemerkt würde. Je dünner die Luft ist, in welcher der Windfang sich bewegt, desto mehr Drehungen wird er in einer bestimmten Zeit machen. Nach Experimenten in Gefäßen mit verdünnter Luft könnte man Tabellen berechnen, aus denen für eine gegebene Lufttemperatur und eine gleichfalls gegebene Anzahl Umdrehungen des Windfanges der entsprechende Barometerstand zu ersehen wäre.[11]

---

[11] Denjenigen, die das vorgeschlagene Experiment oder ein ähnliches anstellen wollen, sei der Artikel »Über die Kunst des Beobachtens« aus dem Werk *Observations on the Decline of Science in England*, S. 170. Fellowes. 1828 empfohlen.

VIERTES KAPITEL

Zu- und Abnahme der Geschwindigkeit

§ 32. Die Ermüdung der Muskeln des menschlichen Körpers ist nicht allein bedingt durch die in jeder besonderen Anstrengung verwendete Kraft, sondern zum Teil auch durch die Wiederholung der einzelnen Anstrengungen. Zur Vollendung einer Arbeit gehören nämlich zwei Dinge, einmal: die Ausübung derjenigen Kraft, welche die jedem Werkzeuge eigentümliche Handhabung erfordert; dann aber auch: die Bewegung des das Werkzeug handhabenden Gliedes. Will man zum Beispiel einen Nagel in ein Stück Holz einschlagen, so besteht die erstere Art von Anstrengung in dem *Antreiben* des Hammerkopfes gegen den Nagel; die letztere aber im *Erheben* des Arms, um den Hammer zu führen. Ist der Hammer nun sehr schwer, so wird die erstere Art von Anstrengung am meisten Kraft verzehren; ist er aber leicht, so entsteht die Ermüdung größtenteils aus der häufigen Bewegung des Arms. Daher kommt es denn auch, daß Arbeiten, die sehr wenig Kräfte verlangen, wenn sie oft wiederholt werden müssen, weit mehr ermüden als an sich mühsamere. Auch kann die Bewegung der Muskeln nicht über einen gewissen Grad der Schnelligkeit hinausgehen.

§ 33. Es ist von Herrn Coulomb untersucht worden, wie der Träger, der Holz auf seinen Schultern eine Treppe hinaufzuschaffen hat, seine Last am Vorteilhaftesten trage; er hat aber durch Erfahrung gefunden, daß ein Mann, der frei von aller Last die Treppe hinaufgeht und dann beim Wiederherabsteigen die Last mittelst seines eigenen Gewichtes in die Höhe zieht, in einem Tage so viel Arbeit verrichten konnte, wie vier Männer auf die gewöhnliche Art, selbst wenn sie ihre Last noch so vorteilhaft trugen.

§ 34. Das Verhältnis der Geschwindigkeit der Bewegung bei Menschen und Tieren zu den Lasten, die sie tragen, ist ein Gegenstand von großer Wichtigkeit, namentlich für das Armeewesen. Zur Ersparung der Arbeit ist es aber auch nicht minder wichtig, zwischen dem Gewicht des die Bewegung erzeugenden Teils des Tieres, dem Gewicht des in Bewegung gesetzten Werkzeuges und der Häufigkeit, mit welcher diese Anstrengungen wiederholt werden müssen, ein solches Gleichmaß hervorzubringen, daß daraus die größtmögliche Wirkung entstehe. Als ein Beispiel, wieviel Zeit dadurch erspart werde, daß man mit einer einzelnen Bewegung des Arms, statt einer, zwei Operationen verrichtet, genügt die einfache Handarbeit bei der Verfertigung von Spitzen für Stiefelschnüre. Diese Spitzen macht man aus äußerst dünnem überzinnten Blech, welches früher zuerst in Streifen von der Breite der Schnur geschnitten, dann aber um dieselbe herum gebogen wurde, so daß das Metall sie umschloß. Seit kurzem hat man diese doppelte Operation auf eine einzige zurückgebracht, indem man an die Schere zwei Stücke Stahl befestigte, welche den Streifen, während er abgeschnitten wird, gleichzeitig in die erforderliche halbzylindrische Form biegen. Der größere Kraftaufwand, den diese Vorrichtung nötig macht, ist fast unmerklich. In der Regel werden Frauen und Kinder zu dieser Arbeit angestellt, und mit dem verbesserten Werkzeug verfertigen sie mehr als dreimal die Anzahl Spitzen in einer gegebenen Zeit[12].

§ 35. Sobald die Arbeit an sich eine leichte ist, wird es der Zeitersparnis wegen nötig, sie zu beschleunigen. Die Fasern der Wolle mit den Fingern zu drehen, würde eine höchst langwierige Arbeit sein; beim gemeinen Spinnrad ist die Bewegung des Fußes nur mäßig schnell, die des Fadens aber, mittelst einer sehr einfachen Vorrichtung, ist es in hohem Grade. Das Ganze wird durch eine um ein großes Rad und eine kleine Spindel ge-spannte Darmsaite bewirkt. Es ist dies übrigens eine Vorrichtung, welche sehr viele, darunter einige höchst einfache, Maschinen miteinander gemein haben. In großen Bandläden macht der Verkauf es jeden Augenblick nötig, fast jedes Stück Band auf- und wieder abzuwickeln, was selbst bei der abkürzenden Methode äußerst ermüdend, ohne eine solche aber, wegen der größeren Kosten, beinahe unmöglich wäre. Die so wohlfeilen und so äußerst nett gewundenen Knäuel Nähbaumwolle werden auf einer nach demselben Prinzip gebauten, nur um ein weniges mehr zusammengesetzten Maschine gewickelt.

§ 36. Gehen wir von den kleineren, im gewöhnlichen Leben gebrauch-ten Werkzeugen zu den größeren und wichtigen Maschinen über, so fällt die durch Verstärkung der Geschwindigkeit bewirkte Zeitersparnis noch mehr ins Auge. Beim Verwandeln des Gußeisens in Schmiedeeisen wird eine Masse Metall von ungefähr hundert Pfund Gewicht fast weißglühend gemacht und unter einen von Wasser- oder Dampfkraft in Bewegung gesetzten schweren Hammer gebracht. Dieser wird durch einen auf einer sich drehenden Welle befestigten Vorsprung gehoben; erhielte nun der Hammer seine Druckgewalt nur von dem Raum, den er durchmißt, so würde er zu einem Schlage bedeutend mehr Zeit erfordern. Nun ist es aber von Wichtigkeit, daß die erweichte Masse des rotglühenden Eisens, ehe sie abkühle, so viele Schläge als möglich erhalte, daher ist die Gestalt des Vorsprungs oder Daumens auf der Welle derart, daß sie, statt den Ham-mer zu einer geringen Entfernung zu heben, ihn in die Höhe *wirft*, wo-durch er fast in demselben Augenblicke gegen einen massiven Balken fliegt, welcher als eine gewaltige Feder wirkend, ihn mit solcher Schnel-

---

[12] Man vgl. *Transactions of the Society of Arts*, 1826.

ligkeit auf das Eisen niederwirft, daß auf diese Weise beinahe noch einmal
so viele Schläge in einer gegebenen Zeit fallen können. In den kleineren
Schwanzhämmern wird dies noch weiter getrieben: indem man nämlich
den Schwanz des Hammers gegen einen kleinen stählernen Amboß stark
anschlagen läßt, prallt er mit solcher Schnelligkeit zurück, daß er in einer
Minute drei- bis fünfhundert Schläge tut. Diese Vorrichtung ist seit kurzem auch auf die Verfertigung von Ankern, wo sie noch wichtiger ist,
angewendet worden.

§ 37. Beim Verfertigen von Sensen, wird es durch die Länge der Klinge
notwendig, daß der Arbeiter sich mit großer Behendigkeit bewege, damit
jeder Teil in rascher Aufeinanderfolge auf den Amboß komme. Dies wird
dadurch bewirkt, daß der Arbeiter auf einem durch Stricke an der Decke
befestigten Sitz schwebt, so daß er mittels Andrückens der Füße an den
Holzblock, auf dem der Amboß ruht, fast ohne alle körperliche Anstrengung sich in jede beliebige Distanz bringen kann.

§ 38. Manche Operationen werden nur durch vermehrte Geschwindigkeit möglich. So kann man mittels großer Schnelligkeit auf einer Eisfläche,
welche den Körper bei langsamer Bewegung nicht zu tragen vermöchte,
Schlittschuh laufen. Dies kommt daher, weil das Eis zum Zerbrechen Zeit
braucht, welche ihm der Schlittschuhläufer nicht vergönnt, indem er den
unter dem Gewicht seines Körpers nachgebenden Fleck vermöge der
Schnelligkeit des Laufs schon verlassen hat, ehe es zum völligen Brechen
kommt.

§ 39. Denkt man sich Fahrzeuge von außerordentlich großer Geschwindigkeit, so könnte ein ähnlicher Fall stattfinden. Nehmen wir z.B. ein Boot
mit flachem Boden, dessen Vorderteil eine schräge Ebene gegen den Boden
bildet, in ruhigem Wasser stilliegend. Ein plötzlicher Anstoß wird vermöge
der Neigung des Vorderteils das Boot im Wasser steigen machen. Ist der
Stoß übermäßig stark, so wird es sich ganz aus dem Wasser heben und in
Sprüngen fortrücken wie ein Stück Schiefer oder Austerschale, das die
Kinder als »*Ente und Enterich*« (*duck and drake*) werfen.

Wird das Boot durch den Stoß gerade nur so gehoben, daß sein Boden
auf der Oberfläche des Wassers schwebt, so wird es sehr schnell in gleiten-
der Bewegung fahren, weil es an jedem Punkt seines Laufes zum Tiefer-
sinken eine gewisse Zeit braucht, diese aber noch nicht vorüber ist, bevor
es einen anderen Punkt erreicht hat, wo es von neuem durch den gegen die
Neigungsfläche wirkenden Widerstand des Wassers getragen wird.

§ 40. Daraus, daß Körper bei sehr schneller Bewegung nicht mit ihrer
ganzen Schwere wirken, läßt sich ein anderer, sonst unerklärlicher Umstand begreifen. Wenn nämlich Fußgänger von Fuhrwerken überfahren
werden, so gehen die Räder zuweilen über sie hin, fast ohne sie zu beschädigen, während die Schwere des Wagens, auch nur bei sekundenlangem
Verweilen auf ihrem Körper, sie unfehlbar zu Tode gequetscht hätte.

§ 41. Beim Zutage-Fördern der Produkte aus Bergwerken ist große Geschwindigkeit wesentlich; denn die Schachte, durch welche sie hinaufgeschafft werden, sind mit vielen Unkosten versehen. Daher ist es wünschenswert, möglichst wenig Schachte zu senken. Man wendet deshalb Dampfmaschinen an, welche mit großer Geschwindigkeit arbeiten. Ohne dieses Hilfsmittel würden viele englische Minen nicht mit Nutzen betrieben werden können.

§ 42. Die Wirkung großer Geschwindigkeit beim Umwandeln der Form einer zusammenhängenden Substanz wird eindrucksvoll im Prozeß der Herstellung von Fensterglas gezeigt, das als ›blinkend‹ bezeichnet wird und ein Beispiel für den Wegfall von Arbeitsverfahren im inneren Herstellungsprozeß der Fabriken darstellt.

Ein Arbeiter, der seine Eisenstange in den Glastopf getaucht und sie mit mehreren Pfund des geschmolzenen ›Metalls‹ beladen hat, bläst eine große Kugel heraus, die mit seiner Stange durch einen kurzen dicken hohlen Hals verbunden ist. Ein anderer Arbeiter befestigt jetzt an der unmittelbar gegenüber dem Hals befindlichen Kugel einen Eisenstab, dessen Ende in das geschmolzene Glas getaucht wurde, und wenn dieses gut befestigt wurde, wird der Hals der Kugel durch wenige Tropfen Wasser von der Eisenröhre getrennt. Die mit der Kugel verbundene Stange wird nun an die Öffnung eines glühenden Schmelzofens gehalten und durch Drehen des Stabes wird die Kugel dazu gebracht, langsam zu kreisen, damit sie gleichmäßig der Hitze ausgesetzt ist. Die erste Wirkung des Erweichens besteht darin, das Glas sich zusammenziehen zu lassen und die Öffnung des Halses zu erweitern. Wenn das Erweichen voranschreitet, wird die Kugel schneller um ihre Achse gedreht, und wenn sie sehr weich und fast weißglühend ist, vom Feuer genommen. Da die Geschwindigkeit der Drehung weiterhin kontinuierlich erhöht wird, erweitert sich die Öffnung durch die Wirkung der Zentrifugalkraft zuerst graduell, bis sich zuletzt die Öffnung plötzlich ausdehnt oder in eine große kreisrunde Platte aus rotglühendem Glas aufbricht. Der Hals der ursprünglichen Kugel, der zum äußeren Teil der Platte wird, wird dick gelassen, um diese Ausdehnung zu ermöglichen und bildet die Kante der kreisrunden Glasplatte, die ›Tisch‹ genannt wird. In der Mitte befindet sich an dem Teil, das am Eisenstab befestigt war, ein dicker Buckel oder Erhebung, die ›Stierauge‹ genannt wird.

§ 43. Der häufigste Grund, Vorrichtungen zur Verminderung der Schnelligkeit anzuwenden, wird durch das Bedürfnis veranlaßt, großen Widerstand mit geringen Kräften zu überwinden. Hier ließen sich Systeme von Rollen, wie der Kräne und noch viele andere Erläuterungen anführen, indes sind sie geeigneterweise einigen der anderen Ursachen unterzuordnen, von denen wir die durch Maschinen erlangten Vorteile hergeleitet haben. Der Bratenwender ist ein Instrument, an welchem die ihm mitgeteilte Geschwindigkeit zu groß für den damit zu erreichenden Zweck ist, sie wird daher durch Räder abgeleitet oder gemäßigt.

§ 44. Telegraphen sind Maschinen für das Übermitteln von Informationen mit großer Schnelligkeit und über weitreichende Strecken. Im allgemeinen wurden sie für die Zwecke der Informationsübermittlung während des Krieges eingeführt, aber die wachsenden Bedürfnisse der Menschen machen sie wahrscheinlich bald für friedlichere Zwecke benutzbar.

Einige Jahre später übermittelte der Telegraph die Nachricht von Herrn Gambart über die Entdeckung eines Kometen von Marseille nach Paris. Die Nachricht kam während einer Sitzung des französischen *Board of Longitude* an und wurde mit einer Note des Innenministers an den Präsidenten Laplace geschickt, der sie in dem Moment empfing, als der Verfasser dieser Zeilen an seiner Seite saß. Das Ziel bestand in diesem Fall darin, das Ereignis so früh wie möglich zu veröffentlichen und Herrn Gambart den Titel des ersten Entdeckers zu sichern.

In Liverpool ist ein Signalsystem für die Zwecke des Handels eingeführt worden, so daß jeder Kaufmann mit seinem eigenen Schiff lange Verbindung aufnehmen kann, bevor es im Hafen einläuft.

Fünftes Kapitel

Zeitverlängerung durch das Fortwirken der Kräfte

§ 45. Dies ist einer der gewöhnlichsten und nützlichsten Zwecke, zu welchem Maschinen benutzt werden. Die Mühe, die wir täglich dem Aufziehen unserer Uhren widmen, ist unendlich gering und kostet nur eine halbe Minute, und dennoch verbreitet sich ihre Wirkung mittelst weniger Räder, über alle vierundzwanzig Stunden. Bei unseren Uhren wirkt die ursprünglich in Tätigkeit gesetzte Kraft eine noch längere Zeit fort; die besseren bedürfen des Aufziehens gewöhnlich nur alle acht Tage, und gelegentlich werden einige hergestellt, die einen Monat oder sogar ein Jahr in Betrieb sind. Unsere häuslichen Gerätschaften liefern eine andere leicht faßliche Erläuterung: der Bratenwender, durch welchen unser Fleisch gebraten wird, macht es der Köchin möglich, in wenigen Minuten die Kraft, den mit dem Spieß durchstochenen Braten zu drehen, auf eine ganze Stunde in Tätigkeit zu setzen, und unterdessen ihren anderweitigen wichtigen Küchenpflichten nachzukommen. Zu dieser Klasse gehört eine große Anzahl von Automaten und durch Federkraft bewegte Spielzeuge.

§ 46. Eine kleine bewegende Kraft, in Form eines Wenders (*jack*) oder mit einem Räderwerk versehenen Feder erweist oft dem experimentierenden Naturforscher große Dienste, und ist bei magnetischen und elektrischen Versuchen, wo die Kreisbewegung einer Metallscheibe oder eines sonstigen Körpers erforderlich ist, um dem Beobachter den freien Gebrauch seiner beiden Hände zu lassen, mit großem Erfolg angewendet worden. Ein mit einem Räderwerk verbundener und durch ein schweres Gewicht in Bewegung gesetzter Flügel, wird bei chemischen Prozessen bisweilen gebraucht, um zu verhüten, daß ein aufgelöster Stoff wieder in den Zustand der Ruhe gerate. Zum Polieren kleiner Mineralien zwecks optischer Versuche kann man sich eines Apparats ähnlicher Art bedienen.

Sechstes Kapitel

Zeitersparnisse physikalischer Operationen

§ 47. Der Prozeß des Gerbens gewährt uns ein treffendes Beispiel, wieviel zur Beschleunigung gewisser, hauptsächlich mittelst natürlicher Einwirkungen herzustellender Prozesse Maschinenkraft beitragen könne. Bei diesem Gewerbe besteht die Aufgabe darin, alle Teile der zu gerbenden Haut mit dem sogenannten *Gerbstoff* (*tanning*) zu durchdringen. Dies wird gewöhnlich bewirkt, indem man die Häute in Gruben einweiche, welche eine Auflösung des Gerbstoffes enthalten; sie bleiben sechs, zwölf bis achtzehn Monate in den Gruben und werden in einigen Fällen (wenn sie sehr dick sind) dieser Operation zwei Jahre lang oder noch längere Zeit hindurch unterworfen. Eine so lange Zeit ist dem Anschein nach erforderlich, damit der Gerbstoff das Innere eines dicken Felles durchdringen könne. Der verbesserte Prozeß besteht nun darin, daß man die Felle mit der Lohe in dicht verschlossene Gefäße bringt, aus welchen man sodann die Luft auspumpt. Hierdurch entfernt man die in den Poren der Felle enthaltene Luft und wendet den Druck der Atmosphäre an, um die Kapillaranziehung zu unterstützen, welche den Gerbstoff in das Innere der Häute hineinzieht. Indessen kann die Wirkung der auf diese Weise in Tätigkeit gesetzten unterstützenden Kraft nur eine Atmosphäre betragen. Man hat daher eine weitere Verbesserung angebracht: das Gefäß für die Felle wird nach dem Auspumpen mit einer Gerbstofflösung angefüllt und vermittelst eines Druckwerkes sodann noch eine kleine Quantität hinzugefügt. Hierdurch kann man jeden Grad des Druckes hervorbringen, den das Gefäß auszuhalten vermag, und man hat gefunden, daß die dicksten Felle bei Anwendung dieser Methode in sechs bis acht Wochen gegerbt werden können.

§ 48. Derselbe Injektionsprozeß kann angewendet werden, um Bauholz mit Teer oder irgendeiner anderen der Fäulnis widerstehenden Substanz zu imprägnieren, und wenn es nicht zu kostbar wäre, so könnte man auf diese Weise die Dielen in den Häusern mit Alaun oder anderen Substanzen durchdringen lassen, wodurch sie bei weitem weniger leicht vom Feuer ergriffen würden. In einigen Fällen mag es sinnvoll sein, Holz mit Harz, Lack oder Öl zu imprägnieren, und Holz, das mit Öl gesättigt ist, mag unter gewissen Umständen nutzvoll bei Maschinen angewendet werden, um auf diese Weise dem Stahl oder Eisen einen konstanten aber winzigen

Bedarf dieses Fluids, gegen das es sich bewegt, abzugeben. Einige Vorstellung von der Menge des Stoffes, den man durch starken Druck in Holz pressen kann, gewährt ein Ereignis, welches nach der Erzählung des Herrn Scoresby sich mit dem Boot eines Walfischfängers zugetragen hat. Das Seil der Harpune war an das Boot befestigt; der Walfisch tauchte diesmal in gerader Richtung unter und zog das Boot mit sich hinab. Als das Tier sich wieder auf der Oberfläche zeigte, wurde es getötet, allein das Boot tauchte nicht wieder empor, sondern hing unter dem Walfisch am Seil der Harpune, und beim Heraufziehen fand man alle Teile des Holzes so vollständig mit Wasser gesättigt, daß sie unmittelbar auf den Grund sanken.

§ 49. Das Bleichen der Leinwand in freier Luft erfordert zwar nicht viel Arbeit, wohl aber beträchtlich viel Zeit, was wegen der Gefahr der Beschädigung und des Diebstahls eine Abkürzung des Prozesses höchst wünschenswert machte. Ist nun auch die jetzt übliche Methode keine mechanische, so liefert sie dennoch einen so merkwürdigen Beweis von der Förderung der praktischen Zwecke der Manufakturen durch die Wissenschaft, daß wir bei Erwähnung der durch Abkürzung natürlicher Operationen entspringenden Vorteile es uns nicht versagen konnten, auf die treffliche Benutzung des mit Kalk vermischten Chlors zum Bleichen wenigstens hinzudeuten.

§ 50. Ein anderes, im eigentlicheren Sinne der Mechanik angehörendes Beispiel, finden wir in Ländern, wo Brennmaterial kostspielig und doch die Sonnenhitze nicht hinreichend ist, um das Wasser der Salzquellen zu verdampfen. Das Wasser wird zunächst in einen Behälter heraufgepumpt, von wo man es in kleinen Strahlen durch Reisigbündel hindurchsickern läßt. Hierdurch wird es geteilt; und indem es der Luft eine größere Fläche darbietet, wird die Verdampfung erleichtert, und die unterhalb der Reisigbündel in Gefäßen sich aufsammelnde Sole ist schon stärker als die aus der Quelle heraufgepumpte. Nachdem man auf diese Weise einen großen Teil des Wassers abgeschieden hat, wird der Rest durch Sieden vertrieben. Das Gelingen dieses Verfahrens hängt davon ab, daß die Atmosphäre nicht mit Feuchtigkeit gesättigt sei; denn wenn die Luft ohnehin schon soviel aufgelöste Feuchtigkeit enthält, wie sie im unsichtbaren Zustand zu tragen vermag, so kann sie unmöglich aus der durch die Reisigbündel tröpfelnden Sole Wasser absorbieren, und die Arbeit des Pumpens ist dann gänzlich verschwendet. Bei der Zeitbestimmung für dieses Verfahren kommt daher alles darauf an, sich von der Trockenheit der Luft zu überzeugen, weshalb die Anwendung des Hygrometers zur Untersuchung des Luftzustandes in dieser Beziehung oft viel Mühe ersparen würde.

§ 51. In einigen holzarmen Ländern bewirkt man das Abdampfen des salzigen Wassers durch eine große Menge senkrecht aufgespannter Seile. Das an ihnen herabfließende Wasser setzt den schwefelsauren Kalk (Gips) den es aufgelöst enthielt, daran ab, und durch eine sich allmählich ansetzende Kruste halten die Seile nach Verlauf von ungefähr zwanzig Jahren, wenn sie beinahe verfault sind, dennoch so zusammen, daß sie wie eine lange Reihe dünner Pfeiler aussehen.

§ 52. Unter den natürlichen Operationen, welche die Oberfläche unserer Erdkugel beständig verändern, befinden sich einige, deren Beschleunigung Vorteil gewähren würde. Zu dieser Klasse gehört die allmähliche Beseitigung der Felsen, welche die Strömung schiffbarer Flüsse hindern, wozu man sich in Nordamerika eines sehr schönen Mittels bedient. Am Fuße der Strömung wird ein Boot aufgestellt und dieses mittelst eines langen, am Ufer oberhalb festgebundenen Taues in seiner Stellung erhalten. Quer über dem Boot liegt eine Welle, die an jedem Ende mit einem Rad, ähnlich dem Ruderrad (*paddle-wheel*) eines Dampfbootes versehen ist; diese beiden Räder werden mit der sie verbindenden Welle durch die Kraft der Strömung in eine schnelle Bewegung gesetzt. Stellen wir uns nun mehrere mit Eisenspitzen beschlagene Balken vor, welche an starken über das Vorderteil des Bootes hinausragenden Hebeln befestigt sind, wie in folgender Darstellung.

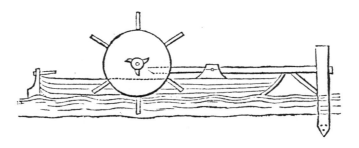

Wenn diese Hebel sich nun frei auf- und ab bewegen können, und wenn ein oder mehrere vorragende Bäume, *cams* genannt, gegenüber dem Ende eines jeden Hebels mit der Welle in Verbindung gebracht werden, so erzeugt die Bewegung des Stromes eine fortwährende Aufeinanderfolge von Schlägen. Die auf den Felsen am Boden anschlagende Eisenspitze aber trennt beständig kleine Stücke von der Masse, die der Strom sogleich fortführt. Durch die bloße Bewegung des Stromes selbst wird dergestalt ein Verfahren möglich, die Felsen auf dessen Bett zu zerreiben. Vermittelst eines Steuers kann ein einziger Arbeiter das Boot nach irgendeinem Teil des Flusses lenken; und wenn er sich die Stromschnelle hinauf begeben muß, so kann er, da der Kanal einmal gegraben ist, das Boot ohne Mühe durch eine Schiffswinde vorwärts bewegen.

§ 53. Ist der Zweck der soeben beschriebenen Maschine erreicht und der Kanal tief genug, so wird sie, mittelst einer geringen Abänderung zu einer anderen, fast ebenso vorteilhaften Arbeit benutzt. Man nimmt die

Stampfer und vorragenden Däume von der Welle ab, und ersetzt sie durch eine zylindrische Trommel von Holz oder Metall, welche einen Teil der Welle so umgibt, daß man sie nach Belieben mit derselben verbinden oder von ihr getrennt halten kann. Das bis jetzt an das Boot befestigte Tau, wird nun an der Trommel befestigt; ist nun diese lose von der Welle, so drehen die Ruderräder nur die letztere und das Boot bleibt auf seinem Platz; sobald aber die Welle mit der sie umgebenden Trommel in Zusammenhang gebracht wird, so fängt diese an sich zu drehen, und indem sich das Tau darauf windet, wird das Boot allmählich gegen den Strom hinauf gezogen, und kann somit allen zu Berg gehenden Fahrzeugen als Bugsierboot dienen. Hat es den Gipfel der Stromschnelle erreicht, so macht man die Trommel wieder von der Welle los, und läßt das Boot, mit Anwendung einiger Friktion zur Mäßigung der Schnelligkeit, wieder stromabwärts treiben.

§ 54. Turmuhren sind ein vortreffliches Förderungsmittel der Zeitersparnis, und ihre Vermehrung an auffallenden Orten stiftet in großen Städten bedeutenden Vorteil. Dessenungeachtet sind dergleichen in England oft sehr ungeschickt angebracht; denn ihr gewöhnlicher Platz, in der halben Höhe großer Türme, mitten in den engen Straßen einer volkreichen Stadt, ist äußerst ungünstig, sofern nicht zufällig die Kirche außerhalb der übrigen Häuserreihe steht. Am zweckmäßigsten sind Turmuhren angebracht, wenn sie in einiger Höhe weit in die Straße hineinreichen und mit einem Zifferblatt nach beiden Seiten hin versehen sind, wie es an der alten St. Dunstan-Kirche in der Fleet Street geschehen ist. Dadurch werden die von beiden Seiten Kommenden auf die Zeit aufmerksam gemacht.

§ 55. So sollten auch die Briefannahmen der Londoner Stadt- und allgemeinen Post mehr in die Augen springen, als es jetzt der Fall ist. Im äußersten Fensterwinkel eines bunten Ladens befindet sich ein Messingtäfelchen, welches seine wichtige Bestimmung so undeutlich verrät, als liege gerade daran, den Zweck zu verstecken. Kein in die Augen fallendes Schild kommt dem Suchenden zustatten, welcher, wenn bis zum Schluß der Annahme-Zeit nur noch wenige Minuten sind, die Vorübergehenden mit Fragen nach dem nächsten Postamt quält. Hat er endlich eine Briefannahme erfragt, so ist es oft schon zu spät, und er muß dann entweder nach einem entfernten Teil der Stadt laufen, um die Absendung seiner Briefe noch auszuführen, oder auf deren Beförderung mit nächster Post Verzicht leisten, wobei, wenn es Briefe in das Ausland sind, leicht eine Woche oder zwei verlorengehen, bis das nächste Paketboot abgeht.

Der Nachteil in diesen und ähnlichen Fällen macht sich alle Tage fühlbar, und ist, wenn auch in den meisten einzelnen Fällen nicht von großem Belang, doch wichtig genug, wenn alles zusammenkommt, um die Behörde einer großen und geschäftreichen Stadt zu vermögen, hierin eine Abhilfe zu treffen, die so leicht getroffen werden kann. Man braucht ja nur

an einem in die Straße vorspringenden Träger wenige Buchstaben oder ein
kenntliches Zeichen anbringen. Da alle sonstigen vorspringenden Privat-
schilder gegenwärtig in London mit Recht verboten sind, so würden diese
Postschilder um so leichter ins Auge fallen.

SIEBTES KAPITEL

Große Kräfte, welche die menschlichen übersteigen, und Operationen, die für Menschenhände zu fein sind

§ 56. Einige Geschicklichkeit und bedeutende Vorrichtungen gehören dazu, es zu ermöglichen, daß die Ausübung der gesamten Kraft vieler Menschen sich auf einen gegebenen Punkt zusammendränge, und beläuft sich erst die Anzahl auf Hunderte oder Tausende, so entstehen neue Schwierigkeiten. Mietet man zehntausend Menschen zu einer Arbeit, bei der gleichzeitiges Wirken Bedingung ist, so würde es äußerst schwierig sein, zu ermitteln, ob auch jeglicher seine ganze Kraft ausübe, das heißt, sich zu überzeugen, daß ein jeder seinen Arbeitslohn wirklich verdiene. Sind noch größere Massen von Menschen oder Tieren nötig, so vergrößert sich nicht bloß die Schwierigkeit der Oberaufsicht, sondern es wird auch durch die notwendige Herbeischaffung von Lebensmitteln für so viele die Ausgabe bedeutend vermehrt.

Die Schwierigkeit, eine große Anzahl Menschen in Stand zu setzen, ihre Kräfte in demselben Moment in Tätigkeit zu setzen, ist durch den Beistand des Tones beinahe überwunden. So leistet die Bootsmannspfeife häufig diesen Dienst, und bei der durch Hände geschehenen Fortbewegung der ungeheuren, über 1400 Tonnen wiegenden Granitmasse, auf welcher die Reiterstatue Peters des Großen zu St. Petersburg steht, ließ man das Zeichen zur gleichzeitigen Anstrengung der Arbeiter stets durch einen oben auf dem Stein stehenden Tambour geben.

Herr Champollion entdeckte vor einigen Jahren eine interessante Zeichnung in den ägyptischen Altertümern, auf welcher eine große Anzahl Menschen an einen ungeheuren Steinblock angeschirrt sind, auf dessen Spitze ein einziges Individuum steht, mit aufgehobenen, offenbar im Klatschen begriffenen Händen; ohne Zweifel zu demselben Zweck, die vereinten Kräfte in einem und dem nämlichen Augenblick in Tätigkeit zu setzen.

§ 57. In Bergwerken müssen oft große Lasten mit Winden, welche die Kraft von mehr als hundert Menschen erfordern, gehoben oder gesenkt werden. Die Leute arbeiten oben, und die Anweisungen werden von unten, vielleicht aus einer Tiefe von 200 Klaftern, gegeben. Dies wird mit Leichtigkeit und Sicherheit durch Signale bewirkt. Gewöhnlich dient dazu eine Art Klapper, welche oben bei der Winde, also jedermann hörbar, angebracht ist, und von unten durch ein Tau in Tätigkeit gesetzt wird.

In dem Bergwerk *Wheal Friendship* in Cornwall gibt es noch eine andere Vorrichtung. Ein gesenkter Gang geht wohl $\frac{2}{3}$ engl. Meilen weit unter der Erde fort. In diesem befindet sich ein fortlaufender metallener Stab, der, wenn er unten geschlagen wird, seinen Schall ganz deutlich oben vernehmen läßt.

§ 58. In allen unseren größeren Fabriken kommen häufig Fälle vor, wo Dampfkraft angewendet werden muß, um Widerstände zu überwinden, deren Überwindung mittelst lebendiger Kräfte bei weitem teurer zu stehen käme. Das Drehen der großen Ankertaue, das Walzen, Hämmern und Durchschneiden großer Eisenmassen, das Auspumpen des Wassers aus unseren Bergwerken, alle erfordern die Ausübung gewaltiger physischer Kräfte, und zwar eine beträchtlich lange fortgesetzte. Ist die Kraft, welche erfordert wird, groß, der Raum aber, auf welchem sie sich entwickeln kann, klein, so nimmt man zu anderen Mitteln seine Zuflucht. Bramahs hydraulische Presse kann, von einem einzigen Mann gehandhabt, einen Druck von 1500 Atmosphären erzeugen, und man hat schon hohle, drei Zoll dicke Zylinder aus Schmiedeeisen mit diesem Instrument auseinandergesprengt. Beim Vernieten der Eisenplatten, aus welchen die Dampfkessel gemacht werden, muß die Naht die größtmögliche Dichtigkeit erlangen. Dies wird dadurch bewirkt, daß man die Nieten rot glüht; in diesem Zustand werden die beiden Eisenplatten zusammengenietet, und die Kontraktion, welche der Niet während des Kühlens erleidet, zieht sie mit einer solchen Kraft zusammen, daß nur die Haltbarkeit des Metalls, aus welchem der Niet besteht, ihr Grenzen setzt.

§ 59. Jene kolossalen Kräfte, die der Mensch durch Benutzung des Dampfes in Tätigkeit gesetzt hat, zeigen sich in ihrer völligen Entwicklung nicht bloß in den größeren Operationen des Ingenieurs oder des Fabrikanten. Gleicher Kraftaufwand ist auch da jedesmal erforderlich, wo die Ausführung jeder einzelnen Operation zwar wenig Kraft in Anspruch nimmt, wo sie aber fast endlos wiederholt werden muß. Derselbe »Riesenarm«, der das »dickste Kabeltau« windet, spinnt von der Baumwollpflanze den bis zur Unsichtbarkeit feinen Faden. Der Hand gehorchend, welche diese unwiderstehliche Gewalt zur Tätigkeit rief, kämpft er mit dem Ozean und dem Sturm, und zielt siegreich mitten durch Gefahren und Schwierigkeiten hindurch, deren Überwindung die frühere Schiffahrtsweise nicht einmal versucht hat. Dieselbe Maschine, die in ihrer gemäßigteren Wirkung die Segel-Leinwand webt, die sie einst vielleicht überflüssig macht, flicht auch die Maschen des zartesten Zeuges im elegantesten Damenputz[13].

---

[13] Die Wichtigkeit und mannigfaltige Anwendung der Dampfmaschine wurde mit vieler Geschicklichkeit in den später im Druck erschienenen Reden hervorgehoben, zu welchen

§ 60. Der fünfte Bericht der Spezialkommission des Unterhauses über die Seestraße von Holyhead liefert reichliche Beweise von der Überlegenheit der Dampfschiffe. Folgendes ist ein Auszug der vom Kapitän Rogers, Befehlshaber eines der Postschiffe, gemachten Aussagen:

> *Frage*: Unterrichten Sie die Kommission über die Art und Weise, wie die Verbindung zwischen Holyhead und Dublin mittels Dampfpaketbooten unterhalten worden ist, und über den Erfolg den ihre Einführung auf jener Station gehabt hat.
> *Antwort*: Wir haben alles, was nur immer getan werden kann, durch Dampfschiffe getan; sie legen ohne Zweifel den Weg zurück, auch wenn ein Segelschiff es nicht vermag; das hat die Erfahrung gelehrt.
> *Frage*: Sind Sie durch Ihre Erfahrung nicht völlig überzeugt worden, daß das von Ihnen befehligte Dampfschiff dasjenige auszuführen vermag, was einem Segelfahrzeug auszuführen unmöglich ist?
> *Antwort*: Ja.
> *Frage*: Hätte irgendein breitgetakeltes Schiff von einem Linienschiff ersten Ranges an bis herab zu einer Kriegsschaluppe, die Reise, welche Sie in Ihrem Boot von Gravesend nach den Dünen machten, in demselben Zeitraume vollenden können?
> *Antwort*: Unmöglich. In den Dünen kamen wir bei verschiedenen Indienfahrern und 150 Segeln vorbei, die sich nicht den Kanal hinab bewegen konnten; und hinter Dungeness begegneten wir noch 120 Schiffen.
> *Frage*: Würde ein breitgetakeltes Fahrzeug dieselbe Reise, die Sie bei dem von Ihnen beschriebenen Wetter von den Dünen nach Milford machten, in zwölf Monaten zurücklegen können, wenn jenes Wetter so lange angehalten hätte?
> *Antwort*: Bei der fortgesetzten Dauer jenes Wetters hätte es ein solches Schiff viel Zeit gekostet, wahrscheinlich Wochen statt Tage. Ein Segelschiff hätte sich nicht in einem Jahre nach Milford hinangekämpft, wie wir.«

§ 61. Der beim Druck von Banknoten nötige Prozeß, auf Silberpapier zu drucken, hat seine Unbequemlichkeiten, weil man das Papier vor dem Abdruck anfeuchten muß. Es war schwierig, dies gleichförmig zu tun, und bei dem ehemaligen Verfahren, ein aus mehreren Bogen bestehendes Paket in ein Gefäß mit Wasser einzutauchen, geschah es sehr leicht, daß die äußeren Bogen rissen, weil sie natürlich weit feuchter wurden, als die in der Mitte. Man hat nun in der Bank von England eine diese Unbequemlichkeit beseitigende Methode eingeführt. Das sämtliche anzufeuchtende Papier wird in ein dicht verschlossenes luftleeres Gefäß getan; sodann Wasser hineingelassen und jeder Bogen vollkommen durchnäßt; hierauf legt man das Papier unter eine Presse und drückt die überflüssige Feuchtigkeit heraus.

---

eine im Juni 1824 gehaltene Versammlung Veranlassung gab, deren Zweck die Errichtung eines Monumentes war, das dem Andenken von James Watt gesetzt werden sollte.

§ 62. Die Kunst, feste Substanzen zu pulverisieren und die verschiedenen Feinheitsgrade des Staubes voneinander zu trennen, ist den Technikern bekannt. Da auch das beste Sieb diese Trennung nicht mit hinlänglicher Genauigkeit bewirken kann, so nimmt man zu Auflösungen in Flüssigkeiten seine Zuflucht. Wenn die Substanz zu feinstem Pulver zerrieben ist, wird sie in Wasser geschüttet, welches man hernach ablaufen läßt. Der erste Niederschlag des Wassers enthält die gröbsten Teile, der letzte die feinsten. Selbst Schmirgelpulver, eine sehr dichte Substanz, läßt sich auf diese Weise in verschiedene Grade der Feinheit zerlegen. Kieselsteine werden gebrannt und gemahlen, darauf in Wasser aufgelöst, um sich mit Tonerde, welche in derselben Flüssigkeit aufgelöst wurde, innig zu vermischen, wodurch Porzellanerde gebildet wird. Das Wasser läßt man durch Hitze verdunsten und es bleibt ein fester Niederschlag zurück, aus welchem man das schönste Porzellan verfertigt. Merkwürdig und genauerer Untersuchung wert, als man bisher darüber angestellt hat, ist der Umstand, daß die Masse, wenn sie lange unverarbeitet stehen bleibt, unbrauchbar wird, weil der Kiesel sich allmählich in kleinen Stücken absetzt. Diese Analogie mit der Kieselbildung in Kalksteinschichten verdient Beachtung[14].

§ 63. Die Langsamkeit, mit welcher der Niederschlag pulverisierter Substanzen erfolgt, hängt teils von der spezifischen Schwere derselben, teils von der Größe ihrer Partikelchen ab. Körper erlangen beim Fall durch ein widerstehendes Medium nach einiger Zeit eine gleichmäßige Geschwindigkeit des Sinkens, welche man ihre »endliche Geschwindigkeit« nennt. Wenn die Teilchen sehr klein sind und das Medium dicht, wie z.B. Wasser, so ist die endliche Geschwindigkeit bald erreicht. Einige Pulverisationen, sogar die des Schmirgels, erfordern mehrere Stunden zum Niederschlag durch ein paar Fuß Wasser; und noch längerer Zeit bedarf es, ehe der Schlamm, welcher sich in dem von einigen unserer Wassergesellschaften in die Brunnen geleiteten Wasser befindet, wieder auf den Grund sinkt. Man kann sich daraus eine Vorstellung machen von den großen Strecken, über welche die Schlamm-Absetzungen der Ströme sich ausdehnen. Denn, wenn der Schlamm des Mississippi eine Stunde braucht, um durch einen Fuß im Wasser zu sinken, so wird er durch den Golf-Strom, der ungefähr 3 engl. Meilen in der Stunde zurücklegt, 1500 Meilen weit geführt, ehe er um 600 oder 700 Fuß gesunken ist.

§ 64. Eine Menge kleiner Fasern stehen auch aus dem bestgesponnenen Baumwollfaden hervor, und verunzieren den Stoff, wenn Musselin daraus gewoben wird. Diese einzeln abzuputzen, ist fast unmöglich; aber sie werden leicht dadurch fortgeschafft, daß man den Musselin schnell über

---

[14] Einige Beobachtungen von Dr. Fitton zu diesem Thema erscheinen in dem Anhang zu *Captain King's Survey of the Coast of Australia*, Bd. II. S. 397, London, 1826.

eine in schwacher Rotglüh-Hitze gehaltene eiserne Walze laufen läßt. Die Zeit, während welcher jedes Teilchen des Musselins auf dem glühenden Eisen verweilt, ist zu kurz, um ihn bis zum Anbrennen zu erhitzen, aber die viel feineren Fasern, welche auf das heiße Metall fest aufgedrückt werden, versengen.

Noch notwendiger ist diese Beseitigung der Fasern vom Petinet [= Markengarn]. Hier wird sie am wirksamsten durch schnelles Hindurchziehen durch eine Gasflamme erreicht. Unmittelbar über der Flamme wird ein langer Trichter angebracht, der an eine große Luftpumpe angeschlossen wird, die ihrerseits von einem Dampfmotor angetrieben wird. Die Flamme wird also gewaltsam durch das Petinet hindurchgezogen, und alle Fasern auf beiden Seiten werden durch diese Operation entfernt. Früher, bevor man die Luftpumpe angewandt hatte, hatte sich das Petinet in der gleichen Weise, wenn auch nicht im selben Umfang, wie die Drahtgaze in Davy's Sicherheitslampe verhalten. Man reduzierte die Temperatur der Flamme, um der Verbrennung der Fasern auf der oberen Seite vorzubeugen. Indem sie das entflammte Gas beschleunigt, beseitigt die Luftpumpe diese Unbequemlichkeit.

ACHTES KAPITEL

Registrierende Operationen

§ 65. Einer der merkwürdigsten Vorteile, die wir den Maschinen verdanken, besteht in der Sicherstellung, die sie uns gegen die Unachtsamkeit, Trägheit oder Spitzbüberei der Arbeiter gewähren. Wenig Beschäftigungen sind langweiliger als das Zählen einer Reihe von Wiederholungen ein und derselben Sache. Die Anzahl der Schritte, die wir tun, liefert ein ziemlich gutes Maß für den durchschrittenen Raum. Der Wert dieses Maßes aber wird durch den Besitz des sogenannten Schrittzählers (Pedometer) gesteigert, denn dieses Instrument enthebt uns der Mühe, die Schritte selbst zu zählen. Ein ungefähr ähnlicher Mechanismus wird angewendet, um die Anzahl der Umwälzungen eines Rades an einem Wagen zu zählen, und dadurch zu bestimmen, welche Strecke Weges man zurückgelegt habe. Ein dem Zwecke nach ähnliches, in seiner Konstruktion jedoch abweichendes Instrument wird zum Zählen der Kolbenwechsel einer Dampfmaschine und der in der Presse geprägten Münzen gebraucht. Herr Donkin ist Erfinder eines der einfachsten zu dieser Gattung gehörigen Instrumente[15].

§ 66. Eines anderen Instrumentes bedient man sich in einigen Anstalten beim Pressen von Tuchwaren und Aufdrucken der Erhabenheiten. Viele hunderttausend Ellen Kattun und anderer Tuchwaren durchlaufen wöchentlich diese Operationen, und da hierfür nur ein geringer Preis bezahlt wird, so würde der Wert der Zeit, welche das Ausmessen kostet, den Gewinn bedeutend vermindern. Man hat daher eine Maschine erfunden, um das Längenmaß der Waren, während sie schnell durch die Hand des Arbeiters laufen, zu ermitteln und zu registrieren, und zwar so, daß unmöglich ein Fehler im Zählen dabei vorkommen kann.

§ 67. Unter allen Erfindungen dieser Gattung ist vielleicht keine so nützlich, als die, mittelst der man sich der Wachsamkeit des Nachtwächters versichern kann. Es ist dies ein mit einer Uhr in Verbindung stehender Mechanismus. Die Uhr befindet sich in einem Zimmer, zu welchem der Nachtwächter keinen Zutritt hat; dagegen muß er einmal jede Stunde an einer Schnur ziehen, die in einem gewissen Teile seines Reviers angebracht

---

[15] Man vgl. *Transactions of the Society of Arts*, 1819, S. 116.

ist. Das Instrument nun, welches ziemlich treffend »Ausplauderer« (*tell-tale*) genannt wird, benachrichtigt den Eigentümer, ob der Wächter irgendeine und welche Stunde gefehlt habe.*

§ 68. Sowohl zur Regulierung in den Akziseämtern als auch zur Sicherung von Privateigentum ist es häufig von großer Wichtigkeit, bestimmen zu können, wieviel Branntwein oder sonst in den Fässern enthaltene Flüssigkeit von denjenigen abgezapft worden sei, welche während der Abwesenheit der Beamten oder der Eigentümer Zutritt zu den Gefäßen haben. Dies erreicht man durch eine eigentümliche Art Hahn, der bei jedesmaliger Öffnung nur ein gewisses Maß von Flüssigkeit durchläßt; wie oft der Hahn gedreht worden ist, wird durch einen Rechenapparat verzeichnet, der nur dem Herrn zugänglich ist.

§ 69. Die Zeit und Mühe, welche das Visieren (*gauging*) von nur zum Teil gefüllten Fässern kostet, hat zu einer Verbesserung geführt, die auf die einfachste Weise einer bedeutenden Unbequemlichkeit begegnet, und jeden in Stand setzt, die in irgendeinem Gefäß enthaltene Anzahl Gallons** mit derselben Leichtigkeit abzulesen, wie die Wärmegrade an einem Thermometer. Ein kleiner Hahn wird nahe am Boden in das Faß hineingesteckt, und setzt dasselbe mit einer engen Glasröhre in Verbindung, welche an einer neben dem Faß befindlichen Skala befestigt ist und ein wenig über dasselbe hervorragt. Der Zapfen des Hahns kann durch Drehen drei verschiedene Stellungen einnehmen: in der ersten schneidet er alle Kommunikation mit dem Faß ab; in der zweiten eröffnet er eine Kommunikation zwischen dem Faß und der Glasröhre; in der dritten hebt er die Verbindung zwischen dem Faß und der Glasröhre auf und eröffnet eine Kommunikation zwischen dem ersteren und irgendeinem unter den Hahn zur Aufnahme seines Inhalts gestellten Gefäß. Die Grade an der Skala werden nun angezeichnet, indem man die Verbindung zwischen dem Faß und der Röhre öffnet und eine Gallon Wasser ins Faß gießt. Sodann macht man einen Strich an der Skala, welcher der Stelle in der Röhre, bis wohin das Wasser gestiegen ist, gerade gegenüber liegt, und mit jedem neuen ins Faß gegossenen Gallon einen neuen Strich. Da nun so die Skala durch wirkliches Messen[16] gebildet ist, kann sich sowohl der Eigentümer als auch der Beamte augenscheinlich über den Inhalt jedes Fasses damit vergewissern und das langweilige Visieren nach der alten Methode gänzlich entbeh-

---

* (Anm. der dt. Übersetzung): Die Maschine wird größtentheils von den Kaufleuten in London benutzt, welche sich Privatnachtwächter halten; die Nachlässigkeit, mit welcher die öffentlichen ihre Pflicht verrichten, ist notorisch.

** (Anm. der dt. Übersetzung): Das *Gallon* ist 10 Pfund *avoir du poid* Gewicht destillirtes Wasser bei 13° 33' R. und 30 Zoll Barom. gewogen, und entspricht ungefähr $3\frac{10}{31}$ Berliner Quart.

16 Diese Vorrichtung verdankt man Herrn Henneky von High Holborn, in dessen Anstalt sie in beständigem Gebrauch ist.

ren. Noch andere Vorteile erwachsen aus dieser einfachen Vorrichtung durch die große Zeitersparnis, welche sie beim Mischen von verschiedenen Granatweinen, beim Verzapfen und bei Übernahme des Spiritus vom Brenner gewährt.

§ 70. Der Gasometer, womit die von jedem Abnehmer verbrauchte Menge Gas ermittelt wird, gehört zu der in Rede stehenden Gattung von Instrumenten. Es gibt verschiedene Formen von Gasometern, doch alle haben den Zweck, die Anzahl der abgelassenen Kubikfuß Gas zu registrieren. Es ist sehr wünschenswert, daß diese Meter recht wohlfeil zu haben wären und daß jeder Abnehmer sie gebrauchte; indem dadurch bewirkt würde, daß einerseits jeder Käufer nur für das, was er braucht, bezahlte und andererseits der großen, nur zu häufig bemerkten Verschwendung des Gases vorgebeugt wird. Der Gasproduzent würde sich dadurch in den Stand gesetzt sehen, sein Produkt bei gleichem Gewinn wohlfeiler zu liefern.

§ 71. Wenn die verschiedenen, zur Wasserversorgung in London bestehenden Gesellschaften sich eines solchen Meßgerätes bedienten, so würde eine weit bessere Regulierung im Verkauf dieses Bedürfnisses möglich werden. Viel Wasser, das jetzt verloren geht, würde durch Einführung eines solchen Systems benutzt und eine ungerechte Ungleichheit im Tarif, welche dieselbe Gesellschaft verschiedenen Häusern auferlegt, vermieden werden.

§ 72. Wichtig wäre die Anbringung eines Meßapparats bei den Kesseln der Dampfmaschinen, um die Menge des einströmenden Wassers schätzen zu können. Ohne solche Vorrichtung muß unsere Kenntnis von der durch verschiedenartige Kessel mit verschiedenen Feuerungs-Methoden verdampften Quantität, sowie unsere Schätzung der *Abgabe* von einer Dampfmaschine immer unvollkommen bleiben.

§ 73. Ein anderer Gegenstand, auf welchen Instrumente bei zu registrierenden Operationen mit großem Vorteil angewendet werden, ist die Bestimmung der Durchschnittswirkung natürlicher oder künstlicher Agentien. Die mittlere Höhe des Barometers, zum Beispiel, wird festgesetzt, indem man die Höhe desselben in gewissen Zeitintervallen während vierundzwanzig Stunden anmerkt. Je kürzer diese Zeiträume sind, je genauer wird die mittlere Höhe festgesetzt werden können; die wahre Mittelhöhe aber muß die sein, auf welche der in jedem Augenblick vorgefallene Wechsel nicht ohne Einfluß bleibt. Man hat zu diesem Zweck Uhren vorgeschlagen und angefertigt, und das angenommene Verfahren besteht darin, daß man ein Stück Papier vor einem Bleistift, welcher an einem Schwimmer auf der Oberfläche des im Gefäß des Barometers enthaltenen Quecksilbers befestigt ist, langsam und gleichmäßig sich bewegen läßt. Vor mehreren Jahren schlug Sir David Brewster vor, ein Barometer schwebend aufzuhängen und als Pendel schwingen zu lassen. Die Änderungen in der Atmosphäre würden dann das Zentrum der Oszillation ändern und dieses Instrument, mit einer guten Uhr zusammengehalten, würde uns in den Stand setzen, die mittlere Höhe des Barometers während der Abwesenheit des Beobachters festzustellen[17].

Herr John Taylor hat ein Instrument zur Messung und Aufzeichnung der Regenmenge erfunden und im *Philosophical Magazine* beschrieben. Der Apparat besteht aus zwei Gefäßen, der, so eingerichtet, das eine, wenn der Regen es angefüllt hat, umschlägt und dem Regen das andere darhält, welches, kaum angefüllt, seinerseits umschlägt, und das vorige Gefäß zur Füllung darbietet. Die Anzahl dieser Umkehrungen wird durch ein Räderwerk angemerkt. Der Beobachter kann also, ohne anwesend zu sein, die Menge des im ganzen Jahr gefallenen Regens messen und verzeichnen.

Es ließen sich ferner Instrumente erfinden zur Bestimmung der durchschnittlichen Zugkraft von Pferden, der Kraft des Windes, eines Stromes, kurz, einer jeden unregelmäßigen, schwankenden Tier- oder Naturkraft.

§ 74. Schlaguhren und Taschenuhren können als Instrumente betrachtet werden, welche die Anzahl der Schwingungen ihres Pendels oder ihrer Unruhe verzeichnen. Der Mechanismus, welcher dazu nötig ist, heißt in der Fachsprache Echappement (*scapement*). Er ist nicht leicht zu beschreiben, aber die verschiedenen dazu gemachten Erfindungen gehören zu den interessantesten und sinnreichsten in der Mechanik. Modelle in vergrößertem Maßstab (und deren gibt es leider wenige) sind fast immer erforderlich, um ihre Tätigkeit ununterrichteten Lesern anschaulich zu machen. Eine schöne Sammlung solcher Modelle befindet sich in der Instrumentensammlung der Prager Universität.*

Man hat Vorrichtungen dieser Art gemacht, welche ihre Wirksamkeit über einen beträchtlichen Zeitraum ausdehnen und nicht bloß die Stunde des Tages, sondern auch den Tag der Woche, des Monats, des Jahres und selbst verschiedene astronomische Erscheinungen anmerken.

Repetier-Uhren können als zeitregistrierende Instrumente betrachtet werden, die ihre Anzeigen nur machen, wenn der Besitzer sie verlangt, wobei er an einer Schnur zieht, oder irgendeine ähnliche Vorrichtung bewegt.

Neuerlich hat man eine Vorrichtung an Taschenuhren angebracht, mittelst welcher der Sekundenzeiger einen kleinen Farbfleck auf das Zifferblatt macht, sooft ein kleiner Drücker berührt wird. So kann man, mit

---

17 Ohne von diesem Vorschlag von Sir David Brewster etwas zu wissen, brachte ich vor sieben oder acht Jahren ein Barometer mit einer gewöhnlichen Acht-Tage-Uhr in Verbindung. Sie stand mehrere Monate in meinem Studierzimmer, doch die damals gemachten Beobachtungen sind mir abhanden gekommen.

* (Anm. der dt. Übersetzung): Die Instrumenten- und Modellsammlung im Königl. Gewerbe-Institut in Berlin verdient hier ganz besonders genannt zu werden, da sie in Hinsicht der Vollständigkeit und der schönen Ausführung der Exemplare wohl kaum ihres Gleichen hat.

dem Auge den Himmel beobachtend, gleichzeitig mit dem Finger Anfang und Ende eines Phänomens auf dem Zifferblatt der Taschenuhr markieren.

§ 75. Man besitzt auch mehrere Vorrichtungen, welche dazu dienen, zu gewissen, vorher bestimmten Zeitpunkten, den Beobachter zu erinnern. Hierher gehören die verschiedenen Arten von Weckern an Stand- und Taschenuhren. Bisweilen ist es wünschenswert, sie so zu richten, daß sie in vielen aufeinanderfolgenden und langen Intervallen Nachricht geben, wie z.B. wenn sie die Ankunft gewisser Sterne im Meridian anzeigen sollen. Einer solchen Uhr bedient man sich auf der königlichen Sternwarte zu Greenwich.

§ 76. Ein Erdbeben ist ein so häufiges Ereignis, und nimmt unsere Anteilnahme sowohl durch die furchtbaren Verwüstungen, welche es anrichtet als durch seine Bedeutsamkeit in der geologischen Theorie so sehr in Anspruch, daß es wichtig wird, ein Instrument zu besitzen, mittelst dessen die Richtung des Stoßes und die intensive Stärke desselben sich beobachten lassen. Eine Beobachtung, welche vor einigen Jahren in Odessa nach einem Nachts erfolgten Erdbeben gemacht wurde, bringt uns auf ein einfaches Mittel, durch welches die Richtung des Stoßes erlangt werden dürfte.

Es stand nämlich in einem Zimmer ein zum Teil mit Wasser gefülltes Glasgefäß, und durch die Kälte des Glases war die Innenseite dieses Gefäßes oberhalb des Wassers mit Dunst beschlagen. Als nun zwischen drei und vier Uhr mehrere beträchtliche Erdstöße sich spüren ließen, stand jemand auf und bemerkte, daß der Dunst an zwei entgegengesetzten Seiten des Glases durch eine vom Erdbeben bewirkte Schwankung des Wassers abgespült war. Die Verbindungslinie der beiden äußersten Punkte dieser Schwankung bezeichnete daher die Richtung, welche der Stoß genommen hatte. Ein Ingenieur zu Odessa[18] hat diesen Umstand zufällig erwähnt. Sehr empfehlenswert wäre daher, in Gegenden, die häufigen Erdbeben unterworfen sind, Gläser mit Sirup oder einer anderen dickflüssigen Substanz teilweise gefüllt aufzustellen, um, nach einem irgend von der Seite kommenden Erdstoß, durch die am Glase hängenbleibende Flüssigkeit die Richtung des Stoßes bestimmen zu können.

Um einen vertikalen Erdstoß beobachten zu können, müßte man ein Gewicht an einer Spiralfeder befestigen, oder einen Pendel in horizontaler Lage anbringen, und einen verschiebbaren Zeiger damit in Verbindung setzen, durch welchen die äußerste Abweichung angedeutet würde. Ein solches Verfahren könnte jedoch keinen sicheren Maßstab gewähren, weil jede Verschiedenheit der Geschwindigkeit, mit welcher die Erdoberfläche steigt und fällt, auf das Instrument Einfluß haben würde.

---

[18]   Mémoires de l'Académie des Sciences de Petersburgh, 6ᵉ serie, tom. i. p. 4.

Neuntes Kapitel

Ersparnis bei den anzuwendenden Materialien

§ 77. Durch die Präzision, womit die Maschinen alles ausführen und die genaue Ähnlichkeit der so verfertigten Artikel wird bedeutend weniger vom Rohmaterial konsumiert, was in einigen Fällen von großer Wichtigkeit ist. Bei der frühesten Art, einen Baumstamm in Bretter zu zerschneiden, bediente man sich des Beils oder des Breitbeils. Wahrscheinlich wurde der Baumstamm zuerst in drei bis vier Teile gespalten, und jedem Teil wurde sodann mittelst dieser Werkzeuge eine glatte Oberfläche gegeben. Man darf annehmen, daß bei einer solchen Methode die Quantität der produzierten Bretter jener des dabei verbrauchten Rohmaterials nicht gleichgekommen sei; ja sie muß, wenn die Bretter dünn waren, bei weitem geringer ausgefallen sein. Ein verbessertes Werkzeug, die Säge, stellt ein völlig entgegengesetztes Verhältnis her. Mit derselben verwandelt man einen Baum in dicke Planken bei einem Verlust eines sehr kleinen Bruchteils, und selbst wenn die Bretter nur ein Zoll dick geschnitten werden, beträgt der Verlust nicht mehr als den achten Teil des Rohmaterials. Wird das Brett noch dünner geschnitten, wie es der Fall ist, wenn man Holz zum Furnieren schneidet, so würde allerdings auch bei der Säge ein nachteiliges Verhältnis des zerstörten Materials zu dem benutzten entstehen. Man bedient sich daher zu dem letzteren Zweck der Kreissäge, welche ein sehr dünnes Blatt hat. Um aber bei den kostbareren Holzarten die Ersparnis noch weiter zu treiben, hat Herr Brunel ein System von Klingen in einer Maschine eingesetzt, womit das Furnier durch kontinuierliches Schaben abgeschnitten wird, so daß von dem ganzen Stück Holz gar nichts verlorengeht.

§ 78. Die schnellen Verbesserungen der Druckerpresse im Laufe der letzten zwanzig Jahre, liefern für die Ersparnis des konsumierten Materials ein anderes Beispiel, ebenso anziehend wegen seines näheren Zusammenhanges mit der Literatur, als schätzbar, weil es durch genaue Messungen über allen Zweifel gestellt ist. Bei der alten Methode wurden die Typen mittelst großer halbkugelig aufgepolsterter und mit Leder überzogener Ballen geschwärzt. Der Drucker nahm eine kleine Quantität Schwärze vom Färbestein und wälzte dann die Ballen in verschiedenen Richtungen beständig übereinander, um eine dünne Auftragung der Schwärze gleichförmig über die Oberflächen der Ballen zu erzielen. Diese trug er nun tupfend* auf die Typen auf. Bei einem solchem Verfahren mußte, selbst bei großer Geschicklichkeit des Arbeiters, eine bedeutende Menge Schwärze sich an den Rändern der Ballen ansetzen, und da selbige nicht auf die Typen kam, so wurde sie hart und unbrauchbar und mußte als eine dicke schwarze Kruste abgenommen werden**. Aber dies war nicht der einzige Übelstand; die Quantität der auf dem Färbebrett ausgebreiteten Schwärze war durch kein Maß reguliert. Ebenso hing es allein vom Willen des Arbeiters ab, wie oft und in welcher Richtung er die Ballen übereinander-wälzte; daher denn die Unmöglichkeit, eine gleichmäßige Schicht, die genau nur soviel Farbe enthielt, als zum Abdruck nötig, auf die Typen zu bringen. An die Stelle der Ballen traten später zylindrische, aus einer Mischung von Leim und Sirup verfertigte Walzen, und durch diese wurde allerdings eine bedeutende Ersparnis an Schwärze erzielt. Der Mechanik war es indessen vorbehalten, die höchste Ersparnis möglich zu machen. Nach Einführung der durch Dampfkraft in Bewegung gesetzten Druckmaschine fand man, daß der Wirkungsart derselben jene Walzen sich sehr gut anpassen ließen; man machte einen Färbebehälter, aus welchem eine Walze regelmäßig eine kleine Menge Schwärze zu jedem Abdruck herausnahm. Drei bis fünf andere Walzen verteilten nun diese Quantität gleichmäßig über eine, durch höchst geistreiche Vorrichtungen fast in jeder Maschine anders gestaltete Platte (*slab*)***. Über diese letztere führt eine andere Walze, welche mit der Schwärze, die sie auf diese Weise angenommen hatte, unmittelbar vor dem Druck über die Typen hin- und hergeht.

Um zu zeigen, daß diese Auftrage-Methode die richtige Quantität Farbe auf die Typen bringe, müssen wir einmal beweisen: daß sie nicht zu gering ist; dieses würde man bald durch die Klagen der Buchhändler und des Publikums erfahren; dann aber, daß sie nicht zu groß ist. Letzteres wird auf eine genügende Weise entschieden, indem man erwägt, wie oft die sogenannte Unterlage (*set-off-sheet*) bei der ehemaligen Methode gewechselt werden mußte. Wenige Stunden nach dem Druck des Bogens auf der einen Seite ist die Schwärze hinlänglich trocken, um den auf der anderen vornehmen zu können. Da die Andrückung aber bedeutend stark ist, so schützt man die schon bedruckte Seite gegen Beschmutzung, indem man zwischen ihr und dem Deckel (*tympan*) einen Makulaturbogen legt. Auf dieses Papier kommt hintereinander ein jeder Bogen des zu druckenden Werks zu liegen, so daß es, je nach der Trockenheit der Bogen oder der auf

---

* (Anm. der dt. Übersetzung): Im Original heißt es freilich rollend, *a kind of rolling action*; allein dies schien uns der Wirklichkeit weniger zu entsprechen.

** (Anm. der dt. Übersetzung): Ein erfahrener Drucker versichert mir, daß ein geschickter Arbeiter diesen Uebelstand allerdings zu vermeiden verstehe.

*** (Anm. der dt. Übersetzung): In den Maschinen von *König* und *Bauer* ist es der messingene oder sogenannte nackte Cylinder, welcher den vom Behälter ausgehenden Walzen die Farbe abnimmt, und zwei unter ihm gelegenen abgiebt, die sie dann über die Typen vertheilen.

ihnen befindlichen Menge Farbe, allmählich mehr oder weniger von der Schwärze annimmt. Bei der früheren Methode nun, mußte man die Unterlage nach hundert Abdrucken wechseln, weil sie alsdann zum weiteren Gebrauch schon zu beschmutzt war. Bei der neuen Druckart auf Maschinen bedient man sich statt eines Makulaturbogens eines Battisttuches (*blanket*), welches nicht einmal nach fünftausend Abdrucken gewechselt zu werden braucht, ja man hat Beispiele, daß es für zwanzigtausend Abdrucke rein genug blieb. Somit hätten wir einen Beweis, daß die Quantität überflüssiger Farbe, die beim Maschinendruck auf das Tuch kommt, so gering ist, daß eine fünftausendmalige, und bisweilen eine zwanzigtausendmalige Vervielfältigung erst hinreicht, um ein einziges Stück reinen Tuchs zu beschmutzen[19].

Wir lassen nun einen Bericht über die Resultate eines Experiments folgen, welches zur Ermittlung der Wirkung des eben beschriebenen Verfahrens in einer der größten Druckanstalten der Hauptstadt gemacht wurde[20]. Man druckte zweihundert Ries Papier nach der alten Methode mit Ballen, und sodann ebensoviel von demselben Papier und für dasselbe Buch auf der ihre Typen selbst schwärzenden Maschine. *Die Quantität Schwärze, welche die Maschine konsumierte, verhielt sich zu der mit den Ballen verbrauchten, wie vier zu neun, oder vielmehr wie etwas weniger als die Hälfte zum Ganzen.*

---

[19] Beim Prachtdruck muß nach der alten Methode der Makulaturbogen jedes zwölfte Mal, auf der Maschine hingegen das Battisttuch nur jedes zweitausendste Mal gewechselt werden.

[20] Dieses Experiment wurde in der Druckerei des Herrn Clowes in der Stamford Street gemacht.

ZEHNTES KAPITEL

Identität der Arbeiten gleicher Art und Genauigkeit derer von verschiedener Art

§ 79. Nichts ist merkwürdiger und dennoch weniger unerwartet, als die vollkommene Gleichheit von Dingen, welche mit ein und demselben Werkzeug verfertigt sind. Wenn der Deckel einer runden Büchse dicht auf den unteren Teil derselben schließen soll, so läßt sich dies dadurch erreichen, daß man auf der Drehbank die mechanische Vorlage allmählich vorwärtsbewegt und so lange probiert, bis der rechte Schluß zwischen dem Kasten und dem Deckel gefunden ist. Ist dieser aber einmal ermittelt, so lassen sich tausend Dosen ohne weitere Schwierigkeit verfertigen; die Vorlage wird stets bis an den Griff heraufgeschoben, und jeder Deckel wird auf jeden Kasten passen. Dieselbe Identität findet bei allen Druckarten statt; die Abdrucke desselben Holzschnitts oder derselben Kupferplatte zeigen eine durch keine Nachahmung der Hand zu erreichende Ähnlichkeit. Die feinsten Linien werden auf alle Abdrucke übertragen, wie unachtsam oder ungeschickt der Arbeiter auch immer sein mag. Die Stahl-Punze, womit der Kartenpfropfen für eine Vogelflinte geschlagen wird, bringt, wenn sie ihren Dienst einmal mit Genauigkeit verrichtet, immer dasselbe Kreisrund hervor.

§ 80. In der Genauigkeit, womit Maschinen ihre Arbeiten verrichten, besteht vielleicht einer der wichtigsten Vorteile derselben. Hiergegen läßt sich jedoch anführen, daß viel von diesem Vorteil sich auf Zeitersparnis zurückführen lasse; denn in der Regel bewirkt eine jede Verbesserung des Werkzeugs, daß in einer gegebenen Zeit mehr Arbeit geliefert werden kann. Ohne Werkzeuge, das heißt, mit der bloßen Hand, lassen sich unzählig viele Dinge durchaus nicht machen. Man unterstütze die menschliche Hand durch das allereinfachste Schneidewerkzeug, so sind ihre Kräfte erweitert. Die Verfertigung von vielen Dingen wird alsdann schon leicht und von anderen, wenn auch nicht ohne große Anstrengung, möglich. Kommt zum Messer oder Beil noch die Säge hinzu, so wird manches, was früher schwer gewesen ist, leicht, und es eröffnet sich dagegen wieder eine neue Reihe schwieriger Arbeiten. Diese Bemerkung gilt selbst von den vollkommensten Handwerkzeugen und Maschinen. Einem sehr geschickten Arbeiter wäre es allerdings *möglich*, mittelst Feilen und polierender Substanzen, aus einem Stück Stahl einen Zylinder zu bilden; doch die Zeit,

die es höchstwahrscheinlich erforderte, würde so bedeutend, und die fehl-
schlagenden Versuche so zahlreich sein, daß man, wenigstens insofern ein
praktischer Zweck damit verbunden ist, diese Art, einen stählernen Zylinder zu machen, eine unausführbare nennen darf. Derselbe Prozeß hingegen
auf der Drehbank und mit der Vorlage ist das tägliche Geschäft von
Hunderten von Arbeitern.

§ 81. Von allen Operationen der mechanischen Kunst ist die des Drehens
die vollkommenste. Wenn zwei Oberflächen ineinander gearbeitet werden,
so streben beide, welches auch ihre anfängliche Figur gewesen sein mag,
nach der Gestalt eines Kugelabschnittes: die eine derselben wird konvex,
die andere konkav in verschiedenen Graden der Krümmung. Eine ebene
Oberfläche bildet die Trennungsgrenze zwischen der Konvexität und der
Konkavität und ist sehr schwer zu erreichen; denn es ist leichter, einen
guten Kreis als eine gerade Linie zu machen. Eine ähnliche Schwierigkeit
findet bei der Schleifung der Spiegel für Teleskope statt; die Parabel ist die
Fläche, welche die hyperbolische von der elliptischen Figur abgrenzt, und
sie ist am schwersten herauszubringen. Wenn eine an ihrem Ende nicht
zylinderförmige Spindel in ein nicht kreisrundes Loch gedrängt, und die
Spindel fortwährend umgedreht wird, so streben diese beiden so plazierten
Körper danach, kegelförmig zu werden, oder kreisförmige Querschnitte zu
machen. Wenn eine dreieckige Eisenspitze in einem kreisförmigen Loch
bearbeitet wird, so drehen sich die Ecken nach und nach ab, und sie wird
kegelförmig. Diese Tatsachen erklären oder erläutern doch wenigstens die
Prinzipien, worauf der Vorzug der auf der Drehbank verfertigten Arbeit
beruht.

ELFTES KAPITEL

Vom Kopieren

§ 82. Die beiden letztgenannten Quellen des Vorzugs der Maschinenarbeit entspringen aus einem Prinzip, das durch einen sehr großen Teil aller Manufakturen hindurchgeht und wovon größtenteils die Wohlfeilheit der produzierten Artikel abzuhängen scheint. Das angedeutete Prinzip ist das des Kopierens in der ausgedehntesten Bedeutung des Wortes. In einigen Fällen wird unendliche Sorgfalt auf das Original verwandt, wovon eine Reihe von Kopien genommen werden soll, und je größer die Anzahl dieser letzteren ist, desto größere Mühe und Arbeit kann der Fabrikant auf das Original verwenden. So kann es geschehen, daß das Instrument oder Werkzeug, wodurch das Werk hervorgebracht wird, fünf- bis zehntausendmal den Preis eines jeden einzelnen der Produkte kostet. Weil das System des Kopierens von so großer Wichtigkeit und so ausgedehntem Gebrauch in den Künsten ist, so wird es angemessen sein, eine beträchtliche Zahl der Prozesse, wobei es in Anwendung kommt, hier aufzuführen. Die folgende Aufzählung darf nicht für eine vollständige Liste angesehen werden; auch sind die Erläuterungen auf ein Detail beschränkt, welches, so weit sich dies mit der nötigen Rücksicht auf Verständlichkeit des Gegenstandes vereinbaren läßt, möglichst abgekürzt ist. Die Operation des Kopierens wird unter folgenden Umständen ausgeführt:

Beim Drucken aus Vertiefungen.
Beim Drucken von der Oberfläche.
Beim Abgießen.
Beim In-Formen-Streichen.
Mit Stempeln.
Beim Ausstampfen (Punzen).
Mit Verlängerung.
Mit veränderten Dimensionen.

Drucken aus Vertiefungen.

§ 83. Die Kunst des Druckens ist in allen ihren zahlreichen Zweigen wesentlich eine Kunst des Kopierens. Sie umfaßt in ihren zwei großen Abteilungen, dem Drucken aus hohlen Linien, wie bei den Kupferplatten, und dem Drucken von Erhabenheiten, wie beim Holzschnitt, zahlreiche Künste.

§ 84. *Kupferstich-Druck.* – Hier werden die Kopien gemacht, indem man vermittelst starken Drucks, eine dicke Tinte von den Gruben und

Linien, die man in Kupfer geschnitten hat, auf Papier überträgt. Ein
Künstler kann bisweilen eine ein- bis zweijährige Arbeit auf den Stich einer
Platte verwenden, welche in manchen Fällen nicht mehr als etwa fünfhun-
dert vollkommen gute Abdrucke zuläßt.

§ 85. *Stahlstich.* – Diese Kunst ist in vieler Beziehung dem Kupfer-
stechen ähnlich, außer daß die Zahl der Abdrucke nicht so beschränkt ist.
Eine Banknote, in Kupfer gestochen, kann ohne merkliche Verschlechterung nicht über dreitausend Abdrucke geben. Zwei Abdrucke einer in
Stahl gestochenen Banknote wurden durch einen unserer ausgezeichnetsten
Künstler[21] untersucht, und er fand es schwer, mit einiger Sicherheit zu
sagen, welches der früheste gewesen sei. Einer derselben war ein Probe-
druck aus dem ersten Tausend, der andere war genommen worden, nachdem man zwischen siebzig- und achtzigtausend gedruckt hatte.

§ 86. *Noten-Druck.* – Die Noten werden gewöhnlich mit Zinkplatten
gedruckt, auf welchen die Charaktere mit Stahlsticheln eingegraben werden. Da dieses Metall viel weicher als Kupfer ist, erhält es leicht Schram-
men, die einen kleinen Teil der Tinte zurückhalten. Dies ist die Ursache für
das schmutzige Aussehen gedruckter Noten. Herr Cowper hat kürzlich
einen neuen Prozeß erfunden, der diesen Übelstand beseitigt. Die verbesserte Methode, welche den Charakteren Schärfe gibt, ist auch eine Art des
Kopierens; aber sie wird durch erhabenen Druck (*surface printing*) bewirkt, fast in derselben Weise, wie der später zu beschreibende Holzdruck
der Kattune (*siehe* § 96). Die Methode des Zinkdrucks für Noten ist,
obgleich man von ihr am häufigsten Gebrauch macht, doch nicht die
einzige, welche angewandt wird, vielmehr druckt man Noten bisweilen
von Stein. Auch werden sie zu Zeiten mit beweglichen Typen gedruckt und
manchmal druckt man die Notenzeichen zuerst auf das Papier und die
Linien später. In der glänzenden Sammlung von Schriftproben aus Bodo-
nis Druckerei in Parma, kann man Proben von diesen beiden letzteren
Druckarten sehen; indessen ist trotz der großen auf die Ausführung dieser
Arbeit verwandten Sorgfalt dennoch die fortwährende Unterbrechung der
Linien, welche aus dem Gebrauch beweglicher Typen entsteht, wenn Noten
und Linien zugleich gedruckt werden, deutlich zu sehen.

§ 87. *Kattun-Druck mit Zylindern.* – Viele der Muster von gedrucktem
Kattun sind Kopien, welche von Kupfer-Zylindern genommen werden, die
vier bis fünf Zoll im Durchmesser haben und worauf die verlangten
Muster vorher eingegraben sind. Der eine Teil des Zylinders wird an die
Tinte gebracht, während ein elastischer Schaber* von ausgestopftem Le-

---

[21] Der verstorbene Herr Lowry.
  * (Beitrag der dt. Übers., S. 446): Einer von einem hiesigen angesehenen Fabrikanten uns
     zugehenden Mittheilung zufolge, ist die Angabe, daß der Schaber von gepolstertem Leder
     sei, ungegründet; vielmehr besteht derselbe aus Stahl oder aus einer Metall-Mischung,
     ähnlich dem Bronze-Metall, je nachdem die Farbe ist.

der, welcher stark gegen den anderen Teil gedrückt wird, alle überflüssige Farbe von der Fläche wegnimmt, bevor sie das Zeug erreicht. Ein achtundzwanzig engl. Ellen langes Stück Kattun durchläuft diese Presse und wird in vier bis fünf Minuten bedruckt.

§ 88. *Drucken mit durchlöcherten Metallblechen oder Schablonen (stencilling).* – Sehr dünnes Messing wird bisweilen in der Form von Buchstaben durchlöchert, hauptsächlich für Namen. Man legt sie auf die zu bezeichnende Substanz und fährt dann mit einem in irgendeine Farbe getauchten Pinsel über die Platte. Die ausgeschnittenen Teile lassen die Farbe zu, so daß eine Kopie des Namens auf der Unterlage erscheint. Diese Methode, welche eine etwas rohe Kopie liefert, wird auch bisweilen bei Papiertapeten der Zimmer und besonders für die Bordierungen benutzt. Wenn man ein Stück benötigt, um ein altes Muster zu ergänzen, so ist dies vielleicht der wohlfeilste Weg hierzu.

§ 89. Farbige Abdrucke von Blättern werden durch Oberflächendruck auf Papier gebracht. Es werden solche Blätter ausgesucht, die beträchtliche Unterschiede aufweisen. Die oberen Teile dieser Blätter werden mit Ballen bedeckt, die mit einer auf Linsenöl basierenden Mixtur durchtränkt sind.

Die Blätter werden dann zwischen zwei Seiten Papier gelegt und stark gepreßt. Die Abdrucke der oberen Teile von jeder Seite lassen entsprechende dünne Schichten auf dem Papier erscheinen.

§ 90. Die schönen rot-baumwollenen Taschentücher, die man zu Glasgow färbt, erhalten ihre Muster durch einen diesem ähnlichen Prozeß, nur daß man, statt von einem Muster zu drucken, die entgegengesetzte Operation, – nämlich einen Teil der Farbe aus einem schon gefärbten Tuch zu entfernen – anwendet. Eine Zahl Taschentücher wird mit großer Gewalt zwischen zwei Metallplatten gepreßt, die auf ähnliche Weise mit runden oder rautenförmigen Löchern, je nach dem beabsichtigten Muster, durchbohrt sind. Die obere Metallplatte ist mit einem Rand eingefaßt, und die Flüssigkeit, welche die Eigenschaft hat, die rote Farbe herauszunehmen, wird auf die Platte gegossen. Diese Flüssigkeit dringt durch die Löcher im Metall und so durch den Kattun; aber wegen des starken Gegendrucks an allen nicht ausgeschnittenen Teilen der beiden Platten kann sie sich nicht über die Musterform hinaus verbreiten. Darauf werden die Taschentücher gewaschen und das Muster auf jedem ist eine Kopie der bei dem Prozeß gebrauchten durchlöcherten Metallplatten.

Um vorläufig gefärbte Tuchwaren durch Aussparung mit Mustern zu versehen, hat man auch folgendes Verfahren: Das Muster wird mit Ton aufgedruckt. Darauf werden die Tuchwaren in die Farbbottiche getaucht, aus welcher sie einfarbig herauskommen; aber der Ton hat die auszusparenden Stellen vor dem Eindringen der neuen Farbe bewahrt, und wenn die Tuchwaren gewaschen und vom Ton befreit sind, ist das Muster in der Grundfarbe darauf.

Drucken von der Oberfläche

§ 91. Diese zweite Art, das Drucken von Flächen, wird weit häufiger als die eben betrachtete in den Künsten angewendet.

§ 92. *Druck mit Holzblöcken.* – Ein Stück Buchsbaumholz ist in diesem Fall die Materie, worauf das Muster geformt wird. Nachdem auf ihm die Zeichnung skizziert ist, schneidet der Arbeiter mit scharfen Instrumenten jeden Teil mit Ausnahme der Linien aus, welche beim Druck dargestellt werden sollen; genau das Gegenteil von der Kupferstecherei, bei welcher jede Linie, die sich ausdrücken soll, ausgegraben wird. Die Tinte wird, statt die ins Holz geschnittenen Vertiefungen auszufüllen, auf die hervorstehenden Flächen aufgetragen und von da aufs Papier abgedruckt.

§ 93. *Druck mit beweglichen Typen.* – Ihrem Einfluß nach ist diese die wichtigste aller Künste des Kopierens. Ihre ganz besondere Eigentümlichkeit besteht in der unendlichen Verteilung der einzelnen Stücke, welche das Muster bilden. Nachdem dieses Muster Tausende von Abdrucken geliefert hat, können dieselben einzelnen Elemente wieder und wieder in anderer Ordnung aufgereiht werden und auf diese Weise eine Menge von Originalen liefern, von denen jedes tausende von kopierten Abdrucken zuläßt. Das Drucken mit beweglichen Lettern gewährt auch den Vorteil, daß Holzschnitte mit eingefügt und durch ein und dieselbe Pressung mit der Schrift zugleich abgezogen werden können.

§ 94. *Stereotypendruck.* – Diese Art des Kopierens ist der vorigen sehr ähnlich. Stereotyp-Platten werden auf zweierlei Weise hergestellt. Entweder, und zwar gewöhnlich, wird von einem aus beweglichen Typen bestehenden Satz eine Form in Gips abgenommen und nachher die Stereotypen-Platte abgeklatscht; oder, wie in Frankreich geschehen ist, man setzt mit beweglichen kupfernen Matrizen, von denen jede die Größe einer Druckletter hat, nur daß sie den Buchstaben in ihre Oberfläche eingesenkt und nicht erhaben enthält. Von dem Satz der Matrizen kann nun natürlich die Stereotypen-Platte unmittelbar abgeklatscht werden. Diesem Verfahren steht nichts entgegen als die Kostspieligkeit eines großen Vorrats von Matrizen.

Da aber das Originalmuster nicht umgesetzt werden kann, so bedient man sich ihrer nur, wenn eine außergewöhnliche Anzahl von Kopien verlangt wird, oder wenn ein Werk aus Zahlen besteht, um sich ihrer Genauigkeit zu versichern. Von Zeit zu Zeit können Abänderungen vorgenommen werden und so lassen sich mathematische Tafeln durch die allmähliche Ausmerzung der Fehler zuletzt vollkommen machen. Diese Art zu kopieren* gewährt, sowie jene mit beweglichen Typen, den Vorteil,

---

* (Beitrag der dt. Übers., S. 446f., von Babbage in einer späteren Auflage in den Anhang aufgenommen): Herr *Genoux*, französischer Buchdrucker, hat unlängst in Wien die Probe

daß sie zugleich mit Holzschnitten gebraucht werden kann, eine nicht selten sehr wichtige Verbindung, welche bei Kupferstichen nicht mit gleicher Leichtigkeit bewirkt werden kann.

§ 95. *Beschriften der Bücher.* Die vergoldeten Buchstaben auf den Deckeln der Bücher werden durch Auflegen von Blattgold auf das Leder und durch das Pressen auf die vorher erhitzten Buchstaben der Kupferlegierung gefertigt.

Aus diesem Grund geht das Gold sofort unter diese und bleibt an dem Leder haften, während der Rest des Metalls einfach wegzuwischen ist.

Wenn eine große Anzahl von Kopien derselben Art zu drucken ist, ist es preiswerter, wenn ein Kupferstück mit dem passenden Ausschnitt des Titels auf das Buch gelegt wird. Dies wird in die Presse gelegt und erhitzt. Die Buchdeckel, bei denen jeweils ein kleines Stückchen des Blattgolds in die richtige Position gelegt wird, werden erfolgreich unter die Kupferlegierung gelegt und gestampft.

Die Buchstaben auf dem Rücken des Buches, das der Leser in der Hand hält, wurden auf diese Weise hergestellt.

§ 96. *Kattundruck mit Holz.* – Dies ist eine Art, durch Flächendruck Kopien von den Enden kleiner, verschiedentlich gestalteter Kupferdrahtstücke zu nehmen, die in einem Holzblock befestigt sind. Sie stehen alle in gleicher Höhe, etwa ein Achtel Zoll, über die Oberfläche des Holzes vor und werden von dem Verfertiger in irgendeine verlangte Form gereiht. Wenn der Block auf ein Stück feinen Wollzeugs gesetzt wird, worüber Tinte von irgendeiner Farbe gleichmäßig ausgebreitet ist, so nehmen die vorstehenden Kupferdrähte einen Teil an, den sie wieder absetzen, wenn sie auf den zu bedruckenden Kattun gebracht werden. Bei den früheren Methoden des Kattundrucks konnte nur eine Farbe gebraucht werden, aber bei dieser Art kann man, wenn z.B. eine Rose mit einem Blockaufsatz gedruckt ist, die Blätter durch einen anderen Aufsatz mit anderer Farbe drucken.

§ 97. *Druck auf Wachstuch-Zeugen.* Nachdem die große Leinwand, welche den Hauptbestandteil des Wachstuchs ausmacht, mit einer einfarbigen Tinte bedeckt worden ist, bestehen die übrigen Prozesse, die sie zu

---

eines neuen Verfahrens beim Druck mit stehenden Schriften (*Stéréotypie*), dessen Erfinder er ist, abgelegt, Nachdem Herr *Genoux* in einem nach seiner Erfindung bereiteten Stoff (*Flan* von dem Erfinder genannt), von der Gestalt und Dicke eines Pappendeckels, den Abdruck eines mit Lettern aus der *Carl Gerold*'schen Druckerei componirten Satzes gemacht, und solchergestalt eine Matrize gebildet hatte, goß er in dieses, dem Anschein nach so schwache Modell, eine Metallplatte von der Dicke eines Zweiguldenstücks, welche den in den Flan abgedruckten Satz in größter Reinheit und Präzision *en relief* darstellte. Dieses einfache, mit so geringem Zeit- und Kostenaufwande verbundene Verfahren bietet der Buchdruckerei bedeutende Vortheile dar, indem man dadurch mit einer bedeutenden Zahl beweglichen Lettern so viele Matrizen und Platten, als man will, zum Durck eines jeden Werkes, wie fein und schwierig auch die typographische Ausführung derselben sein mag, zu erzeugen im Stande ist.

durchlaufen hat, in einer Reihe von Kopierungen durch erhabenen Abdruck von Mustern auf Holzblöcken, die denen sehr ähnlich sind, welche
der Kattun-Drucker anwendet. Jede Farbe erfordert einen anderen Satz
von Blöcken und darum sind die buntesten Wachstuchzeuge auch die
teuersten.

Es gibt verschiedene andere Varianten des Drucks, welche wir bald als
Kopierkünste anführen werden und die, obgleich sie nicht eigentlich zum
erhabenen Druck gehören, doch diesem näher verwandt sind, als dem
Kupferstich.

§ 98. *Brief-Kopierung.* – Eine Art, diesen Prozeß auszuführen, ist die:
ein Blatt sehr dünnen Papiers wird angefeuchtet und auf die zu kopierende
Schrift gelegt. Dann werden beide Blätter durch eine Walzenpresse gezogen und so ein Teil der Tinte des einen auf das andere übertragen. Natürlich erscheint die Schrift durch diesen Prozeß verkehrt, bei dem dünnen
Papier jedoch, worauf sie übertragen wurde, ist sie auf der anderen Seite
in unveränderter Stellung sichtbar. Eine andere gewöhnliche Art des Brief-
kopierens besteht darin, daß man ein auf beiden Seiten mit Lampen-
schwarz bedecktes Papier zwischen ein Blatt dünnen Papiers und dasjenige
legt, worauf der zu kopierende Brief geschrieben werden soll. Schreibt man
nun mit einem harten spitzen Körper auf das obere oder dünne Blatt, so
drücken sich die mit diesem Griffel beschriebenen Buchstaben vom schwarzen Papier auf den beiden anliegenden weißen Seiten aus. Die Durchsich-
tigkeit des oberen Blattes, welches der Schreiber behält, ist in diesem Fall
nötig, um die auf der Rückseite des Papiers stehende Schrift lesbar zu
machen. Diese beiden Künste sind in ihrem Umfang sehr beschränkt, da
sie höchstens zwei bis drei Wiederholungen gestatten.

§ 99. *Drucken auf Porzellan.* – Diese Kunst des Kopierens hat eine sehr
große Ausdehnung erreicht. Weil die Oberflächen, worauf der Druck
übertragen werden soll, oft gekrümmt und bisweilen auch kannelliert sind,
so wird die Tinte oder Farbe zuerst vom Kupfer auf eine biegsame Substanz wie Papier, oder eine elastische Zusammensetzung von Leim und
Sirup und, in der Regel, von da unmittelbar auf den rohen Ton übertragen,
dem sie so leichter anhängt.

§ 100. *Steindruck (Lithographie).* – Dies ist eine andere Art, Kopien in
fast unbegrenzter Anzahl hervorzubringen. Das die Kopien hergebende
Original ist eine auf einem wenig porösen Stein aufgetragene Zeichnung.
Die zum Zeichnen angewandte Farbe besteht aus so fetten Materien, daß,
wenn man Wasser auf den Stein gießt, dasselbe die Linien der Zeichnung
nicht näßt. Wenn sodann eine mit öliger Druckerfarbe bedeckte Rolle über
den vorher benetzten Stein hingeht, so hindert das Wasser die Farbe, an den
unbedeckten Teilen zu haften, während die zur Zeichnung gebrauchte Masse
so beschaffen ist, daß die Druckerfarbe an ihr hängenbleibt. In diesem
Zustand wird die Druckerfarbe auf ein über den Stein gelegtes Blatt Papier

übertragen werden, wenn man es unter die Presse bringt, während die zur Zeichnung angewandte Farbe unverändert auf dem Stein zurückbleibt.

§ 101. Es gibt eine, wie es scheint, noch nicht gehörig beachtete Anwendung des Steindrucks, welche um zur Vollkommenheit zu gelangen, vielleicht noch weiterer Versuche bedarf. Dies ist der Nachdruck von soeben aus anderen Gegenden ankommender Werke. Vor einigen Jahren wurde eine der Pariser Zeitungen in Brüssel gleich bei ihrer Ankunft mit Hilfe des Steindrucks nachgedruckt. So lange die Schwärze noch frisch ist, geht dies sehr leicht: man muß nur einen Abdruck der Zeitung auf einen lithographischen Stein legen und mit Hilfe starker Pressung, die man durch eine Walzenpresse auf denselben ausübt, überträgt sich eine hinreichende Quantität der Druckerschwärze auf den Stein. Durch dasselbe Mittel kann die andere Seite der Zeitung auf einen zweiten Stein kopiert werden und diese Steine liefern nun auf dem gewöhnlichen Wege ihre Abdrucke. Könnte der Steindruck zu demselben Preis das Tausend reduziert werden, wie der mit beweglichen Typen, so ließe sich diese Prozedur mit großem Vorteil anwenden für den Bedarf von Werken zum Gebrauch zweier entfernter Länder, die eine gemeinsame Sprache besitzen. Denn eine einzige Kopie des Werkes darf nur mit übertragbarer Tinte gedruckt werden, welche besser zu diesem Zwecke geeignet ist, und so kann z.B. ein englisches Werk in Amerika in Steindruck herausgegeben werden, während das mit beweglichen Typen gedruckte Original am selben Tag in England erscheint.

§ 102. Es wäre sehr zu wünschen, daß diese Methode zum Nachdruck von *Faksimiles* alter und seltener Bücher sich anwenden ließe. Dies würde indessen die Aufopferung zweier Exemplare erfordern, weil für jede Seite ein Blatt zerstört werden müßte. Diese Methode, eine kleine Auflage von Abdrucken eines alten Werks hervorzubringen, ist besonders auf mathematische Tafeln anwendbar, deren Druck mit Lettern stets kostbar und leicht fehlerhaft ist; doch wäre erst durch Versuche zu erforschen, wie lange die Tinte die Fähigkeit behält, von dem Papier, worauf sie gedruckt worden ist, auf Stein übertragen zu werden. Die Zerstörung des fetten oder öligen Teils der Tinte in den Typen alter Bücher scheint das größte Hindernis darzubieten. Wenn indessen nur ein Bestandteil der Tinte durch die Zeit zerstört wäre, so dürfte man vielleicht hoffen, endlich chemische Mittel zu entdecken, wodurch er restauriert werden könnte; sollte dies aber ohne Erfolg bleiben, so kann man wenigstens erwarten, daß sich eine Substanz auffinden lassen werde, welche große Verwandtschaft zu der auf dem Papier zurückbleibenden Tintenkohle und wenige zum Papier selbst hat[22].

---

[22]   Ich besitze einen lithographischen Abdruck von einer Seite einer Tabelle, welche nach der Form der Typen mehrere Jahre alt gewesen zu sein scheint.

§ 103. Man hat hin und wieder lithographische Farbdrucke gemacht. Es muß dazu ein besonderer Stein für jede Farbe und große Sorgfalt oder ein sehr guter Mechanismus zum richtigen Andrücken des Papiers an jeden Stein erforderlich gewesen sein. Sollten zweierlei Farben, die einander nicht annehmen, erfunden werden, so könnte man mit Hilfe eines Steines in zwei Farben drucken. Oder, wenn die Walzen, welche dem Stein eine zweite oder folgende Farbe mitteilen sollen, da ausgeschnittene Stellen hätten, wo auf dem Stein die ersteren Farben stehen, so könnte man mit einem Stein mehrfarbig drucken. Von einem solchen Verfahren läßt sich indessen nicht viel hoffen, ausgenommen für ganz ordinäre Sachen.

§ 104. *Register-Druck*. Bisweilen wird es für notwendig erachtet, von einem Holzblock oder einer Stereotyp-Platte das Muster verkehrt auf die entgegengesetzte Seite des Papiers abzudrucken. Man beabsichtigt bei diesem mit einem technischen Namen *Registerdruck* benannten Verfahren, den Schein hervorzubringen, als ob die Tinte durch das Papier durchgedrungen wäre und das Muster auf der anderen Seite sichtbar gemacht hätte. Wenn der Gegenstand viele feine Linien enthält, so scheint es beim ersten Anblick sehr schwer, die beiden Muster auf den entgegengesetzten Seiten desselben Blattes so genau aufeinander zu legen, daß es unmöglich wäre, die geringste Abweichung zu entdecken; und doch ist der Prozeß außerordentlich einfach. Der Block, welcher den Abdruck gibt, wird mit Hilfe einer Angel ganz genau auf dieselbe Stelle gebracht. Diese Stelle wird mit einem Stück dünnen Leders, das darüber gebreitet ist, bedeckt. Der Block wird nun geschwärzt und gibt, indem man ihn auf seine Stelle niederdrückt, einen Abdruck des Musters auf dem Leder. Dann wird er wieder aufgeschlagen und nachdem er zum zweitenmal geschwärzt worden ist, wird die obere Seite des Papiers durch den Block bedruckt, während die untere den Abdruck des Leders annimmt. Es ist klar, daß die Vervollkommnung dieser Methode zu drucken, großenteils davon abhängt, eine Substanz von der Weiche des Leders zu finden, welche soviel Tinte als nötig von dem Block annimmt, und sie am vollständigsten wieder an das Papier abgibt. So erhaltene Abdrucke pflegen auf der linken Seite matter auszufallen, und um diesen Fehler einigermaßen auszugleichen, wird beim ersten Abdruck etwas mehr Tinte als beim zweiten aufgetragen.

Kopieren durch Abgießen

§ 105. Die Kunst zu gießen, indem man Substanzen in flüssigem Zustand in eine Form laufen läßt, welche sie so lange aufnimmt, bis sie fest werden, ist wesentlich eine Kopierkunst, indem der produzierte Gegenstand, der Gestalt nach, ganz und gar dem Muster gleicht, von welchem er abgeformt ist.

§ 106. *Vom Eisen- und Metallguß*. – Die Originale, von welchen die Formen für den Guß genommen werden, sind nach Zeichnungen verfertigte Modelle von Holz oder Metall, so daß der Abguß selbst eine Kopie der Form ist und die Form eine Kopie des Modells. Bei den roheren Abgüssen von Eisen und Metallen, und auch für die feineren Maschinen, wenn sie später noch nachgearbeitet werden sollen, wird die genaue Ähnlichkeit zwischen den produzierten Gegenständen, welche bei vielen der von uns erwähnten Künste stattfindet, nicht im ersten Augenblick erreicht, und dieses ist auch nicht notwendig. Da sich die Metalle beim Erkalten zusammenziehen, so wird das Modell größer gemacht, als die beabsichtigte Kopie, und wenn man diese von dem Sand, worin sie geformt wurde, befreit, so kann sich hier und da ein kleiner Unterschied in dem Maße der Höhlung vorfinden, welche sie zurückläßt. Bei kleineren Arbeiten, wo Genauigkeit nötiger ist, und wo man nur wenige oder gar keine nachträglichen Operationen vornehmen kann, wird eine metallene, mit beträchtlicher Sorgfalt ausgearbeitete Form gebraucht. So bedient man sich beim Gießen von Kugeln, die vollkommen rund und glatt sein sollen, eines eisernen Instruments, worin eine Höhle ausgearbeitet und mit großer Sorgfalt gerundet ist. Und um der Zusammenziehung beim Abkühlen zu begegnen, läßt man einen verlorenen Kopf (*jet*) übrig, wodurch der so entstehende Mangel an Metall ergänzt, und welcher dann abgeschnitten wird. Das Bleispielzeug für Kinder wird in Messingformen gegossen, die sich öffnen lassen, und worin die beabsichtigten Figuren gestochen oder gemeißelt sind.

§ 107. Eine sehr schöne Art, kleine Zweige der zartesten Gewächsproduktionen in Bronze darzustellen, ist durch Herrn Chantrey in Anwendung gebracht worden. Ein Büschelchen von einem Föhrenbaum, ein Holunderzweig, ein geringeltes Kohlblatt, oder irgendein anderer Teil einer Pflanze, wird an dem einen Ende in einem kleinen papierenen Zylinder aufgehangen, welcher zur Unterstützung in eine ähnlich geformte Zinnkapsel gesteckt ist. In den Papierzylinder wird nun in kleinen Portionen von Zeit zu Zeit der feinste, von allen gröberen Teilen sorgfältig befreite Flußsand gegossen, den man mit Wasser bis zur Konsistenz von Sahne vermischt hat, wobei man die Pflanze nach jedem Zuguß sorgsam ein wenig schüttelt, damit ihre Blätter bedeckt werden und keine Luftblasen in der Masse bleiben. Nun läßt man die Pflanze und Form trocknen, wobei die nachgiebige Natur des Papiers der lehmigen Umhüllung gestattet, sich nach der Außenseite hin zusammenzuziehen. Nach dem Trocknen wird sie mit einer gröberen Substanz bedeckt, und so hat man den Zweig mit allen seinen Blättern in eine vollkommene Form gebracht. Nachdem diese sorgfältig ausgedörrt ist, wird sie allmählich bis zur Rotglut erhitzt. An den Enden einiger Blätter oder Schößlinge hat man Drähte angebracht, durch deren Entfernung nun Luftlöcher entstehen, und in diesem Zustand hoher Glut wird ein Luftstrom in die von dem Ende des Zweiges gebildete Höhle geleitet. Die Folge ist, daß das Holz und die Blätter, welche durch das Feuer in Holzkohle verwandelt waren, nun durch den Luftstrom in Kohlensäure übergehen, und daß nach einiger Zeit alle feste Pflanzensubstanz entfernt ist und eine hohle Form hinterläßt, die in ihrem Inneren auch die kleinsten Spuren von ihrem früheren vegetabilischen Inhalt bewahrt. Nach Vollendung dieses Prozesses, bei dem die Form fast im Rotglühen erhalten wird, nimmt sie das flüssige Metall auf, und dieses treibt durch sein Gewicht den kleinen Teil der Luft, der bei dieser hohen Temperatur noch zurückbleibt, durch die Luftröhre aus, oder drängt ihn in die Poren der sehr porösen Masse, woraus die Form besteht.

§ 108. Wenn ein zu gießender Gegenstand so gestaltet ist, daß das Modell nicht aus der Sand- oder Gipsform herausgenommen werden kann, so muß man dasselbe aus Wachs oder einer anderen leicht schmelzbaren Substanz machen. Das Wachsmodell wird mit Sand oder Gips umkleidet, und das durch Hitze geschmolzene Wachs läuft nachher durch eine zu diesem Zweck angebrachte Öffnung ab.

§ 109. Oft wünscht man die innere Bildung der von Mollusken bewohnten Zellen oder gewundener Muscheln und Korallen kennenzulernen. Zu diesem Zweck gießt man sie mit geschmolzenem Metall aus, und löst nachher die Substanz der Schale durch Salzsäure auf. Es bleibt natürlich ein Metallkern, welcher die Höhlungen genau ausgefüllt hatte. Will man solche Formen aus Silber oder anderem schwerflüssigen Metall haben, so kann man die Muschel mit Wachs oder Harz ausgießen, dann anpassen, und hat an dem zurückbleibenden Wachs ein Modell, über welchem eine Gipsform zum Gießen des Metalls genommen werden kann. Diese Operationen erfordern einige Feinheiten; und möglicherweise können die kleinsten Hohlräume nur in einem luftleeren Behälter ausgefüllt werden.

§ 110. *Gipsguß.* – Diese Art des Kopierens wird zu verschiedenen Zwecken angewandt: um genaue Darstellungen von menschlichen Formen, von Statuen, von seltenen Fossilien zu erhalten, zu welchem letzteren Zweck sie erst neuerdings mit großem Vorteil gebraucht wurde. Bei jedem Guß ist das Erste, die Form zu machen; und Gips ist die Substanz, welche fast überall hierzu benutzt wird. Seine Eigentümlichkeit, eine kurze Zeit hindurch flüssig zu bleiben, macht ihn ganz besonders für diese Absicht geschickt, und das Ankleben, selbst an ein Original von Gips, wird unfehlbar verhütet, indem man die Oberfläche wovon ein Abguß genommen wird, mit Öl bestreicht. Die um den kopierten Gegenstand gebildete Form, in getrennten Stücken abgelöst und dann wieder zusammengesetzt, ist das, worin die Kopie gegossen wird. Dieser Prozeß erhöht den Nutzen und Wert der größten Kunstwerke. Die Studenten der Akademie von Venedig sind auf diese Weise in Stand gesetzt, die skulpierten Figuren von Ägina, welche sich in der Galerie zu München befinden, sowie die Marmorwerke aus dem Parthenon, die Zierde unseres eigenen Museums, zu bewundern. Gipsabgüsse der Elginschen Marmorsammlung zieren viele der Akademien des Kontinents, und die liberale Austeilung solcher Geschenke gewährt uns eine preiswerte und dauernde Quelle der Popularität.

§ 111. *Wachsabgüsse.* – Diese Art des Kopierens, durch Kolorieren unterstützt, liefert die erfolgreichsten Nachahmungen verschiedener naturhistorischer Gegenstände und gibt denselben ein so täuschendes Aussehen, daß auch die Unterrichtetsten dadurch hintergangen werden. Zahlreiche Figuren merkwürdiger Personen, deren Gesicht und Hand in Wachs bossiert war, sind zu verschiedenen Zeiten verfertigt worden, und die Reinlichkeit ist in einigen Fällen schlagend gewesen. Wer aber die Kunst des Wachsgusses zu ihrer höchsten Vollkommenheit gebracht sehen will, der möge die schöne Sammlung von Früchten im Hause der Londoner Gartenbau-Gesellschaft, das Modell der prächtigen Blume des neuen *Genus, Rafflesia**, die Wachsmodelle der inneren Teile des menschlichen Körpers, welche die anatomische Galerie des *Jardin des Plantes* zu Paris und des Museums zu Florenz zieren, oder die Sammlung pathologisch-anatomischer Gegenstände der Universität zu Bologna**, betrachten. Die Kunst der Nachahmung in Wachs bringt gewöhnlich nicht die Menge von Kopien hervor, die aus vielen ähnlichen Operationen entstehen. Ihre Zahl wird durch die späteren Stadien, die das Verfahren zu durchlaufen hat, beschränkt und die, da sie nicht mehr den Charakter des Kopierens durch ein Instrument oder Muster an sich haben, folglich kostbarer sind. Bei jeder einzelnen Produktion wird durch den Guß nur die Form gegeben; die Färbung muß das Werk des von geschickter Künstlerhand geführten Pinsels sein.

Vom Kopieren durch Eindrücken in Formen

§ 112. Diese Methode, eine Menge einzelner Dinge hervorzubringen, die in ihrer äußeren Gestalt sich vollkommen gleichen, ist in den Künsten sehr weit ausgebreitet. Die anzuwendenden Substanzen befinden sich, entweder von Natur oder durch künstliche Zubereitung, in einem weichen und bildsamen Zustand. Sie werden sodann durch den Druck mechanischer Kräfte, bisweilen mit Hilfe der Hitze, in das Modell von der verlangten Gestalt gedrückt.

---

*   (Beitrag der dt. Übersetzung, S. 447): Nicht die *Nelumbo*, sondern die *Rafflesia Arnoldi*, welche im Jahre 1818 von *J. Arnold* und *Raffles* entdeckt ist. Man kennt bis jetzt nur eine Art von ihr. Sie wächst auf Sumatra und zwar als Schmarotzergewächs auf den Wurzeln des *Cissus angustifolius*, aus welchen sich die 3 Fuß im Durchmesser haltende rothe Blume ohne Stiel und Blätter erhebt. Jedes der Blumenblätter ist 1 Fuß lang und $\frac{1}{2}$ Zoll dick. Die Blume riecht wie verdorbenes Fleisch, und wird stets von Fliegen umschwärmt, welche ihre Eier hineinlegen. Im Lande wird sie *Krubut* genannt.

** (Anm. der dt. Übersetzung): Das Vortrefflichste in dieser Hinsicht, sowohl als Gegenstand wissenschaftlichen, wie künstlerischem Studiums, möchte leicht das berühmte Wachsgehirn *Sömmerings* sein, das sich auf dem Berliner anatomischen Museum befindet.

§ 113. *Backsteine und Dachziegeln.* – Ein längliches Viereck von Holz auf einem an der Bank des Ziegelstreichers befestigten Boden ist die Form, worin jeder Ziegel gestrichen wird. Ein Teil der weichen Masse, woraus die Backsteine bestehen, wird durch weniger geschickte Hände bereitet. Der Arbeiter streut zuerst etwas Sand in die Form und wirft dann den Ton mit großer Gewalt hinein, indem er ihn zugleich schnell mit den Händen durchknetet, um ihn vollkommen in die Winkel einzudrücken. Hierauf streicht er mit einem feuchten Holz den überflüssigen Ton ab und bringt den neu gebildeten Backstein geschickt aus seiner Form auf ein Brett, auf welchem er durch einen Handlanger nach dem zum Trocknen bestimmten Ort gebracht wird. Ein sehr geschickter Streicher hat wohl manchmal an einem langen Sommertag zehn bis elf Tausend Ziegel gefertigt; eine billige Durchschnitts-Tagesarbeit ist indessen auf fünf- bis sechstausend anzuschlagen. Ziegel von verschiedenen Arten und Formen werden aus feinerem Material, aber auf dieselbe Weise gestrichen. Unter den Ruinen von Gour, der alten Hauptstadt Bengalens, fand man Ziegel mit vorspringenden Ornamenten in Hochrelief. Sie scheinen in einer Form gemacht und darauf mit einer gefärbten Glasur überzogen worden zu sein. Auch in Deutschland hat man Ziegel mit verschiedenen Ornamenten verfertigt. Der Karnies der neuen Werderschen Kirche in Berlin ist von großen Ziegelstücken gemacht, welche in die vom Architekten verlangte Gestalt geformt worden sind. Auf die erwähnte Weise werden in der Fabrik der Herren Cubitt, in der Gray's Inn Gasse, Vasen, Gesimse und reich verzierte

---

* (Beitrag der dt. Übers., S. 447ff., von Babbage später stark gekürzt in den Anhang aufgenommen): Die meiste Fertigkeit haben die Lütticher Ziegelstreicher, und diese bringen es höchstens auf 6000 Stück pro Tag, wenn sich acht Mann in einem Fluge in die Hände arbeiten. In der Mark fertigt ein geübter Ziegelstreicher, *wenn er in Accord arbeitet*, höchstens 1500 Stück gute, scharfkantige Ziegel an. Bei minder guter Waare, und wenn die Anfertigung der Ziegel zu herabgesetzten Preisen in Verding gegeben wird, bringt es ein Stricher auch wohl auf 2500 bis 3000 Stück pro Tag.

Zu Ende dieses Paragraphen erwähnt der Verfasser des Hauptgesimses der neuen Werderschen Kirche in Berlin, als Beleg, daß in Deutschland jetzt große Architekturstücke mit Ornamenten in Relief aus gebranntem Thon verfertigt werden. Bei uns werden solche Gegenstände schon seit längerer Zeit in großer Vollkommenheit hergestellt, und die Fabrik des Herrn *Feilner* in Berlin hat deren bereits viele sehr gelungene geliefert, von denen wir nur die Sculpturen aus dem Eingangsportale der genannten Kirche (s. die Sammlung architektonischer Entwürfe von *Schinkel*, 13tes Heft) und die an seinem eigenen Hause in der Hasenhegergasse (a.a.O., 18tes Heft) nahmhaft machen. Auch am Colberger Rathhause sind neuerdings verschiedene, zum Theil sehr große Verbandstücke und Ornamente in gebranntem Thon angebracht; vorzüglich aber dürfte hier das, noch in der Ausführung begriffene Gebäude der Allgemeinen Bauschule in Berlin, welches, in seiner architektonischen Schönheit aus dem Genie des berühmten *Schinkel* hervorgegangen, unstreitig eine neue Epoche in der Baukunst bezeichnen wird, zu erwähnen sein. Eine große Menge zu diesem Gebäude erforderlicher Verbandstücke, Gliederungen, Gesimse, Kapitälchen, Konsols und anderer Ornamente mit Figuren in Relief, worunter sich Stücke

Säulenkapitelle geformt, welche dem Stein selbst an Elastizität, Härte und Dauerhaftigkeit nichts nachgeben.

§ 114. *Porzellan mit erhabenen Verzierungen.* – Viele der Gestalten an dieser schönen irdenen Ware, welche das Geschirr bei unseren Frühstücks- und Mittagstafeln ausmacht, können nicht auf der Drehscheibe des Töpfers verfertigt werden. Die erhabenen Verzierungen am Rande der Teller, ihre polygonische Gestalt, die kanellierte Oberfläche vieler Gefäße, würden durch Handarbeit nur schwer und kostbar ausgeführt werden können. Sie werden aber leicht und in allen Teilen gleichförmig, wenn man die weiche Substanz in einer harten Form ausdrückt. Die zur Anfertigung einer solchen Form nötige Sorgfalt und Geschicklichkeit bezahlt sich durch die Menge von Abdrucken, die jene hervorbringt. Bei vielen Arbeiten der Porzellan-Manufaktur ist nur ein Teil in Formen gedrückt, z.B. die obere Fläche der Teller, während die untere auf der Scheibe gedreht wird. In einigen Fällen wird der Handgriff oder nur wenige Verzierungen abgedrückt, der Körper des Gefäßes aber gedreht.

§ 115. *Glas-Siegel.* – Das Steinschneiden verlangt viel Zeit und Geschicklichkeit, weshalb die so gefertigten Siegel nie sehr allgemein werden können. Man hat aber Nachahmungen von verschiedenen Graden der Ähnlichkeit gemacht, wobei die dem Glas gegebene Farbe vielleicht der erfolgreichste Teil der Nachahmung ist. Ein kleiner Zylinderstab von gefärbtem Glas wird in der Flamme eines Lötrohrs erhitzt, bis das Ende weich wird. Der Arbeiter kneift ihn dann zwischen den Messingenden einer Zange, auf deren einer Seite die für das Siegel beabsichtigte Devise in Relief ausgeschnitten ist. Bei gehöriger Sorgfalt beim Erhitzen des Glases und seiner Ausführung der Form sind diese Nachahmungen nicht schlecht. Durch diese Art des Kopierens werden die Siegel so vervielfältigt, daß man in Birmingham die gewöhnlicheren Arten drei Pence das Dutzend kauft.

---

von 3 bis 4 Fuß Länge befinden, werden von dem geschickten Töpfermeister *Gorrmann* angefertigt. Der weiche Thon wird jedesmal in kleinen Massen in eine Gypsform gebracht und mit den Fingern in alle Vertiefungen derselben gedrückt, und nachdem so die Form allmählig ganz mit Thon ausgefüllt ist, preßt man denselben mittelst einer mechanischen Presse sehr stark zusammen, wodurch er nicht nur möglichst dicht wird, sondern auch die feinsten Linien und Conturen der Form vollkommen annimmt. Bei dickern Stücken wird, nach diesem Pressen, noch ein rundes Holz durch die Mitte der Masse getrieben, um dieselbe noch mehr zu verdichten und zugleich eine Höhlung hervorzubringen, damit der Thon leichter trockne und im Ofen gleichmäßiger durchbrenne. Die auf diese Art hervorgebrachten Architekturstücke haben eine solche Schärfe und Vollkommenheit in der Form, wie sie kaum vom Bildhauer im feinsten Marmor ausgearbeitet werden kann.

In der neuesten Zeit hat man angefangen, die verschiedenartigen architektonischen Verzierungen, als Rosetten, Arabesken, Akroterien, Palmetten und dergl., ja selbst ganze Gesimsstücke aus einer Metallcomposition von Zink und Zinn zu gießen. Die Kunstgießerei des Herrn *Geiß* in Berlin liefert dergleichen Ornamente, welche hinsichtlich der Schärfe des Ausdrucks nichts zu wünschen übrig lassen, und einige neue Gebäude sind schon mit solchen in Metall gegossenen Verzierungen geschmückt.

§ 116. *Viereckige Glasflaschen.* – Die runden Formen, welche man den Glasgefäßen gewöhnlich gibt, werden leicht durch die Ausdehnung der Luft, womit man dieselben ausbläst, hervorgebracht. In manchen Fällen ist es aber nötig, viereckige Flaschen zu machen, die alle genau dieselbe Quantität Flüssigkeit enthalten sollen. Es ist auch oft wünschenswert, daß der Name des Medizin-Präparanten oder des Verfertigers einer anderen Flüssigkeit, welche sie aufzunehmen bestimmt sind, auf denselben eingedrückt sei. Man hat dazu eine eiserne oder kupferne Form von der beabsichtigten Größe, an deren Innenseite die verlangten Namen eingegraben sind. Diese Form, welche heiß gemacht wird, öffnet sich in zwei Teile um die runde unvollendete Flasche aufzunehmen, welche noch weich, und ehe sie von dem Ende der eisernen Röhre, womit sie ausgeblasen wurde, abgesetzt ist, hineingebracht wird. Dann verschließt man die Form und zwängt das Glas durch starkes Blasen der Flasche in ihre Ecken.*

§ 117. *Hölzerne Schnupftabakdosen.* – Schnupftabakdosen, mit Devisen verziert, als Nachahmung von geschnitzter Arbeit oder von gedrehter Guillochierarbeit werden zu einem Preis verkauft, der beweist, daß es nur Nachahmungen sind. Das Holz oder Horn, woraus sie gemacht sind, wird durch langes Kochen in Wasser erweicht und in diesem Zustand in Formen von Eisen oder Stahl gepreßt, worin die verlangten Modelle geschnitten sind und wo die Substanz, bis sie trocknet, einem großen Druck ausgesetzt bleibt.

§ 118. *Hörnerne Messerschalen und Regenschirmgriffe.* – Die Eigentümlichkeit des Horns, durch die Wirkung des Wassers und der Hitze weich zu werden, macht es zu manchen nützlichen Zwecken geeignet. Man drückt es in Formen, und es wird erhaben, mit Figuren in Relief, je nach der Beschaffenheit und dem Gebrauch der Gegenstände, an welchen es angebracht werden soll. Wenn es krumm ist, kann es gerade, wenn gerade, krumm gebogen und in die durch den Zierat oder den Gebrauch bedingte Gestalt gebracht werden; vermöge der Anwendung der Form lassen sich diese Gestalten in endloser Verschiedenheit vervielfältigen. Die Wohlfeilheit, welche die Kopierkunst den aus diesem Material verfertigten Dingen verschafft, bezeugen die gewöhnlicheren Arten von Messern, die gekrümmten Schirmgriffe und eine Menge anderer Artikel, wozu Horn benutzt wird.

---

* (Beitrag der dt. Übers., S. 449f.): In Nordamerika wird jetzt allerhand Tischgeräthe aus brillantirtem Glase dadurch gemacht, daß die noch weiche Glasmasse in metallenen Formen, worin die Verzierungen eingeschnitten sind, ausgedrückt wird. Hinsichtlich der Pracht des Aussehens kommen sie unsern geschliffenen Krystallsachen fast gleich, während sie, wegen der Leichtigkeit der Anfertigung, vielleicht für den dritten oder vierten Theil des Preises hergestellt werden können. Auf ähnliche Weise verfertigen die Glasfabrikanten in Böhmen, Schlesien, Rheinpreußen etc. dergleichen Glaswaaren schon seit langer Zeit, nur daß sie sich dabei hölzerner Formen bedienten.

§ 119. *Formen des Schildpatts.* – Dasselbe Prinzip wird auf die aus den Schalen der See- und Landschildkröten verfertigten Arbeiten angewendet. Doch wird, wegen des weit höheren Preises des Rohmaterials, diese Art des Kopierens seltener befolgt, und die wenigen Schnitzwerke darauf werden gemeinhin mit der Hand ausgearbeitet.

§ 120. *Irdene Tabakspfeifen.* – Diese einfache Kunst gehört fast ganz dem Kopieren an. Die Formen werden von Eisen, in zwei Teilen, gemacht, von denen jeder die eine Hälfte des Stiels umfaßt; man kann die Verbindungslinie dieser zwei Teile stets an einem Längsstrich von einem Ende der Pfeife bis zum anderen bemerken. Die zum Kopf gehende Höhlung wird gemacht, indem man einen langen Draht durch den Ton stößt, während er in der Form eingeschlossen ist. Einige Formen haben auf ihrer Innenseite vertiefte Figuren oder Namen, was eine entsprechende erhabene Figur auf der fertigen Pfeife hervorbringt.

§ 121. *Erhabener Druck (Embossing) auf Kattun.* – Kattune von einer Farbe, aber überall mit verschiedenen erhöhten Mustern bedeckt, werden auf manchen fremden Märkten eifrig gesucht. Dieses Aussehen wird bewirkt, indem man das Zeug durch ein paar Walzen gehen läßt, auf deren einer das auf den Kattun zu übertragende Muster eingeschnitten ist. Die Masse des Zeugs wird sehr kräftig in die so gebildeten Vertiefungen gedrückt und behält das Muster noch nach langem Gebrauch. Auf ähnliche Weise wird das gemohrte (*watered*) Muster in dem zum Überziehen von Bücherbänden dienenden Tuchwaren hervorgebracht. Ein Zylinder von Kanonenmetall, auf welchem das Mohr-Muster geschnitten ist, wird durch Schrauben gegen einen anderen Zylinder gedrückt, der aus stark zusammengepreßten Stücken eines ein wenig geleimten Papiers (*brown paper*) gebildet und genau abgerundet ist. Man läßt nun beide Zylinder schnell umlaufen, nachdem man den papierenen ein wenig angefeuchtet hat. Nach einigen Minuten erscheint das Muster des metallenen darauf abgedruckt. Der Glanz-Kattun wird nun zwischen die Walzen gebracht, und zwar mit seiner geglätteten Seite an den Metallzylinder gepreßt, welcher durch einen hineingelegten glühenden Bolzen in Hitze erhalten wird. Bisweilen erhalten Kattune auch noch andere Mohr-Muster, indem man zwei Stücke so aufeinander legt, daß der Faden des einen Gewebes mit dem des anderen im rechten Winkel steht und dieselben nun zwischen flachen Walzen fest aneinanderdrückt. Dadurch pressen die Fäden des einen Zeuges in das andere sich ein. Die Eindrücke sind aber nicht so stark, wie bei der zuvor beschriebenen Methode.

§ 122. *Erhabene Arbeit auf Leder.* – Diese Kopierkunst von Mustern, die zuvor auf stählerne Walzen graviert sind, gleicht größtenteils der vorigen. Das Leder wird in die Höhlen gedrückt und der Teil, welcher nicht auf eine Vertiefung trifft, zwischen den Walzen stark zusammengepreßt.

§ 123. *Senkarbeit (swaging).* – Dies ist eine von den Schmieden benutz-
te Kunst des Kopierens. Um sein Eisen und seinen Stahl in die von den
Käufern verlangte Form zu bringen, hat er kleine stählerne Blöcke, worin
Vertiefungen von verschiedener Gestalt eingearbeitet sind; diese nennt
man Gesenke (swages) und die meisten werden paarweise gebraucht.
Wenn er z.B. einen runden Bolzen benötigt, der mit einem zylindrischen
Kopf von größerem Durchmesser, an welchem ein oder mehrere Ansätze
sein sollen, versehen ist, so nimmt er das entsprechende Gesenk, und
nachdem er das eine Ende seines Eisens glühend gemacht und es durch
einen Prozeß, den man Stauchen nennt, verdickt hat, legt er dasselbe auf
den unteren Teil des Gesenkes und während ein Gehilfe den oberen Teil,
das Setzeisen, auf den Kopf des heißen Bolzens hält, hämmert er eine
Zeitlang darauf, wobei er den Kopf gelegentlich in Viertelwendungen
dreht. So wird das erhitzte und weiche Eisen durch die Schläge gezwungen,
die Gestalt der Form, worin es gedrängt wird, anzunehmen.

§ 124. *Stechen durch Druck.* – Dies ist eins der schönsten Beispiele der
zu einer fast unbegrenzten Ausdehnung gebrachten Kunst des Kopierens;
die Zartheit, womit sie ausgeführt werden kann, und die Genauigkeit,
womit die feinsten Spuren des Grabstichels von Stahl auf Kupfer, oder von
hartem auf weichen Stahl übertragen werden können, ist fast unglaublich.
Die meisten Vorrichtungen, wodurch diese Kunst so sehr vervollkommnet
worden ist, verdanken wir dem Herrn Perkins. Man gräbt zuerst in weichen Stahl, der durch einen besonderen Prozeß, ohne seiner Zartheit im
mindesten zu schaden, gehärtet wird. Eine Walze von weichem Stahl, mit
großer Kraft gegen den gehärteten Stahlstich gepreßt, wird sodann langsam rück- und vorwärts darüber gerollt, und erhält so die Zeichnung, aber
erhaben. Diese ihrerseits ohne Beschädigung gehärtet und mit starkem
Druck auf und ab über mehrere Kupferplatten gerollt, kann Tausenden
derselben ein vollkommenes *Faksimile* des Original-Stahlstichs, wovon sie
gemacht ist, eindrücken. So läßt sich von derselben Zeichnung die Anzahl
von Kopien vertausendfältigen. Aber auch dies ist noch weit von den
Grenzen entfernt, bis zu welchen dieser Prozeß ausgedehnt werden könnte.
Mit der gehärteten Stahlrolle, welche die Zeichnung erhaben auf sich
trägt, können einige der ersten Abdrücke auf weichen Stahl genommen
werden; diese, gehärtet, dienen zu Repräsentanten des Originalstiches und
bringen ihrerseits andere Rollen hervor, deren jede dem Prototyp gleichen-
de Kupferplatten erzeugt. Die auf solche Weise möglich werdende Vervielfältigung der *Faksimiles* von Originalstichen verwirrt die Einbildungskraft
und scheint für jeden praktischen Zweck unbegrenzt. Es sind zwei Dinge,
welche diese Kunst ganz besonders geschickt machen, die Nachahmung
der Banknoten (welche zu verhindern Herr Perkins sich dabei vorgenommen hatte) äußerst zu erschweren. Das erste ist die vollkommene
Gleichheit jedes Abdruckes mit dem anderen, so daß ein Unterschied in der

kleinsten Linie die Entdeckung herbeiführen müßte. Das andere ist, daß
die Platten, von welchen alle diese Abdrucke herkommen, durch die vereinigten Bemühungen der in ihrer Art geschicktesten Künstler verfertigt
werden können; denn da von jeder Zeichnung nur ein Original nötig ist,
so werden die Kosten selbst des ausgeführtesten Stiches, im Vergleich zu
der Menge produzierter Kopien, nur gering sein.

§ 125. Andererseits läßt sich indessen nicht leugnen, daß das Prinzip
des Kopierens auch dem Fälscher die Mittel zur Nachahmung auch des
kompliziertesten, gestochenen oder gedruckten Musters an die Hand gibt,
und daß es eine Schwierigkeit erzeugt, welche einer der zur Verhinderung
des Fälschens bestimmten Entwürfe ganz genügend beseitigt zu haben
scheint. Wenn man die vollkommenste Banknote nachahmen will, so
würde der erste Prozeß der sein, sie mit der bedruckten Seite nach unten
auf einen Stein oder eine andere Substanz zu legen, worauf sie sich, indem
man sie durch eine Walzenpresse zöge, befestigen ließe. Der nächste Punkt
wäre, ein Auflösungsmittel zu finden, welches das Papier auflösen, aber
weder die Druckerschwärze angreifen, noch den Stein oder die sonstige
Materie, worauf sie befestigt ist, beschädigen dürfte. Wasser scheint dies
nicht gehörig zu tun; man würde es vielleicht mit schwachen alkalischen
oder sauren Auflösungen versuchen. Könnte man alles vollständig erreichen, und hätte der Stein oder die andere angewandte Substanz die
Eigenschaften, die uns in Stand setzen, damit zu drucken, so ließen sich
unzählige *Faksimiles* machen und die Nachahmung wäre gelungen. Por-
zellan-Biskuit, das man jüngsthin mit einem Bleistift zu Schreibtafeln
benutzt hat, scheint einigermaßen zu solchen Zwecken geeignet, da dessen
Porosität durch Verdünnung der darauf angebrachten Glasur bis zu jedem
beliebigen Grade verringert werden kann.

§ 126. *Gold- und Silber-Pressen.* – Viele der von den Juwelieren gebrauchten Pressungen bestehen in dünnen Metallplättchen, die ihre Gestalt erhalten haben, indem sie zwischen Stahlwalzen durchgingen, auf
denen das Muster erhaben oder vertieft gearbeitet ist; so nehmen sie eine
Reihe von Kopien des beabsichtigten Musters.

§ 127. *Papier-Verzierungen.* – Gefärbte, oder mit Gold- oder Silber-
blättern bedeckte und mit verschiedenen erhabenen Mustern versehene
Papiere benutzt man bekanntlich zum Einbinden der Bücher und zu mancherlei Zierraten. Die Figuren darauf werden ebenso hervorgebracht, nämlich indem die Blätter zwischen gestochenen Walzen hindurchgehen.

Kopieren durch Prägen

§ 128. Diese Art des Kopierens kommt beinahe in allen Künsten vor.
Man führt sie meist vermittelst großer Pressen aus, die mit einer Schraube
und einem schweren Schwungrad in Gang gesetzt werden. Die Materialien, worauf die Kopien gedruckt werden, sind am häufigsten Metalle, und

der Prozeß wird bisweilen, während sie heiß sind, in einem Falle jedoch, während das Metall sich in einem halbflüssigen Zustand befindet, ausgeführt.

§ 129. *Münzen und Medaillen.* – Alle Münzen, welche als Geld zirkulieren, bringt man durch diese Art des Kopierens hervor. Die Schraubpressen werden mit der Hand, mit Wasser- oder Dampfkraft getrieben. Die vor einigen Jahren nach Kalkutta gesandte Münzmaschine konnte täglich 200 000 Stück prägen. Medaillen, auf welchen die Figuren mehr erhaben gearbeitet zu sein pflegen, als auf Münzen, werden auf ähnliche Weise gemacht, aber ein einziger Stoß reicht selten hin, dieselben zur Vollkommenheit zu bringen, und die durch den ersten Schlag erfolgende Kompression des Metalls, macht es zu hart, als daß es noch viele Schläge bekommen könnte, ohne dem Stempel zu schaden. Es wird daher, nach dem Prägen, in einen Ofen gebracht, worin man es sorgfältig bis zur Rotglut erhitzt, sodann aber wieder zwischen die Stempel legt, damit es nachträgliche Schläge erhalte. Bei großen Medaillen und solchen, deren Figuren sehr hervorragend sind, muß dieser Prozeß öfter wiederholt werden. Eine der größten bis jetzt geschlagenen Medaillen durchlief ihn fast hundertmal, ehe sie fertig war.

§ 130. *Verzierungen zu militärischen Dekorationen und Besätze.* – Diese werden gewöhnlich von Messing gemacht und ausgeschlagen, indem man dickes oder plattes Messing zwischen zwei Stempel legt und ein schweres Gewicht von einer Höhe von fünf bis fünfzehn Fuß auf den oberen Stempel fallen läßt.

§ 131. *Knöpfe und Nagelköpfe.* – Knöpfe mit erhabenen Helmen oder anderen Figuren macht man auf dieselbe Weise, und einige derselben, welche glatt sind, erhalten ihre hemisphärische Gestalt durch die Stempel, worin sie gepreßt werden. Ebenso die Köpfe verschiedener Arten vor Nägeln, welche Kugelteile oder Polyeder sind.

§ 132. *Von einem Kopierungs-Prozeß, den man in Frankreich »Clichée«* *nennt.* Dieses merkwürdige Verfahren, durch Stempel zu kopieren, ist bei der Verfertigung von Medaillen und bisweilen auch von Stereotyp-Platten üblich. Bei verschiedenen Legierungen von Blei, Zinn und Spießglas gibt es vor dem Schmelzpunkt einen gewissen Hitzegrad, wobei die Komposition weder fest, noch ganz flüssig ist. In dieser Art von Pasten-Zustand wird die Mischung in ein Gefäß unter einen Stempel gebracht, der mit beträchtlicher Kraft darauf fällt. Der Schlag treibt das Metall in die feinsten Linien des Stempels und die Kälte des Letzteren macht die ganze Masse sogleich fest. Ein Teil des halbgeschmolzenen Metalls wird durch den Schlag nach allen Richtungen herausgetrieben, jedoch von den Wänden des Gefäßes, worin der Prozeß vor sich geht, zurückgehalten. Die so hervorgebrachte Arbeit ist wegen ihrer Schärfe bewundernswert, hat aber nicht die vollendete Gestalt eines Stückes, welches soeben die Münzpresse verläßt, die Seiten sind rauh und müssen geglättet und die Dicke der Exemplare erst durch Drehen gleichmäßig gemacht werden.*

Kopieren durch Ausstampfen

§ 133. Diese Art des Kopierens besteht darin, daß man entweder durch Stoß oder Druck ein stählernes Locheisen durch die zu schlagende Masse treibt. In einigen Fällen macht man auf diese Weise wiederholte Kopien derselben Öffnung, so daß die von der Platte getrennte Substanz das Nichtbenutzte ist, in anderen sind es eben die kleinen ausgeschlagenen Stücke, die man haben will.

§ 134. *Lochen eiserner Platten zu Dampfkesseln.* Das hierzu gebrauchte stählerne Locheisen hat dreiachtel bis dreiviertel Zoll im Durchmesser und treibt aus einer eisernen Platte eine zirkelförmige Scheibe von einviertel bis fünfachtel Zoll Dicke.

§ 135. *Durchschlagen des verzinnten Eisens.* – Die Verzierungsmuster von durchbrochener Arbeit an den verzinnten oder lackierten Waren, die in allgemeinem Gebrauch sind, werden selten von dem Arbeiter, welcher die letzteren verfertigt, ausgearbeitet. In London wird die Kunst, solche Muster mit Schraubpressen zu durchbrechen, als ein besonderes Handwerk betrieben, und eine große Menge von Zinnplatten wird zu Sieben, Weinseihern, Schenktischrändern und ähnlichen Zwecken durchlöchert. Merkwürdig ist die Vollkommenheit und Regelmäßigkeit, wozu diese Kunst gebracht ist. Auch Kupferplatten werden mit kleinen Öffnungen von 0,01" im Durchmesser in solcher Menge durchlöchert, daß der Abgang der Metallplatte größer ist, als das Zurückbleibende, und man hat schon zinnerne Platten so durchbohrt, daß mehr als 3000 Löcher auf jeden Quadratzoll kamen.

---

* (Beitrag der dt. Übers., S. 450f., von Babbage später gekürzt in den Anhang aufgenommen): Die Metallcomposition, welche zu dem Clichiren oder Abklatschen benutzt wird, ist so leichtflüssig, daß sie bei der Temperatur des kochenden Wassers, und selbst noch unter derselben, schmilzt. Ja selbst nach den verschiedenen Zwecken muß die Composition erfahrungsmäßig mehr oder minder leichtflüssig sein. Am gebräuchlichsten sind folgende Mischungsverhältnisse:

    1) Zum Abklatschen von Ornamenten:
        3 Pfd. Wißmuth
        2 Pfd. Blei   bei 75° Reaum. flüssig
        1 Pfd. Zinn
    2) Um Ornamente, Glaspasten etc. abzuklatschen:
        8 Pfd. Wißmuth
        5 Pfd. Blei   bei 70° Reaum. flüssig
        3 Pfd. Zinn
    3) Wenn das Metall, nachdem es erhärtet ist, klingend sein soll:
        5 Pfd. Zinn
        8 Unzen Wißmuth
        8 Unzen Zinn   bei etwas über 80° Reaum. flüssig
        8 Unzen Messing
        8 Unzen Salpeter

§ 136. Die ausgelegte Arbeit von Messing und Rosenholz, in England *buhl work* genannt, welche zu Verzierungen unserer Zimmergeräte dient, verfertigt man ebenfalls mittelst des Durchschlagens; hier werden aber häufig sowohl die ausgeschnittenen Stücke, als die zurückbleibenden benutzt. In den nun folgenden Erklärungen der Kopierkunst durch Ausstampfen ist es der ausgeschnittene Teil, den man benutzt.

§ 137. *Karten für Schießgewehre.* – Die Ersetzung des Papiers durch eine kreisförmige Scheibe von dünner Karte, um die Ladung einer Vogelflinte in ihrer Lage zu erhalten, hat ihren bedeutenden Vorteil. Man würde sie indessen nicht mit Nutzen anwenden können, gäbe es nicht eine leichte Methode, eine unbeschränkte Zahl von Karten hervorzubringen, die alle genau in die Mündung des Laufs passen. Nun schneidet aber das kleine Stahlinstrument, das man hierzu braucht, unzählige Scheiben aus, die seinem Schneiderand entsprechen, und wovon jede genau den Flintenlauf ausfüllt.

§ 138. *Verzierungen von Goldpapier.* – Die goldenen Sterne, Blätter und andere Figuren, die man in Läden zur Verzierung von Papier- und Papparbeiten und zu anderen Spielzeugen gebraucht, werden mit Durchschlägen von verschiedener Gestalt aus Bogen von Goldpapier ausgeschnitten.

§ 139. *Stahlketten.* – Die Kette, welche zur Verbindung der Hauptfeder mit der Schnecke in Taschen- und Schlaguhren gebraucht wird, setzt man aus kleinen Stahlplättchen zusammen. Es ist sehr wichtig, daß alle diese Stückchen genau von einerlei Größe seien. Die Glieder sind zweierlei Art, das eine besteht in einem einzigen länglichen Stahlstück mit zwei Löchern, das andere ist aus zwei solchen Stahlstückchen, in einer kurzen Entfernung parallel nebeneinanderlaufend und vernietet, gebildet. Diese zwei Arten Glieder wechseln miteinander, und das einfache Glied wird an jedem Ende zwischen die Enden der nächsten Doppelglieder gelegt, mit denen es durch Nieten, die durch alle drei Blättchen durchgehen, verbunden ist. Wenn nun die Löcher an den Doppelgliedern nicht ganz genau in gleichem Abstand liegen, so kann die Kette nicht gerade ausfallen und würde folglich zu ihrem Zwecke unbrauchbar sein.

Kopieren mit Verlängerung

§ 140. Bei dieser Art des Kopierens besteht sehr wenige Ähnlichkeit zwischen der Kopie und dem Original. Nur der Querdurchschnitt des produzierten Gegenstandes ist dem Instrumente, womit er gearbeitet wurde, gleich. Wenn die zu bearbeitenden Substanzen hart sind, so gehen sie oft nacheinander durch verschiedene Löcher und bisweilen wird es nötig, sie von Zeit zu Zeit zu erhitzen.

§ 141. *Draht-Ziehen.* – Das in Draht zu verwandelnde Metall wird aus einer zylindrischen Form gemacht und mit großer Gewalt durch runde, in

Stahlplatten angebrachte Löcher gezogen; bei jedem neuen Durchziehen wird es dünner, und wenn es fertig ist, so liefert sein Querschnitt an irgendeinem Punkt eine genaue Kopie des letzten Loches durch welches es gezogen worden. Auf den dickeren Drahtsorten sieht man oft feine Striche in der Länge des Drahtes laufend; diese entstehen daher, daß die Löcher in den Durchzieh-Platten nicht gut ausgearbeitet sind. Zu vielen Gegenständen in den Künsten wird Draht gebraucht, dessen Querschnitt viereckig oder halbrund ist; er wird auf dieselbe Weise verfertigt, indem die Löcher, durch welche er geht, selbst viereckig, halbrund, oder so gestaltet sind, wie der Draht werden soll. Man macht eine Art Draht, dessen Querschnitt einem Stern mit sechs bis zwölf Strahlen gleicht; es ist dies der Getriebestahl (*pinion wire*) der Uhrmacher. Sie nehmen ein kleines Stück, feilen alle Rippen ab, bis ungefähr auf einen halben Zoll von dem einen Ende; dies wird das Getriebe (pinion) einer Uhr; da die Stäbe oder Zähne durch die Stahlplatte gezogen sind, so haben sie bereits die nötige Politur.

§ 142. *Röhren-Ziehen.* – Die Art, Röhren von gleichmäßigem Durchmesser zu bilden, ist in der Ausführung der des Drahtziehens ziemlich ähnlich. Nachdem das Messingblech rund gebogen und in Gestalt eines hohlen Zylinders zusammengelötet ist, wird es, wenn es der Durchmesser der Außenseite ist, der gleichmäßig werden muß, wie der Draht durch eine Reihe von Löchern gezogen; soll der innere Durchmesser gleichmäßig ausfallen, so werden mehrere stählerne Zylinder, *Dorne (triblets)*, durch die Röhre gezogen. Bei den Röhren zu Teleskopen müssen beide Durchmesser gleichmäßig sein. Man steckt einen stählernen Dorn in die Röhre und zieht diesen alsdann durch eine Reihe von Löchern, bis der äußere Durchmesser die verlangte Dimension erreicht hat. Das Metall der Röhre zwischen den Löchern und dem stählernen Dorne, der in ihr steckt, wird so sehr gepreßt, daß, wenn der letztere herausgenommen ist, die Innenseite der Röhre eine polierte Fläche darbietet. Auch wird die Messingröhre bei diesem Verfahren bedeutend, oft bis zum Doppelten, verlängert.

§ 143. *Bleiröhren.* – Die Bleiröhren zur Wasserleitung wurden früher gegossen; man hat jedoch gefunden, daß sie sowohl wohlfeiler als auch besser geliefert werden können, wenn man sie wie Draht durch Löcher zieht. Man gießt nämlich einen Bleizylinder von fünf bis sechs Zoll im Durchmesser und ungefähr zwei Fuß Länge und mit einer kleinen Höhlung durch die Achse, in welche ein eiserner Dorn von fünfzehn Fuß Länge mit Gewalt eingetrieben wird. Dann wird der Zylinder durch mehrere Löcher gezogen, bis das Blei die Länge des Dornes und die der Größe der Röhre entsprechende Dicke erreicht hat.

§ 144. *Walzen des Eisens.* – Will man eiserne Zylinder von größerer Dicke als Draht haben, so ist das Verfahren folgendes: man zieht geschmiedetes Eisen zwischen Walzen hindurch, in deren jede eine halbzylindrische Rinne eingelassen ist; und da dergleichen Walzen selten sich genau berühren, so ist gewöhnlich eine der Länge nach laufende Naht auf so gearbeitetem Eisen bemerkbar. Auf diese Weise wird Stangeneisen in allen verschiedenen Formen, in denen es im Handel vorkommt, rund, viereckig, halbrund, oval u.s.w., gefertigt. Dasselbe Verfahren befolgt man auch bei einem besonderen Muster, welches in seinem Querschnitt demjenigen Teil eines Fensterrahmens gleicht, der zwei aneinanderstoßende Glasscheiben verbindet. Da diese Stangen weit stärker als Holz sind, so brauchen sie bei weitem nicht so dick zu sein, und schließen daher weniger Licht aus; sie sind besonders bei Deckenfenstern häufig im Gebrauch.

§ 145. Bisweilen ist es nötig, daß das so gefertigte Eisen nicht überall von gleicher Dicke sei. Dies ist der Fall beim Walzen der Schienen für Eisenbahnen, welche gegen die Mitte hin, wo sie von den Stutzen am Entferntesten sind, höher sein müssen. Dies bewirkt man nun dadurch, daß die Rinne in den Walzen an den Stellen, wo Vermehrung der Haltbarkeit notwendig ist, tiefer eingelassen ist, so daß der die Walze umgebende Einschnitt, könnte er gerade gewunden werden, ein Modell der für die Schiene beabsichtigten Gestalt abgeben würde.

§ 146. *Italienische Nudeln* (*Vermicelli*). – Die verschiedenen diesem Teig gegebenen Formen werden gemacht, indem man sie durch in zinnernen Platten angebrachte Höhlungen hindurchzwängt. Der durch die Löcher der Platte getriebene Teig erscheint auf der anderen Seite in langen Fäden. Derselben Methode bedienen sich der Koch und der Konditor; jener, um Butter und verziertes Backwerk für die Tafel zu bereiten, dieser zur Gestaltung seiner zylindrischen Bonbons und sonstigen Zuckerwerks.

Kopieren mit veränderten Dimensionen

§ 147. *Pantograph* (*eine Art Storchschnabel*). – Diese Kopierart wird hauptsächlich bei Zeichnungen oder Landkarten gebraucht; das Instrument ist einfach und kann, wiewohl in der Regel zu verkleinerten Kopien benutzt, auch zum Vergrößern angewendet werden. Ein neulich in London aufgestellter Automat, welcher die Profile der Besuchenden zeichnete, war nach diesem Prinzip eingerichtet. Hinter einer kleinen Öffnung in der Wand, dem Sitz der zu zeichnenden Person gegenüber, befand sich eine *Camera lucida* versteckt. Wenn nun der Gehilfe einen mit der Hand der Figur in Verbindung stehenden Pantographen längs der Kontur des Kopfes bewegte, so zeichnete das Automaton ein entsprechendes Profil.

§ 148. *Durch Drechseln.* – Man sollte vielleicht die Drechselkunst überhaupt zu den Kopierkünsten zählen. Eine stählerne Welle oder Spindel (*mandril*) mit einer in der Mitte darauf befestigten Rolle, wird an dem einen Ende entweder von einer konischen Spitze oder einem runden Halse getragen; am anderen Ende von einem ähnlichen Halse, durch welchen die Spindel hindurchgeht. Dieses herausragende Ende bildet eine Schraube, an welche verschiedene Instrumente, sogenannte *Futter* (*chucks*) angeschraubt werden. Die Futter dienen dazu, die zu drehenden Materialien festzuhalten und haben alle möglichen Gestalten. Die Spindel wird mit Hilfe einer über die auf derselben befestigten Rolle und eines über ein größeres Rad gespannten Riemens gedreht, und das Rad entweder durch den Fuß oder durch Dampf- oder Wasserkraft in Bewegung gesetzt. An allen auf einer Spindel verfertigten Arbeiten nun reproduzieren sich die an ihr befindlichen Unregelmäßigkeiten, so daß auf die vollkommene Rundung des Querschnitts die jeder Teil haben muß, nur dann zu rechnen ist, wenn die Spindel und der Hals eine ähnliche besitzen.

§ 149. *Guillochieren auf der Drehbank (Rose engine turning).* – Auch diese zierliche Kunst gehört größtenteils zu den Kopierungen. Kreisrunde Metallplatten, *Rosetten* genannt, die auf der Stirnfläche oder an den Rändern verschiedene bald erhöhte, bald vertiefte Muster haben, werden auf der Drehbank fixiert. Die Spindel läßt eine Bewegung entweder nach den Endpunkten der Achse hin oder seitwärts zu. Eine feststehende Hemmung, welche, »Anlauf« (*touch*) heißt, und gegen welche die Rosette durch eine Feder gedruckt wird, nötigt die Spindel, den Unebenheiten derselben zu folgen. Auf diese Weise wird der Schneidestahl genötigt, auf der aufgespannten Arbeit dasselbe Muster herauszuschneiden, und da die Entfernung des Schneidestahls von der Spindelachse gewöhnlich geringer ist als der Radius der Patrone, so erhält man dadurch eine verkleinerte Kopie.

§ 150. *Kopieren von Prägestempeln (Dies).* Hierzu bedient man sich seit langem in Frankreich eines Drehapparats, der auch neulich für die Prägung der englischen Münze eingeführt wurde. Man führt eine stumpfe Spitze langsam und mit Spiral-Bewegung hintereinander über alle Teile des zu kopierenden Stempels; die Spitze wird vermöge eines Gewichts in alle Vertiefungen eingedrückt. Mit dieser stumpfen Spitze nun steht, mittelst einer Maschine, eine scharfe Spitze in Verbindung, welche gleichzeitig über ein Stück weichen Stahls hingeht, die Zeichnung des Originalstempels entweder in derselben oder in verringerter Größe darauf eingrabend. Je kleiner die Kopie im Verhältnis zum Original ausfällt, für desto vortrefflicher pflegt man sie zu halten. Jeder Stempel von der Größe eines Talers liefert durch Kopierung einen ziemlich guten für einen Silbergroschen. Der Hauptvorteil indessen, welcher sich von diesem Drehapparat erwarten läßt, ist die Vorbereitung aller gröberen Teile; die feineren Linien, welche den Ausdruck vollenden, können dann von einem geschickten Künstler leicht nachgeholt werden.

§ 151. *Maschine zur Herstellung von Schuhleisten.* – Ein dem Prinzip nach dem vorigen nicht unähnliches Instrument hat man zur Verfertigung von Schuhleisten in Vorschlag gebracht. In dem einen Teil des Apparats befand sich ein Modell-Leisten zum rechen Fuß, und wenn die Maschine in Gang gesetzt wurde, so schnitt sie aus zwei Holzstücken, die an einen anderen Teil angeschraubt waren, größere oder kleinere Leisten, je nachdem es verlangt wurde, und zwar so, daß eine von beiden Kopien einen Leisten für den linken Fuß abgab, wiewohl das Modell für den rechten Fuß war; eine Wirkung, die man einfach dadurch hervorbrachte, daß man beide zu schneidende Stücke durch ein Rad trennte, was also die Bewegung umkehrte.

§ 152. *Maschine zum Kopieren der Büsten.* – Der verstorbene Herr Watt beschäftigte sich vor vielen Jahren mit der Zusammensetzung einer Maschine, welche Kopien von Büsten und Statuen teils von gleicher Größe mit dem Original, teils in verkleinertem Maßstab hervorbrachte. Die Kopien waren aus verschiedenen Substanzen gefertigt, und einige davon bekamen seine Freunde zu sehen; doch der Mechanismus, wodurch sie zustande gebracht wurden, ist nie in der Beschreibung erschienen. Später hat Herr Hawkins, der vor mehreren Jahren eine ähnliche Maschine zusammensetzte, diese einem Künstler anvertraut, welcher damit elfenbeinerne Kopien von Büsten machte. Die Kunst, die Gestalten des Bildhauers in verschiedenen Größen zu vervielfältigen, unterstützt durch die des Abgießens, wodurch sie wohlfeiler werden, verspricht, den Wert dieser Kunstprodukte zu erhöhen, und einer größeren Anzahl von Menschen den Genuß ihres Besitzes zu verschaffen.

§ 153. *Schraubenschneiden.* – Wird die Schraube auf der Drehbank gemacht, indem man an der Spindel eine andere Schraube anbringt, so ist dieses wesentlich ein Kopieren, indessen wird bloß die Anzahl der Schraubengänge (threads) in einer gegebenen Länge kopiert: die Gestalt des Gewindes aber, sowie die Länge und der Durchmesser der zu drehenden Schraube haben durchaus nichts mit der Originalschraube gemein. Schrauben werden auch nach einer anderen Methode auf der Drehbank geschnitten, indem eine Modellschraube (Patrone), welche durch Räder mit der Spindel in Verbindung steht, den Schneidestahl leitet. Bei diesem Verfahren wird die Anzahl der Windungen in einer gegebenen Länge verschieden sein, wenn die Umdrehungszeit der Spindel nicht die nämliche ist, wie die der Schraube, welche den Schneidestahl führt. Dreht sich die Spindel schneller als der Schneidestahl, so fällt die produzierte Schraube feiner aus, als das Original, im umgekehrten Falle, gröber. Aber die so erzeugte Schraube mag nun feiner oder gröber sein, einen größeren oder kleineren Durchmesser, die nämlichen oder eine größere Anzahl von Windungen haben als das Original, immer wird man alle in diesem befindliche Mängel unter modifizierten Umständen auf jedes kopierte Individuum übertragen.

§ 154. *Kupferdruck mit veränderten Dimensionen.* – Vor einigen Jahren wurden einige sehr eigentümliche Produkte einer bis jetzt noch nicht bekannt gemachten Kopierkunst von Paris nach London gebracht. Ein Pariser Uhrmacher mit Namen Gonord hatte eine Methode gefunden, wodurch er imstande war, von einer und derselben Kupferplatte Abdrucke von verschiedenen Größen, größer und kleiner als die Originalzeichnung, zu nehmen. Ich verschaffte mir vier auf diese Weise gemachte Abdrucke eines in einem Kreise befindlichen Papageis und zeigte sie dem inzwischen verstorbenen Herrn Lowry, einem Künstler, der ebenso ausgezeichnet war durch seine Geschicklichkeit, als durch die vielen mechanischen Erfindungen, womit er seine Kunst zu bereichern wußte. Die relativen Dimensionen der Abdrucke waren: 5.5, 6.3, 8.4, 15.0, so daß der größte fast dreimal die lineare Abmessung des kleinsten hatte. – Herr Lowry versicherte mir, daß es ihm unmöglich wäre, in einem der Abdrucke irgendeine Linie zu entdecken, von welcher nicht die entsprechende in den anderen vorkäme. In der Quantität der Druckerfarbe schien ein Unterschied zu bestehen, aber durchaus keiner in den Linien des Stiches, und dem Aussehen der Produkte nach, ließ sich die Vermutung aufstellen, daß das vorletzte der ursprüngliche Abdruck von der Kupferplatte war.

Die Prozeduren bei dieser merkwürdigen Operation sind dem Publikum nicht bekannt geworden, doch verdienen zwei damals gemachte Hypothesen der Erwähnung. Nach der einen wird angenommen, daß der Künstler ein Verfahren kannte, die Farbe von den Linien einer Kupferplatte auf die Oberfläche irgendeiner Flüssigkeit zu übertragen, und von da wieder auf das Papier. Die Kopie mußte bei diesem ersten Verfahren genau von denselben Dimensionen ausfallen, wie die des ursprünglichen Stiches; wenn nun aber die Flüssigkeit in einem Gefäße enthalten war, das die Gestalt eines umgekehrten Kegels hatte, mit einer Öffnung am Boden, so ließ sie sich mittelst allmählichen Hinzutuns oder Hinwegnehmens durch die Spitze des Kegels niedriger oder höher stellen; in diesem Falle würde die mit der Farbe behaftete Oberfläche sich verkleinern oder erweitern, und die Kopie konnte nach jedem veränderten Zustand auf Papier übertragen werden. Indessen läßt sich nicht leugnen, daß diese hypothetische Erklärung manchem Zweifel ausgesetzt ist; denn obgleich sich für das umgekehrte Verfahren, einen Abdruck von einer flüssigen Oberfläche zu nehmen, etwas Analoges in der Kunst, Papier zu marmorieren, nachweisen läßt, so bleibt noch zu beweisen übrig, wie sich die Farbe vom Kupfer auf die Flüssigkeit übertragen lasse.

Mehr Wahrscheinlichkeit hat die zweite Hypothese, welche sich auf die elastische Natur der Zusammensetzung von Leim und Sirup gründet, einer Substanz, welche bereits bei der Übertragung von Zeichnungen auf irdene Waren im Gebrauch ist. Die Vermutung ist nun diese, daß man auf einer großen, aus dieser Zusammensetzung bestehenden Fläche einen Abdruck von der Kupferplatte nehme; daß diese Fläche sodann nach beiden Richtungen gestreckt und die somit ausgedehnte Farbe auf Papier übertragen werde. Soll die Kopie kleiner als das Original sein, so muß die elastische Substanz gestreckt werden, ehe man den Abdruck von der Kupferplatte nimmt. Beseitigt man hernach die Spannung, so zieht sie sich zusammen und vermindert auf diese Weise die Größe der Zeichnung. Möglich, daß

eine einzige Übertragung nicht in allen Fällen ausreicht, da die Dehnbar-
keit der Zusammensetzung aus Leim und Sirup zwar bedeutend, aber doch
immer beschränkt ist. Mit Blättern aus Gummielasticum von gleichmäßiger Textur und Dicke ließe sich der Zweck vielleicht besser erreichen; es
kann auch die Farbe von der Kupferplatte auf die Oberfläche einer Flasche
aus Gummielasticum übertragen worden sein; die Flasche wurde daraufhin, indem man Luft hineinpumpte, erweitert, und gab dann dem Papier
eine vergröberte Kopie ab. Abdrucke auf diese Weise und alle genau von
gleicher Größe zu produzieren, würde viel Zeit und Mühe kosten, daher
ließe sich der Prozeß zuverlässiger und kürzer bewerkstelligen, wenn man
die Operation des Vergrößerns oder Verkleinerns der Zeichnung nur
einmal vornähme und, statt die Abdrucke von der weichen Substanz zu
nehmen, die Zeichnung auf Stein übertrüge; so würde ein bedeutender Teil
der Arbeit dem schon bekannten Steindruck anheimfallen. Diese Hypothese erhält einige Bestätigung durch die Tatsache, daß in einer Reihe von
Probeabdrücken verschiedener Größen, einen Plan von St. Petersburg
darstellend, offenbar aus einem zufälligen Versehen, eine sehr kurze Linie
in allen Abdrucken einer bestimmten Größe vorkommt, in denen anderer
Größe aber durchgängig fehlt.

§ 155. *Maschine, um Kupferstiche nach Medaillen zu machen.* Vor
längerer Zeit wurde ein Instrument erfunden und in dem *Manuel de
Turneur* beschrieben, womit Kupferstiche nach Medaillen und anderen
Reliefs hervorgebracht werden können. Die Medaille und die Kupferplatte
werden rechtwinklig zueinander auf zwei verschiebbare Platten oder Schlitten befestigt, die so miteinander verbunden sind, daß, wenn man die eine
Platte mit der Medaille durch eine Schraube etwas vertikal erhebt, alsdann
die andere, welche die Kupfertafel trägt, um ebensoviel nach horizontaler
Richtung seitwärts geschoben wird. Die Medaille ist an dem vertikalen
Schlitten befestigt, mit ihrer Prägung gegen die Kupfertafel gekehrt und ein
wenig über dieselbe erhoben.*

Eine Stange, mit einem Stift an dem einen Ende, und einem kurzen, mit
ihrer Achse einen rechten Winkel bildenden Arm, der an seinem äußersten
Endpunkt eine Diamantspitze enthält, an dem anderen Ende, befindet sich
in horizontaler Lage über der Kupferplatte, so daß der Stift senkrecht
gegen die Medaille steht und dieselbe berührt, während die Diamantspitze
die Kupfertafel berührte, auf welcher der Arm normal ist.

---

* (Beitrag der dt. Übers., S. 450f.): Zur Ergänzung der vom Verfasser gegebenen Beschreibung muß hier noch nachträglich bemerkt werden, daß der fragliche Copirungsprozeß
nicht nach einer Medaille selbst, sondern nach einer Matrize derselben ausgeführt werden
muß, wenn man nicht, statt des Ebenbildes, ein Spiegel- oder Gegenbild der Medaille
haben will. In Bezug auf das Portrait würde dies vielleicht wenig verschlagen; aber wenn
dasselbe, wie auf dem Titelblatt des englischen Originals, mit einer Schrift umgeben ist,
würde die von der Medaille genommene Copie die Buchstaben verkehrt, d.h. so zeigen,
wie man z.B. auf einem Petschafte die Namen oder andere Worte eingegraben sieht.

Wenn nun bei dieser Anordnung die Stange parallel mit sich selbst, und folglich auch parallel mit der Kupfertafel fortbewegt wird, während sie die Medaille vermittelst des Stiftes stets berührt, so wird die Diamantspitze auf der Kupfertafel eine ebensolange, gerade oder gekrümmte Linie beschreiben, je nachdem der Stift über einen ebenen, oder über einen vorstehenden konvexen Teil der Medaille fortrückt, und die Abweichung der Diamantspitze von der geraden Linie wird dem Vorsprung des korrespondierenden Punktes auf der Medaille vollkommen gleich sein. Auf diese Art wird also die Diamantspitze auf der Kupfertafel jedesmal die Kontur desjenigen Querschnittes der Medaille beschreiben, über welchen der am anderen Ende der Stange befindliche Stift nach horizontaler Richtung fortgerückt ist.

Durch eine in dem Apparat angebrachte Schraube wird die Medaille um ein Geringes gehoben, und die Kupfertafel gleichzeitig um ebensoviel seitwärts geschoben, um die Umfangslinie eines neuen Querschnittes zu beschreiben. Indem man solchergestalt die Operation fortsetzt, entstehen auf der Kupfertafel eine Reihenfolge von Umfangslinien, welche die Medaille in einer Ebene bildlich darstellen; der Umriß und die Gestalt des abgebildeten Gegenstandes wird nämlich durch die geschlängelte Form der Linien und durch die größere oder geringere Verengung derselben hervorgebracht. Die Wirkung dieser Gattung von Stichen ist sehr treffend und stellt bei einigen Medaillen das Ansehen des Reliefs in einem hohen Grad täuschend dar. Auf Glasplatten ausgeführt ist das erwähnte Verfahren überdies noch dadurch interessant, daß alle von dem Diamanten gezogenen feinen Linien nur unter einer gewissen Beleuchtung sichtbar sind.

Aus der soeben gegebenen Beschreibung wird erhellt, daß die Radierung auf dem Kupfer verzerrt ausfallen muß; d.h. daß alle scheinbare Projektion auf der Kupfertafel nicht einerlei sein wird mit derjenigen, die durch die senkrechte Projektion eines jeden Punktes der Medaille auf eine mit ihr parallele Ebene entsteht. Daher wird die Lage der erhabenen Teile mehr geändert, als die der minder erhabenen, und je höher das Relief der Medaille ist, desto mehr verzerrt wird sich die Abbildung desselben darstellen. Herr John Bate hat nun eine verbesserte Maschine erfunden, auf die er ein Patent genommen hat, und durch welche jene Ursache der Verzerrung beseitigt wird. In diesem Werk ist das Titelblatt mit der Abbildung einer Medaille von Roger Bacon geschmückt, welche zu einer Reihe von Medaillen berühmter Männer gehört, die in der Münchner Münze geprägt wurden. Diese Abbildung ist nach der beschriebenen verbesserten Kopiermethode verfertigt, und die erste herausgegebene Arbeit in dieser Kunst.[23]

---

23 Die Konstruktion des von der Medaille genommenen Stiches zeigt sich, wenn man denselben mit einer zur Erkennen des Linien-Zusammenhangs hinlänglich starken Lupe betrachtet.

Die Unbequemlichkeit, welche von einem zu hohen Relief einer Medaille oder einer Büste verursacht wird, kann durch eine mechanische Vorrichtung vermieden werden; nämlich dadurch, daß man bewirkt, daß die Abweichung der Diamantspitze von der geraden Linie, welche sie beschreiben würde, wenn der Stift am anderen Ende der Stange über eine Ebene fortgerückt wäre, nicht proportional zu der Erhebung des korrespondierenden Punktes über den Grund der Medaille ist, sondern der über eine andere parallele Ebene, die hinter jene in einen angemessenen Abstand versetzt wird. Durch eine solche Vorrichtung ließen sich Büsten und Statuen auf jeden verlangten Grad des Reliefs reduzieren.

§ 156. Die eben beschriebene Maschine führt natürlich zu anderen Gesichtspunkten, welche einiger Betrachtung und vielleicht eines Versuches wert zu sein scheinen. Wenn eine Medaille unter den Nachziehstift eines Pantographen gelegt, eine Radiernadel an die Stelle des Bleistiftes und eine Kupferplatte an die Stelle des Zeichenpapiers gesetzt wird, und wenn durch irgendeinen Mechanismus der Nachziehstift, welcher beim Fortziehen über das Gepräge der Medaille sich in einer vertikalen Ebene bewegt, die Tiefen der gravierten Linien proportional der wirklichen Erhebung des korrespondierenden Punktes der Medaille vergrößern oder verringern könnte, so würde ein von aller Verzerrung befreiter Kupferstich entstehen, obgleich ein solcher zu manchem anderen Einwand Anlaß geben könnte. Wenn man ferner, vermöge einer ähnlichen Vorrichtung, anstatt Linien an jeder Stelle der Kupferplatte einen Punkt machen könnte, in Hinsicht des Umgangs mit der Tiefe verschieden, nach Maßgabe der Erhebung des korrespondierendem Punktes der Medaille über den Grund derselben, so wäre dadurch eine neue Art Kupferstich erzeugt*. Die Mannigfaltigkeit dieser Verfahrensart könnte außerdem noch dadurch vermehrt werden, daß man mittelst einer Vorrichtung den Gravierstichel einen sehr kleinen Kreis beschreiben ließe, dessen Durchmesser je nach der Färbung des korrespondierenden Punktes der Medaille variiert; oder, daß der Gravierstichel aus drei gleich entfernten Spitzen bestände, deren gegenseitige Abstände sich nach einem bestimmten, von den Erhabenheiten der Medaille abhängigen, Gesetze vergrößern oder verkleinern ließen. Es ist vielleicht schwer, sich den Effekt einiger dieser Kupfersticharten zu vergegenwärtigen; allein alle werden sie die gemeinschaftliche Eigenschaft besitzen, orthographische Projektionen des gegebenen Gegenstandes zu sein, und die Stärke des Schattens und der Mitteltöne würde variieren, entweder nach Maßgabe der Entfernung eines der dargestellten Punkte von irgendeiner gegebenen Ebene, oder einiger der unmittelbar angrenzenden Punkte von derselben Ebene.

---

* (Anm. der dt. Übersetzung): Nach dem Urtheil von Sachverständigen dürften diese Pläne, wegen der technischen Schwierigkeiten dabei, schwerlich zu einem zufriedenstellenden Resultat führen.

§ 157. Die Art und Weise, Landkarten durch Linien zu schattieren, welche der Höhe über dem Meere entsprechen, ist dem beschriebenen Verfahren, Medaillen zu kopieren, analog, und würde, wenn auf diese angewendet, eine andere Art von gestochenem Abbild ergeben. Die Projektionen auf die Ebene der Medaille, oder die Durchschnitte einer eingebildeten Ebene, die in aufeinander folgenden Abständen über jene gedacht werden, mit der Medaille selbst, würden von der Figur auf derselben ein Abbild hervorbringen, worin alle geneigten Stellen im Verhältnis zu ihrer Neigung dunkel erschienen. Eine andere Art von Kupferstich könnte dadurch erhalten werden, daß man die auf der Medaille befindliche Figur, statt mit einer Ebene, mit der Oberfläche einer Kugel oder irgendeines anderen Körpers schnitte.

§ 158. *Spitzen durch Raupen verfertigt.* – Eine höchst seltsame Gattung von Fabrikat, in geringem Maße mit dem Kopieren verwandt, ist von einem Ingenieuroffizier aus München erfunden worden. Sie besteht aus Spitzen und Schleiern mit durchbrochenen Mustern und wird gänzlich von Raupen verfertigt. Das Verfahren war folgendes: Der Erfinder machte aus den Blättern, von welchen die Art Raupen[24], die er gebrauchte, sich nährt, einen Teig, wovon er eine dünne Lage auf einem Stein oder Brett von der gewünschten Größe ausbreitete. Sodann zeichnete er mit einem in Olivenöl getauchten Pinsel aus Kamelhaar das von den Insekten offen zu lassende Muster. Dieser Platte nun gab er eine geneigte Stellung und brachte eine ziemlich große Menge Raupen an das untere Ende derselben. Die Gattung die er wählte, webt ein sehr haltbares Gewebe. Die Tiere fangen nun am unteren Ende an und fressen und spinnen sich hinauf bis an das obere, unterwegs jede mit Öl bestrichene Stelle sorgfältig meidend alle anderen Teile des Teiges aber verzehrend. Die große Leichtigkeit, welche diese Schleier bei einem gewissen Grad von Haltbarkeit besitzen, ist in der Tat erstaunlich. Einer davon, welcher sechsundzwanzig und einen halben Zoll lang und siebzehn Zoll breit war, wog nur 1,51 Gran; ein Grad von Leichtigkeit, der erst recht in die Augen fällt, wenn man ihn mit anderen Fabrikaten vergleicht. Eine engl. Quadrat-Elle der Substanz, aus welcher diese Schleier gemacht sind, wiegt vier und ein Drittel Gran, während eine Quadrat-Elle Seidengaze hundertsiebenunddreißig Gran und eine Quadrat-Elle des feinsten Petinet zweihundertzweiundsechzig und einen halben Gran wiegt. Die gefärbten Musselin-Damenkleider, welche in der folgenden Tabelle erwähnt sind, kosten 10 Schilling das Stück, und jedes wog sechs Unzen; die Baumwolle, aus der sie gemacht wurde, hatte sechs und zwei Neuntel Unzen *avoir du poid* Gewicht.*

---

24 Die *Phalaena pardilla*, die sich von dem *Prunus padus* ernähren.
* (Beitrag der dt. Übers., S. 451f., von Babbage später gekürzt in den Anhang aufgenommen): Die Raupe gehört zu der Gattung *Finea punctata* oder nach Einigen *Finea padilla*.

Gewicht einer Quadrat-Elle folgender Artikel [25]

Artikel	Wert pro Elle		Gewicht der Quadrat-Elle	Gewicht der zur Anfertigung gebrauchten Quad.-Elle Baumwolle
	Sch. p.		Troy Gran.	Troy Gran.
Schleier durch Raupen verfertigt	–		$4\frac{1}{3}$	–
Seiden Gaze 3/4 weit	1	0	137	–
Feinster Petinet	–		$262\frac{1}{2}$	–
Feinster Battist-Musselin	–		551	–
6/4 Battist-Musselin	2	0	613	670
Gefärbte musselinene Damenkleider	3	0	788	875
6/4 Battist	1	2	972	1069
9/8 Kattun	0	9	998	1085
1/2 engl. Elle Nankin	0	8	2240	2432

§ 159. Wir schließen diese keineswegs vollständige Aufzählung der Künste, denen das Kopieren zugrunde liegt, mit einem Beispiel, welches der Leser nun schon lange vor Augen hat, obgleich wenige vielleicht die zahlreichen Kopierungen ahnen, welche zwecks dieser Blätter gemacht werden mußten.*

1. Es sind diese Blätter gedruckte Kopien von Stereotyp-Platten.

Eine Raupe reichte hin ¼ " Zeug zu arbeiten, so daß die Zahl der erforderlichen Insekten bei diesem Prozeß nicht so groß ist, als man Anfangs glauben sollte. Die Leichtigkeit des Stoffes ist so groß, daß ein daraus gefertigter Ballon schon durch die bloße, der Hand entströmende, Wärme sich trägt; und die Flamme eines einzigen Schwefelholzes, einige Sekunden darunter gehalten, hinreichte, ihn zu einer bedeutenden Höhe zu heben, wo er eine halbe Stunde lang blieb. Ein Shawl von einer Elle lang ward mit einem Odemstoß in die Luft geblasen und glich einem hellen, vom Winde bewegten Dunste. Einem Herrn ward ein Shawl von diesem Stoffe als Geschenk versprochen, wenn es ihm gelänge, es aus der Luft auf seinen Kopf fallen zu machen, was ihm aber nicht gelang, weil der Stoff, sobald er sich dem Körper näherte, von der animalischen Wärme wieder weggeblasen wurde. Mit Seidenstoff hat das Produkt keine Aehnlichkeit, die Faden sind regelmäßig durchwoben (*interlaced*). Der Erfinder, Herr *von Hebenstreit*, hat dem Stoff dadurch mehr Haltbarkeit gegeben, daß er die Thiere nöthigte, denselben Raum mehrere Male zu überarbeiten. Der Stoff ward zu München die Elle mit nicht mehr als ungefähr 2½ Sgr. bezahlt.

25 Einige der obigen Maße und Gerichte sind in dem Bericht der Kommission des Unterhauses über gedruckte Kattunwaren enthaltenen Angabe berechnet; unter den angegebenen Breiten der Stücke sind die wirklichen Breiten, nicht die, welche in den Detail-Läden angegeben werden, zu verstehen.

* (Anm. der dt. Übersetzung): Der Verfasser bezieht sich hier auf einen vom ihm abgestatteten Bericht, welcher in Stereotyp gedruckt war, und von welchem diese Stelle in dem auf gewöhnliche Weise gedruckten Originale copirt ist, so daß folgende Herleitung eben so wenig auf das dem Uebersetzer vorliegende Original, als auf seine Uebertragung anwendbar ist.

2. Diese Stereotyp-Platten sind gegossene Kopien von Formen aus Pariser Gips.

3. Jene Formen sind selbst wieder Kopien, indem der Gips im flüssigen Zustand auf die vom Setzer zusammengestellten beweglichen Typen gegossen wurde.*

4. Diese beweglichen Typen, die folgsamen Dolmetscher der widerstreitendeten Gedanken, der entgegengesetztesten Theorien, sind selbst wieder Kopien, da man sie in Kupferformen gießt, die *Matrizen* genannt werden.

5. Der Boden dieser Matrizen enthält die Vertiefung des beabsichtigten Buchstabens oder Zeichens, und ist die Kopie einer stählernen Punze, auf welcher sich dieselbe Figur in Relief befindet.

6. Selbst diese stählernen Punzen sind von diesem durchgreifenden Prinzip nicht ganz ausgenommen, denn viele Höhlungen darin, wie z.B. die in der Mitte der Punzen für die Buchstaben a, b, d, e, g etc., werden wieder durch andere stählerne Punzen hervorgebracht, welche diese Teile in Relief haben. Somit hätten wir in der Mechanischen Kunst des Druckens sechs aufeinanderfolgende Stadien des Kopierens nachgewiesen, und wie hier, so trägt das Kopieren in jedem anderen Fabrikfach zur Gleichmäßigkeit und Wohlfeilheit der Produkte bei.

---

* (Anm. der dt. Übersetzung): Schwerlich würde der Leser *Satyren* in diesem Werke suchen, und doch erlaubt sich der Verfasser bei dieser Stelle die folgende ziemlich kaustische: »Hier ist der Punkt, wo die geistigen und mechanischen Kräfte sich berühren. Indessen bilden die Geheimnisse der Kopierkünste der Autoren keinen Teil unserer Untersuchung, obgleich mit Recht behauptet werden darf, daß der geistige Kopierer den mechanischen gar oft weit hinter sich zurücklasse«. [= Fußnote Babbages in der 2. Auflage]

ZWÖLFTES KAPITEL

Methoden, wie man Fabriken beobachten soll

§ 160. Nachdem wir nunmehr die Prinzipien der *Mechanik*, welche bei der erfolgreichen Anwendung dieser Wissenschaft auf große Fabrikanstalten zugrunde liegen, durchgegangen sind, wollen wir noch auf einige zu untersuchende Punkte hindeuten, und für diejenigen, welche eine aufgeklärte Wißbegierde nach in- oder ausländischen Fabriken führt, ein paar Bemerkungen hinzufügen.

Es gilt fast von allen anzustellenden Erkundigungen, *daß man sie unmittelbar, nachdem man sie in Erfahrung gebracht, niederschreiben muß, namentlich aber, wenn sie Zahlen enthalten.* Es ist öfter unmöglich, dies noch während man sich in der Anstalt befindet zu tun, selbst wenn nicht der geringste Verdacht existiert, weil das Niederschreiben gleich beim Hören sehr störend auf die Untersuchung der Maschinen einwirkt. Es ist daher für dergleichen Fälle wünschenswert, die Fragen, die man etwa zu machen hat, schon vorher bereit zu haben und daneben für die, meist aus Zahlen bestehenden Antworten einigen Raum zu lassen. Wer dies noch nicht versucht hat, wird erstaunt sein, wieviel lehrreichen Stoff man auf diese Weise, sogar bei noch so kurzer Untersuchungszeit, zu sammeln imstande ist. Da aber jede Fabrik eine eigene Reihe von Fragen notwendig macht, so wird man wohl daran tun, einen vorläufigen Besuch zu machen, um die Fragen aufsetzen zu können. Als Erläuterung mag folgender, auf allgemeine Anwendung berechnete Umriß hinreichen; um Zeit zu ersparen, ist noch anzuempfehlen, denselben gedruckt bei sich zu führen, sowie in Form einer Brieftasche gebunden, hundert Exemplare der skizzierten Formeln für verschiedene Prozesse, nebst ungefähr zwanzig von *den allgemeineren Fragen.*

Allgemeine Fragen

Ein Umriß zur Beschreibung irgendeiner mechanischen Kunst muß über folgende Punkte Aufschlüsse geben.

Kurze Skizze ihrer Geschichte, besonders die Zeit ihrer Erfindung und Einführung.
Bündige Hinweisung auf die Zustände, welche die dabei benutzten Materialien bei den früheren Methoden zu durchlaufen hatten; Abstammungsorte; die Materialien; Preis einer bestimmten Quantität derselben.
Hier müssen der Reihenfolge nach und in Gemäßheit mit dem in § 161 aufgestellten Plan die verschiedenen Prozeduren beschrieben, und dann über folgende

Gegenstände Erkundigungen eingezogen werden:

Werden die verschiedenen Arten des nämlichen Artikels in einer oder mehreren Anstalten gemacht, und gibt es Abweichungen in der Verfertigungsweise?

Welchen Mängeln sind die Waren ausgesetzt?

Was für Substitute oder Verfälschungen kommen gewöhnlich vor?

Wieviel wird auf Verlust vom Meister gut getan?

Wie prüft man die Güte des fabrizierten Artikels?

Gewichte oder Anzahl einer gegebenen Quantität und Vergleichen derselben mit dem Rohmaterial.

Engros-Preise in der Manufaktur: (£.   s.   d.) per (   )

Gewöhnlicher Detail-Preis: (£.   s.   d.)

Wer schafft die Werkzeuge an? der Herr oder die Arbeiter?

Wer sorgt für die Ausbesserung derselben? der Herr oder die Arbeiter?

Wieviel Kosten verursachen die Maschinen?

Wieviel wird jährlich abgenutzt, und von welcher Dauer sind die Maschinen?

Wird mit diesen Maschinen ein besonderer Handel getrieben? wo?

Werden sie in der Fabrik selbst gemacht und ausgebessert?

Beim Besuch einer jeden Fabrik ist die Zahl (   ) der Prozesse, der bei jedem einzelnen Prozeß angestellten Personen, sowie die Quantität der Fabrikate anzumerken.

Welche Quantität wird jährlich in Großbritannien verfertigt?

Ist das auf die Manufaktur verwendete Kapital groß oder klein?

Vorzüglichste Fabrikplätze in (   ) für dieses Fabrikat anzugeben. Zeichnet sich das Ausland darin aus, so merke man sich wo?

Die Zölle, Akzisen oder sonstigen Abgaben, wenn welche erhoben werden, sind anzumerken; auch etwaige frühere Abänderungen, sowie der Betrag der durchschnittlichen Ein- und Ausfuhr in einer gewissen Reihe von Jahren.

Ob derselbe Artikel eingeführt werde, und ob er von besserer, gleicher oder geringerer Güte der Verfertigung ist?

Exportiert der Fabrikant sein Fabrikat selbst, oder verkauft er es an einen Vermittler, der wieder den Händler damit versieht?

Wohin wird die Ware hauptsächlich ausgeführt, und aus welchen Waren besteht die Rückfuhr?

§ 161. Jeder Prozeß erfordert ein besonderes Formular. Der folgende dürfte für viele verschiedenartige Fabriken genügen:

Prozeß   (   )   Fabrik (   )
Ort   (   )   Name (   )
Datum 183

Art der Ausführung, nötigenfalls nebst Skizzen der Werkzeuge oder Maschinen.

Anzahl der zur Anstellung bei der Maschine nötigen Individuen.

Bestehen die Arbeiter aus Männern, (   ) Weibern (   ) oder Kindern (   )? Angabe des Verhältnisses, wenn das Arbeitspersonal gemischt ist.

Wieviel Lohn erhält jeder? (s.   d.) (s.   d.) (s.   d.) per (   )

Wieviel Stunden (   ) am Tage sie arbeiten?

Ist es üblich oder nötig, Tag und Nacht ohne Unterbrechung zu arbeiten?

Wird die Arbeit stückweise oder nach Tagewerk verrichtet?

Wer schafft die Werkzeuge an? der Herr oder die Arbeiter? Wer sorgt für die Ausbesserung der Werkzeuge? der Herr oder die Arbeiter?

Welcher Grad von Geschicklichkeit ist erforderlich und wieviel Jahre (   ) Lehrzeit?

Wie oft (   ) wird die Operation per Tag oder per Stunde wiederholt?

Wie oft (   ) mißlingt sie in tausend Malen?

Wer ersetzt den Verlust, der durch das Zerbrechen oder Beschädigen der Artikel entsteht? die Arbeiter oder der Herr?

Was macht man mit den beschädigten Artikeln?

Wird der Prozeß mehrere Mal wiederholt, so ist auch die Ab- oder Zunahme des Maßes und der etwaige Verlust bei jedesmaliger Wiederholung anzumerken.

§ 162. Bisweilen sind in dergleichen Umrissen die Antworten gleich nebenbei gedruckt, wie z.B.: *Wer besorgt die Ausbesserung der Werkzeuge? – Herr, Arbeiter*; die richtige Antwort braucht man alsdann nur mit einem Bleistift zu unterstreichen. Bei der Ausfüllung der Antworten, die aus Zahlen bestehen, muß man auf der Hut sein: steht zum Beispiel der Beobachter mit der Uhr in der Hand vor einer Person, die einer Nadel den Kopf aufsetzt, so darf man es fast als gewiß annehmen, daß sie rascher als in der Regel arbeitet, so daß die Schätzung zu groß ausfallen wird. Ein weit besseres Durchschnittsmaß erzielt sich, wenn man sich nach der Quantität einer vollen Tagesarbeit erkundigt. Kann dies nicht angegeben werden, so läßt sich die Anzahl der in einer gegebenen Zeit ausgeführten Operationen häufig dann ermitteln, wenn der Arbeiter nicht wahrnimmt, daß man ihn beobachtet. So kann der Schall, den die Bewegung eines Webstuhls macht, den Beobachter, selbst wenn er sich gar nicht in dem Gebäude, wo die Maschine steht befindet, in Stand setzen, zu zählen, wieviele Schläge in der Minute geschehen. Herr Coulomb, ein sehr gewandter Beobachter, warnt andere, die seine Experimente wiederholen, sich durch dergleichen Erscheinungen nicht täuschen zu lassen. – Er sagt: »Ich bitte diejenigen, welche dergleichen Versuche anstellen wollen, falls sie nicht Zeit haben, die Resultate nach mehreren aufeinanderfolgenden Arbeitstagen zu ermessen, die Arbeiter zu verschiedenen Malen an demselben Tage zu beobachten, ohne daß sie es wissen. Man kann nicht genug darauf hinweisen, wie leicht man bei der Berechnung der Schnelligkeit oder der wirklichen Arbeitszeit sich zu irren Gefahr läuft, wenn man bloß einige Minuten beobachtet hat.« (*Mémoires de l'Institut*. Bd. II, S. 247) Oft lassen sich auch manche Antworten, statt sie direkt zu erfragen, durch eine kurze Berechnung nach den erhaltenen oder gewußten selbst finden, und diese Selbstfindung sollte man stets dazu benutzen, um sich über die Genauigkeit der Angaben zu vergewissern, oder, im Fall sich dieselben widersprechen, die scheinbare Abweichung auszugleichen. In manchen Fällen aber sollte man sich erst von der gesunden Urteilskraft derjenigen überzeugen, denen man, um durch sie Erkundigungen einzuziehen, dergleichen Fragelisten anvertraut. Die Fragen lassen sich nämlich so stellen, daß die Beantwortung einiger zugleich eine indirekte Beantwortung der anderen enthalte, und es kann daher eine oder die andere Frage in die Liste eingeschoben werden, deren Beantwortung auf Umwegen zu ermitteln ist; was beiläufig nicht ohne Nutzen ist, wenn wir den Grad von Scharfsinn kennenlernen wollen, den wir selbst besitzen. Man gewöhne sich an, vor der Anlegung des Maßes an die Dimension, oder der Zählung der Häufigkeit des beobachteten Gegenstandes, eine ungefähre Schätzung zu machen, dies trägt viel zur Befestigung der Aufmerksamkeit und Schärfung der Urteilskraft bei.

Zweiter Abschnitt

Über den inneren Betrieb des Fabrikwesens und dessen Verhältnis zum Staatshaushalt überhaupt

DREIZEHNTES KAPITEL

Unterschied zwischen Handarbeit und Fabrikation

§ 163. *Die ökonomischen Grundsätze*, nach welchen der Gebrauch der Maschinen sich richtet, und welche das Innere aller unserer großen Fabriken leiten, sind fast ebenso wesentlich für das Gedeihen eines großen Handelsstaates, als die *mechanischen Prinzipien*, deren Wirkungen wir im vorigen Abschnitt erläutert haben.

Der Hauptzweck eines jeden, welcher einen Verbrauchsartikel verfertigen will, ist oder sollte doch sein, denselben in einer vollkommenen Gestalt zu produzieren; aber um sich selbst den größten und dauerndsten Vorteil zu sichern, muß der Produzent durch alle in seiner Macht stehenden Mittel den neuen Luxus- oder Bedürfnisartikel, welchen er hervorbringt, den Konsumenten wohlfeil zu liefern suchen. Die auf diese Weise erhaltene größere Anzahl von Käufern wird ihn einigermaßen gegen den Eigensinn der Mode sichern und einen viel größeren Gewinn abwerfen, obgleich jeder einzelne weniger zu demselben beiträgt. Die Wichtigkeit, Daten zu sammeln, um den Fabrikanten in den Stand zu setzen, sich zu vergewissern, in welchem Maße seine Kundschaft sich durch eine gegebene Preiserniedrigung vermehren wird, kann der Aufmerksamkeit des Statistikers nicht genug anempfohlen werden. In gewissen Klassen der Gesellschaft wird eine Verminderung des Preises eines Luxusartikels die Zahl der Käufer nicht sehr vermehren, wogegen in anderen Klassen eine sehr geringe Reduktion den Verkauf so sehr ausdehnt, daß sie eine beträchtliche Zunahme des Gewinnes gewährt. Materialien zum Entwurf einer Einkünften-Tabelle, in welcher unter verschiedenen Rubriken die Anzahl der Individuen angegeben wäre, welche ein Vermögen von dem und dem Betrage besitzen, liefert der 14. Bericht der Kommission über die Einkünfte; dort findet man auch Aufschlüsse über folgende Gegenstände: Betrag des persönlichen Vermögens nach Ausweis der jährlichen Register im Testaments-Bureau; Anzahl der verschiedenen Klassen von Erblassern; Anzahl der Personen, welche Gelder in den öffentlichen Fonds besitzen, in Klassen eingeteilt. Eine solche, selbst nur approximativ und in Gestalt einer Kurve entworfene Tabelle dürfte zu obigem Zwecke sehr nützlich sein.

§ 164. Zwischen den Ausdrücken *Verfertigen* und *Fabrizieren* ist ein großer Unterschied. Ersterer bezieht sich auf die Produktion einer *kleinen*, letzterer auf die einer *sehr großen Anzahl von einzelnen Gegenständen*; ein Unterschied, den wir nicht deutlicher hervorheben können, als durch Anführung einer vor der Kommission des Hauses der Gemeinen geschehenen Angabe über die Ausfuhr von Handwerkszeugen und Maschinen. Bei dieser Gelegenheit bemerkte Herr Maudslay, daß er vom Marineamt angegangen worden wäre, eiserne Wassergefäße (*tanks*) für Schiffe anzufertigen, was er ungern übernahm, indem dies nicht unmittelbar in sein Geschäft einschlug; er verstand sich indessen dazu, ein solches Gefäß zur Probe anzufertigen. Die Löcher für die Nieten wurden durch Handpunzen mit Pressen geschlagen, und die 1680 Löcher, welche jedes Gefäß haben muß, kosteten 7 Schilling. Das Marineamt brauchte aber eine große Anzahl und bestellte auf mehrere Monate lang in jeder Woche 40 Gefäße. Die Größe des Auftrags erlaubte, die Sache fabrikmäßig anzugreifen und Instrumente ausdrücklich zu diesem Geschäfte zu verfertigen. Deshalb machte Herr Maudslay den Antrag, daß, wenn das Marineamt ihm eine Bestellung auf zweitausend Gefäße gebe, er achtzig Stück wöchentlich zu dem festgesetzten Preis liefern wolle. Der Auftrag wurde erteilt; er fertigte Werkzeuge an, vermittels derer die Kosten des Schlagens der Nietlöcher jedes Gefäßes von 7 Schilling auf 9 Pence reduziert wurden. Sechs Monate lang lieferte er achtundneunzig Gefäße wöchentlich, und der Preis eines jeden wurde von 17 auf 15 Pfund herabgebracht.

§ 165. Wenn daher der Verfertiger eines Artikels ein Fabrikant in dem ausgedehnteren Sinne dieses Wortes werden will, so muß er, außer den mechanischen Einzelheiten, von welchen eine erfolgreiche Ausführung seiner Arbeit abhängt, noch auf andere Rücksichten achten und sorgsam das ganze System seiner Fabrik dergestalt einrichten, daß die Produktion des Artikels, welchen er dem Publikum verkauft, mit so geringen Kosten als möglich verbunden sei. Achtet er nicht von selbst gleich anfangs auf diese scheinbar fernliegenden Rücksichten, so wird der kräftige Anstoß der Konkurrenz in jedem sehr kultivierten Land ihn bald zwingen, seine Aufmerksamkeit auf die innere Ökonomie der Fabriken zu richten. Bei jeder Preisverminderung seiner Ware wird er eine Entschädigung in irgendeiner Ersparnis bei den Herstellungsprozessen suchen müssen, und die Hoffnung, daß er es dahin bringen werde, wohlfeiler als sein Konkurrent zu verkaufen, wird selbe Erfindungskraft schärfen. Anfangs kommen die auf diese Weise erreichten Verbesserungen nur den Erfindern selbst zu gute; wenn aber eine hinlängliche Erfahrung den Wert derselben erwiesen hat, so werden sie allgemein eingeführt, bis sie ihrerseits wieder durch noch wohlfeilere Methoden verdrängt werden.

Vierzehntes Kapitel

Geld als Tauschmittel

§ 166. In den früheren Epochen der Gesellschaft wurden die wenigen Waren, derer man bedurfte, tauschweise eingehandelt; als jedoch die Bedürfnisse mannigfaltiger und ausgebreiteter wurden, zeigte sich die Notwendigkeit eines teilbaren allgemeinen Maßes für den Wert der Dinge, und so entstand das Geld. In einigen Ländern dienten Muschelschalen zu diesem Zweck, alle zivilisierten Nationen aber haben einstimmig die edlen Metalle dazu gewählt[22]. Fast überall besitzt der Souverän das Recht zu münzen oder mit anderen Worten, das Recht, Metallstücke von gewisser Form, Größe und Feinheit mit unterscheidenden Zeichen zu stempeln. Diese Zeichen gelten dem Volk unter welchem die Münze zirkuliert, als Bürgschaft für richtiges Gewicht und Feinheit jedes Stückes.

Die Kosten des Geldprägens und des Verlustes durch Abnutzung, sowie die Interessen des darin angelegten Kapitals, muß der Staat entweder tragen oder durch eine Verringerung des Gewichtes ausgleichen; sie sind unbedeutend für die Gesamtmasse der Nation, im Vergleich mit dem Zeitverlust und der Unbequemlichkeit des Tauschhandels.

§ 167. Zweien Nachteilen sind diese Münzen ausgesetzt: einmal, der Verfertigung durch Privatleute, bei gleicher Feinheit und ganz ähnlicher Prägung; sodann aber der Nachahmung in schlechteren Metallen oder geringerem Gewicht. Dem ersten dieser Nachteile wird leicht vorgebeugt, wenn man den Preis der Münze dem des rohen Metalls beinahe gleichsetzt; dem anderen kann jedermann durch Untersuchung der äußeren Kennzeichen der Münzen, der Staat aber durch die Bestrafung der Falschmünzer begegnen.

§ 168. Die Einteilung des Geldes ist je nach Ländern verschieden, und ist sie nicht zweckmäßig eingerichtet, so entsteht viel Zeitverlust daraus. Man muß dann weitläufige Rechnungen halten, und besonders fühlbar ist

---

26 In Rußland hat man Platin zum Münzen angewendet, welches eine bemerkenswerte Eigentümlichkeit besitzt. Es kann nämlich in unseren Schmelzöfen nicht geschmolzen werden und wird im Handel hauptsächlich in Stangenform gesucht, damit man es in die verlangte Gestalt schmieden könne. Ist aber ein Stück Platin zerschnitten, so kann man es fast nur vermittelst eines chemischen Prozesses, wodurch die Teile in einer Säure aufgelöst werden, wieder vereinigen. Wenn daher von einer Platinmünze ein zu großer Überfluß vorhanden ist, kann sie nicht, wie das Gold, wieder eingeschmolzen werden, sondern es ist ein kostbarer Prozeß nötig, sie brauchbar zu machen.

der Nachteil bei der Berechnung von Interessen oder des Diskonts auf Wechsel. Das Dezimalsystem erleichtert alle diese Berechnungen am meisten und es wäre interessant, zu untersuchen, ob man nicht unser Geld ebenfalls nach dem Dezimalfuße teilen könnte. Der große Schritt, die Guineen einzuziehen, ist bereits ohne Nachteil* geschehen und es fehlt wenig, um die Veränderung vollständig zu machen.

§ 169. Wenn man, sobald es nötig wird die halben Kronen** einzuziehen, eine neue Münze im Werte von zwei Schillingen schlüge und sie mit einem Einheitsnamen (z.B. ein Prince) benennte, so würden wir den zehnten Teil eines Sovereign haben. Sobald das Publikum nach einigen Jahren an diese Münze gewöhnt wäre, dürfte man sie nur, statt in 96, in 100 Farthings teilen, wonach sie 25 Pence enthalten würde, deren jeder um 4% weniger als der frühere Penny wert wäre. An die Stelle der außer Kurs zu setzenden ganzen und halben Schillinge würden dann Silbermünzen von dem Werte 5 neuer Pence und andere von 10 und 2½ Pence treten, von denen die letzteren einen eigenen Namen erhalten müßten und den zehnten Teil eines Prince ausmachen würden.

§ 170. Der so eingeführte Maßstab dient nun zur Abschätzung aller fabrizierten Waren und alles sonstigen Eigentums der Landesbewohner; doch muß man nicht außer acht lassen, daß der Wert des Goldes selbst schwankend ist und sein Preis, wie der aller anderen Dinge, vom Verhältnis der Nachfrage zum Vorrat abhängt.

§ 171. Wenn die Geschäfte sich vervielfachen und die zu zahlenden Summen anwachsen, wird die Übertragung der edlen Metalle von dem einen an den anderen unbequem und schwierig, weshalb man es angemessener gefunden hat, geschriebene Versicherungen, auf Verlangen genannte Summen Goldes zu zahlen, an ihre Stelle zu setzen. Man nennt diese Versicherungen Banknoten, und wenn das Vertrauen vorherrscht, daß die Person oder die Körperschaft, von der sie ausgehen, hinreichende Bürgschaft dafür gewährt, so kann die Note lange zirkulieren, ehe es jemand wünschenswert findet, das Gold, welches die Note repräsentiert, zu benutzen. Diese Papiere ersetzen eine gewisse Menge Geld, und da sie weit wohlfeiler sind, so erspart man durch ihre Anwendung einen großen Teil der durch eine Metallzirkulation verursachten Kosten.

§ 172. Bei noch größerer Ausdehnung der Handelsgeschäfte bedient man sich in sehr vielen Fällen noch schnellerer Methoden als des Banknotenwechsels. Man errichtet Banken, worin alles Geld zwecks der zu machenden Zahlungen deponiert wird, und die Zahlungen geschehen gegen geschriebene Orders oder Scheine (*checks*), welche von denen aus-

---

* (Anm. der dt. Übersetzung): Die an die Stelle der Guinee (21 Schilling) getretene Goldmünze heißt Sovereign (Souverän) und gilt 20 Schilling.
** (Anm. der dt. Übersetzung): 2½ Schilling.

gestellt werden, die mit der Bank in Abrechnung* stehen. In einer großen Hauptstadt erhält jede Bank von ihren zahlreichen Kunden solche *Checks*, die bei jeder anderen an Zahlungsstatt angenommen werden; wollte man Angestellte herumschicken, um den Betrag in Banknoten einzuziehen, so würde dies nur Zeit kosten und auch Gefahr und Nachteil mit sich führen.

§ 173. *Ausgleichs-Bureau (Clearing-House).* In London vermeidet man dieses, indem man alle an Bankiers eingezahlten *Checks* in das *Ausgleichs-Bureau* bringt. Dies ist ein großer Raum unweit des Gebäudes der englischen Bank, wo etwa 30 Diener von Londoner Bankiers in alphabetischer Ordnung an rundherum angebrachten Schreibpulten stehen; neben jedem befindet sich ein kleiner offener Kasten und in großen Lettern an der Wand über seinem Haupte der Name seiner Firma. Jeden Augenblick schicken die Handlungshäuser einen Angestellten hierher, welcher, an den Pulten entlanggehend, die *Checks* in den Kasten derjenigen Firma steckt, die dem absendenden Hause schuldet, und der Angestellte am Pult verzeichnet den Betrag der verschiedenen Scheine unter dem Namen der Bankiers, an welche sie zahlbar sind, in ein bereitliegendes Buch.

Vier Uhr Nachmittag ist der äußerste Termin, bis zu welchem die Kasten zur Aufnahme der Scheine offen sind; wenige Minuten zuvor beginnt eine lebhafte Bewegung in dieser vorher ruhigen und still geschäftigen Szene. Zahlreiche Diener kommen ängstlich an, um noch vor Schluß die Scheine auszuteilen, welche ihre Häuser erhalten haben.

Um 4 Uhr werden die Kasten weggenommen, und die Diener summieren den Betrag der eingelegten und von ihrem eigenen an andere Häuser zahlbaren Scheine. Auch empfängt jeder ein zweites Buch von seinem Handlungshause, worin der Betrag der von dessen austeilenden Angestellten in die Kasten der anderen Bankiers niedergelegten Scheine verzeichnet ist. Nach der Vergleichung wird die Bilanz mit den anderen Bankiers gezogen und mit den Listen der anderen Diener zusammengehalten, worauf die solchergestalt erhaltene General-Bilanz dem Hause zugeschickt und das etwa vorhandene Debet in Banknoten ins Ausgleichs-Bureau gesandt wird.

Um 5 Uhr nimmt der *Inspektor* seinen Sitz ein, welchem nun jeder Diener die an andere Häuser zu machenden Zahlungen zustellt, und der über den Betrag quittiert. Die Diener der Häuser, welche Geld zu empfangen haben, erhalten diese Summe vom Inspektor und quittieren ihrerseits den Betrag. So werden alle diese Zahlungen durch ein doppeltes System der Bilanz mit sehr wenigen Banknoten und fast ohne Münzen bewirkt.

---

* (Anm. der dt. Übersetzung): Dies geht so weit, daß in den Provinzen die *Checks* der als solid bekannten Gutsbesitzer oft selbst lange in Circulation bleiben, ehe sie zu der Provinzial-Bank zurückkehren.

§ 174. Es ist schwer, eine genaue Abschätzung der auf diese Weise täglich zirkulierenden Summen zu geben; sie schwanken von 2 bis vielleicht 15 Millionen. Dreieinhalb Millionen, die man etwa als Durchschnittssumme annehmen könnte, erfordern zur Berichtigung etwa 200 000 £ Sterling in Banknoten und 20 £ in Münzen. Nach einer Übereinkunft zwischen den Bankiers müssen alle Scheine, über welche querhin der Name einer Firma geschrieben ist, das *Clearing-House* passieren, weshalb, wenn ein solcher Schein verlorengeht, die Firma worauf er gezogen ist, die Zahlung am Wechseltische verweigern würde; eine für die Handelsverhältnisse sehr angenehme Einrichtung.

Weil der Vorteil dieses Systems so groß ist, hat man neuerdings zwei tägliche Versammlungen eingerichtet, die erste um 12, die andere um 3 Uhr; jedoch geschehen die Zahlungen der Bilanzen nur einmal, nämlich um 5 Uhr.

Wenn alle Privatbanken mit der Bank von England abrechneten, so würde es möglich sein, alle diese Geschäfte mit einer noch weit geringeren Quantität zirkulierenden Mediums zu tätigen.

§ 175. Betrachtet man die Leichtigkeit der Ausführung so ungeheurer Geschäfte, unter der Voraussetzung, daß sie nur ein Viertel der Geschäfte betragen, welche im Ganzen täglich (in London) gemacht werden, so zeigt sich deutlich, wie wichtig es ist, daß ihre natürliche Anordnung so wenig als möglich durch fremde Einmischung gestört werde. Jede Zahlung zeigt eine Übertragung des Eigentums zum Vorteil beider Parteien an; wenn es nun möglich wäre, was aber nicht der Fall ist, durch legale oder andere Mittel, dem Verkehr ein Hindernis von nur 1,8 Prozent in den Weg zu legen, so würde diese Reibung einen fruchtlosen Aufwand von fast 4 Millionen jährlich verursachen: ein Umstand, den diejenigen bedenken mögen, welche die Klugheit des Systems einer teilweisen Metallzirkulation, wegen der durch Abnutzung entstehenden Kosten, in Zweifel stellen.

§ 176. Einer der deutlichsten Unterschiede zwischen Metall- und Papiergeld besteht darin, daß die Münze niemals durch einen panischen Schrecken oder durch allgemeine Gefahr unter den in anderen zivilisierten Ländern bestehenden Wert des ungeprägten Goldes sinken, Papiergeld aber durch solche Ursachen allen Wert verlieren kann. Metall- und Papiergeld können zwar beide im Wert sinken, doch mit sehr verschiedenen Folgen.

1) *Entwertung der Münze.* – Der Staat kann Münzen von gleichem Nominalwert ausgeben, die nur die halbe ursprüngliche Quantität Goldes und eine wohlfeile Beimischung enthält, dagegen ist der Betrag dieser Verschlechterungen jeder Münze sogleich kenntlich, und wenn auch nicht jeder spätere Eigentümer den Gehalt derselben untersucht, so wird ihr innerer Wert doch bekannt, sobald dies erst einige getan haben. Natürlich wird dann die früher zirkulierende Münze zum bloßen Wechselgeld (d.h.

als bloßes Metall wertvoller als ihr Nominalwert) und verschwindet daher schnell. Nicht bloß richten sich nun alle künftigen Käufe nach dem neuen Münzfuße, und verdoppeln sich sogleich die Preise, sondern es sind auch sämtliche früheren Kontrakte verschlechtert, und alle Personen, welche Geld ausstehen haben, werden, wenn sie es in der neuen Münzsorte anzunehmen gezwungen sind, der Hälfte ihrer Forderung beraubt, die zum Vorteil des Schuldners eingezogen wird.

2) *Entwertung des Papiers.* – Anders verhält es sich mit der Verschlechterung des Papiergeldes. Wenn dasselbe nämlich durch einen Regierungsakt als legales Zahlungsmittel für Schulden anerkannt wird, und man es doch zugleich nicht gegen Münze auswechseln kann, so werden diejenigen, welche vom Ausland, das die Noten nicht zu nehmen braucht, kaufen, einen Teil ihrer Zahlungen in Gold zu machen haben; und fährt man fort, Papier auszugeben, ohne durch Einfordern des repräsentierten Goldes darin gestört zu werden, so wird bald alle Münze verschwinden. Dennoch ist das Publikum, welches diese Noten annehmen soll, nicht in der Lage, den Umfang der Entwertung zu erkennen, die sich nach der Menge des Zirkulierenden richtet und leicht so weit gehen kann, daß die Noten nicht viel mehr wert sind, als das Papier, worauf man sie gedruckt hat. Währenddessen leidet jeder Gläubiger in einem Grade, den er nicht ermessen kann, und der Vorteil jedes Handelsgeschäfts wird durch die beständigen Schwankungen im Wert des Zahlungsmittels ungewiß. Dieses verderbliche Verfahren hat wirklich in verschiedenen Ländern stattgefunden; es erreichte in Frankreich, während der Existenz der Assignaten, fast seine äußerste Grenze. Wir selbst haben einen Teil des also entstehenden Elends empfunden, aber die Rückkehr zu gesünderen Prinzipien* hat uns vor der Zerstörung und dem Ruin gerettet, zu welchem dieser Weg am Ende stets führen muß.

§ 177. In einem zivilisierten Land bedarf jedermann, je nach seiner Stellung, eine gewisse Summe Geld zu den gewöhnlichen Einkäufen seiner Bedürfnisse. Dasselbe Stück Geld zirkuliert in demselben Distrikt wieder und wieder; ein Silberstück, welches der Arbeiter am Sonnabend abend erhält, geht durch die Hand des Fleischers, des Bäckers und Krämers und von diesem vielleicht wieder zum Fabrikanten, im Umtausch gegen seinen *Check*, so daß es am Ende der folgenden Woche dem Arbeiter wieder ausgezahlt wird. Ein Mangel dieses Bedarfs an Geld ist für alle Teile mit großen Unbequemlichkeiten verknüpft. Findet er nur bei den Scheidemünzen statt, so ist die erste Folge desselben die Schwierigkeit, kleines Geld zu wechseln, sodann verweigern die Krämer jede Auswechselung, wenn man

---

* (Anm. der dt. Übersetzung): Die Einpfund-Banknoten sind bekanntlich in der neueren Zeit eingezogen worden.

nicht für eine bestimmte Summe kauft, und endlich muß man ein Aufgeld für das Wechseln größerer Geldstücke entrichten.

So variiert das Geld selbst im Preis, wenn man es mit anderem Geld in größeren Mengen mißt; dies ist beständig der Fall, mag das zirkulierende Medium nun Metall oder Papier sein, besonders aber hat es während des vorigen Krieges stattgefunden, und die Bank von England gab, um dem Nachteil vorzubeugen, selbst Silberanweisungen (*tokens*) in verschiedenen Summen aus.

Der aus einem Mangel an kleiner Münze entspringende Nachteil und Verlust fällt am schwersten auf die ärmeren Klassen, indem reichere Käufer für ihre kleinen Einkäufe leicht Kredit erhalten können, bis ihre Rechnung zum Betrag einer größeren Münze aufläuft.

§ 178. Da Geld, in den Kasten gelegt, nichts einbringt, so werden wenige Leute, in welcher Lage sie auch seien, mehr als ihren unmittelbaren Bedarf in Münzen oder Banknoten aufbewahren; wenn es also keine einträgliche Art gibt, Geld anzulegen, so wird der Überfluß des Papiers zu der Quelle zurückkehren, von wo es ausging, der Überfluß der Münze aber in Barren verwandelt und ausgeführt werden.

§ 179. Da nun der Wert jedes Besitztums durch Geld bestimmt wird, so erfordert die allgemeine Wohlfahrt, daß die Schwankungen in seinem Preis so gering seien und so allmählich eintreten, als möglich.

Wir wollen die aus plötzlichem Wechsel des Geldwertes entstehenden Übel durch einige Beispiele deutlicher machen. Nehmen wir einen äußersten Fall an: drei Personen besitzen jede hundert Pfund; die eine, eine betagte Witwe, kauft auf Anraten ihrer Anverwandten mit dieser Summe eine Leibrente von 20 Pfund jährlich; die beiden anderen sind Arbeiter, welche durch Geschick und Sparsamkeit jeder einhundert Pfund vom Lohn erübrigt haben und nun beide Satiniermaschinen kaufen und ein solches Geschäft anfangen wollen. Der eine legt sein Geld in eine Sparkasse, weil er sich seine Maschine selbst bauen will und berechnet, daß er 20 Pfund in Materialien verbraucht, der übrigen 80 aber bedarf, um sich zu erhalten und seine Gehilfen zu bezahlen. Der andere Arbeiter findet eine Maschine, die er für 200 Pfund kaufen kann, bezahlt sogleich 100 Pfund darauf und bleibt den Rest bis nach Ablauf eines Jahres schuldig. Nehmen wir ferner an, daß die Münze eine Veränderung erfahre, wodurch sie um die Hälfte verschlechtert würde; die Preise richten sich bald nach den neuen Umständen, und die Witwe kann mit ihrer Leibrente, obgleich diese ihren Nennwert behält, nur die Hälfte der Lebensbedürfnisse einkaufen, die sie früher damit einkaufte. Der Arbeiter, welcher sein Geld in die Sparbank legte und vielleicht 10 £ in Materialien und 10 £ auf Arbeitskosten verwendet hat, besitzt bei dieser Veränderung der Münze dem Namen nach zwar 80 Pfd., aber er kann für diese Summe nur die Hälfte der erforderlichen Arbeit und Materialien zur Vollendung seiner Maschine kaufen und sie, aus Mangel an Kapital, weder ausführen noch zu seinem Kostenpreise über das bereits Vollbrachte verfügen. Mittlerweile findet der andere Arbeiter, der eine Schuld von 100 £ für den Einkauf seiner Maschine kontrahiert hat, daß er seine Arbeit doppelt so hoch bezahlt erhält, als früher, und er hat also in der Tat seine Maschine für 150 £ gekauft. Ohne Schuld oder Unklugheit und infolge von unberechenbaren Umständen ist also die Witwe gezwungen, Hunger zu leiden; der eine Arbeiter muß seine Aussicht, Meister zu werden, für mehrere Jahre aufschieben, während der andere, ohne irgendeine überlegene Geschicklichkeit oder Industrie, sondern im Gegenteil durch eine unkluge Anleihe, die er eingegangen ist, sich unerwartet von der Hälfte seiner Schuld befreit und im Besitz einer guten Quelle des Ertrags endet; wogegen der frühere Eigner der Maschine, falls auch er den Kaufschilling in eine Sparkasse gelegt hat, sein Eigentum plötzlich auf die Hälfte herabgesetzt sieht.

§ 180. Solche Übel folgen in größerer oder geringerer Ausdehnung jeder Veränderung im Wert des Geldes; und man kann es allen Klassen der Gesellschaft nicht tief genug einprägen, wie wichtig es sei, das Geld so sehr als möglich in gleichmäßigem Wert zu erhalten.

FÜNFZEHNTES KAPITEL

Von dem Einfluß der Beglaubigung auf den Preis

§ 181. Der Geldpreis eines Artikels in einem gewissen Zeitraum soll, wie man gewöhnlich annimmt, von dem *Verhältnis zwischen Erzeugung und Nachfrage*, der Durchschnittspreis desselben Artikels während eines längeren Zeitraumes aber zuletzt von der *Möglichkeit* abhängen, *ihn mit dem gewöhnlichen Zinsgewinn vom Kapital zu erzeugen und zu verkaufen*. Diese Annahmen werden aber, trotz ihrer Gültigkeit im allgemeinen, durch andere Einflüsse so oft modifiziert, daß es nötig wird, jene Störungen ein wenig genauer zu betrachten.

§ 182. In bezug auf die erste der erwähnten Voraussetzungen muß man nämlich bemerken, daß die Kosten eines Artikels für den Käufer, außer Produktion und Nachfrage, noch ein anderes Element umfassen, welches zwar oft nur von geringer Wichtigkeit, in einigen Fällen aber sehr folgenreich ist. *Die Kosten für den Käufer bestehen nämlich in dem Preis, den er für einen Artikel bezahlt, einschließlich der Kosten der Verbürgung dafür, daß derselbe die verlangte Güte habe.* In einigen Fällen ergibt sich die Güte des Artikels aus der bloßen Ansicht, und dann besteht kein großer Preisunterschied an den verschiedenen Verkaufsstellen. So kann z.B. die Güte der Zuckerhüte fast beim ersten Anblick erkannt werden; daher ihr Preis so gleichmäßig, und der Vorteil so gering ist, daß kein Materialist großen Wert auf den Absatz dieses Artikels legt; wogegen andererseits der Tee, über welchen das Urteil so außerordentlich schwer ist, und der auf eine Weise verfälscht werden kann, die auch einen geübten Blick zu betrügen vermag, eine große Verschiedenheit im Preis behält, und ein Artikel ist, den der Kaufmann mit großer Sorge abzusetzen bemüht ist.

Die Schwierigkeit und die Kosten der Garantie sind in einigen Fällen so beträchtlich, daß sie die Abweichung von wohlbegründeten Maximen rechtfertigen. Zum Beispiel wird es so schwierig gefunden, die Verfälschungen des Mehls zu entdecken, und seine gute Qualität abzuschätzen, daß man, dem Grundsatz zuwider, wonach *eine Regierung im allgemeinen jeden Artikel wohlfeiler einkaufen, als selbst fabrizieren kann*, es für ökonomischer gehalten hat, große Mühlen (wie die zu Deptford) zu erbauen und eigenes Getreide zu mahlen, statt jeden gekauften Sack zu untersuchen und Leute anzustellen, die beständig Methoden ersinnen müssen, um die neuen Arten der Verfälschung, welche angebracht sein könnten, zu entdecken.

§ 183. Vor einigen Jahren nahm eine Art der Zubereitung des alten Klee- und Dreiblattsamens, durch einen – *doctoring* genannten – Prozeß, so überhand, daß sie die Aufmerksamkeit des Unterhauses auf sich zog. Aus den vor einer Kommission geschehenen Aussagen ging hervor, daß dem alten Samen von weißem Klee ein besseres Aussehen gegeben (doktoriert) wurde, indem man ihn zuerst etwas anfeuchtete und sodann am Rauche von brennendem Schwefel trocknete, und daß bei der roten Kleesaat dasselbe erreicht wurde, durch das Umschütteln in einem Sack mit einer kleinen Quantität Indigo. Als man diesem Verfahren nach einiger Zeit auf die Spur kam, bedienten sich die »Doktoren« eines Präparats aus Campeche-Holz, das sie durch ein wenig Vitriol und bisweilen durch Grünspan verfeinerten. Auf diese Weise verbesserten sie das Aussehen der alten Saat, zugleich aber verminderten, ja zerstörten sie die ohnedies durch das Alter geschwächte Keimkraft. Aber auch angenommen, daß gute Saat durch diese Zubereitung keinen Schaden gelitten hätte, so war es doch erwiesen, daß ihr Marktpreis durch das bessere Aussehen von fünf auf fünfundzwanzig Schilling der Zentner gesteigert wurde. Das größte Übel aber war, daß diese Manipulation alten und wertlosen Samen scheinbar dem Besten gleichmachte. Ein Sachverständiger untersuchte etwas *doktorierten* Samen und fand, daß kaum ein Korn unter Hunderten trieb, und daß selbst die, welche wuchsen, nachträglich abstarben, während Samen von guter Saat üblicherweise gegen 80 bis 90 Prozent wachsen. Die also behandelte Saat wurde an die Einzelhändler in der Provinz, welche natürlich so wohlfeil als möglich einzukaufen suchen, verkauft, und von ihnen ging sie in die Hände der Pächter über; indem keine dieser Klassen von Leuten im geringsten fähig war, die verfälschte von der guten Saat zu unterscheiden*. Die Folge war, daß viele Landbauer ihren Verbrauch in diesem Artikel verminderten, und daß andere denen, welche den vermischten Samen kannten und redlich und rechtschaffen genug waren, keinen solchen zu verkaufen, einen höheren Preis zahlen mußten.

§ 184. Im irischen Flachshandel gibt es ein ähnliches Beispiel für den hohen Preis, den man für die Überprüfung seiner Echtheit zahlt. In dem darüber erschienenen Kommissionsbericht wird erklärt, »daß die ausgezeichneten natürlichen Vorzüge des irischen vor dem fremden oder britischen Flachse anerkannt seien.« Dessenungeachtet erhellt aus den Aussa-

---

* (Anm. der dt. Übersetzung): Unsere deutschen Landsleute suchen die Verfälschung des Kleesamens oder seine Verderbnis zu erkennen, indem sie einige Körner in angefeuchteten Werg einschlagen und an einen warmen Ort legen. Wenn dann die Saamen nicht binnen Kurzem keimen, so sind sie allerdings taub; dagegen können die Käufer doch noch durch falsche Proben betrogen werden.

gen vor dieser Kommission, daß der irische Flachs am Markte mit 1 bis 2
Pence das Pfund niedriger steht, als anderer Flachs von gleicher oder
geringerer Güte. Zum Teil beruht diese Preisdifferenz auf der nachlässigen
Bereitungsart, zum Teil aber auch auf den Kosten, auszumitteln, daß jedes
Gebinde frei von Steinen und Unreinigkeiten ist, die sein Gewicht vermehren; dies wird erhellt aus dem folgenden Zeugnisse des Herrn J. Corry, der
siebenundzwanzig Jahre lang Sekretär der irischen Leinenkommission war:

>Die Eigentümer des Flachses, welches meist Leute aus den niederen Klas-
sen des Volks sind, glauben, daß sie ihr eigenes Interesse am besten fördern,
wenn sie die Käufer hintergehen. Da der Flachs nach dem Gewicht bezahlt
wird, so vermehren sie dieses durch allerlei Mittel, die aber alle nachteilig
sind, namentlich das Anfeuchten, ein sehr gebräuchlicher Kunstgriff, welcher macht, daß der Flachs sich später erhitzt. Die Innenseite jedes Gebindes
(und alle Gebinde weichen untereinander im Umfange ab) ist oft voll von
Kieseln oder von Schmutz aller Art, um das Gewicht zu vermehren. In
diesem Zustand wird er gekauft und nach Großbritannien gebracht. Die
natürliche Güte des irischen Flachses steht anerkanntermaßen nicht unter
der, worin ihn irgendein anderes Land erzeugt, und dennoch ziehen die
Käufer jeden ausländischen Flachs vor, weil er in einem reineren und
regelmäßigeren Zustand nach den britischen Märkten gebracht wird. Die
Ausdehnung und der Betrag der Verkäufe des ausländischen Flachses in
Großbritannien weisen die öffentlichen Berichte nach; ich habe aber Grund
zu glauben, daß Irland, bei einer entsprechenden Ausbreitung seines Flachs-
baues und besseren Regulierung seiner Flachsmärkte, ohne die für seinen
eigenen Verbrauch nötige Quantität im mindesten zu beschränken, dem
ganzen Bedarf des Britischen Marktes Genüge leisten und die Fremden also
verdrängen könnte.«

§ 185. Der Spitzenhandel liefert ähnliche Beispiele; bei der Untersuchung der dem Unterhause vorgetragenen Klagen der Strumpfwirker bemerkt das Komitee: »Es ist sonderbar, daß die vor hundertfünfzig Jahren
am häufigsten vorgekommene Beschwerde, bei dem gegenwärtigen vorge-
schrittenen Zustand der Gewerbe sich ebenso häufig wiederholt; denn es
erhellt aus dem vor dem Komitee abgegebenen Zeugnisse, daß alle Sachverständigen den Verfall dieses Gewerbes mehr der Anfertigung verfälsch-
ter und schlechter Artikel, als dem Kriege oder irgendeiner anderen Ursache zuschreiben.« Ferner ist durch die Aussagen erwiesen, daß eine Art
von Spitzen, *einfach gepreßte (single press)* genannt, fabriziert wurde, die
nur einmal gedreht war, und die, obgleich dem Anschein nach gut, bald
beim Waschen durch das Verrücken der Fäden zu Grunde ging; daß nicht
einer unter Tausenden den Unterschied zwischen *einfach* und *doppelt
gepreßte (double press)* finden konnte; daß selbst Arbeiter und Fabrikanten ein Vergrößerungsglas zu diesem Zwecke anwenden mußten; endlich,
daß bei einem ähnlichen, *nicht drellierte Spitzen (warp lace)* benannten
Artikel eine solche Hilfe wesentlich war.« – Ein Zeuge sagt ferner aus, daß

»die Fälschung noch fortdauert, ausgenommen an den Plätzen, wo man sie entdeckt hätte, daß aber von diesen Plätzen keine Bestellungen mehr auf irgendeine Art von Nottinghamer Spitzen einlaufen; indem der Kredit ganz und gar ruiniert wäre.«

§ 186. Im Strumpfhandel sind ähnliche Betrügereien vorgegangen. Die Zeugenaussage beweist, daß man die Strümpfe vom Knie bis zum Knöchel von gleicher Weite macht, und erst dann im feuchten Zustand die Wade auf Strumpfhölzern anspannt, so daß beim Trocknen die scheinbare Gestalt bleibt, und der Käufer den Betrug nicht eher entdeckt, als bis nach der ersten Wäsche, wo der Strumpf wie ein Sack um seine Knöchel hängt.

§ 187. Beim Taschenuhren-Handel ist die Betrügerei, Zeichen und Namenszüge geschätzter Verfertiger nachzuahmen, bei In- und Ausländern sehr allgemein im Schwunge und hat einen äußerst nachteiligen Einfluß auf unseren Ausfuhrhandel ausgeübt, wie der folgende Auszug aus dem Zeugenverhör vor dem Komitee des Hauses der Gemeinen beweist:

Frage: Wie lange treiben Sie schon diesen Handel?
Antwort: Fast dreißig Jahre.
Frage: Liegt der Handel jetzt sehr darnieder?
Antwort: Ja, recht sehr.
Frage: Woher entsteht nach Ihrer Meinung diese Not?
Antwort: Ich glaube, man verdankt dieselbe der Verfertigung einer Menge von Uhren von so ausnehmender Schlechtigkeit, daß man auf den fremden Märkten kaum nach denselben Ausschau hält, alle von einem hübschen Aussehen, aber was die Räderwerke betrifft, durchaus untauglich.
Frage: Behaupten Sie denn, daß alle hierzulande verfertigten Taschenuhren von solcher Beschaffenheit seien?
Antwort: Nein; nur eine gewisse, von einigen Juden und anderen Fabrikanten angefertigte Zahl. Ich erinnere mich an etwas derartiges vor einigen Jahren, wo die Ostindischen Bestellungen ganz ausblieben. Die Ursache war, daß eine Partie schön aussehender Uhren dorthin gesandt wurde, die z.B. Zeiger und Ziffern hatten, als ob sie Sekunden anzeigten, und doch durchaus kein regelmäßiges Werk hierzu hatten; der Zeiger bewegte sich, aber ohne Richtigkeit.
Frage: Sie hatten also keinen vollkommenen Gang?
Antwort: Nein, keineswegs; und infolgedessen hatten wir lange Zeit hindurch nicht eine einzige Bestellung für Ostindien.

Für den inländischen Markt werden schlechte, aber hübsch aussehende Uhren zu einem wohlfeilen Preis angefertigt, für deren Gang der Verfertiger nicht auf eine halbe Stunde Gewähr leistet, also ungefähr so lange, als die jüdischen Hausierer brauchen, ihre ländlichen Käufer zu betrügen.

§ 188. Der Gebrauch, beim Detail-Verkauf der Ellenwaren gewisse Artikel eine Elle breit zu nennen, wenn ihre wirkliche Breite vielleicht $\frac{7}{8}$ oder $\frac{3}{4}$ betrüge, rührt auch ursprünglich von Betrug her, den man bei der

Entdeckung mit der Gewohnheit entschuldigte; die Folge aber ist, daß der Verkäufer immer genötigt ist, die Breite seiner Ware in Gegenwart des Kunden zu messen. In allen diesen Fällen ist es des Verkäufers Absicht, einen höheren Preis zu erhalten, als seine Ware wirklich einbringen würde, wenn ihre Qualität bekannt wäre; und der Einkäufer, wenn nicht selbst Sachverständiger (was doch sehr selten der Fall ist), muß durch Erhöhung des Einkaufspreises eine Person bezahlen, welche die Artikel nach ihrer angepriesenen Qualität zu erkennen geschickt und zu liefern redlich genug ist. Da aber die Menschen stets großes Vertrauen in ihr eigenes Urteil zu setzen pflegen, so werden sich immer viele zu dem wohlfeilen Verkäufer wenden, der somit, indem er dem ehrlichen Händler viele Käufer entzieht, diesen zwingt, sich für sein Urteil und seine Redlichkeit mehr zahlen zu lassen, als er wohl ohne solche Nebenbuhlerei getan haben würde.

§ 189. Es gibt wenige Artikel, deren Qualität zu beurteilen das Publikum weniger geschickt ist, als Drogeriewaren, und wenn sie zu Heilmitteln zusammengesetzt sind, so wird es selbst Ärzten kaum möglich sein zu entscheiden, ob reine oder verfälschte Ingredienzen angewandt worden sind. Dieser Umstand, verbunden mit einer sinnlosen, für die Bezahlung des ärztlichen Beistands angenommenen Sitte, hat einen sonderbaren Einfluß auf den Preis der Heilmittel ausgeübt.

Anstatt nämlich die Apotheker nach ihren Diensten und ihrer Geschicklichkeit zu honorieren, erlaubt man ihnen, sich einen übermäßigen Preis für die Arzneimittel zahlen zu lassen, von denen es doch offenbar bekannt ist, daß sie nur einen sehr geringen inneren Wert haben. Die Folge dieses Systems ist, daß es Anlaß gibt, mehr Medizin zu verschreiben, als nötig ist, und wirklich kann, auch bei dem gegenwärtigen Aufschlag, in 99 von 100 Fällen der Apotheker nicht billig entschädigt werden, wenn nicht der Patient mehr Medizin als eigentlich nötig ist[*], entweder nimmt oder doch bezahlt. Der übermäßige Aufschlag von 18 Pence für eine Zwei-Unzen-Flasche[27] ist auffallend genug, aber doch nur scheinbar, wenn man mit in Rechnung stellt, daß der Ausschlag eigentlich nur die Bezahlung für die Kunst des Apothekers ist. Da der Apotheker denselben Preis stellt, er mag nun den Patientenbesuch selbst gemacht oder bloß das Rezept eines Arztes zubereitet haben, so erboten sich die Chemiker und Drogerie-Händler, die nämlichen Waren zu einem bedeutend herabgesetzten Preis zu liefern. Allein die vom Apotheker angerechneten 18 Pence hätten ohne Unbillig-

---

[*]   (Anm. der dt. Übersetzung): Im Vaterlande des Verfassers herrscht nur zu häufig noch der Mißbrauch, daß der Apotheker die Rezepte selber verschreibt; um so gerechter ist daher die obige Rüge.

27   Die Apotheker kaufen diese Gläser oft in den alten Flaschen-Warenlagern 12 Dutzend zu 10 Schilling; so daß, wenn sie gewaschen sind, das Glas ungefähr einen Penny kostet.

keit in zwei ungleiche Hälften geteilt werden können: 3 Pence für Arznei und Flasche, und 15 für den Krankenbesuch. Der Chemiker, obgleich er den Preis der vom Apotheker präparierten Drogen von dreiunddreißig Prozent auf vierundzwanzig herabgesetzt hat, macht dessen ungeachtet noch einen Gewinn von zwei- bis dreihundert Prozent an den 10 Pence oder dem Schilling, den er für dieselbe Mixtur berechnet. Dieser ungeheure Gewinn hat eine Menge von Mitbewerbern hervorgerufen, und hier hat die Unmöglichkeit, die Güte der Ware zu ermitteln, großenteils das Wohltätige, was sonst die Konkurrenz herbeiführt, zerstört. Selbst bei den so hohen Preisen, zu welchen die Drogen verkauft werden, findet allgemeine Verfälschung derselben statt, woraus einerseits der Nachteil entsteht, daß oft die Erwartung des Arztes getäuscht und die Geschicklichkeit der Ausgezeichnetsten zuschanden wird; andererseits aber, daß diejenigen, welche die Drogen in einem wirklich unverfälschten Zustand verkaufen, fordern können, was sie wollen.

Diesem Übel läßt sich schwerlich anders begegnen, als indem man für die ganze ärztliche Praxis ein anderes System einführt. Wenn der Apotheker für seine Visiten besonders honoriert würde, dagegen seine Medizin auf den vierten oder fünften Teil herabsetzen müßte, so würde er selbst dabei beteiligt sein, die besten Drogen zu nehmen; denn sein eigener Ruf würde dies nötig machen. Oder wenn der eigentliche Arzt, dessen Zeit besser bezahlt zu werden pflegt, mehrere Eleven hielte, so könnte er, ohne sich dafür bezahlen zu lassen, die Medizin selbst liefern, wobei den Eleven die Gelegenheit zum Lernen gegeben wäre, teils durch die Präparierung der Mixturen, teils durch die Untersuchung der Qualität der von ihrem Lehrherrn gekauften Drogen. Eine solche Einrichtung brächte dem Publikum viele Vorteile: erstlich läge es dann im Interesse des Arztes, sich die besten Drogen zu verschaffen; zweitens wäre es ebenfalls sein Interesse, nicht mehr zu verschreiben, als nötig; endlich wäre er durch das Halten mehrerer Zöglinge in den Stand gesetzt, den Gang der Krankheit genauer zu verfolgen, indem er die Fortgeschrittenen seiner Schüler die Patienten öfter besuchen ließe.

§ 190. Es gibt unter harten Waren viele Artikel, von deren Güte man sich beim Kauf, ja selbst später, nicht überzeugen kann, ohne sie zu beschädigen. Als Beispiel führen wir plattiertes Pferde- und Kutschengeschirr an: diese sind in der Regel aus Schmiedeeisen verfertigt und mit Silber überzogen; von dem einen haben sie ihre Haltbarkeit, von dem anderen ihr dauernd schönes Aussehen. Bisweilen aber findet eine doppelte Verfälschung statt, die beide Eigenschaften betrifft: es wird nämlich statt Schmiede-, Gußeisen genommen, und statt mit Silberlot (*hard solder*, Silber und Messing) mit Schnelllot (*soft solder*, Zinn und Blei) plattiert. Der Verlust an Stärke ist hierbei das größte Übel; denn das Gußeisen, wenngleich zu diesem Zweck durch sorgfältiges Ausglühen (*tempern*) zäher als gewöhnlich gemacht, bleibt doch immer weit schwächer als geschmiedetes, und durch das Nachgeben des Pferde-Geschirres entstehen oft Unglücksfälle. Beim Plattieren mit Schnelllot wird das Eisen mit einem sehr dünnen, durch einen mäßigen Grad Hitze leicht abzulösenden Silberblech überzogen, während die Anwendung des Silberlots nicht bloß einen besseren, sondern auch einen fester haftenden und nur durch einen sehr hohen Hitzegrad abzulösenden Silberüberzug liefert. Nun kann aber dem schlechteren Artikel ein fast ebenso schönes Aussehen angekünstelt werden, so daß der Käufer den Unterschied kaum zu entdecken vermag, ohne in das plattierte Eisen einzuschneiden.

§ 191. Die Annahme, *daß der Preis zu jeder Zeit sich nach dem Verhältnis zwischen dem vorhandenen Vorrat und der geschehenen Nachfrage richte*, ist nur dann in ihrem ganzen Umfang eine richtige, wenn der sämtliche Vorrat sich in kleinen Quantitäten in den Händen von vielen befindet, und die Nachfrage durch das Bedürfnis einer anderen Klasse von Personen entsteht, von denen eine jede dieselbe kleine Portion haben will. Die Ursache ist, weil nur unter solchen Umständen eine gleichmäßige Durchschnittsberechnung sich anstellen läßt zwischen den Gesinnungen, Leidenschaften, Vorurteilen, Meinungen und Kenntnissen der Käufer und Verkäufer. Besitzt aber ein einzelner die Zufuhr oder den vorhandenen Vorrat ausschließlich, so wird er allerdings streben, so viel Geld als möglich daraus zu lösen; allein, er wird sich bei der Preisstellung denn doch teils nach der Tatsache richten, daß ein erhöhter Preis einen verminderten Verbrauch bewirke, teils nach dem Wunsche, seinen Gewinn zu realisieren, ehe ein neuer Vorrat von anderswoher auf den Markt kommt. Befindet sich aber derselbe Vorrat in den Händen mehrerer Kaufleute, so entsteht ein unmittelbarer Wettstreit unter ihnen, teils aus ihren verschiedenen Ansichten über die Dauer des Vorrates, teils aus eines jeden eigentümlicher finanzieller Lage.

§ 192. Bisweilen sind die Kosten, welche es verursacht, zu überprüfen, ob der verlangte Preis gesetzlich gefordert werden könne, bedeutend; und die Mühe dieser Kontrolle, z.B. bei Frachtgeld für Pakete, die durch Privatfuhrleute geschickt werden, sehr groß. Meistenteils überwiegt der nötige Zeitaufwand den Wert des zu viel Bezahlten so sehr, daß man lieber den Schaden trägt. Es verdient daher der Erwägung, ob dem Publikum nicht ein großer Dienst geschähe, wenn die Regierung den Transport der Pakete auf dem gewöhnlichen Postwege* übernähme. Die Gewißheit der Ablieferung und der Schutz gegen zu hohes Porto würde jedes Verbot der Konkurrenz durch Privatfuhrleute überflüssig machen. Man könnte etwa

---

* (Anm. der dt. Übersetzung): Dieser fromme Wunsch des Verfassers ist bei uns längst verwirklicht.

mit dem Versuch anfangen, zu erlauben, daß die Stadtpost Pakete von größerem Gewicht, und die Post gedruckte Werke in Bogen annähme.

Letzteres ist noch außerdem für die Wissenschaft und deren Verbreitung von besonderer Wichtigkeit. Bei den jetzt bestehenden Posteinrichtungen erhalten die bekannteren Gelehrten sehr häufig vom Ausland Werke oder Teile aus Werken durch die Post, für welche sie ein ganz übertrieben hohes Postgeld zahlen müssen, oder sich gezwungen sehen, eine vielleicht interessante Mitteilung zurückzuweisen. In Frankreich und Deutschland übernimmt die Post die Versendung der Druckbögen gegen ein sehr mäßiges Porto; billig sollte man doch in England der Literatur und der Wissenschaft eine gleiche Begünstigung angedeihen lassen.

§ 193. Nicht unwichtig ist, überall wo es nur angeht, dem Werke den Namen des Verfertigers beizufügen; man weiß doch alsdann, wem das Lob oder der Tadel gebührte und ist in vielen Fällen der Notwendigkeit der Überprüfung überhoben. Am weitesten wird dies bei literarischen Produkten in Amerika getrieben: so z.B. ist in *Bowditch's* Übersetzung der *Mécanique Céleste* nicht bloß der Name des Druckers, sondern auch die der Setzer im Buch angegeben.

§ 194. Ist die Ware von leicht zerstörbarer Beschaffenheit, wie z.B. die Ladung Eis, welche vor einigen Jahren aus Norwegen nach London eingeführt wurde, so ersetzt schon die Zeit allein die Konkurrenz, so daß bei einem solchen Artikel nicht leicht ein Monopolpreis eintreten kann, wenn er auch in den Händen eines Einzigen sich befindet. Die Geschichte des Cajeput-Öls während der letzten Monate zeigt auf eine auffallende Weise, welche Wirkung die Meinung auf den Preis ausübt. Im Juli 1831 galt die Unze Cajeput-Öl mit Ausschluß der Abgabe 7 Pence. Schon damals sah man voraus, daß die Krankheit, welche den Osten verheerte, unsere Küsten erreichen würde, und ihre Nähe erregte Schrecken. Um jene Zeit sprach man viel von diesem Öl als einem mächtigen Mittel gegen die fürchterliche Krankheit; im September war der Preis schon auf 3 und 4 Schillinge die Unze gestiegen. Im Oktober fanden wenig oder gar keine Verkäufe statt; dagegen erreichte die Spekulation in diesem Artikel ihren höchsten Gipfel zwischen dem 1. und 15. November; denn die Verkäufer erhielten folgende Preise: 3 ¾, 5, 6½, 7½, 8, 9, 10, 10½ bis 11 Schilling. Nach dem 15. November bemühten sich die Inhaber des Cajeput-Öls, dieses zu bedeutend geringeren Preisen loszuschlagen; im Dezember kam ein neuer Transport an, wurde zu 5 Schilling zum Verkauf ausgestellt, wieder zurückgenommen und später, wie man erfuhr, durch Privatvertrag zu 4 oder 4½ Schilling die Unze verkauft. Seit jener Zeit aber zahlt man nicht mehr, als 1½ Schilling, ja auch nur 1 Schilling, und ein neuer Transport, täglich erwartet, wird den Preis wahrscheinlich noch weiter herabdrücken, als er im Juli gestanden. Hierbei ist es wichtig zu bemerken, daß im November d. J., zur Zeit, als die größte Spekulation stattfand, die auf dem Markt befindliche Quantität das Eigentum weniger war, und daß sie oft ihre Eigentümer wechselte, da ein jeder Gewinn machen wollte. Auch ist die seitdem eingeführte Quantität bedeutend gewesen[28].

§ 195. Wie sehr die größere Anzahl der Inhaber auf die Ausgleichung des Preises wirke, zeigen die Kurse der verschiedenen Effekte an der Londoner Aktienbörse. Da die Anzahl der in den Dreiprozentigen Handelnden groß ist, so kann ein jeder der seinen Vorrat darin loszuschlagen wünscht, ihn zu einem Achtel Prozent unter dem Marktpreis verkaufen; diejenigen hingegen, welche über Bankaktien oder andere Effekten von beschränkterer Zirkulation verfügen wollen, müssen auf jedes hundert Pfund Valuta acht bis zehn mal so viel verlieren.

§ 196. Den meisten meiner Leser sind die häufigen Spekulationen in Öl, Talg und anderen Waren bekannt; alle Spekulanten aber gingen von dem Grundsatz aus, nicht bloß den sämtlichen vorhandenen Vorrat aufzukaufen, sondern auch über die Vorräte, welche noch erwartet wurden, zu kontrahieren; was also von der Ansicht der Kapitalisten zeugt, daß ein größerer Durchschnittspreis erlangt werde, wenn die Anzahl der Wareninhaber nur gering ist.

---

28 Ich habe erfahren, daß es sich zu derselben Zeit mit dem Kampfer ebenso verhalten hat.

Sechzehntes Kapitel

Einfluß der Dauer auf den Preis

§ 197. Nachdem wir die Umstände erwogen haben, welche den, wie man ihn allenfalls nennen kann, momentanen Preisbetrag modifizieren, bleibt uns noch eine Ursache zu untersuchen übrig, die auf den permanenten Durchschnittsbetrag wirkt. *Die Dauerhaftigkeit der Ware übt auf ihren Preis einen beständigen Einfluß aus.* Es ist bereits angeführt, daß der sogenannte *momentane Preis* irgendeines Artikels von dem bestehenden Verhältnis zwischen Zufuhr und Nachfrage, teils aber auch von den Kosten der Beglaubigung abhänge. Dagegen wird bei einer längeren Periode der Durchschnittspreis nicht bloß bedingt durch die durchschnittliche Zufuhr, Nachfrage und die zur Produktion und Herbeischaffung auf den Markt nötige Arbeit, sondern auch durch die Haltbarkeit des fabrizierten Artikels.

Viele Dinge werden der Substanz nach im Gebrauch konsumiert, wie z.B. Schwefelhölzer, Eßwaren, Zigarren; andere werden im Gebrauch bloß zu ihrem ersten Zweck untauglich, wie bedrucktes Papier, welches jedoch vom Käsehändler und Koffermacher wieder gebraucht werden kann. Einige Waren wie Schreibfedern, sind bald abgenutzt, andere hingegen von langer Dauer im Gebrauch, ja es gibt Artikel, obgleich vielleicht wenige, die sich nie abnutzen; zu dieser Klasse gehören die härteren Edelsteine, wenn sie gut geschnitten und poliert sind. Die Façon der Gold- und Silber-Einfassungen mag mit der Mode des Tages ändern, und dergleichen Schmuck ist daher bei den nicht selbst produzierenden Verkäufern beständig zu haben; die Edelsteine selbst aber sind einem solchen Wechsel nie ausgesetzt. Der Brillant, der am Halse von hundert Schönen nacheinander geprangt, oder ein ganzes Jahrhundert die Patrizierstirn geziert hat, wird vom Juwelenhändler in derselben Waage gewogen; wie der eben von der Scheibe des Diamantschleifers gekommene, und von ihm karatweise gekauft und verkauft. Die große Masse aller übrigen Waren liegt ihrer Dauer nach, die bei einer jeden eine andere ist, zwischen diesen beiden Extremen. Der Durchschnittspreis solcher Dinge, welche durch den Gebrauch verzehrt werden, kann offenbar niemals geringer sein, als die Kosten der Herbeischaffung auf den Markt. Wohl mag sich alles auf eine sehr kurze Zeit ereignen, doch dann muß die Produktion eines solchen Artikels bald gänzlich aufhören. Wenn aber andererseits der Artikel sich niemals abnutzt, so kann sein Preis sich auf permanente Weise unter dem Kostenpreis seiner Produktion halten, die einzige Folge wird dann sein, daß keine neue Produktion stattfindet; der Preis wird sich fortwährend nach dem Verhältnis des Vorrats zu der Nachfrage richten, und wenn er später anhaltend wieder über die Produktionskosten steigt, so tritt alsdann auch die Produktion wieder ein.

§ 198. Waren veralten nicht bloß durch wirklichen Verfall oder Abnutzung ihrer Teile, sondern auch durch spätere Verbesserungen oder durch Veränderungen ihrer von dem wechselnden Geschmack des Zeitalters bedingten Formen und Façons. In den zwei letzteren Fällen haben die Waren nur wenig von ihrer Brauchbarkeit verloren, und da sie von ihren bisherigen Besitzern nicht mehr so stark gesucht werden, so steigen sie mit einem ermäßigteren Preis zu einer niedereren Klasse der Gesellschaft hinab. So findet man viele Hausgeräte, wie gut gearbeitete Tische und Stühle, in den Zimmern von Leuten, die sie unmöglich neu zu kaufen imstande gewesen wären; ja wir treffen häufig selbst in den Häusern der Reicheren große Spiegel an, welche durch die Hände mehrerer Eigentümer gegangen sind, bloß weil die Gestalt des Rahmens sich mit der Mode änderte; oft ist sogar auch diese unverändert geblieben und nur eine neue Vergoldung nötig, um den Spiegel als vollkommen aus erster Hand erscheinen zu lassen. Auf diese Weise wird der Geschmack an Luxuswaren auch unter den niedrigen Ständen verbreitet, und nicht lange, so ist die Anzahl derer, welche neue Bedürfnisse einführen, hinreichend, den erfindungsreichen Fabrikanten zur billigeren Lieferung derselben zu vermögen, da er durch den größeren Absatz nur gewinnen kann.

§ 199. In der eben erwähnten Beziehung haben Spiegelgläser viel eigentümliches. Am häufigsten ereignen sich die Beschädigungen derselben durch zufällige Gewalt; das Eigentümliche besteht nun darin, daß das Glas des Spiegels ungleich anderen Artikeln, auch wenn es zerbrochen ist, einigen Wert behält. Springt ein großer Spiegel, so macht man zwei oder noch mehr kleinere daraus, wovon jeder wieder ein selbständiges Gerät bildet. War die Gewalt so groß, daß sie das Glas in viele Stücke zerbrach, so können diese viereckig geschnitten und zu Toilettenspiegeln gebraucht werden. Ist auch die Quecksilberbelegung beschädigt, so läßt sich entweder diese wiederherstellen, oder das Glas zu Fenstern benutzen. Aus unseren Fabriken kommen jährlich zu dem im Land vorhandenen Glas ungefähr 250 000 Quadratfuß neuen Glases hinzu. Eine Veranschlagung der jährlich zerstörten oder ausgeführten Quantität läßt sich nicht leicht machen, indes kann sie nicht sehr groß sein, und die Wirkungen jenes beständigen Zuwachses verspürt man in dem verringerten Preis und dem vermehrten Verbrauch des Glases. Jeder nur etwas bessere Laden ist jetzt vorne mit Glas verziert. Wäre es ganz unzerstörbar, so würde der Preis immer mehr herabsinken, und hätten neue Gebrauchsarten und die größere Anzahl von Konsumenten nicht eine größere Nachfrage zur Folge, so müßte zuletzt sogar eine einzige, von keiner Konkurrenz beschränkte Fabrik ihre Geschäfte einstellen, indem die Dauerhaftigkeit ihres eigenen Produkts ihr endlich den Markt verschlösse.

§ 200. Die Metalle sind in gewissem Grade permanent, nur daß manche darunter unter Formen gebraucht werden, welche den Verlust derselben herbeiführen.

Eine große Quantität des benutzten Kupfers kommt wieder in den Gebrauch: ein Teil von dem zur Beschlagung der Schiffe und zum Decken der Häuser gebrauchten geht durch Oxydation verloren; der Rest jedoch kehrt in der Regel in den Schmelzöfen zurück. Einiges geht auch in kleinen Messingwaren zu Grunde, und einiges wird bei der Bildung von Salzen, Kupfervitriol (schwefelsaures Kupferoxyd), Grünspan (essigsaures Kupferoxyd) und Mineralgrün konsumiert.

Gold wird auch beim Vergolden und Sticken abgenutzt, ein Teil davon aber durch das Verbrennen der alten Waren gerettet. Auch verliert das Gold einiges durch Tragen; im ganzen genommen ist es jedoch sehr dauerhaft.

Vom Eisen geht viel verloren, teils durch Oxydation, wie bei Nägeln und feinem Draht, teils durch das Abnutzen der Werkzeuge und Wagenräder, teils endlich wird es bei einigen Farben konsumiert; vieles aber, sowohl Guß- als Schmiedeeisen kehrt wieder zum Gebrauch zurück.

Blei wird in großer Menge zerstört. Zwar kommt ein Teil von dem zu Röhren und zum Dachdecken gebrauchten Blei wieder in den Schmelztiegel; dagegen gehen bedeutende Quantitäten in der Form von kleinem Schrot und Flintenkugeln, Bleiglätte und Mennige, sowie für weiße und rote Farbe, Glasfabrikate, Glasur von irdenen Waren und für Bleizucker (essigsaures Bleioxyd) verloren.

Silber gehört zu den permanenteren Metallen, obschon einiges durch die Abnutzung der Münzen und Silbergeräte und einiges durch Versilberungen und Sticken verloren gebt.

Vom Zinn geht am meisten durch die Fabrikation des Bleches verloren; einiges auch durch das Löten und durch die Auflösungen für Färber.

Siebzehntes Kapitel

Vom Preis, wie er durch die Münze bestimmt wird

§ 201. *Der Geldpreis* irgendeines Artikels gibt uns nur verhältnismäßig wenig Aufschluß über dessen Wert, wenn wir weit voneinander liegende Zeiträume und verschiedene Länder miteinander vergleichen; denn Gold und Silber, nach welchen der Preis gewöhnlich gemessen wird, sind selbst, gleich allen anderen Waren, den Wertveränderungen ausgesetzt; Wechsel, für die sich nicht einmal ein Maßstab finden läßt. Man hat den Durchschnittspreis einer gewissen Qualität verschiedener fabrizierter oder auch roher Produkte als einen Maßstab vorgeschlagen, allein hier bietet sich eine neue Schwierigkeit dar: die in der Produktion solcher Artikel eingeführten Verbesserungen, durch welche der Goldpreis selbst in sehr kurzen Zeitabschnitten außerordentlich variiert. So umfaßt ein Zeitraum von nur zwölf Jahren die Preisverschiedenheiten der in folgender Tabelle aufgeführten Waren.

Preise folgender Waren zu Birmingham in den Jahren

Warengattung		1818 s. p.	1824 s. p.	1828 s. p.	1830 s. p.
Ambosse	pro Ztr.	25 0	20 0	16 0	13 0
Liverpooler Schusterahlen, polierte	pro Ztr.	2 6	2 0	1 6	1 2
Bettschrauben, 6 Zoll lang	pro Satz	18 0	15 0	6 0	5 0
Pferdegebisse, verzinnte	pro Dzd.	5 0	5 0	3 3	2 6
Türriegel, 6 Zoll	pro Dzd.	6 0	5 0	2 3	1 6
Bohrgestelle für Zimmerleute mit 12 Bohrern	pro Satz	9 0	4 0	4 2	3 5
Rockknöpfe	pro Gross	4 6	6 3	3 0	2 2
Westenknöpfe	pro Gross	2 6	2 0	1 2	0 8
Leuchter, messingene 6 Zoll	pro Paar	2 11	2 0	1 7	1 2
Striegel mit 6 Reihen	pro Dzd.	2 9	2 6	1 5	0 11
Bratpfannen	pro Ztr.	25 0	21 0	18 0	16 0
Flintenschlösser mit einer Rast	pro Stück	6 0	5 2	1 10	1 6
Schusterhämmer	pro Dzd.	6 9	3 9	3 0	2 9
Türangeln, 1 Zoll	pro Dzd.	0 10	0 7½	0 3¾	0 2¾
Kommodenknöpfe, messingene, 2 Zoll lang	pro Dzd.	4 0	3 6	1 6	1 2

Warengattung	Einheit							
Türklinken mit polierten Drückern	pro Dzd.	2	3	2	2	1	0	0	9
Eiserne Türschlösser, 6 Zoll	pro Dzd.	38	0	32	0	15	0	13	6
Plätteisen u. gußeiserne Ware	pro Ztr.	22	6	20	0	14	0	11	6
Eiserne Feuerschaufeln und Zangen	pro Paar	1	0	1	0	0	9	0	6
Verzinnte Tischlöffel	pro Gross	17	6	15	0	10	0	7	0
Plattierte Steigbügel	pro Paar	4	6	3	9	1	6	1	1
Zugketten	pro Ztr.	28	0	25	0	19	6	16	6
Service-Teller zum Tee, lackierte, 30 Zoll	pro Stück	4	6	3	0	2	0	1	5
Schraubstöcke für Grobschmiede	pro Ztr.	30	0	28	0	22	0	19	6
Messingdraht	pro Pfd.	1	10	1	4	1	0	0	9
Eisendraht, Nr. 6	pro Ring	16	0	13	0	9	0	7	0

§ 202. Ich habe mir Mühe gegeben, mich über die Genauigkeit der Angaben in obiger Tabelle zu vergewissern. Die angeführten Preise mögen zu verschiedenen Zeiten in den genannten Jahren voneinander abgewichen haben; doch darf die Tabelle als approximativ richtig betrachtet werden. Während meiner Nachforschungen wurde mir von gefälliger Hand eine andere Tabelle mitgeteilt, in welcher zwar die meisten Artikel dieselben sind wie in der obigen, dagegen die darin angeführten Preise zwanzig Jahre auseinander liegen. Diese Tabelle ist aus den Büchern eines sehr angesehenen Hauses in Birmingham entnommen, und bestätigt, insofern dieselben Artikel darin wieder vorkommen, die Genauigkeit der obigen.

Preise von 1812 und 1832

Warengattung		1812 Sch. P		1832 Sch. P.		Reduktion in Prozent von dem Preis von 1812
Ambosse	pro Ztr.	25	0	14	0	44
Bettschrauben, 6 Zoll						
– mit eckigen Köpfen	pro Gros	7	6	4	6	40
– mit platten Köpfen	pro Gros	8	0	5	0	45
Fensterschaufeln u. Zangen						
– mit eisern. Griff, Nr. 1	pro Dzd.	1	4½	0	7¾	53
– mit eisern. Griff, Nr. 2	pro Dzd.	1	0	4	0	53
– mit eisern. Griff, Nr. 3	pro Dzd.	1	6	6	3	53
– mit eisern. Griff, Nr. 4	pro Dzd.	1	10½	0	10½	53
Flintenschlösser mit einfacher Rast	pro Stück	7	2½	1	11	73
Leuchter, eiserne	pro Dzd.	3	10¾	2	3½	41

Leuchter mit Schrauben	pro Dzd.	6 4½	3 9	41
Löffel, eiserne, verzinnte	pro Gros	22 6	7 0	69
Schlösser, Vorhänge-, 1¼" messingene	pro Stück	16 0	2 6	85
Schlösser, Schubladen-, Vorhänge-, 2½"	pro Stück	2 2	0 9	65
Schusterahlen, Liverpooler	pro Gros	3 6	1 0	71
Schusterstifte	pro Dzd.	5 0	2 0	60
Steigbügel, verzinnte mit offenem Tritt	pro Dzd.	7 0	2 9	61
Striegel				
– mit 6 Reihen	pro Paar	4 0½	1 0	75
– mit 8 Reihen	pro Gross	5 5½	1 5	74
– mit 6 Reihen Patent	pro Paar	7 1½	1 5	80
– mit 8 Reihen Patent	pro Ztr.	8 6¾	1 10	79
Zugketten, eiserne	pro Ztr.	46 9½	15 0	68

Preise der wichtigsten Materialien, zu verschiedenen Zeiten in Cornwall benutzt[25]

Warengattung		1800	1810	1820	1830	1832
Kohlen	pro Wey	81 7	85 5	53 4	51 0	40 0
Nutzholz						
– Hauptbalken	Fuß	2 0	4 0	1 5	1 0	0 10
– Eiche	Fuß	3 3½	3 0	3 6	3 3	
Seile	pro Ztr.	66 0	84 0	48 6	40 0	40 0
Eisen (gewöhnliche Stangen)	pro Ztr.	20 6	14 6	11 0	7 0	6 6
Pumpen	pro Ztr.	16 0		15 0	8 0	6 6
Schießpulver	100 Pfund	16 17	17 18	12 15	6 6	6 10
Kerzen		114 2	117 6	68 0	52 6	49 0
Talg	pro Ztr.	9 3	10 0	8 9	5 11	4 10
Leder	Pfund	72 0	84 0	65 8	52 6	43 0
Stahl (blasig)	pro Ztr.	2 4	2 3	2 4	2 2	2 1
2-Schilling Nägel	pro Ztr.	32 0	28 6	22 0	17 0	16 6

§ 203. Ich kann diese Gelegenheit nicht vorübergehen lassen, ohne unsere Manufakturisten, Faktoren und Kaufleute in sämtlichen Fabrik- und Handelsstädten darauf aufmerksam zu machen, wie wichtig es sei, für sie selbst, sowohl als auch für den durch ihre Kapitalien beschäftigten Teil der Bevölkerung, dergleichen Durchschnittsberechnungen, nach den in

---

29 Ich schulde Herrn John Taylor Dank, der mir diese interessante Tabelle zur Verfügung gestellt hat.

ihren Büchern verzeichneten wirklichen Verkäufen, sorgfältig zu sammeln. Was solche Durchschnittsberechnungen vielleicht noch schätzbarer machen würde, wäre, wenn man sie aus so vielen voneinander entfernt liegenden Plätzen sammelte, als nur möglich, sich die Quantität der Waren und die Extreme der Preisschwankungen darin angegeben finden, und wenn diese Tabellen, um ihnen mehr Glaubwürdigkeit zu verschaffen, von einem kleinen Handelsausschuß angefertigt würden. Man wirft den Schriftstellern über Staatswirtschaft vor, daß ihre weitläufigen Theorien auf nicht genug Tatsächliches gebaut sind. – Leider ist es nur zu wahr, daß der in seinem Studierzimmer spekulierende Gelehrte zu wenig mit den bewunderungswürdigen Einrichtungen der Fabrikanstalten und also mit zu wenigen Tatsachen bekannt wird; andererseits aber ist auch keine Klasse der Gesellschaft geeigneter, die Daten, auf welchen die Beweisführungen der Statistiker beruhen, mit geringerem Zeitaufwand zu liefern als der Kaufmann und der Fabrikant, denen wiederum die daraus zu machenden Ableitungen am wichtigsten sein müssen. Allerdings können auch aus solchen faktischen Angaben irrtümliche Ableitungen gemacht werden; allein weit zahlreicher und weit durchgreifender sind die Irrtümer, welche aus einem Mangel an hinlänglichen Tatsachen entstehen.

§ 204. Die große Preiserniedrigung in den oben (§ 169) aufgeführten Artikeln kann verschiedenen Ursachen zugeschrieben werden:

1. *der Veränderung in dem Wert des Zirkulierenden,*

2. *dem erhöhten Wert des Goldes infolge der stärkeren Nachfrage nach geprägter Münze.* Die erste dieser Ursachen mag einigen Einfluß auf die zwei ersten Preisanführungen gehabt haben; die zweite aber einen nur sehr geringen, und auf die zwei letzten Preisanführungen gar keinen,

3. *dem verringerten Gewinn, den Kapitalien abwerfen, sie mögen angelegt sein, wie sie wollen.* Diesen kann man in den erwähnten Zeitabschnitten durchschnittlich auf 3 Prozent annehmen,

4. *der Preiserniedrigung der Rohmateriallien, aus welchen diese Artikel gefertigt werden.* Das Rohmaterial besteht hauptsächlich aus Messing und Eisen, dessen Reduktion am besten nach der Preiserniedrigung des Eisen- und Messingdrahtes abzuschätzen ist, weil in diesen Artikeln, die Arbeit nicht so hoch bezahlt wird, wie in vielen der anderen,

5. *der geringen Quantität des verbrauchten Rohmaterials, und in einigen Fällen vielleicht auch der geringeren Quantität der Arbeit,*

6. *den Verbesserungen, mittelst derer dieselben Produkte mit geringerer Arbeit hervorgebracht werden konnten.*

§ 205. Folgende Tabelle wird den Leser in Stand setzen, sich einen Begriff von dem Einfluß dieser verschiedenen Ursachen zu bilden.

	1812			1818			1824			1828			1830			1832		
Durchschnittspreis von	Pfd.	S.	P.	Pfd.	S.	P.	Pfd.	S.	P.	Pfd.	S.	P.	Pfd.	S.	P.	Pfd.	S.	P.
Gold pro Unze	4	15	6	4	0	0	3	17	6½	3	17	7	3	17	9½	3	17	10½
Wert des Zirkulierenden pro Cent	79	5	3	97	6	10	100			100			100			100		
Preis der 3% Konsolen	59¾			78¼			93$\frac{5}{8}$			86			89¾			82½		
Weizen pro Quarter	6	5	0	4	1	0	3	2	1	3	11	10	3	14	6	2	19	3
Engl. Eisen in Gänzen, zu Birmingham	7	10	0	6	7	6	6	10	0	5	10	0	4	10	0	—		
Engl. Stabeisen, zu Birmingham	—			1	10	0	9	10	0	7	15	0	6	0	0	5	0	0
Schwedisches Stabeisen, zu London, den Zoll von 4 bis 6½ Pfd. pro Tonne umgerechnet	16	10	0	17	10	0	14	0	0	14	10	0	13	15	0	13	2	0

Da diese Tabelle ohne Erklärung zu falschen Schlußfolgerungen führen könnte, so füge ich nachstehende Bemerkungen hinzu, welche ich der Güte des Herrn Tooke verdanke.*

»Die Tabelle beginnt mit 1812 und weist nach, daß die Preise in Weizen und Eisen gleichzeitig mit dem Gold stark sanken, so daß man fast das eine als Ursache des anderen zu betrachten versucht wird. Was den Weizen betrifft, so erreichte er seinen höchsten Preisstand 1812, infolge einer Reihe von schlechten Ernten zu einer Zeit, wo die Einfuhr schwierig und höchst kostspielig war. Im Dezember 1813 stieg der Preis des Goldes auf 5 Pfund, während der des Weizens auf 73 Sch., d.h. um 50 Prozent unter den Preis im Frühling 1812 herabsank; also ein Beweis, daß die Preise in den beiden Artikeln sich nach entgegengesetzten Ursachen richteten.

Fracht und Assekuranz für schwedisches Eisen waren 1812 so bedeutend höher als jetzt, daß dies fast allein hinreicht, die Ursachen des ganzen Preisunterschieds zu erklären: im Jahr 1818 hatte eine ausgebreitete Spekulation stattgefunden, welche die Preise des Eisens in die Höhe trieb, so daß ein *Teil* des späteren Sinkens eine bloße Reaktion des vorhergegangenen unbegründeten Steigens war. Noch später, im Jahr 1825, erfuhr der Artikel wieder durch große Spekulationen ein Steigen, was denn auch zu einer entsprechenden Vermehrung der Produktion anspornte. Diese Einflüsse und die Verbesserungen im Maschinenwesen gewannen endlich einen solchen Umfang, daß das Sinken der Preise sich daraus sehr gut erklären läßt.«

Zu diesen Betrachtungen kann ich noch aus eigener Beobachtung hinzufügen, daß die Erfindung wohlfeilerer Manufakturmethoden die bei weitem einflußreichste aller dieser Ursachen gewesen sei. Daß dies, so lange noch

---

*   (Anm. der dt. Übersetzung): Sehr wünschenswert wäre, daß Herr *Tooke* seinem schätzbaren Werke »über Preise« eine die seit der Herausgabe wichtige Periode behandelnde Fortsetzung möchte folgen lassen.

irgend etwas bei den reduzierten Preisen zu verdienen ist, bis zu einem staunenswerten Grade getrieben werden könne, beweist folgende aus glaubwürdiger Quelle mitgeteilte Tatsache. Vor zwanzig Jahren wurde der Messingknopf der Türschlösser zu Birmingham durch *Handarbeit* verfertigt, und das Dutzend kam damals 13 Sch. 4 P. Gegenwärtig wird dieser Artikel *fabriziert* und kostet bei gleichem Gewicht an Metall und gleicher, ja etwas höherer Vollkommenheit, nicht mehr als 1 Sch. 9¼ P. das Dutzend. Was vorzüglich auf diese Ersparnis beim Fabrizieren einwirkt, ist der Umstand, daß die Drehbank, auf welcher die Knöpfe ausgearbeitet werden, jetzt mittelst einer Dampfmaschine in Bewegung gesetzt wird, welche den Arbeiter in Stand setzt, sie zwanzig mal schneller als früher fertig zu machen.

§ 206. Der merkwürdige Kontrast in dem Preisunterschied eines und desselben Artikels, je nach verschiedenen Dimensionen, nach verschiedenen Zeiträumen in einem und demselben Land, und nach verschiedenen Ländern, ist in folgender Tabelle hervorgehoben.

Preise für Glasplatten im Vergleich der Manufakturen in London, Paris, Berlin und Petersburg

		London									Paris						Berlin			Petersburg		
		1771			1794			1832			1825			1835			1828			1825		
Höhe in Zoll	Breite in Zoll	£	S.	P.	£	S.	P.	£	S.	P.	£	S.	P.	£	S.	P.	£	S.	P.	£	S.	P.
16	16	0	10	3	0	10	1	0	17	6	0	8	7	0	7	6	0	8	11	0	4	10
30	20	1	14	6	2	3	2	2	6	10	1	16	10	1	7	10	1	10	6	1	2	10
50	30	24	2	4	11	5	0	6	12	10	9	4	5	5	0	3	8	13	0	5	15	0
60	40	67	14	10	27	0	0	13	9	6	22	7	5	10	4	3	21	18	0	12	9	0
76	40	–	–	–	43	6	0	19	2	9	36	4	5	14	17	5	35	2	11	17	5	0
90	50	–	–	–	84	8	0	34	12	9	71	3	8	28	13	4	–	–	–	33	18	7
100	75	–	–	–	275	0	0	74	5	10	210	13	3	70	9	7	–	–	–	–	–	–
120	75	–	–	–	–	–	–	97	15	9	345	3	2	98	3	10	–	–	–*	–	–	–

* (Anm. der dt. Übersetzung): Nach dem Tarif der Königl. Preuß. Spiegel-Manufaktur bei Neustadt an der Dosse war der Preis von gegossenen belegten Spiegelgläsern in den 5 ersten Dimensionen resp. wie folgt: 3 Rthlr. 15 Sgr., 11 Rthlr. 24 Sgr., 69 Rthlr. 18 Sgr., 173 Rthlr. 15 Sgr., 280 Rthlr. 15 Sgr., 76 Zoll Höhe und 40 Zoll Breite ist die größte im erwähnten Tarif angegebene Dimension, daher die Angabe des Preises in den letzten drei Dimensionen in der Tabelle fehlt. Uebrigens sind die Preise seit einiger Zeit *bedeutend* gesunken. – Die Manufaktur zu Ildefonso in Spanien liefert Spiegelgläser von 13½ Fuß Höhe und 7 Fuß 9 Zoll Breite. S. *Inglis* in Spanien in 1830.
(Beitrag der dt. Übers., S. 452) Die angeführten Tarifpreise der Königl. Preuß. Spiegel-Manufaktur bei Neustadt a.d. Dosse von 1828 sind eigentlich vom Jahre 1824 und später schon modificirt gewesen; nach dem neuesten gedruckten Tarif vom August 1832 stellen sie sich aber, das Pfd. Sterling zu 7 Thlr. angenommen, bei *unbelegten* Gläsern,

	Pfd. St.	Sch.	P.
1 Glas 16 Zoll hoch und 16 Zoll breit kostet	0	6	9
" " 30 " " " 20 " " "	1	2	6
" " 50 " " " 30 " " "	5	17	5
" " 60 " " " 40 " " "	13	16	5
" " 76 " " " 40 " " "	20	–	8
" " 90 " " " 50 " " "	39	–	–

Die *belegten* Gläser aber 33 eindrittel Prozent höher. (Von der Manufaktur mitgeteilt)

Das Belegen dieser Glasplatten stellt sich in England auf 20, in Paris auf 10 und in Berlin auf 12½ Prozent zu dem Kostenpreis des Glases.

Folgende Tabelle enthält die Dimensionen der größten von der *Britischen Spiegelglas-Companie* verfertigten, gegenwärtig in ihrem Warenmagazin zu London befindlichen Glasplatten, nebst dem Preis derselben, nachdem sie belegt sind.

Höhe Zoll	Breite Zoll	Preise nach den Belegen Pfd.	Sch.	P.
132	84	200	8	0
146	81	220	7	0
151	83	229	10	7
160	80	245	15	4

Die Preise der größten Glasplatten in Paris, auf englische Maße umgewandelt, waren:

Jahr					
1825	128	80	629	12	0
1835	128	80	136	19	0

§ 207. Soll der Wert irgendeines Artikels, wie er sich in verschiedenen Zeiträumen verhalten hat, verglichen werden, so ist es klar, daß weder ein einzelner Gegenstand, noch eine Zusammenstellung aller Fabrikate eine unveränderliche Größe liefern, welche einen Maßstab zur Schätzung abgeben könnte. Herr Malthus hat als eine solche Größe, nach welcher aller Wert abzuschätzen sei, das Tagewerk eines Ackerbauers vorgeschlagen. Will man z.B. den jetzigen Wert von 20 Ellen feinen Tuchs in Sachsen mit dem desselben Artikels von gleicher Güte und Quantität in England vor zweihundert Jahren vergleichen, so muß man ermitteln, wie viele Tagewerke das Tuch zu der erwähnten Zeit in England erkauft haben würden, und die Zahl der Tage mit derjenigen zusammenhalten, welche dieselbe Quantität Tuches gegenwärtig in Sachsen erkauft. Man hat deshalb die Feldarbeit zum Maßstab gewählt, weil sie überall getrieben wird, eine Menge von Händen beschäftigt und wenig vorhergehenden Unterricht erfordert. Sie scheint eigentlich weiter nichts zu sein, als die bloße Ausübung der physischen Kräfte eines Mannes, und daß sie in höherem Werte steht, als die einer Maschine von gleicher Kraft, ist dem Umstand zuzuschreiben, daß sie leichter von einem Ort zu einem anderen übergehen, und ihre Wirksamkeit nach beliebigen, stets sich ändernden Zwecken gerichtet werden kann. Es wäre vielleicht zu untersuchen, ob sich nicht ein konstanterer Durchschnitt dadurch ermitteln ließe, daß man mit dieser Arbeitsgattung diejenigen noch vereinigte, die nur einen mäßigen Grad von Geschicklichkeit verlangen und ebenfalls in allen zivilisierten Ländern

vorkommen, wie die Arbeiten des Grobschmieds, des Zimmermanns etc[30].
Bei allen Vergleichungen dieser Art gibt es indessen noch ein, zwar nicht
wesentlich notwendiges, aber doch das Urteil sehr erleichterndes Element,
nämlich: das Verhältnis der zum täglichen Unterhalt der Arbeiter erforderlichen Quantität Nahrungsmittel zu derjenigen, welche er mit seinem
täglichen Arbeitslohn sich kaufen kann.

§ 208. Die Existenz einer gewissen Klasse Leute, innestehend zwischen
dem kleinen Produzenten und dem Kaufmann, ist nicht selten für beide ein
Vorteil, und die Geschichte mehrerer Fabriken weist Perioden nach, welche diese Klasse hervorgerufen haben. Mit dem Vorteil verschwindet dann
auch diese Mittelklasse wieder, denn bisweilen dient sie nur, den Preis zu
erhöhen, ohne anderweitig zu nützen, besonders wenn sie allzu zahlreich
wird, wie dies in Detailgewerben manchmal der Fall ist. Bei einer Untersuchung des Zustands des Kohlenhandels, welche das Unterhaus neulich
anstellte, ergab sich, daß 5 Sechstel des Londoner Publikums ihren Kohlen-
bedarf von einer solchen Mittelklasse beziehen, die man im Handel
»Brass-Plate-Kohlenhändler« nennt. Es sind dies meistenteils Handels-
commis, Lackaien und andere, die kein eigenes Kohlenlager besitzen,
sondern bloß die Bestellung bei einem wirklichen Kohlenhändler machen,
der die Kohlen aus seinem Lager schickt; der Unterhändler erhält natürlich
etwas für die Kommission.

§ 209. In Italien wird dies besonders bei den Vetturinos oder Fuhrleu-
ten sehr weit getrieben. Diejenigen, welche ein größeres Überredungstalent
besitzen, gehen in die Hotels, wo die Engländer abzusteigen pflegen, und
ist ihnen der Abschluß eines Kontrakts zur Beförderung des Reisenden
gelungen, so treten sie ihn einem anderen ihrer Landsleute für einen
bedeutend geringeren Preis ab: und stecken den Überschuß in die Tasche.
Einige Tage vor der Abreise kommt der Kontrahent ganz bestürzt zu
seinem Kunden, bedauert, daß er die Reise wegen plötzlicher Erkrankung
eines nahen Verwandten nicht selbst machen könne, und schlägt einen
Vetter oder Bruder als Substitut vor. Der Engländer läßt sich dies meistenteils gefallen und lobt noch obendrein die Pietät des Spitzbuben, der
ihn hintergangen hat.

---

30 Reichhaltige Materialien zu einer Untersuchung dieser Art dürfte der *Bericht einer Kommission des Unterhauses über die Beschäftigung der Manufakturarbeiter*, vom 2. Juli
1830, wenigstens für die Periode, von welcher er handelt, an die Hand geben.

ACHTZEHNTES KAPITEL

Von den Rohmaterialien

§ 210. Obgleich der Kostenpreis jedes Artikels in letzter Analyse auf die Quantität der darauf verwendeten Arbeit zurückgeführt werden kann, so pflegt man doch den meisten Stoffen ab einem gewissen Grade der Fabrikation den Namen *Rohmaterial* zu geben. Das Eisen, vom Erz gewonnen und hämmerbar, ist alsdann so weit, daß man es zu tausend nützlichen Zwecken anwenden kann, und heißt daher das *Rohmaterial*, aus welchem unsere Werkzeuge und Utensilien bestehen. Auf dieser Stufe seiner Behandlung hat der Stoff noch wenig Arbeit gekostet, und es ist interessant zu untersuchen, wie aus dem vielfältigen Verhältnis der angewandten Arbeit zum verbrauchten Rohmaterial der Wert vieler Kunstprodukte sich konstituiert.

§ 211. Goldblatt besteht aus einem Stück dieses Metalles, das bis zu einem solchen Grad dünngeschlagen ist, daß das Licht in grünlich-blauer Farbe hindurchscheinen kann. Ungefähr 400 Quadratzoll davon kauft man in der Gestalt eines kleinen Buchs von 25 Goldblättern für anderthalb Schilling. Das Rohmaterial gilt in diesem Fall über zwei Drittel weniger, als der fabrizierte Artikel. Bei Silberblatt steht der Wert der Arbeit noch bedeutend höher zu dem des Rohmaterials, indem ein Buch von 50 Blättern, welche über 1000 Quadratzoll bedecken würden, 1¼ Schilling kostet.

§ 212. Die relative Einwirkung der beiden eben bezeichneten Ursachen auf den Preis des Artikels läßt sich sehr deutlich bei den zu Venedig aus feinem Gold fabrizierten Ketten nachweisen. Man hat die Größe dieser Ketten nach Nummern bezeichnet, Nr. 1 ist die kleinste, Nr. 2 ist schon größer u.s.w. In folgender Tabelle werden die Nummern und Preise der im Jahr 1828 gemachten angegeben[31]. Die erste Reihe bezeichnet die Nummer der Kette, die zweite das Gewicht eines Zolls Länge von jeder Kette nach Granen, die dritte, wie viel Glieder sich in einem Zoll befinden, und die letzte den Preis eines Venetianischen Braccio oder 2 Fuß engl. Maßes, in Franken à 10 Pence berechnet.

---

31 Dies gilt vom Jahr 1828; gegenwärtig 1832, werden noch feinere gemacht.

Goldene Venetianische Ketten

Nr.	Gewicht eines Zolls nach Granen	Anzahl der Glieder in einem Zoll	Preis eines Venetianischen Braccio à 2 Fuß 1/8 Zoll Englisch	
0	0,44	98 bis 100	60	Francs
1	0,56	92	40	Francs
1½	0,77	88	26	Francs
2	0,99	84	20	Francs
3	1,46	72	20	Francs
4	1,61	64	21	Francs
5	2,09	64	23	Francs
6	2,61	60	24	Francs
7	3,36	56	27	Francs
8	3,65	56	29	Francs
9	3,72	56	32	Francs
10	5,35	50	34	Francs
24	9,71	32	60	Francs

Von diesen Ketten haben also die Nummern 0 und 24 genau denselben Preis, wiewohl die letztere Nummer 22 mal mehr an Gold enthält, als die Erstere. Allein die Arbeit bei den kleinsten Ketten ist so schwierig, daß die Frauen, die sich damit beschäftigen, nicht länger als 2 Stunden hintereinander dabei aushalten können. Wenn wir von den kleineren Ketten zu den größeren fortgehen, so vermindert sich dieser Arbeitswert im Verhältnis zum Wert des Materials immer mehr, mit Ausnahme jedoch der Nummern 2 und 3, deren Preise gleich sind.

§ 213. Indessen wird auf diese Art Ketten bei weitem nicht so viel Arbeit verwendet, als auf manche Eisen-Manufakte. Der Wert der Arbeit, selbst bei der allerfeinsten Venetianischen Kette, übersteigt den des Goldes höchstens um das Dreißigfache. Die Spiralfeder einer Taschenuhr, welche die Schwingungen der Unruhe (*balance*) reguliert, kostet einzeln 2 Pence und wiegt 15/100 eines Grans; nun kostet aber das Pfund Eisen bester Qualität, das Rohmaterial, aus welchem man 50 000 solcher Federn machen kann, genau ebensoviel.*

---

* (Beitrag der dt. Übers., S. 452-455, von Babbage später gekürzt in den Anhang aufgenommen): Als ein interessantes Beispiel, welche bedeutende Steigerung der Werth des rohen Materials durch die Verarbeitung erleiden kann, haben wir schon früher in einer Note (S. 166) die Berliner Eisengußwaaren angeführt, ein Gegenstand, den wir um so lieber gewählt haben, weil er zugleich ein eigenthümliches Fabrikat Preußens ist; welches bis jetzt noch in keinem Staate Europas oder Amerikas mit gleicher Kunstfertigkeit und Eleganz hat nachgemacht werden können, obgleich es an mannigfaltigen Versuchen hierzu nicht gefehlt hat. In der Fabrik des akademischen Künstlers Herrn *Devaranne*, einer der vorzüglichsten Eisengußwaaren-Fabriken Berlins, wird dieser Artikel in solcher Feinheit und Leichtigkeit hergestellt, daß von den kleinsten Arabesken, Rosetten, Gemmen und dergl, woraus manche der größeren Schmucksachen theilweise zusammengesetzt

§ 214. Das Verhältnis des Arbeitspreises zu dem Rohmaterial in den französischen Fabriken ist mit so großer Genauigkeit von Herrn M. A.M.

werden, nahe an zehntausend Stück auf ein Pfund gehen. Mit dem Grade der Feinheit nimmt auch der Preis des Artikels zu, wie aus nachstehender Tabelle, die nach den Verkaufspreisen der genannten Fabrik berechnet, näher hervorgeht.

Benennung der Artikel	Gehen auf den Centner	Fabrikpreis jedes einzelnen Artikels	Preis eines Centner derselben
		Thlr. Sgr.	Thlr.
1) *Gürtelschnallen*, 3½ Zoll hoch, 2¼ Zoll breit	2640 Stück	– 25	2200
2) *Colliers*, 18 Zoll lang, 1 Zoll breit; aus 37 bis 40 einzelnen Theilen zusammengesetzt	2310 "	2 –	4620
3) *Brasselets*, 7 Zoll lang, 2 Zoll breit aus 72 einzelnen Theilen zusammengesetzt	2090 Paar.	2 25	5921⅔
4) *Diademe*, 7½ Zoll hoch, 5 Zoll breit	1100 Stück	5 15	6050
5) *Sevigné-Nadeln*, 2½ Zoll hoch, 1½ breit aus 11 Theilen zusammengesetzt	9020 "	1 15	13530
6) *Sevigné-Ohrringe*, 3 Zoll lang, 1½ breit aus 24 Theilen zusammengesetzt	10450 Paar.	1 22½	18287½
7) *Hemdeknöpfe*	88440 Stück	– 6⅔	19653⅓

Nimmt man den Preis des grauen Roheisens, woraus diese Gegenstände gegossen werden, im Durchschnitt zu 2 Thlr. den Centner an, so ergibt sich durch die Verarbeitung eine Steigerung dieses Preises, bei den gröbsten der obigen Artikel auf das 1100fachige und bei den feinsten auf das 9287fache.

Die in der Tabelle angeführten Preise beziehen sich zwar nur auf den Detail-Verkauf, und die Fabrikpreise *en Gros* mögen sich vielleicht um den 6ten oder 8ten Theil niedriger stellen; dagegen ist zu bemerken, daß gegen früher die Preise schon sehr herabgegangen sind. Noch vor 6 Jahren waren sie um das Doppelte, vor 12 Jahren aber um das Dreifache höher, als jetzt, so daß damals das Berliner Gußeisen mit dem Golde fast in gleichem Werthe stand; in der Tat ein merkwürdiges Beispiel und vielleicht der schlagendste Beleg dafür, wie sehr das Vermögen des Staats durch die Industrie seiner Gewerbtreibenden vergrößert wird, besonders wenn man erwägt, daß die Berliner Eisengußwaaren ganz aus inländischem Material erzeugt, und in großer Menge nach dem Auslande und selbst bis nach Amerika ausgeführt werden. Um so mehr ist es zu bedauern, daß dieser einst so blühende Zweig des vaterländischen Gewerbfleißes, in Folge des schon sehr eingerissenen Nachgußhandels, allmälig in Verfall zu gerathen droht. Die Leichtigkeit der Vervielfältigung durch Nachguß bietet dem Eigennutze die bequemste Gelegenheit dar, von den gangbarsten Artikeln unter der Hand Exemplare für einen sehr geringen Preis zu kaufen, diese als Modelle benutzen, um sie selbst oder auf irgend einer Eisengießerei tausendfältig nachgießen zu lassen, und sie dann zu einem so niedrigen Preise zu Markte zu bringen, daß der betriebsame Fabrikant, der seine eigenen Original-Artikel nur mit bedeutendem Aufwande an Zeit und Kapital für die Erfindung, Entwerfung und Ausführung eines ciselirten Messingmodelles herstellen konnte, unmöglich damit zu concurriren im Stande ist. Einerseits wagt dieser es daher nicht mehr, viele Kosten auf neue Modelle, welche sich nicht bezahlt machen, zu verwenden; andererseits aber wird das Fabrikat durch wiederholten Nachguß immer stumpfer und unansehnlicher, und die natürlichen Folgen davon, welche schon jetzt sehr bemerkbar hervortreten, sind die, daß der Ruf der Waare im Auslande sinkt, und trotz der sehr wohlfeilen Preise kein Absatz mehr zu erzwingen ist. Aus diesem Grunde sind denn auch schon einige der vorzüglichsten Eisengußwaaren-Fabriken eingegangen, und gegenwärtig befindet sich die fernere Vervollkommnung und Ausbildung dieses Gewerbzweiges nur noch in wenigen Händen.

Im Buchhandel ist der Nachdruck als unehrlich gebrandmarkt und gesetzlich verboten; in den technischen Gewerben können neue Erfindungen und Verbesserungen durch

Héron de Villefosse, Recherches statistiques, sur les Métaux de France[32], aufgestellt worden, daß wir zur Erläuterung unseres Gegenstandes die von ihm gewonnenen Resultate, auf engl. Maße zurückgekehrt, hier im Auszuge mitteilen werden. Die Daten hinsichtlich der Metalle beziehen sich auf das Jahr 1825.

Die Quantität des Rohmaterials in Frankreich, welche man zu 1 Pfund Sterl. erhält, wenn sie in nachstehende Fabrikate verwandelt ist, hat folgenden Wert:

Seidenwaren	2,37 Pfund
Feines Tuch und Wollzeuge	2,15
Hanf und Ankertaue	3,94
Leinwand, Zwirnspitzen in Baumwollwaren	5,00
Baumwollwaren	2,44

Der Preis des *Blockbleis* war 1 Pfund 1 Schilling pro Zentner. Verfertigt man aus einem Stück Blei von 1 Pfund Sterling an Wert folgende Gegenstände, so erhält es nachstehenden Wert:

Platten oder Röhren von mäßigen Dimensionen	1,25 Pfund
Bleiweiss	2,60
Gewöhnliche Druckschrift	4,90
Kleinste Typen	28,30

Der Zentner *Kupfer* kostete 5 Pfund 2 Schilling. Verfertigt man aus einem Stück Kupfer von 1 Pfund Sterling an Wert nachstehende Artikel, so stellt sich der Preis, wie folgt:

Kupferplatten	1,26 Pfund
Hausutensilien	4,77
Gewöhnliche verzinnte Messingnadeln	2,34
Gewälzte Platten mit 1/20 Silber überzogen	3,56
In Metallsieben gewebt, mit 10 000 Maschen in jedem Quadrat-Zoll	52,23

Zinn kostete 4 Pfund 12 Schilling der Zentner. Ein Stück Zinn von 1 Pfund an Wert stieg im Preis, wenn es fabriziert war, zu

Blättern zum Belegen des Spiegelglases,	1,73 Pfund
auf Hausgeräten	1,85

Patente gesichert werden; nur die Kunstgießerei hat sich nicht gleichen Schutzes zu erfreuen, und der Nachgußhandel wird ganz frei und ohne Hehl getrieben.

Bei dieser Gelegenheit können wir nicht umhin zu erwähnen, daß der Verfasser von einem seiner Kritiker im *Mechanics' Magazine* scharf getadelt wird, in dem Kapitel über die Kopirkünste der Berliner Eisengußwaaren (*Berlin work*) mit keinem Wort erwähnt zu haben.

32 Mémoires de l'Institut, 1826.

Der Zentner *Quecksilber* kostete 10 Pfund 16 Schilling. Für 1 Pfund Sterling Quecksilber fabriziert zu

Zinnober von mittlerer Qualität erhält man	1,81 Pfund

Metallisches *Arsenik* kostete 1 Pfund 4 Schilling der Zentner. Man erhält für 1 Pfund Sterling Arsenik fabriziert zu

weißem Arsenikoxyd (Arsenige Säure)	1,83 Pfund
Schwefelarsenik (Rauschgelb)	4,26

Gußeisen kostet 8 Shilling der Zentner. Für 1 Pfund Sterling Gußeisen fabriziert zu

Hausgeräten erhält man	2,00 Pfund
Maschinen	4,00
Zierraten, als Schnallen u.s.w.	45,00
Armbändern, Figuren, Knöpfen u.s.w.	147,00

Stabeisen kostet 1 Pfund 6 Schilling der Zentner. Für 1 Pfund Sterling Stabeisen fabriziert zu

landwirtschaftlichen Geräten erhält man	3,57 Pfund
Musketenläufe, Flinten	9,10
damaszierten gezogenen Läufen zu Doppelflinten	238,08
Federmesserklingen	657,14
Rasiermesserklingen von Gußstahl	53, 57
Säbelklingen für Kavallerie, Infanterie und Artillerie	v. 9,25 bis 16,07
Tischmesserklingen	35,70
Stählernen geschliffenen Schnallen, als Bijouterien	896, 66
Tuchmacherstiften (Klavierhaken)	8,03
Türklinken und Riegeln	v. 4,85 bis 8,50
Feilen, ordinären	2,55
Feilen, flachen von Gußstahl	20,44
Hufeisen	2,55
Schneideisen für Nägelfabrikation	1,10
Metallgewebe, Eisendraht Nr. 80	96,71
Nadeln von verschiedener Größe	v. 17,33 bis 70,85
Weberiete für ¾ breiten Kattun	21,87
Sägebogen von Stahl	5,12
Holzsägen	14,28
Scheren, feinste Sorte	446,94
Gußstahl	4,28
— in Platten	6,25
— Zement oder Brennstall	2,41
— Schmelz- oder Rohstahl	1,42
Stählerne polierte Schwertgriffe	972,82
Eisenblech	v. 2,04 bis 2,34
Eisendraht	v. 2,14 bis 10,71

§ 215. Folgendes war nach Herrn v. Villefosse im Januar 1825 der Preis der Tonne Stabeisens in verschiedenen Ländern:

	Pro Tonne		
	Pfd	Sch.	P.
In Frankreich	26	10	0
Belgien und Deutschland	16	14	0
Schweden und Rußland, zu			
Stockholm u. St. Petersburg	13	13	0
England, zu Cardiff	10	1	0
Im Jahr 1832 war der Preis dieses Artikels	5	0	0

Herr Villefosse erzählt, daß in Frankreich das dort gewöhnlich mit Holzkohlen zubereitete Stabeisen dreimal so viel koste, als das Gußeisen, aus welchem es gemacht wird, während es in England, wo man abgeschwefelte Steinkohlen (*coaks*) zu nehmen pflegt, der Preis nur zweimal so viel, als der des Gußeisens sei.

§ 216. *Blei* kostet gegenwärtig (1832) in England 13 Pfund Sterling die Tonne. Aus einem Stück von 1 £ St. an Wert, wenn es verwandelt zu

Rollenblei erhält man   1,08 Pfund

Das Kupfer in Scheiben kostet jetzt 84 £ die Tonne. Für 1 £ St. an Wert erhält man,

nachdem Kupferblech daraus gemacht ist   1,11 Pfund.

NEUNZEHNTES KAPITEL

Von der Arbeitsteilung

§ 217. Einteilung der Arbeit unter den in einer Fabrik beschäftigten Personen ist vielleicht dasjenige, worauf der Betrieb derselben am wesentlichsten beruht. Schon in einem sehr frühen Zustand der Gesellschaft muß hierauf Rücksicht genommen worden sein, denn es mußte bald einleuchten, daß ein jeglicher sich eine größere Anzahl von Bequemlichkeiten würde verschaffen können, wenn der Eine sich allein auf die Verfertigung von Bogen beschränkte, ein anderer mit dem Häuser-, ein Dritter mit dem Schiffbau etc. sich beschäftigte. Diese Einteilung der Arbeit nach Handwerken entsprang jedoch nicht etwa aus der Ansicht, daß der allgemeine Reichtum der Gesellschaft dadurch vermehrt werden würde, sondern nur, weil jeder einzelne Arbeiter fand, daß es mehr zu seinem Privatvorteil gereichen müsse, wenn er sich, statt mit verschiedenen, nur mit einem Geschäft befaßte. Dagegen muß die Gesellschaft bedeutende Fortschritte gemacht haben, ehe dieses Prinzip auch in den Werkstätten sich geltend macht; denn nur in höchst zivilisierten Ländern, nur in Artikeln, wobei eine große Konkurrenz unter den Produzenten stattfindet, wird die Arbeitsteilung in ihrer Vollkommenheit angetroffen. Die Staatswirtschaftslehrer haben viel über die verschiedenen Vorteile dieses Systems geschrieben, scheinen aber nicht in allen Fällen die relative Wichtigkeit des Einflusses desselben hinlänglich zu würdigen. Nachdem ich daher zuerst die von jenen Autoren angeführten Vorteile in der Kürze auseinandergesetzt habe, werde ich dasjenige angeben, was jene Gelehrten nach meinem Dafürhalten unberücksichtigt gelassen haben.

§ 218. 1) *Von der zum Erlernen eines Geschäfts nötigen Zeit.* – Niemand wird in Abrede stellen, daß die Länge der Zeit, welche das Erlernen irgendeiner Arbeit kostet, durch die Schwierigkeit, dieselbe herzustellen, bedingt ist, und daß der Lehrling um so mehr Zeit zum Erlernen braucht, je zahlreicher die verschiedenen Prozesse des zu erlernenden Geschäftes sind. In sehr vielen Gewerben sind fünf, auch sieben Jahre als derjenige Zeitraum angenommen, der dazu nötig ist, daß der Lehrling das Geschäft hinlänglich verstehe, um durch seine Arbeit während des letzten Teils seiner Lehrzeit den Meister für die während des ersten verursachten Kosten entschädigen zu können. Wenn er jedoch, statt zum Beispiel sämtliche zur Verfertigung einer Nähnadel gehörige Prozesse zu erlernen, sich bloß auf einen derselben beschränkt, so wird der keinen Gewinn abwerfende Teil seiner Lehrzeit nur gering, und die ganze übrige Zeit dem Meister vorteilbringend sein. Besteht eine Konkurrenz unter den Lehrherren, so verschafft jener Umstand dem Lehrling bessere Bedingungen und eine Abkürzung seiner Lehrzeit. Andererseits wird die Leichtigkeit, in einem einzelnen Prozesse es zu solcher Fertigkeit zu bringen, daß der Bursche schon früh imstande ist, sich damit zu ernähren, mehr Leute bewegen, ihre Kinder dazu zu erziehen, was denn wieder, da die Zahl der Arbeiter auf diese Weise anwächst, eine Verminderung des Arbeitslohns bewirken muß.

§ 219. 2) *Von dem während des Lernens zu Grunde gehenden Material.* – Eine gewisse Quantität Material wird immer von jedem Lernenden entweder, ohne Gewinn zu bringen, verbraucht, oder verdorben; schreitet er zu einem neuen Prozeß, so wiederholt sich dasselbe entweder mit dem Rohmaterial oder mit dem schon zum Teil bearbeiteten Artikel. Nun wird aber der Verlust bei weitem größer sein, wenn jeder alle Prozesse einen nach dem anderen erlernen soll, als wenn ein jeder nur einen erlernt; aus diesem Grunde also trägt die Arbeitsteilung zur Verringerung des Preises bei.

§ 220. 3) Ein anderer Vorteil, welcher aus der Einteilung der Arbeit entspringt, ist *Zeitersparnis; denn bei jedem Übergang von einem Geschäft zu einem anderen geht einige Zeit verloren.* Wenn Hand oder Kopf eine Zeitlang an eine Gattung Arbeit gewöhnt worden ist, so können sie, bei einem Wechsel der Arbeit, nicht gleich so wirksam sein, wie bisher. Die Muskeln der angestrengten Glieder sind biegsam, die in Ruhe gebliebenen steif geworden, so daß bei jedem Wechsel die Arbeit anfangs langsam und ungleichmäßig vonstatten geht. Durch lange Gewohnheit gewinnen die dabei in Bewegung gesetzten Muskeln die Fähigkeit weit größerer Anstrengung, als sie unter anderen Umständen ertragen könnten. Dasselbe findet auch bei einem Wechsel geistiger Arbeit statt, indem die auf den neuen Gegenstand gerichtete Aufmerksamkeit anfangs nicht so ungeteilt ist, als nachdem man erst mit demselben vertrauter geworden.

§ 221. 4) *Wechsel der Werkzeuge.* – Der Gebrauch anderer Werkzeuge bei jeder anderen Beschäftigung ist ebenfalls eine Ursache des Zeitverlustes beim Übergang von einem Geschäft zu einem anderen. Freilich ist der Zeitverlust, wenn die Werkzeuge einfach und der Übergänge nicht viele sind, nur unbedeutend; allein für viele Prozesse in den Künsten sind die Werkzeuge selber fein und verlangen bei jedesmaliger Benutzung die genaueste Anordnung, ja sehr oft nimmt diese Anordnung des Werkzeugs fast ebensoviel Zeit hinweg, als der Gebrauch desselben. Zu dieser Gattung gehören die mechanische Vorlage beim Drehen, die Zerteilungs- und die Bohrmaschine, daher man es denn auch in den größeren Manufakturen zweckmäßig gefunden hat, ein und dieselbe Maschine stets nur für ein und dieselbe Gattung Arbeit zu benutzen: so z.B. eine Drehbank, die zur

Fortrückung der Vorlage eine Schraubenbewegung längs ihres ganzen Bettes hat, ausschließlich zum Verfertigen von Zylindern eine andere, deren Bewegung darauf berechnet ist, die Geschwindigkeit des abzudrehenden Gegenstandes an dem Punkt, wo er den Schneidestahl berührt, auszugleichen, zur Glättung von Oberflächen; eine dritte schneidet Räder etc.

§ 222. 5) *Von der durch häufige Wiederholung ein und derselben Arbeit darin erlangten Fertigkeit.* – Durch beständige Wiederholung ein und desselben Geschäftes muß der Arbeiter notwendig einen Grad von Geschicklichkeit und Schnelligkeit sich aneignen, welchen der mit vielen verschiedenen Prozessen Beschäftigte nie erreichen kann. Der Umstand, daß die meisten Arbeiten in Fabriken, also da, wo die Einteilung der Arbeit oft bis ins Kleinste geht, stückweise bezahlt wird, steigert jene Schnelligkeit noch mehr. Es ist schwer, in Zahlen auszudrücken, welche Wirkung die Verteilung der Arbeit auf die Produktion ausübe. Bei der Verfertigung von Nägeln verhält sich die Produktion, nach der Angabe von Adam Smith, wie drei zu eins, indem, wie er sagt, ein Schmied, der sich zwar auf das Herstellen von Nägeln versteht, aber dessen ausschließliches Geschäft es nicht ist, täglich nur 800 bis 1000, hingegen ein Bursche, der nie ein anderes Handwerk getrieben, täglich über 2300 verfertigen kann.

§ 223. Die Ersparnis bei der Produktion, welche durch die letztgenannte Ursache erzielt wird, verhält sich notwendig in allen Gewerben nicht gleich. Das Beispiel der Nagelfertigung stellt vielleicht ein Extrem dar. Auch muß bemerkt werden, daß – in gewissem Sinne – der Vorteil kein dauernder ist; er mag vielleicht anfangs in den Anstalten fühlbar sein, allein mit jedem Monat erlangen die Arbeiter größere Fertigkeit, so daß sie nach Ablauf von drei bis vier Jahren vielleicht so weit sind, als die, welche stets nur mit einem Zweig ihres Geschäftes sich abgegeben haben. Als einst eine bedeutende Ausgabe von Banknoten nötig war, unterzeichnete ein Beamter der Bank von England seinen Namen, welcher aus 7 Buchstaben, außer den Initialen seines Taufnamens, bestand, 5300 Mal in 11 Stunden, wobei er die unterzeichneten Noten noch in Parallelen von 50 Stück zuordnen hatte.

§ 224. 6) *Die Arbeitsteilung führt zur Erfindung von Werkzeugen und Maschinen.* – Wenn jeder zur Vollendung eines Artikels erforderliche Prozeß ausschließlich Geschäft eines einzelnen Individuums bleibt, so ist es viel wahrscheinlicher, daß seiner ungeteilten Aufmerksamkeit sich eine Verbesserung seiner Werkzeuge oder eine zweckmäßigere Handhabung derselben darbieten werde, als wenn eine Menge verschiedenartiger Beschäftigungen die Aufmerksamkeit beständig zerstreuen. Eine solche Verbesserung des Handwerkszeugs aber ist gewöhnlich der erste Schritt zu einer Maschine. Soll z.B. ein Stück Metall auf dem Drehstuhl geschnitten werden, so entsteht nur dann ein völlig reiner Schnitt, wenn der Schneidestahl unter einem besonderen Winkel gehalten wird; einem verständigen

Arbeiter drängt sich daher natürlich der Gedanke auf, daß es zweckmäßig sein würde, das Werkzeug in diesem besonderen Winkel festzumachen. Die Notwendigkeit, das Werkzeug langsam und parallel mit sich selbst zu bewegen, führt auf den Gedanken, eine Schraube zu gebrauchen, und so entsteht die mechanische Vorlage. Der gewöhnliche Tischlerhobel ist wahrscheinlich so entstanden, daß dem Arbeiter einfiel, ein Gestell zu seinem Meißel zu machen, damit er nicht zu tief einschneide. Beim Hämmern lehrt die Erfahrung, welches Quantum von Kraftaufwand dabei nötig sei. Der Übergang von dem mit der Hand gehaltenen Hammer zu einem auf eine Welle gesetzten und mittelst einer mechanischen Vorrichtung gehobenen Hammer erfordert vielleicht einen höheren Grad von Erfindungskraft, als die vorherigen Beispiele; indessen ist es nicht schwer, die Beobachtung zu machen, daß, wenn der Hammer stets von derselben Höhe niederfällt, seine Wirkung auch immer dieselbe bleiben müsse.

§ 225. Hat man es erst dahin gebracht, jeden einzelnen Prozeß mit einem einfachen Werkzeug vollenden zu können, so besteht die Maschine in der durch ein und dieselbe Kraft in Bewegung gesetzten Zusammenfassung aller dieser Werkzeuge. In der Erfindung von Werkzeugen und Vereinfachung der Handarbeiten ist der einzelne Arbeiter oft erfolgreich; diese isolierten Vervollkommnungen aber in ein und dieselbe Maschine zu vereinigen, setzt einen höheren Grad von Geistesbildung voraus. Freilich ist es sehr gut, selbst die einzelnen Handarbeiten vorher gelernt zu haben; allein zur erfolgreichen Zusammensetzung einer Maschine sind genaue Kenntnisse der Mechanik und Maschinenzeichnen wesentliche Bedingungen. Dergleichen Fähigkeiten sind aber heutigentags allgemeiner, als früher, und vielleicht ist es diesen Umständen zuzuschreiben, daß wir in den früheren Perioden vieler Manufakturen auf so viele Fehlgriffe stoßen.

§ 226. Dies nun sind die gewöhnlich aufgezählten Vorteile, die aus der Arbeitsteilung entspringen. Da aber nach meiner Ansicht von der Sache gerade die wichtigste und einflußreichste Einwirkung ganz übersehen worden ist, so will ich erst das bisher Erwähnte in den Worten von Adam Smith zusammenfassen:

»Daß infolge der Einteilung der Arbeit *eine ungemein größere Quantität* durch dieselbe Anzahl Menschen produziert werden kann, läßt sich auf drei Ursachen zurückführen: erstens auf die dadurch vermehrte Fertigkeit der einzelnen Arbeiter; zweitens auf die Ersparnis der Zeit, welche man beim Übergehen von einer Arbeit zu der anderen in der Regel verliert; endlich auf die Erfindung einer Menge von Maschinen, welche die Arbeit erleichtern und abkürzen und einen Einzelnen in Stand setzen, das Werk von vielen zu verrichten.« Diese Ursachen sind allerdings von Wichtigkeit, und eine jede trägt das ihrige zu dem Resultat bei; indessen scheint es mir, daß die mittelst der Arbeitsteilung bewirkte Wohlfeilheit der Waren noch keineswegs vollständig erklärt ist, so lange man folgendes nicht in Anschlag bringt:

Daß, nachdem das Werk in mehrere Prozesse geteilt ist, deren jeder verschiedene Grade von Geschicklichkeit oder Stärke erfordert, der Fabrikherr sich in den Stand gesetzt sieht, von beiden Eigenschaften genauso viel in Anspruch zu nehmen, als jeder Prozeß verlangt; wenn dagegen ein einziger Arbeiter das Werk vollenden sollte, so müßte er so viel Geschicklichkeit und so viel Kraft besitzen, daß er einerseits dem schwierigsten und andererseits dem mühsamsten der verschiedenen Prozesse gewachsen wäre[33].

§ 227. Da es bei der aus der Einteilung der Arbeit entstehenden Ersparnis viel auf ein genaues Verständnis des eben angeführten Prinzips ankommt, so dürfte es zweckmäßig sein, dessen bestimmte und numerische Wirkung an irgendeiner speziellen Fabrik nachzuweisen. Vielleicht hätte ich dazu die Nähnadelmacherei wählen sollen, indem diese eine sehr große Anzahl ausnehmend voneinander abweichender Prozesse in sich schließt; indes verdiente die Stecknadelfabrikation, obgleich minder schwierig, deshalb den Vorzug, weil Adam Smith sich ihrer schon als Erläuterung bedient hat, und der Umstand, daß wir eine sehr treue Beschreibung dieser Kunst, wie sie vor mehr als 50 Jahren in Frankreich ausgeübt wurde, besitzen, hat mich in der Wahl dieses Beispiels noch mehr bestätigt.

§ 228. *Stecknadel-Verfertigung.* – In der Fabrikation von Stecknadeln in England kommen folgende Prozesse vor:

1) *Drahtziehen.* – (a) Den zu Stecknadeln angewandten Messingdraht kauft der Fabrikherr in Ringen von ungefähr 22 Zoll Durchmesser und 36 Pfund Gewicht. (b) Die Ringe werden in kleinere von etwa 6 Zoll Durchmesser und 1 bis 2 Pfund Gewicht abgewunden. (c) Nun wird der Draht so lange durch Löcher, welche in stählernen Platten angebracht sind, hindurchgezogen, bis er so dünn ist, als man ihn zu den Nadeln haben will. Während dieses Prozesses wird der Draht gehärtet, und damit er nicht breche, mehrere Male, je nach der erforderlichen Verdünnung desselben ausgeglüht. (d) Hierauf bringt man die Drahtgebinde in reichlich mit Wasser verdünnte Schwefelsäure, um sie zu reinigen, und schlägt sie sodann auf einem Stein, damit das Oxyd, welches sich etwa hier und da angesetzt hat, entfernt werde. Diese Arbeiten werden in der Regel von Männern verrichtet, welche 30 bis 36 Pfund Draht per Tag ziehen und reinigen. Ihr Lohn ist 5 Farthings für das Pfund, so daß sie gewöhnlich 31 Schilling am Tag verdienen. Über die Verlängerung des Drahtes mittelst der verschiedenen Löcher hat Herr Perronet mit einem Stück schwedischen Messings einige Experimente angestellt und folgendes Resultat gefunden:

---

33 Ich habe bereits gesagt, daß ich diese Beobachtung machte, nachdem ich viele verschiedenartige Fabriken und Werkstätten selbst untersucht hatte; erst nachher ist mir zur Kenntnis gekommen, daß sie schon in Giojas Werk *Nuovo Prospetto delle Scienze Economiche*, 6 tom. 4to. Milano, 1815 tom. i. capo. iv. gemacht worden sind.

	Fuß	Zoll
Vor dem Ziehen war das Stück lang	3	8
Nachdem es durch das erste Loch gezogen war	5	5
Nachdem es durch das zweite Loch gezogen war	7	2
Nachdem es durch das dritte Loch gezogen war	7	8

Jetzt wurde es geglüht und die Länge betrug,

nachdem es durch das vierte Loch gezogen war	10	8
durch das fünfte	13	1
durch das sechste	16	8
Und zuletzt, nachdem es noch durch 6 Löcher gegangen war	144	0

Die Löcher, durch welche der Draht bei diesem Experimente gezogen wurde, waren nicht von regelmäßig abnehmendem Durchmesser: es ist sehr schwer, dergleichen Löcher zu machen, und noch schwieriger, sie in ihren ursprünglichen Dimensionen zu erhalten.

§ 229. 2) *Streckung den Drahtes.* – Das Drahtgewinde geht jetzt über in die Hände einer Frau, der gewöhnlich noch ein Kind als Gehilfe beigegeben ist. An dem einen Ende eines hölzernen, etwa 20 Fuß hohen Tisches, sind einige Nägel oder eiserne Stifte in nicht ganz gerader Linie eingeschlagen; zwischen diesen Nägeln wird das eine Ende des Drahtgewindes geflochten und der Draht alsdann ans andere Ende des Tisches gezogen. Zweck bei diesem Prozeß ist, den durch die Gestalt der Ringe stark gebogenen Draht wieder gerade zu machen. Die so gestreckte Länge wird abgeschnitten, und mit dem Rest des Ringes der Prozeß von neuem begonnen. Beim Drahtstrecken sind ungefähr 7 Nägel oder Stifte nötig, und sie genau an den richtigen Punkten anzubringen, ist nicht eben leicht. Es scheint, daß zunächst, indem man den Draht zwischen die ersten drei Stifte flicht, ihm eine seiner bisherigen starken Biegung in Ringe entgegengesetzte Richtung gegeben werde; diese wird mittelst des Flechtens zwischen den zwei nächsten Stifter wiederum die erste Richtung, aber mit geringerer Krümmung, zurückgeführt, und so fort, bis die Kurve des Drahtes zuletzt fast in eine gerade Linie verwandelt ist.

§ 230. 3) *Zuspitzen.* – (a) Jetzt faßt ein Mann ungefähr 300 von diesen gerade gestreckten Stücken in ein Bündel zusammen, tut sie in ein hohles Patronenmaß und schneidet sie vermittelst einer durch den Fuß in Bewegung gesetzten Schere in Stücke reichlich von der Länge von 6 Nadeln. – (b) Das nächste Geschäft nun ist das Spitzen der Enden. Dies geschieht auf folgende Art: der Arbeiter sitzt vor einer *stählernen Schleifscheibe*, die in schneller Bewegung gehalten wird. Dieselbe besteht aus einem Zylinder von etwa 6 Zoll in Durchmesser und 21 Zoll in Breite, und hat eine stählerne Kante, welche wie eine Feile geschnitten ist. Wenige Zoll entfernt von diesen Zylinder auf derselben Achse befindet sich ein anderer, mit einer noch feineren Feile an der Kante, zur letzten Vollendung der Spitzen. Der Arbeiter nimmt nun ein Bündel Drähte zwischen Daumen und Finger einer jeden Hand und drückt die Enden schief an die Scheibe, während er zugleich jeden Drahtstengel zwischen den Fingern langsam dreht. Nachdem alle Drähte an dem einen Ende angespitzt sind, kehrt er sie um und wiederholt das nämliche Verfahren. Dasselbe verlangt viel Fertigkeit, ist aber nicht, wie bei der Nadelfabrikation der Gesundheit nachteilig. (c) Die nunmehr an beiden Enden zugespitzten Stücke bringt man in Patronenmaße und schneidet jedes Ende in der für die Länge der Nadel nötigen Entfernung ab. Das übrige Stück hat nun noch die Länge von ungefähr 4 Nadeln, wird ebenfalls an den Enden gespitzt und dann auf die bezeichnete Weise zerschnitten. Das Verfahren wird nun noch ein drittes Mal wiederholt, und der kleine Rest Draht unter den Abfall geworfen, um mit dem aus dem Zuspitzen entstehenden Metallstaub in den Schmelzofen zurückzukehren. Gewöhnlich wird der Arbeiter in diesem Prozeß von einer Frau und einem Kind unterstützt; alle 3 erhalten 5 Farthings per Pfund, und da sie täglich 34 bis 36½ Pfund Draht zuspitzen können, so ist ihr Verdienst 6½ bis 7 Schilling, was etwa folgendermaßen verteilt werden kann: 5½ Schilling dem Mann, 1 Schilling der Frau, ½ Schilling dem Kind.

§ 231. 4) *Drehen und Schlagen der Nadelköpfe.* – Zu diesem Prozeß gebraucht man gewöhnlich Kinder. (a) Der Knabe nimmt ein Stück Draht von demselben Durchmesser, wie die Nadel hat, und befestigt es an eine Achse, welche durch einen Riemen mit einem Rad verbunden, schnell gedreht werden kann. Diesen Draht nennt man den Dorn (*mould*). Darauf steckt er einen dünneren Draht in das Loch eines kleinen Instrumentes, das er in seiner linken Hand hat, und hält ihn dicht an das Ende des Dorns, den er nun vermittelst der rechten Hand rasch umdreht, so daß der dünnere Draht sich spiralförmig aufwindet, bis er die ganze Länge des Dorns einnimmt. Nun schneidet der Knabe das Ende der Spirallinie am Fuße des Dorns ab und schiebt sie herunter. (b) Ist auf diese Art eine hinreichende Menge von Kopfzeug (heading) verfertigt, so nimmt ein Mann 13 bis 20 dieser Spiralen in die linke Hand, zwischen den Daumen und drei Finger, legt sie so, daß zwei Windungen der Spirale über die Schneide einer Schere hervorstehen, wovon er sich überdies durch den Zeigefinger derselben Hand noch vergewissert. Mit der rechten Hand schneidet er die Spiralen nun ab, und da die Lage des Zeigefingers die Köpfe hindert, wegzuspringen, fallen sie in ein unterstehendes Becken. Einem solchen Arbeiter bezahlt man gewöhnlich 2½ bis 3 Pence für das Pfund bei großen Köpfen, bei kleineren mehr. Davon aber hat er dem Knaben, der die Spiralen spinnt, 4 bis 6 Pence Tagelohn abzugeben. Ein guter Arbeiter kann 6 bis etwa 30 Pfund Köpfe, je nach der Größe, täglich schneiden.

§ 232. 5) *Aufsetzen der Köpfe.* – Dies wird gewöhnlich von Weibern und Kindern ausgeführt. Der Arbeiter sitzt vor einem kleinen Stahlamboß, der eine Höhle hat, worein der halbe Kopf paßt; unmittelbar darüber ist ein stählerner Stempel, der eine entsprechende Höhlung für die andere Hälfte des Kopfes hat; ein durch den Fuß bewegliches Pedal hebt denselben. Der Hammer wiegt 7 bis 10 Pfund und fällt nur etwa 1 bis 2" herab. Die Höhlen im Mittelpunkt dieser Stempel gehen in eine kleine Rinne über, welche den Körper der Nadel aufnimmt, damit er nicht durch den Fall des Hammers plattgedrückt werde. (a) Der Arbeiter spießt nun mit der linken Hand aus einer Schwinge voll Köpfen einen an die Spitze eines Nadelstiftes und schiebt ihn mit dem Zeigefinger ins obere Ende hinauf. Dann nimmt er den Stift in die rechte Hand, legt den Kopf in die Höhle des Ambosses und läßt den Hammer, den er mit dem Fuße hebt, darauf fallen. Hierdurch wird der Kopf am Stifte befestigt; und erhält bei mehrmaligem Umwenden drei bis vier Schläge an verschiedenen Stellen. Man bezahlt den Frauen und Kindern, die diese Arbeit verrichten, 1½ Schilling für je 20 000 Nadeln. – Ein geschickter Arbeiter muß sich sehr anstrengen, um so viel an einem Tage fertig zu bekommen; die gewöhnliche Tagesarbeit ist 10 bis 15 000 Stück, Kinder weisen eine weit kleinere, nach dem Grade ihrer Geschicklichkeit natürlich verschiedene Zahl auf. Etwa ein Prozent Nadeln wird bei der Arbeit verdorben und durch Weiber zugleich mit dem Überbleibsel von anderen Prozessen, für den Schmelztiegel gesammelt. Der Stempel, worin die Köpfe geschlagen werden, hat nach der Mode der Zeit verschiedene Formen; die wiederholten Schläge aber machen es nötig, ihn nach Verfertigung von etwa 30 Pfund Nadeln auszubessern.

§ 233. 6) *Verzinnen*. – Nun können die Nadeln verzinnt werden, was gewöhnlich von einem Mann mit Hilfe seines Weibes oder eines Jungen geschieht. Man nimmt in der Regel 56 Pfund Nadeln hierzu. (a) Sie werden zuerst in Salzlake getan, um sie von Fett oder Schmutz zu reinigen und zugleich rauh zu machen, wodurch das Anhängen des Zinns erleichtert wird. (b) Dann legt man sie in einen Kessel mit einer Lösung von Weinstein in Wasser, worin sie mit einer Quantität Zinn in kleinen Körnern vermengt werden. Hier läßt man sie gemeinhin gegen dreieinhalb Stunden kochen und bringt sie dann in einen Tiegel mit Wasser, worein etwas Kleie geworfen wird, um die saure Flüssigkeit abzuwaschen. (c) Sie werden dann herausgenommen und in hölzernen Mulden in trockener Kleie wohl umgeschüttelt, wodurch das anhängende Wasser entfernt wird, und indem man der hölzernen Mulde eine eigene Bewegung gibt, bleiben die in die Höhe geworfenen Nadeln, nachdem die Kleie nach und nach zerstoben ist, in der Mulde liegen. Der Mann, welcher die Nadeln einlaugt und verzinnt, empfängt 1 Penny für das Pfund, und während ein Satz Nadeln kocht, trocknet er die vorher verzinnten. Er kann täglich 9 Schilling verdienen, von denen er jedoch seinem Gehilfen 3 Schilling abgibt.

§ 234. 7) *Aufstecken auf Papier (Einbriefen)*. – Die Nadeln kommen vom Verzinner in hölzerne Gefäßen, mit den Spitzen nach allen Richtungen liegend; Weiber reihen dieselben nebeneinander auf Papier auf. (a) Eine Arbeiterin nimmt einige heraus und legt sie auf einen Kamm. Beim Schütteln desselben fällt ein Teil in das Gefäß, die anderen bleiben mit ihren Köpfen zwischen den Zähnen des Kammes hängen. (b) Wenn sie so in paralleler Richtung aufgereiht sind, wird die erforderliche Zahl zwischen zwei Stücken Eisen gelegt, die in gleichem Abstand 26 kleine Rinnen haben, (c) und nach vorgängiger Zusammenlegung des Papiers, wird dieses gegen die Spitzen der Nadeln gedrückt, bis sie durch die haltenden beiden Falze hindurchkommen. Darauf löst man die Nadeln vom Griffe des Instruments und wiederholt den Prozeß. Eine Frau gewinnt täglich durch das Aufstecken 1 Schilling 6 Pence; Kinder, deren man sich bisweilen dabei bedient, 6 Pence und mehr.

§ 235. Nachdem solchergestalt die verschiedenen Prozesse der Nadelfabrikation im allgemeinen beschrieben und ihre gewöhnlichen Kosten angegeben sind, wird es passend sein, eine tabellarische Übersicht der zu jedem Prozesse nötigen Zeit, seiner Kosten, sowie des Ertrages für die Personen zu geben, welche lediglich einen oder den anderen Prozeß ausführen. Da der Arbeitslohn selbst schwankend ist, die Preise und bearbeiteten Quantitäten aber nur zwischen gewissen Grenzen angegeben wurden, so kann man von dieser Tabelle keine ganz genaue Darstellung der Kosten jedes Teiles der Arbeit, noch auch eine vollständige Übereinstimmung mit den oben angeführten Preisen erwarten; jedoch ist sie mit hinreichender Sorgfalt ausgearbeitet, um den theoretischen Sätzen, die sie erläutern soll, zur Basis zu dienen. Dieser Tabelle folgt eine zweite, fast ganz ähnliche, entworfen nach den Angaben des Herrn Perronet über die Nadelfabrikation in Frankreich vor etwa 70 Jahren.

Englische Manufaktur

§ 236. 5546 Stecknadeln, »Elfer« (*elevens*) wiegen ein Pfund; ein Dutzend = 6932 Stecknadeln, wiegen zwanzig Unzen und benötigen sechs Unzen Papier.

Benennung des Prozesses	Arbeiter	Zeit, um 1 Pfund Nadeln zu machen	Kosten eines Pfundes Nadeln	Täglicher Ertrag für den Arbeiter	Preis der Verfertigung jedes Teils einer Nadel in Millionenteilen eines Penny
		Stunden	Pence	Sch. D.	
1. Draht-Ziehen (§ 224)	Mann	0,3636	1,2500	3,3	225
2. Draht-Strecken (§ 225)	Frau	0,3000	0,2840	1,0	51
	Mädchen	0,3000	0,1420	0,6	26
3. Zuspitzen (§ 226)	Mann	0,3000	1,7750	5,3	319
4. Drehen und Abschneiden der Nadelknöpfe (§ 227)	Junge	0,0400	0,0147	0,4½	3
	Mann	0,0400	0,2103	5,4½	38
5. Anknöpfen (§ 228)	Frau	4,0000	5,0000	1,3	901
6. Verzinnen oder Weißsieden (§ 229)	Mann	0,1071	0,6666	6,0	121
	Frau	0,1071	0,3333	3,0	60
7. Einbriefen (§ 230)	Frau	2,1314	3,1973	1,6	576
		7,6892	12,8732		2320

Zahl der angestellten Arbeiter: 4 Männer; 4 Frauen; 2 Kinder; Gesamt: 10.

Französische Manufaktur

§ 237. Kosten von 12 000 Stecknadeln, Nr. 6, jede zu 0,8" Englisch lang; fabriziert in Frankreich um das Jahr 1760; mit den Kosten jeder Operation; aus den Bemerkungen und Angaben des Herrn Perronet:

Benennung der Prozesse und Materialien	*Zeit um 12000 Nadeln zu machen*	*Kosten der Fabrikation von 12000 Nadeln*	*Gewöhnl. Tagelohn des Arbeiters*	*Kosten an Instrumenten u. Materialien*
	Stunden	Pence	Pence	Pence
1. Draht	—	—	—	24,75
2. Strecken und Abschneiden	1,2	0,5	4,5	—
Grobes Zuspitzen	1,2	0,625	10,0	—
Raddrehen[34]	1,2	0,875	7,0	—
3. Feines Zuspitzen	0,8	0,5	9,375	—
Raddrehen	1,2	0,5	4,75	—
Abschneiden der zugespitzten Enden	0,6	0,375	7,5	—
4. Spiral-Drehen	0,5	0,125	3,0	—
Kopf-Abschneiden	0,8	0,375	5,625	—
Brennmaterial, die Köpfe auszuglühen	—	—	—	0,125
5. Anknöpfen	12,0	0,333	4,25	—
6. Weinstein zum Säubern	—	—	—	0,5
Weinstein zum Weißen	—	—	—	0,5
7. Einbriefen	4	0,5	2,0	—
Papier	—	—	—	1,0
Abnutzung der Instrumente	—	—	—	2,0
	24,3	4,708		

§ 238. Aus der über die Nadelfabrikation gegebenen Analyse erhellt, daß etwas mehr als 7½ Stunden Zeit für 10 verschiedene, nacheinander an demselben Material arbeitende Individuen nötig sind, um dieses in ein Pfund Nadeln zu verwandeln, und daß die gesamten Kosten ihrer Arbeit, wobei jeder nach Verhältnis seiner Geschicklichkeit und der angewandten Zeit bezahlt wird, nahe an 1 Schilling 1 Penny betragen. Die Ansicht der ersten Tafel zeigt aber, daß der Lohn der angestellten Personen von 4½ Pence täglich bis zu 6 Schilling variiert; eine Differenz der Summe, nach welcher man die zu den verschiedenen Beschäftigungen erforderliche Geschicklichkeit abmessen kann. Nun ist es augenscheinlich, daß wenn eine einzige Person das ganze Pfund Nadeln machen sollte, sie geschickt genug sein müßte, täglich 5 Schilling 3 Pence zu verdienen, wenn sie den Draht spitzt oder die Köpfe von den Spiralwindungen abschneidet; und 6 Schil-

---

34 Die großen Kosten des Raddrehens scheinen daher gekommen zu sein, daß die hierzu gebrauchte Person die Hälfte der Zeit hindurch unbeschäftigt blieb, während der Zuspitzer eine andere Arbeit vornahm.

ling, wenn sie die Nadeln verzinnt. Diese drei Operationen nehmen aber wenig mehr, als den 17. Teil der Zeit des Arbeiters ein. Ferner ist klar, daß der Arbeiter in mehr als der Hälfte seiner Zeit nur 1 Schilling 3 Pence durch Aufsetzen der Köpfe verdient, während er doch geschickt genug ist, in dem nämlichen Zeitraum fast 5mal so viel zu verdienen. Nähme man daher zu allen diesen Prozessen den Mann an, welcher die Nadeln verzinnt, vorausgesetzt, daß er auch in ebenso kurzer Zeit ein Pfund Nadeln liefern könnte, so müßte man ihm doch für seine Zeit 46,14 Pence oder etwa 3 Schilling 10 Pence bezahlen. *Die Verfertigung der Nadeln würde also drei und dreiviertel Mal mehr kosten, als jetzt bei der Arbeitsteilung der Fall ist.*

Je größer die bei einem Prozesse in der Fabrikation erforderliche Geschicklichkeit des Arbeiters und je kürzer die dazu nötige Zeit ist, desto vorteilhafter wird es sein, diesen Prozeß vom Rest zu trennen und eine Person ganz allein damit zu beschäftigen. Hätten wir die Nähnadelfabrikation zum erläuternden Beispiel gewählt, so würde die aus der Arbeitsteilung hervorgehende Ersparnis noch schlagender erscheinen; denn der Prozeß der Abkühlung der Nähnadeln erfordert viel Geschicklichkeit, Aufmerksamkeit und Erfahrung, und obgleich 3 bis 4000 zugleich abgekühlt werden, so wird doch der Arbeiter in einem sehr hohen Verhältnis bezahlt. Bei einem anderen Prozesse in derselben Fabrikation, beim trockenen Zuspitzen, welches ebenfalls mit großer Schnelligkeit ausgeführt wird, steigt der Lohn des Arbeiters zu 7 bis 11 und 15 Schilling, ja in einigen Fällen bis 20 Schilling täglich; während andere Arbeiten von Kindern vollbracht werden, mit etwa 6 Pence Tageslohn.

§ 239. Die vorgängige Analyse gibt Stoff zu noch einigen weiteren Bemerkungen; doch es sei uns vergönnt, eine kurze Beschreibung einer von einem Amerikaner erfundenen Nadelmaschine vorangehen zu lassen. Die Vorrichtung ist äußerst sinnreich und bietet, in Hinsicht auf Ersparnis, einen schlagenden und interessanten Gegensatz zur Verfertigung der Nadeln mit der Hand. Ein Ring Messingdraht, auf eine Achse gebracht, wird von einem Paar Walzen durch ein kleines in einer Stahlplatte befindliches Loch getrieben und dort durch eine Zange gefaßt. Nun wird die Maschine in Tätigkeit gesetzt:

1) Die Zange zieht den Draht bis zur Länge einer Nadel aus; ein schneidender Stahl steigt dann dicht an dem Loche herab, durch welches der Draht hereintritt und trennt das ausgezogene Stück.

2) Die das so getrennte Stück fassende Zange bringt den Draht in die Mitte eines *Futters* an einer kleinen Drehbank, das sich zu seiner Aufnahme öffnet. Während nun die Zange sich umwendet, um ein zweites Stück Draht zu fassen, bewegt sich der Drehapparat schnell um und schleift das vorstehende Ende des Drahtes an einer Stahlscheibe, die sich demselben nähert.

3) Nach dieser ersten oder rohen Zuspitzung hält die Drehbank inne, und eine andere Zange nimmt die rohgespitzte Nadel auf (welche durch die Öffnung des Futters sogleich losgelassen wird), und bringt sie in ein ähnliches Futter einer zweiten Drehbank, welche die Spitze an einem feineren Stahl vollendet.

4) Auch diese Scheibe hält nun inne, und eine andere Zange bringt die zugespitzte Nadel zwischen ein Paar starke stählerne Backen, welche eine kleine Rinne haben, worin die Nadel sehr fest gehalten wird. Ein Teil dieser Rinne, welcher an derjenigen Kante der Stahlbacken endet, wo der Kopf der Nadel gemacht werden soll, ist kegelförmig. Eine kleine runde Stahlpunze wird nun kräftig gegen das Ende des so eingeklammerten Drahtes getrieben, und der Kopf der Nadel teilweise durch Einpressung des Drahtes in die kegelförmige Höhlung gebildet.

5) Nun bringt wieder eine Zange die Nadel zwischen ein anderes Paar Backen, und der Kopf wird durch den Schlag einer zweiten Punze vollendet, deren Spitze ein wenig konkav ist. Jede Zange kehrt, sobald sie ihre Last abgegeben hat, wieder um, und so befinden sich immer 5 Stücke Draht gleichzeitig in verschiedenen Stufen zu einer fertigen Stecknadel.

Eine Mulde nimmt die so gefertigten Nadeln auf, die dann auf die gewöhnliche Art verzinnt und in Papier eingewickelt werden. Diese Maschine liefert in der Minute gegen 60 Nadeln; jeder Prozeß aber braucht genau gleich viel Zeit.

§ 240. Um den Wert einer solchen Maschine im Vergleich zur Handarbeit zu beurteilen, muß man Folgendes ermitteln: 1) die Fehler, denen so verfertigte Nadeln unterworfen sind. 2) Ihre etwaigen Vorzüge gegen die auf gewöhnliche Weise fabrizierten. 3) Die ursprünglichen Kosten der Maschine. 4) Die Kosten ihrer Ausbesserung. 5) Die Kosten der Bewegung und Wartung der Maschine.

1) Die Maschinen-Nadeln biegen sich leichter, weil der Draht weich sein muß, um den Kopf aus demselben schlagen zu können. 2) Die Maschinennadeln sind besser, als die gewöhnlichen, weil sie die Köpfe nicht verlieren können. 3) Der ursprüngliche Preis der Maschinen kann, wenn diese in größerer Anzahl gefertigt werden, sehr herabgesetzt werden. 4) Über das Abnutzen kann nur die Erfahrung entscheiden; doch ist zu bemerken, daß die stählernen Backen oder Würfel sich leicht abnutzen, wenn der Draht nicht durch Glühen weich gemacht ist, und daß dagegen im letzteren Falle die Nadeln sich allzuleicht biegen. Diesem Nachteil kann man indessen begegnen, entweder indem man die Maschine die Köpfe spinnen und ansetzen läßt oder nur das Kopfende des Drahtes glüht, was jedoch eine Unterbrechung in den Operationen bewirken würde, weil das Messing, wenn es erhitzt ist, zu zerbrechlich ist, um einen Schlag auszuhalten, ohne zu zerbröckeln. 5) Vergleicht man die Zeit, welche die Maschine bedarf, mit der in der Tabelle angegebenen, so findet man, daß die mensch-

liche Hand immer, ausgenommen beim Anköpfen, schneller ist. Die Maschine spitzt in einer Stunde 3600 Nadeln, während ein Mann in derselben Zeit 15 600 spitzen kann. Dagegen vollführt die Maschine dreieinhalb Mal schneller, als der Arbeiter. Indessen muß bemerkt werden, daß das Schleifen auf der Maschine nicht den Aufwand der Kraft eines Mannes erfordert; denn die Maschine verrichtet sämtliche Prozesse gleichzeitig und ein einziger Arbeiter reicht zu ihrer Wartung hin.

Zwanzigstes Kapitel

Von der Teilung der geistigen Arbeit

§ 241. Wir haben bereits erwähnt, daß die Arbeitsteilung, was einigen unserer Leser vielleicht paradox erscheinen dürfte, sich mit gleichem Erfolg und gleicher Zeitersparnis auf geistige Operationen anwenden lasse. Ein kurzer Bericht über die praktische Anwendung dieses Mittels auf die umfassendsten Reihen von Rechnungen, die jemals ausgeführt worden, wird die Tatsache auf eine interessante Weise erläutern, und zugleich zeigen, daß die zur Regulierung der inneren Ökonomie einer Fabrik nötigen Anordnungen auf tiefer wurzelnden Grundsätzen beruhen, als man geglaubt haben mag, und daß sie dazu dienen könnten, den höchsten Forschungen des menschlichen Geistes den Weg zu bahnen.

§ 242. Inmitten der die Französische Revolution und die ihr folgenden Kriege begleitenden Aufregung war der Ehrgeiz der Nation, durch ihre verhängnisvolle Leidenschaft für kriegerische Entwürfe noch nicht erschöpft, auch auf die edleren und dauernderen Triumphe gerichtet, welche die Ära der Größe eines Volkes bezeichnen und den Beifall der Nachwelt immer noch empfangen, wenn ihm seine Eroberungen längst entrissen sind, ja wenn selbst die Existenz eines solchen Volkes nur noch auf den Blättern der Geschichte anzutreffen ist. Unter anderen wissenschaftlichen Unternehmungen verlangte die französische Regierung die Ausarbeitung einer Reihe mathematischer Tafeln zur leichteren Anwendung des neuerdings angenommenen Dezimalsystems. Sie veranlaßte deshalb die Mathematiker Frankreichs, dergleichen Tafeln nach einer höchst ausgedehnten Skala anzufertigen. Die ausgezeichnetsten Gelehrten erfanden, dem Aufrufe ihres Landes vollkommen entsprechend, für diese mühsame Aufgabe neue Methoden, und ein den umfassenden Forderungen der Regierung durchaus nicht nachstehendes Werk wurde in einem merkwürdig kurzen Zeitraum verfaßt. Herr v. Prony, welchem die Oberaufsicht über diese große Unternehmung zugeteilt war, erzählt, indem er von ihrem Beginnen spricht, folgendes: »Ich gab mich derselben mit allem Eifer, dessen ich fähig war, hin, und beschäftigte mich zuerst mit dem allgemeinen Entwurf der Ausführung. Die zu erfüllenden Bedingungen erheischten die Anwendung einer großen Zahl von Rechnern und darum kam es mir bald in den Sinn, mich bei Verfertigung dieser Tafeln der *Arbeitsteilung* zu bedienen, aus welcher die Gewerbe einen so ausnehmenden Vorteil ziehen, indem sie die Vollkommenheit der Handarbeiten mit Zeit- und Kostenersparnis verbinden.« Der Umstand, welcher diese sonderbare Anwendung des Prinzips der *Arbeitsteilung* veranlaßte, ist so interessant, daß es keiner Apologie für die Aufnahme desselben aus einer vor wenigen Jahren zu Paris gedruckten Broschüre bedarf, welche herauskam, als die englische Regierung der französischen den Vorschlag machte, daß beide Reiche diese Tafeln auf gemeinschaftliche Kosten drucken lassen möchten.

§ 243. Folgender Auszug zeigt den Ursprung der Idee an:

» Wahrscheinlich verdankt man einem Kapitel aus einem mit Recht berühmten englischen Buch[35] die Existenz des Werkes, dessen Genuß die britische Regierung der gelehrten Welt verschaffen will.

Man erzählt Folgendes: Herr v. Prony hatte sich gegen die Kommission der Regierung verpflichtet, für die Zentesimalteilung des Kreises logarithmische und trigonometrische Tafeln anzufertigen, die nicht allein in Hinsicht der Genauigkeit nichts zu wünschen übrig lassen, sondern auch das umfassendste und imposanteste Denkmal des Kalküls bilden sollten, welches in der Wirklichkeit oder auch nur in der Vorstellung je existiert haben mochte. Die Logarithmen der Zahlen von 1 bis 200 000 bildeten eine notwendige und geforderte Ergänzung zu dieser Arbeit. Hr. v. Prony konnte sich leicht überzeugen, daß, selbst wenn er sich mit drei oder vier geschickten Mitarbeitern verbände, dennoch auch die längste Lebensdauer, die er für sich hoffen könnte nicht ausreichen würde, um während derselben seine Verpflichtungen zu erfüllen. Mit dieser betrübenden Vorstellung beschäftigt, bemerkte er einstmals vor dem Laden eines Buchhändlers die schöne englische Ausgabe des Buches von Smith, 1776 in London erschienen; er schlug das Buch auf und traf auf das Kapitel, das von der *Arbeitsteilung* handelt, und wo die Nadelfabrikation als Beispiel angeführt ist. Er hatte kaum die ersten Seiten überblickt, als er, durch eine Art von Inspiration, auf den Einfall kam, seine Logarithmen wie die Nadeln zu fabrizieren. Er hielt zu jener Zeit an der Polytechnischen Schule Vorlesungen über einen Teil der Analysis, welcher mit dieser Art der Arbeit in Verbindung steht, nämlich über die *Differenzen-Methode* und ihre Anwendung auf die *Interpolation*. Er begab sich einige Tage aufs Land und kam mit dem in der Ausführung befolgten Fabrikationsplan nach Paris zurück. Er errichtete zwei Werkstätten, wo dieselben Rechnungen getrennt vollführt wurden, und die sich gegenseitig verifizierten.«[36]

§ 244. Die früheren Methoden der Berechnung der Tafeln waren bei dieser Prozedur fast ganz unbrauchbar. Mit dem Wunsch also, sich alle Talente seines Vaterlandes zu Nutze zu machen, bildete Herr v. Prony die

---

35 Untersuchung über die Natur und die Ursachen des Nationalreichtums von Adam Smith.
36 *Note sur la publication proposée par le gouvernement anglais des grands tables logarithmiques et trigonométriques de M. de Prony.* De l'imprimerie de *F. Didot*, 1. Dezember 1820. S. 7. (Anmerkung der deutschen Übersetzung: »Die Herausgabe der Tafeln ist übrigens bis jetzt noch nicht erfolgt.«)

erste Sektion derer, welche an der Unternehmung teilnehmen sollten, aus fünf bis sechs der ausgezeichnetsten Mathematiker Frankreichs.*

Erste Sektion. – Dieselbe hatte zur Aufgabe, unter den verschiedenen analytischen Formeln für ein und dieselbe Funktion denjenigen herauszusuchen, welcher durch verschiedene, zu gleicher Zeit angestellte Individuen am schnellsten auf eine einfache numerische Rechnung übertragen werden konnte. Diese Sektion hatte wenig oder gar nichts mit der wirklichen Zahlen-Arbeit zu tun. Sobald ihre Arbeiten vollendet waren, wurden die Formeln, für deren Gebrauch sie sich entschieden hatte, der zweiten Sektion übergeben.

Zweite Sektion. – Diese Sektion bestand aus sieben oder acht in der Mathematik bewanderten Personen, welche die ihnen von der ersten Sektion übergebenen Formeln in Zahlen zu setzen hatten; eine sehr mühsame Operation, nach deren Beendigung diese Formeln der dritten Sektion übergeben wurden, von der die zweite die beendigten Rechnungen wieder empfing. Die Mitglieder dieser zweiten Sektion hatten gewisse Mittel zur Verifizierung der Rechnungen, ohne daß es nötig war, die ganze Arbeit der dritten Sektion nochmals zu wiederholen oder auch nur zu untersuchen.

Dritte Sektion. – Die Mitglieder derselben, an Zahl zwischen sechzig und achtzig, erhielten von der zweiten Sektion gewisse Zahlen und brachten derselben die durch bloße Additionen und Subtraktionen beendigten Tafeln zurück. Merkwürdig ist, daß neun Zehnteile dieser Klasse nur die beiden Rechnungsarten kannten, zu deren Anwendung sie berufen waren; und daß man gewöhnlich die Berechnungen dieser Personen genauer befand, als die derjenigen, welche ausgebreitetere Kenntnisse in der Arithmetik besaßen.

§ 245. Da die so zusammengesetzten Tafeln 17 große Foliobände umfassen, so kann man sich vielleicht eine Vorstellung von dem Umfang der Arbeit machen. Die erste Klasse hatte bei den Arbeiten der dritten, welche man völlig mechanisch nennen kann, da sie die geringsten Kenntnisse und fast die größte Arbeit erforderten, durchaus nichts zu tun. Dergleichen Arbeit kann man stets wohlfeil erkaufen. Die Obliegenheiten der zweiten Klasse, welche eine beträchtliche Geschicklichkeit in arithmetischen Operationen erforderten, wurden einigermaßen durch das natürliche Interesse erleichtert, welches schwierigere Operationen natürlich erregen. Die Arbeiten der ersten Klasse werden, bei einer folgenden Gelegenheit, nicht so viel Geschicklichkeit und Mühe erfordern, als da es galt, eine solche Methode zuerst einzuführen; wenn jedoch durch die Vervollkommnung der Rechenmaschine ein Substitut für die dritte Sektion gefunden sein wird, so dürfte sich die Aufmerksamkeit der Analytiker auf eine neue Erörterung der Methode richten, wodurch analytische Formeln

---

* (Anm. der dt. Übersetzung): Unter diesen befand sich auch der kürzlich verstorbene *Legendre*.

in Zahlen übersetzt werden, was natürlich auf die Vereinfachung des Gebrauchs der Maschine einen bedeutenden Einfluß ausüben muß.

§ 246. Das Verfahren des Herrn von Prony bei diesem berühmten Rechnungssystem gleicht sehr demjenigen eines geschickten Mannes bei Erbauung einer Baumwoll- oder Seiden-Spinnerei oder irgendeiner ähnlichen Anstalt. Wenn dieser nämlich durch eigene Erfindungskraft oder mit Freundeshilfe gefunden hat, daß eine verbesserte Maschinerie mit Erfolg für seinen Zweck benutzt werden könne, so macht er Zeichnungen vom Entwurf und vertritt so die Stelle der ersten Sektion. Sodann bilden praktische Maschinisten, welche die bezeichnete Maschinerie auszuführen und die Beschaffenheit der damit zu bewirkenden Prozesse zu erkennen vermögen, die zweite Sektion. Ist eine ausreichende Anzahl Maschinen erbaut, so wird eine Menge anderer, weniger geschickter Personen gebraucht, sie in Tätigkeit zu setzen; sie bilden die dritte Sektion, über deren Arbeiten aber, wie über den richtigen Gang der Maschinen, von der zweiten die Aufsicht geführt wird.

§ 247. Um die Möglichkeit, arithmetische Prozesse durch Rechenmaschinen zu vollbringen, auch nicht-mathematischen Lesern, welche dieselbe für eine übertriebene Forderung ansehen möchten, deutlich zu machen, will ich in wenigen Worten eine Übersicht dieser in das Gebiet der *Arbeitsteilung* einschlagenden Manier geben und einen kleinen Teil des Schleiers lüften, der dieses Mysterium verhüllt.

§ 248. Das allgemeine Prinzip: *daß fast alle Reihen von Zahlen, welche ein noch so verwickeltes Gesetz befolgen, in geringerer oder größerer Ausdehnung ganz allein durch eine eigentümliche Anordnung von Addition und Subtraktionen der Zahlen, welche jeder Tafel zukommen, gebildet werden können*, kann nur denen bewiesen werden, welche in mathematischen Wissenschaften gewieft sind; dagegen wird auch dem weniger sachverständigen Leser die Möglichkeit desselben aus folgendem Beispiel einleuchten. Betrachten wir die folgende Tabelle. Sie bildet die Grundlage einer sehr allgemein gebräuchlichen Tafel, die in vielen Ländern oft gedruckt und abgedruckt worden ist. Sie trägt den Namen: *Tafel der Quadrat-Zahlen.*

Stellenzahlen der Tafel	A Tafel	B Erste Differenz	C Zweite Differenz
1	1		
		3	
2	4		2
		5	
3	9		2
		7	
4	16		2
		9	
5	25		2
		11	
6	36		2
		13	
7	49		

Man erhält jede Zahl der Tafel (Kolumne *A*), indem man die zugehörige Stellenzahl, welche ihren Abstand vom Anfang der Tafel bezeichnet, mit sich selbst multipliziert; so ist z.b. 25 das fünfte Glied von oben und 5 mal 5 ist 25. Zieht man nun jedes dieser Glieder von dem nächstfolgenden ab, so erhält man die Reihe der ersten Differenzen in der Kolumne *B*. Wenn man ferner jedes Glied dieser ersten Differenzreihe von dem nächst folgenden abzieht, so ergibt sich die konstante Differenz 2 (Kolumne *C*), und wer sich die Mühe gibt, die Tafel einige Glieder weiter zu führen, wird sehen, daß sich dieselbe Zahl in dieser Kolumne, welche wir die zweite Differenz nennen, immer wiederholt. Dies als ausgemachte Tatsache vorausgesetzt, ist klar, daß, wenn das erste Glied (1) der Tafel, das erste Glied (3) der ersten Differenz und das erste Glied (2) der zweiten oder konstanten Differenz ursprünglich gegeben ist, man die Tafel der Quadrat-Zahlen durch einfache Addition immer weiter fortführen kann; denn die Reihe der ersten Differenz wird durch wiederholte Addition der konstanten Differenz (2) zu der ersten Zahl (3) in Kolumne *B* gebildet, woraus notwendig die Reihe der ungeraden Zahlen 3, 5, 7 etc. hervorgeht, und indem man nun diese wieder nacheinander zu der ersten Zahl (1) der Tafel addiert, erhält man die Quadrate. (1+3=4; 4+5=9; 9+7=16; 16+9=25; 25+11=36; 36+13=49).

§ 249. Nachdem auf diese Weise, wie ich hoffe, einiges Licht auf die Theorie der Frage geworfen ist, versuchen wir zu zeigen, daß die mechanische Ausführung einer Maschine, welche diese Reihen von Zahlen produzieren soll, nicht so weit, als man glauben könnte, von einem gewöhnlichen Maschinenverfahren entfernt ist[37]. Der Leser stelle sich drei Uhren vor, die

---

37 Seit Erscheinen der zweiten Auflage wurde ein Teil der Maschine, an deren Fertigstellung ich einige Jahre lang gearbeitet habe, zusammengesetzt. Sie berechnet in drei Spalten eine Tabelle mit ihren ersten und zweiten Differenzen. Jede Spalte kann bis zu fünf Ziffern ausgedrückt werden, so daß diese fünfzehn Ziffern ungefähr ein Neuntel der größeren Maschine ausmachen. Die Leichtigkeit und Präzision mit der sie arbeitet, läßt keinen Raum für Zweifel am Erfolg ihrer noch erweiterten Form. Abgesehen von Tabellen von Quadratzahlen, Kubikzahlen und Teilen logarithmischer Tabellen, besitzt sie die Fähigkeit, gewisse Reihen zu berechnen, deren Differenzen nicht konstant sind, und mit ihrer Hilfe wurden bereits tabellarisch Teile von Reihen angeordnet, die von folgender Gleichung gebildet wurden:

$\Delta^3 u_x$ = Einer-Ziffer von Δu_x

$\Delta^3 u_x$ = nächst ganze Ziffer zu $(\frac{1}{10000} \Delta u_x)$

Die angefügte ist der Serie, die sie berechnet hat, entnommen (*in zwei Spalten dargestellt*):

0	3486	42972		230	15741	88202
0	4991	50532		495	19861	99627
1	6907	58813		916	24597	111928
14	9295	67826		1504	30010	125116
70	12236	77602		2340	36131	139272

Die allgemeine Formel dazu lautet: $\frac{x \cdot x - 1 \cdot x - 2}{1 \cdot 2 \cdot 3}$ + die ganze Zahl in $\frac{x}{10}$ + $10\Sigma^3$ (Einer-Ziffer von $\frac{x \cdot x + 1}{2}$)

auf einem Tisch nebeneinander stehen, von denen jede nur einen Zeiger hat und auf dem Zifferblatt, statt in zwölf Stunden, in tausend Teile abgeteilt ist. Jedesmal wenn an einer Schnur gezogen wird, schlagen dieselben auf einer Glocke die Zahl der Teile an, auf welche ihr Zeiger weist. Man stelle sich ferner vor, daß zwei dieser Uhren, zum Unterschiede B und C genannt, einen Mechanismus haben, wodurch die Uhr C den Zeiger der Uhr B bei jedem Schlag der Glocke von C um einen Teil vorrücke, und daß B bei jedem Schlag seiner Glocke durch eine ähnliche Vorrichtung den Zeiger von A um einen Teil vorrücke. Es sei nun der Zeiger der Uhr A auf Teil I, der von B auf III und der von C auf II gesetzt, und der Leser denke sich, daß die Repetierwerke der Uhren stets in folgender Ordnung in Bewegung gesetzt werden, nämlich: der Zug von A, dann von B, dann von C.

Nebenstehende Tafel [S. 153] drückt die Reihe der Bewegungen und ihre Resultate aus.

Werden nun diese angeschlagenen oder durch die Uhr A angezeigten Abteilungen angemerkt und niedergeschrieben, so wird man finden, daß sie die Reihen der Quadrate der natürlichen Zahlen angeben. Eine solche Reihe könnte durch diesen Mechanismus natürlich nur bis auf Zahlen, die sich durch 3 Ziffern ausdrücken lassen, fortgeführt werden; doch mag dies hinreichen, eine Idee von der Konstruktion zu geben, nach welcher auch wirklich die ersten Modelle der nun vervollkommneten Rechenmaschine ausgeführt wurden*.

§ 250. Wir haben also gesehen, daß die *Arbeitsteilung*, bei mechanischen, wie bei geistigen Arbeiten darin besteht, daß man genau nur so viel Geschicklichkeit und Kenntnis zu erkaufen und anzuwenden braucht, als

---

* (Anm. der dt. Übersetzung): Wir erlauben uns, aus dem Berichte der *Royal Society* von London, welche unter Andern die Herren *Herschel* und *Baily* und die Ingenieure *Brunel*, *Donkin* und *Rennie* zu Kommissarien ernannt hatte, so wie aus Dr. *Brewster's* Angaben über *Babbage's* berühmte Rechenmaschine hier Einiges anzuführen. Als die merkwürdigsten Erscheinungen dieser Maschine werden herausgehoben: daß sie nicht allein astronomische und seemännische Tabellen mit großer Genauigkeit ausrechnet, sondern daß sie ihre eigenen Fehler sogleich verbessert und zuletzt die Tabellen, vollkommen fehlerfrei, ohne alle menschliche Hülfe, abdruckt. Dr. *Brewster* sah nicht allein die Maschine rechnen, sondern hat auch deren Mechanismus mit Hrn. *Babbage* selbst genau studirt. Da die Maschine auf Kosten der englischen Regierung gebaut worden ist, so ist sie ein Eigenthum derselben geworden. Der berechnende Theil derselben ist beinahe fertig, und die Maschine selbst von ungemeiner Schönheit und Vollendung. Die Zeichnungen zu den Theilen derselben nehmen allein einen Raum von 400 Quadratfuß ein und sind mit großer Genauigkeit ausgeführt. Ausserdem hat aber auch die Entstehung der Maschine zur Erfindung einer Menge ganz neuer Werkzeuge Gelegenheit gegeben, welche sich künftig auch zu andern Zwecken werden brauchen lassen. Der Ausschuß der *Royal Society* hat in seinem Bericht sein Erstaunen an den Tag gelegt, daß alles dies in so kurzer Zeit habe vollbracht werden können. Die ganze Maschine soll in 3 Jahren beendigt sein (sie ist im Jahr 1828 angefangen worden). Ueber die Dauer und Brauchbarkeit der Maschine ist nicht der geringste Zweifel vorhanden. Von dem berechnenden Theile sind jetzt etwa $\frac{9}{10}$ und von dem druckenden etwa $\frac{3}{5}$ fertig. Hrn. *Babbage's* Aussage zufolge hat derselbe bis jetzt etwa 6000 Pfund Sterling angewendet, von denen ungefähr 1000 Pfund zu vorläufigen Versuchen gedient haben.

Repetitionen des Prozesses.	Bewegungen.	Uhr *A.* Zeiger steht auf I. Tafel.	Uhr *B.* Zeiger steht auf III. 1ste Diff	Uhr *C.* Zeiger steht auf II. 2te Diff
1	Zug A.	*A.* schlägt 1.	....	....
	» B.	(der Zeiger wird (von B) um 3 Theile vorgerückt.	*B.* schlägt 3.	....
	» C.	....	d. Zeig. wird (v. C) um 2 Thl. vorgerückt.	*C.* schlägt 2.
2	Zug A.	*A.* schlägt 4.	....	....
	» B.	d. Zeig. wird (v. B) um 5 Thl. vorgerückt.	*B.* schlägt 5.	....
	» C.	....	d. Zeig. wird (v C) um 2 Thl. vorgerückt.	*C.* schlägt 2.
3	Zug A.	*A.* schlägt 9.	....	....
	» B.	d. Zeig. wird (v. B) um 7 Thl. vorgerückt.	*B.* schlägt 7.	....
	» C.	....	d. Zeig. wird (v. C) um 2 Thl. vorgerückt.	*C.* schlägt 2.
4	Zug A.	*A.* schlägt 16.	....	....
	» B.	d. Zeig. wird (v. B) um 9 Thl. vorgerückt.	*B.* schlägt 9.	....
	» C.	....	d. Zeig. wird (v. C) um 2 Thl. vorgerückt.	*C.* schlägt 2.
5	Zug A.	*A.* schlägt 25.	....	....
	» B.	d. Zeig. wird (v. B) um 11 Thl. vorgerückt.	*B.* schlägt 11.	....
	» C.	....	d. Zeig. wird (v. C) um 2 Thl. vorgerückt.	*C.* schlägt 2.
6	Zug A.	*A.* schlägt 36.	....	....
	» B	d. Zeig. wird (v. B) um 13 Thl. vorgerückt.	*B.* schlägt 13.	....
	» C.	....	d. Zeig. wird (v. C) um 2 Thl. vorgerückt.	*C.* schlägt 2.

zu jedem Prozesse nötig ist. Wenn ein Mann durch seine Fertigkeit im Härten der Nadeln 8 bis 10 Schilling täglich verdienen kann, so wird durch die Arbeitsteilung vermieden, irgendeinen Teil seiner Zeit zum Drehen eines Rades zu benutzen, was für 6 Pence täglich getan werden kann; ebenso vermeidet man den Verlust der aus der Anwendung eines vollendeten Mathematikers zur Ausführung der gemeinsten arithmetischen Operationen entstehen würde.

§ 251. Die *Arbeitsteilung* kann nicht eher mit Erfolg ausgeführt werden, bis eine große Nachfrage nach den Produkten vorhanden ist; auch erfordert sie die Anlage eines großen Kapitals in den Gewerben, worin sie benutzt wird. In der Uhrmacherkunst ist sie vielleicht in der größten Ausdehnung angewendet. Eine Untersuchung vor einer Kommission des Hauses der Gemeinen erwies, daß 102 verschiedene Zweige dieser Kunst existieren, bei deren jedem ein Knabe als Lehrling angenommen werden könne, und daß ein solcher nur seines Meisters Fach kennenlernt, so daß er nach Verlauf der Lehrzeit ohne weiteren Unterricht unfähig ist, in einem anderen Zweig zu arbeiten. Der Finisseur, der die einzelnen Teile zusammenzusetzen hat, ist der einzige unter den 102 Personen, welcher in jedem anderen als seinem eigenen Fach arbeiten kann.

§ 252. In einer der schwierigsten Künste, der des Bergbaues, sind bedeutende Verbesserungen das Resultat einer zweckmäßigen Teilung der Funktionen gewesen. Das ganze Bergbauwesen und dessen Leitung steht jetzt, nach den allmählich eingeführten Anordnungen unter der Kontrolle folgender Beamten:

1. Ein Grubendirektor, welcher eine allgemeine Kenntnis sämtlicher Geschäfte besitzt, und dem etwa ein oder mehrere sachkundige Assistenten beigegeben sind.

2. Gruben-Steiger (*underground captains*), welche die Bergbauoperationen leiten und den Bergleuten als Dirigenten vorgesetzt sind.

3. Der Schichtmeister und der Buchhalter besorgen die Rechnungen.

4. Der Maschinenmeister stellt die Maschine auf und beaufsichtigt die zu deren Wartung nötige Mannschaft.

5. Dem Oberkunststeiger (*chief pitman*) sind die Pumpen und der Apparat der Schachten anvertraut.

6. Der Produkten-Rendant (*surface captain*) nebst seinen Gehilfen nimmt die zu Tage geförderten Erze in Empfang und leitet deren Zubereitung zur Lieferung an den Markt.

7. Der Gruben-Zimmermann steht *vielen* Bauten vor.

8. Der Vorschmied reguliert Eisenwerk und Werkzeuge.

9. Dem Materialienverwalter (*materials man*) obliegt die Auswahl, der Ankauf und die Verteilung aller nötigen Artikel.

10. Der Seilermeister (*roper*) hat die Aufsicht über die Seile und Taue aller Art.

Von den besonderen Kosten eines jeden Prozesses in einer Fabrik

§ 253. Die lebhafte Konkurrenz, welche durch die Maschinenarbeit bewirkt wird, und die Anwendung des Prinzips der Arbeitsteilung zwingen jeden Produzenten, fortwährend acht zu haben, um verbesserte und die Kosten des Artikels, welchen er produziert, verringernde Methoden zu entdecken; wobei es von großer Wichtigkeit ist, die Kosten jedes einzelnen Prozesses, sowie die der Abnutzung der Maschine, genau zu kennen. Auch ist diese Kenntnis für diejenigen wünschenswert, durch deren Hände die fabrizierten Waren ins Publikum gehen sollen, weil sie durch dieselbe in Stand gesetzt werden, den Einwürfen der Käufer zu begegnen und dem Fabrikanten leichter Abänderungen in der Façon seiner Waren anzugeben, welche dem Geschmack oder den Vermögensumständen der Käufer besser entsprechen. Noch wichtiger ist diese Kenntnis für den Staatsmann, welcher ohne dieselbe sich ganz und gar auf andere verlassen muß und niemals gründlich über die Wirkung einer Steuer oder den Nachteil urteilen kann, den sie für den Fabrikanten oder das Land haben dürfte.

§ 254. Einer der ersten Vorteile, die aus einer genauen Analyse der Kosten der verschiedenen Prozesse einer Fabrikation hervorgehen, ist der, daß man die Punkte kennenlernt, wo Verbesserungen am wünschenswertesten seien. Könnte man eine Methode erfinden, wodurch die zur Aufsetzung der Nadelköpfe nötige Zeit um den vierten Teil sich abkürzen ließe, so würden die Kosten der Fabrikation etwa um 13% vermindert werden, während eine Reduktion der zum Spinnen des Kopfdrahtes nötigen Zeit auf die Hälfte, kaum eine merkliche Differenz im Preis des Fabrikates hervorbringen würde. Darum muß man natürlich viel eher danach streben, den ersteren als den letzteren Prozeß abzukürzen.

§ 255. Die Kosten der Fabrikation in einem Land, wo die Maschinenarbeit noch in der Wiege liegt und Handarbeit sehr wohlfeil ist; kann man an einem merkwürdigen Beispiel, an dem Preis der baumwollenen Tuchwaren in Java, kennenlernen. Die ungereinigte Baumwolle wird nach Pikols, im Gewicht von 133 Pfund*, verkauft. Nur $\frac{1}{4}$ oder $\frac{1}{5}$ dieses Gewichtes ist Baumwolle. Die Eingeborenen reinigen mit Hilfe roher höl-

---

* (Anm. der dt. Übersetzung): Das Pikol in den Berggegenden auf Java wird auf 140 Pfd., zu Batavia auf 125 Pfd. geschätzt. Das Wort bedeutet eine Last, oder: so viel ein Mann tragen kann. S. *Friedenberg*'s Journal der Land- und Seereisen, Februar-Heft 1833.

zerner Walzen täglich nicht mehr als etwa $1\frac{1}{4}$ Pfund Baumwolle von dem Samen. Nach diesem ist also das Pikol 4 bis 5mal so viel wert wie früher. In den verschiedenen Stadien der Zurichtung kostet das Pikol Baumwolle:

	Dollars
mit dem Samen	2 bis 3
gereinigt	10 bis 11
als Garn verarbeitet	24
blau gefärbtes Baumwollgarn	35
gutes ordinäres Baumwollzeug	50

Die Kosten des Spinnens betragen also in Java 117% vom Rohmaterial, die des Blaufärbens 45% und die des Webens 117% vom Werte des Garns. In England betragen die Kosten des Spinnens in feine Fäden etwa 33%[38].

§ 256. Als ein Beispiel der Kosten der verschiedenen Prozesse eines Fabrikats möchte vielleicht eine analytische Auseinandersetzung der Ausgaben für diesen in den Händen der [englischen] Leser befindlichen Band nicht uninteressant sein, besonders da eine solche zugleich eine Übersicht der Steuern auf die Literatur gewährt. Man hat es ökonomischer gefunden, das Buch auf Papier von sehr bedeutender Größe zu drucken, so daß es Oktav-Form hat, obgleich eigentlich 32 Seiten auf den Bogen gehen.

---

38 Diese Fakten stammen aus Crawford's *Indian Archipelago*.
(Anm. der dt. Übersetzung): Wir glauben, ganz in seinem [sc. Babbage] Sinne zu handeln, wenn wir hier eine Stelle aus einem neueren Werk über Java folgen lassen: »Im Allgemeinen zeigen die Javanen viel Gewandtheit in allen Handarbeiten, die um so größer ist, als ihre Geräthschaften nur sehr gebrechlich sind. Am Merkwürdigsten ist dies bei ihrer Zubereitung der rohen Baumwolle zu Kleidungsstoffen. Die *Kapas* oder rohe Baumwolle wird zuvörderst von den Körnern gesäubert, mittelst einer *Gilingan*, eines Werkzeuges, welches viel Aehnlichkeit mit zwei Mangelrollen hat. Dieser Prozeß geht so langsam von Statten, daß ein Arbeiter 2 Tage nöthig hat, um ein *Katti* (2$\frac{1}{2}$ Pfd. alt. Niederl. Gewicht, also vollkommen übereinstimmend mit der Angabe im Texte) Baumwolle rein zu machen. Ist auf diese Weise eine hinlängliche Quantität gereinigt, so wird sie mit einem biegsamen Rohr (*Rottan* genannt) geschlagen und dann um einen Stock gewunden. Dieser zweite Prozeß für ein *Katti* nimmt wieder zwei Tage ein, und alsdann ist die Baumwolle für das Spinnrad fertig. Um diese kleine Quantität zu Garn zu spinnen, hat eine einzige Person nicht weniger, als 10 Tage nöthig. Vor dem Weben wird das Garn im Wasser gekocht und mit Reiswasser ausgekämmt, worauf man es trocknet und aufwindet, was wieder 3 Tage Zeit kostet. Das Weben nimmt sodann noch 4 oder 5 Tage Zeit weg, so daß zur Herstellung dieses Zeuges aus 2$\frac{1}{2}$ Pf. rohen Materials ein einzelner Arbeiter fast einen Monat Zeit haben muß.« S. *Oliviers Land- en Zeetogten in Nederlands Indie*, tom. 1 p. 223.

	£	Sch.	P
Dem Drucker für das Setzen (pro Bogen zu 32 Seiten) 3 £ 1 S., 10 ½ Bogen	32	0	6
(Dies bezieht sich auf die Lettern von gewöhnlicher Größe im Buch),			
Für das Setzen kleiner Lettern in Auszügen und Inhaltsanzeigen,			
extra pro Bogen, 3 Sch., 10. P	2	0	3
Für das Setzen von Tabellen extra pro. Bogen, 5 Sch. 6 P	2	17	9
Korrektur pro Bogen im Durchschnitt	33	0	0
Druckkosten von 3000 Exemplaren, pro Bogen 3 £ 10 S.	36	15	20
Papier zu 3000 Exemplaren, das Rieß zu 1 £ 11 Sch. 6 P., im Gewicht			
von 28 £. Die Taxe für Papier zu 3 Pence pro £ beträgt 7 Sch. das Rieß;			
so daß die 63 Rieß, welche für das Werk erforderlich sind, an Papier			
77 £ St. 3 Sch. 6 P., an Akzise 22 £ St. 1 Sch. kosten	99	4	6
Gesamtkosten für Druck u. Papier;	205	18	0

				£	Sch.	P
Stahlplatte für das Titelblatt	0	7	6			
Stahlstich, der Schrift	1	1	0			
Bacon's Portrait [des engl. Originals]	2	2	0			
Kosten des Titelblatts				3	10	6
Druck des Titelblatts, zu 6 Sch. P. 100				9	0	0
Papier des Titelblatts, zu 1 Sch. 9 P. pro 100				2	12	6
Kosten der Avertissements				40	0	0
Verschiedene Kosten				5	0	0
Gesamtkosten der Auflage				266	1	0
Kosten eines einzelnen Exemplars in Bogen, indem mit Einschluß des Überschusses 3052 Exemplare abgezogen sind				0	1	9
Einband				0	0	6
Kosten eines roh gebundenen Exemplars[39]				0	2	3

§ 257. Diese Analyse erfordert eine Erläuterung. Gewöhnlich wird der Setzer bogenweise bezahlt, wo bei man annimmt, daß die Typen alle von einer Art sind, und da dieser Preis nach der Größe der Lettern reguliert wird, von welcher die Menge derselben auf einem Bogen abhängt, so kann über den einmal kontrahierten Preis keine Streitigkeit stattfinden. Wenn nur einige Auszüge oder andere Teile des Werkes in kleineren Typen oder mehrere Stellen in griechischer oder in anderer Sprache, welche andere Typen fordern, gedruckt werden sollen, so berücksichtigt man dies im Originalkontrakt und fügt eine kleine Vergütung pro Bogen hinzu. Ist aber eine größere Menge kleinen Satzes nötig, so tut man besser, eine besondere Zulage dafür pro Bogen zu zahlen. Ein Werk mit unregelmäßigen Zeilen, vielen Zahlzeichen und mit sogenannten Linien (*rules*) nennt man Tabellen-werk, und es wird höher im Bogen bezahlt. Im vorliegenden Buch kommt dergleichen oft vor. Besteht die Seite ganz aus Ziffern, wie in mathemati-

---

39 Diese Kosten beziehen sich nur auf die Ausgabe für das Publikum; und nicht auf die Prachtabzüge in den Händen einiger Freunde des Verfassers.

schen Tafeln, welche eine sehr sorgfältige Korrektur erfordern, so sind die Kosten des Satzes gewöhnlich doppelt. Vor einigen Jahren ließ ich logarithmische Tafeln in großem Format drucken, welche eine sehr genaue Durchsicht und Nachhilfe der Leser[40] erforderten, um den Abdruck korrekt zu machen, wozu, obgleich nicht neue Punzen nötig waren, verschiedene neue Typen, sowie auch Stereotyp-Platten, im Preis von 2 £ St. per Bogen, gegossen wurden. In diesem Fall kostete der Bogen 11 £ St., während ordinärer Druck, mit gleich großen Lettern, in Median-Octav zu 38 Sch. per Bogen hätte gestellt werden können. Indessen, da man die Kosten vor Beginn der Arbeit berechnet hatte, so entstanden hieraus keine Schwierigkeiten.

§ 258. Die Kosten der *Korrekturen* und *Abänderungen* sind wegen der Schwierigkeit, sie zu ermessen, am unangenehmsten, sowohl für den Verleger (wenn dieser die Mittelsperson zwischen Verfasser und Drucker ist) und den Druck-Herrn oder seinen Faktor, als auch für den Verfasser selbst. Ist der Verfasser ökonomisch, so muß er alle Korrekturen im Manuskript machen und eine Reinschrift besorgen; dann kann es korrekt gedruckt werden, und die Kosten der Korrektur werden unbedeutend. Aber es ist kaum möglich, die Wirkung einer Stelle genau zu beurteilen, bevor man sie gedruckt sieht, und es gibt nur wenige Gegenstände, denen ein Schriftsteller nicht, wenn er seine Ansichten gedruckt sieht, Erläuterungen oder Details hinzuzufügen hat. Wünscht er also sich selbst Arbeit zu ersparen und dennoch der Sprache die letzte Feilung zu geben, so kann er dieses nur durch Erhöhung der Kosten erreichen. Besitzt der Drucker einen hinreichenden Vorrat von Lettern, so wird es dem Verfasser noch bequemer, wenn das ganze Werk spaltenweise (*in slips*[41]) gesetzt wird, worin alle Korrekturen gebracht werden, und wobei nachher die wenigste Revision nötig ist. Das vorliegende [englische] Werk wurde auf diese Weise gesetzt, indes waren ungewöhnlich viele Korrekturen zu machen und häufige Revisionen nötig.*

§ 259. Der Abzug oder *Abdruck* wird nach je 250 Bogen berechnet, und jede geringere Anzahl wird wie voll bezahlt. Ist eine starke Auflage erforderlich, so wird der Preis auf 250 vermindert, so z.B. würden in vorliegendem Werke 250 Abzüge, wenn nur so viele gemacht worden wären, statt 5 Schilling 10 P. 11 Sch. pro Bogen gekostet haben. Diese Art

---

40 Leser sind zur Korrektur des Drucks beschäftigte Personen in der Druckerei.

41 *Slips* sind lange Stücke Papier, worauf eine hinreichende Menge von Manuskript gesetzt ist, um später in 2 bis 4 Seiten Text abgeteilt zu werden.

*   (Anm. der dt. Übersetzung): Um so auffallender ist's, daß dennoch so manche arge Druck- und andere Fehler dem Corrector entgangen sind: so § 5 *Redelet* statt *Rondelet*, § 49 [= § 69] *between the tube and any vessel*, statt *between the cask and etc.* Diese Fehler sind auch in die zweite Auflage des Originals übergegangen; wir haben sie vermieden, obgleich die eine oder die andere Stelle in unsrer Uebersetzung uns vielleicht ähnlicher Rüge aussetzen wird.

der Zahlung beseitigt alle Streitigkeiten; man muß aber bedauern, daß so hartnäckig darauf bestanden wird, eine kleine Anzahl von Exemplaren ebenso hoch, wie 250 zu bezahlen, so daß die Druckherren ihre Leute nicht dazu bringen können, für 20-30 Kopien eine geringere Zahlung anzunehmen, ja selbst für 2-3, die nur versuchsweise abgezogen werden. Vielleicht wäre es vorteilhaft für beide Teile, wenn alles über 50 wie 250 bezahlt würde, alles darunter aber nur halb so teuer.

§ 260. Um der Akzise willen muß man feines Papier nehmen, das wenig ins Gewicht fällt; dagegen ist es der Wunsch des Verfassers, daß sein Buch so dick als möglich aussehe, damit er es dem Publikum so teuer, als der Anstand nur immer erlaubt, verkaufen könne*, weshalb der Einfluß der Steuer nicht groß ist. Dagegen trifft den Verfasser und das Publikum eine andere Wirkung der Akzise; sie müssen diese nämlich nicht allein selbst bezahlen, sondern auch der Papierfabrikant bringt mehr Gewinn in Rechnung, weil er durch diese Steuer ein größeres Kapital braucht; ebenso müssen Verleger und Buchhändler mehr haben; indem die Kosten des Buches gesteigert sind.

§ 261. Der oben aufgeführte Kostenanschlag für Anzeigen ist nach dem, für ein Werk wie im vorliegenden Fall, gewöhnlichen Maßstab berechnet, und da man nun einmal annimmt, daß die Bekanntmachungen in Zeitungen, von denen die kleinsten 3 Sch. 6 P. Steuer zahlen, am meisten zur Verbreitung eines Werkes beitragen, so besteht fast die Hälfte der Avertissementskosten aus einer Taxe.

§ 262. Man sieht also, daß auf eine Auslage von 224 £ für den gegenwärtigen Band, 42 £ St. als direkte Taxe hinzukommen. Ob ein solches Verhältnis der Besteuerung durch den aus dieser Fabrikation entspringenden Vorteil gerechtfertigt werde, läßt sich erst dann beurteilen, wenn man die realisierte Einnahme kennt; wir behalten uns eine Auseinandersetzung hierüber, in bezug auf dieses Werk, für ein künftiges Kapitel vor[42], für jetzt genüge es zu bemerken, daß die Taxe auf Anzeigen übertrieben und unpolitisch ist, wenn man sie mit der auf Papier und andere Materialien zusammenhält. Wenn man Artikel zum Verkauf ankündigt, so ist der Zweck, ihnen einen besseren Preis zu verschaffen, falls sie in Auktion verkauft werden, oder einen größeren Absatz beim Detail-Verkauf haben. Je bekannter aber ein Artikel wird, desto schneller entdeckt man, ob er zur Bequemlichkeit oder zum Vorteil des Publikums beitrage, und desto rascherer Verbrauch wird ihm in diesem Fall gesichert. Es wird

---

*   (Anm. der dt. Übersetzung): Diese Rücksicht scheint doch etwas ins Kleinliche zu gehen, und wer ein Buch kauft (wenigstens bei uns in Deutschland), der weiß auch, daß nicht die Dicke desselben, sondern die Anzahl der Bogen und die Größe der Lettern die Quantität des Inhalts bestimmen; man kauft nach der Seitenzahl, nicht nach Gewicht oder Umfang, es sei denn bei den *chartis ineptis* der Käsehändler und Gewürzkrämer.

42 *Siehe* Einunddreißigstes Kapitel.

also deutlich, daß der Ertrag von ohnehin schon besteuerten Artikeln bedeutend verringert wird, wenn die Bekanntmachung derselben einer neuen Abgabe unterliegt und dadurch der öffentlichen Ankündigung der Eigenschaften und des Preises Hindernisse in den Weg gelegt werden.

Von den Ursachen und Folgen großer Fabriken

§ 263. Aus der im neunzehnten Kapitel gegebenen Analyse der Nadelfabrikation ergibt sich, daß 10 Individuen bei derselben gebraucht werden,
und daß die Zeitdauer zur Ausführung der einzelnen Prozesse sehr verschieden ist. Um indessen die folgenden Betrachtungen einfacher zu machen, nehmen wir an, daß jeder der dort beschriebenen 7 Prozesse gleiche
Zeit erfordere. Dies vorausgesetzt, ist es einleuchtend, daß, um eine Nadel-
fabrik einträglich zu machen, die Zahl der angestellten Personen ein Vielfaches von zehn sein muß. Denn wenn jemand nur Kapital genug hat, die
Hälfte dieser Anzahl anzustellen, so kann jeder einzelne darunter nicht
stets bei einer und derselben Arbeit bleiben; kurz, es wird bei jeder Anzahl,
die unter dem Vielfachen von zehn ist, ein ähnliches Ergebnis in bezug auf
einen oder den anderen Prozeß eintreten. Dieselbe Betrachtung bietet sich
bei der Untersuchung jeder wohleingerichteten Fabrik dar. Herr Mordan,
der Inhaber das Patentes auf immer spitze Bleistifte, besitzt eine Fabrik für
Stahlschreibfedern. Hier sind in einem besonderen Zimmer sechs Schwung-
pressen beständig im Gange; unter die erste legt ein Arbeiter eine Platte
dünnen Stahls, und der Stempel schneidet dann bei jedem Schlag elf Stück
Metall in der für die Feder bestimmten Gestalt ab. Zwei andere Arbeiter
bringen nun diese flachen Stücke unter zwei andere Pressen, welche mittels
eines stählernen Meißels die Federspalten einschneiden. Endlich folgen
noch drei von ebensovielen Arbeitern gewartete Pressen, auf welchen den
so zubereiteten Stücken ihre halbzylindrische Gestalt gegeben wird. Bei
den zwei letzteren Operationen ist wegen der Anordnung der kleinen
Stücke mehr Zeit nötig als bei der ersten, so daß ein einziger Arbeiter
genug Stahlstücke schneiden kann, um fünf andere zu beschäftigen, zwei
mit dem Spalten und drei mit dem Biegen der Stücke. Sollte daher eine
Erweiterung dieser Fabrik nötig werden, so würde man offenbar 12 oder
18 Pressen mit mehr Ersparnis anlegen als irgendeine Anzahl, die kein
Vielfaches von 6 wäre.

Dasselbe gilt von allen Manufakturen, die auf das Prinzip der *Arbeitsteilung* gegründet sind, und es führt dies zu dem allgemeinen Schluß: *Wenn
(je nach der besonderen Beschaffenheit der Produktion einer Manufaktur)
die Zahl der Prozesse, worin man dieselbe am vorteilhaftesten unterteilen
kann, und die Zahl der anzustellenden Individuen festgesetzt ist, so wer-*

den alle Fabriken, die nicht ein direktes Vielfaches der letzteren Zahl beschäftigen, den Artikel mit größeren Kosten produzieren. Dieses Prinzip muß in großen Unternehmen immer ins Auge gefaßt werden, ob es gleich fast unmöglich ist, dasselbe selbst bei der besten Arbeitsteilung immer ganz streng anzuwenden. Vor allem muß natürlich die verhältnismäßige Anzahl derjenigen Personen, welche die größte Geschicklichkeit besitzen, beachtet werden. Das genaue Verhältnis, das sich für eine Fabrik mit 100 Arbeitern als das Beste erweist, würde vielleicht bei einer mit 500 Arbeitern nicht das passendste sein, und die Anordnungen in beiden gestatten wahrscheinlich Abweichungen, ohne materiellen Einfluß auf die Kosten der Produktion. Aber ganz gewiß ist es, daß ein Einzelner, und beim Nadelmachen selbst fünf Einzelne, niemals hoffen dürfen, mit einem ausgedehnteren Unternehmen konkurrieren zu können. Dies ist eine der Ursachen des großen Umfanges der Fabriken, welche mit dem Fortschreiten der Zivilisation immer mehr zugenommen haben. Doch tragen auch andere Umstände zu dem nämlichen Zwecke bei, wie sie denn auch aus der nämlichen Ursache – der Arbeitsteilung – entspringen.

§ 264. Das Material, woraus der fabrizierte Artikel gemacht worden ist, muß während der verschiedenen Stadien der Zubereitung von einem zum anderen Arbeiter gebracht werden; was stets mit sehr geringen Kosten geschieht, wenn sie in derselben Anstalt arbeiten. Ist das Material von großem Gewicht, so gebietet es die Notwendigkeit, daß alle Prozesse in demselben Gebäude vor sich gehen; aber auch bei leichten Gegenständen ist es wünschenswert, um der Gefahr willen, die bei häufigem Umhertragen entstehen kann. Dies ist z.B. der Fall beim Schneiden und Polieren des Glases, wogegen beim Nadelmachen verschiedene Prozesse in der Wohnung des Arbeiters ausgeführt werden. Doch sieht man ein, daß diese Fabrikmethode, welche für die Familie des Arbeiters einigen Vorteil hat, nur dann ausgeführt werden kann, wenn sich schnell und zuverlässig überprüfen läßt, ob die Arbeit gut vollbracht und alles gelieferte Material angewendet sei.

§ 265. Je mehr die Nachfrage nach einem Artikel wächst, um so größer ist der Reiz, ihn mit Maschinen zu produzieren, und die Einführung der letzteren bewirkt wiederum eine Vermehrung der produzierten Quantität und hat die Errichtung großer Fabriken zur Folge. Eine Erläuterung dieser Prinzipien findet sich in der Geschichte der Fabrikation des Petinets.

Die ersten Maschinen zur Weberei dieses Artikels verursachten viele Kosten, von 1000 bis 1300 £ Sterling. Der Besitzer einer solchen Maschine konnte bei achtstündiger Tagearbeit und obwohl die produzierte Menge weit größer war, mit der alten Methode noch nicht konkurrieren, weil er ein zu großes Kapital in die Maschine stecken mußte. Er sah jedoch bald ein, daß er mit demselben Grundkapital und einem geringen Zusatz 24 Stunden hindurch arbeiten konnte. Die so erhaltenen Vorteile bewogen

Einige, ihre Aufmerksamkeit auf Verbesserung der Maschinen zu richten, wodurch der Preis sich bedeutend herabsetzte, während zugleich die Schnelligkeit der Produktion zunahm. Wenn aber Maschinen 24 Stunden lang arbeiten sollen, so muß eine Person angestellt sein, um die Arbeiter zuzulassen, wenn sie einander ablösen, und es mag nun der Portier oder Diener, den man hierzu gebraucht, eine oder zwanzig Personen hereinlassen, so wird er gleich sehr in der Ruhe gestört. Auch wird es bisweilen nötig sein, die Maschine wieder in Ordnung zu bringen oder auszubessern, was ein Maschinenbauer besser als der die Maschine bedienende Arbeiter verrichten kann. Indem nun der richtige Gang und die Dauer einer Maschine großenteils von der Verbesserung jedes Fehlers und jeder Unvollkommenheit, sobald sie nur bemerkt werden, abhängt, wird die schnelle Aufmerksamkeit eines zur Stelle seienden Arbeiters die aus der Abnutzung der Maschine entstehenden Kosten sehr verringern. Ein einzelner Wirk- oder Webstuhl würde aber eine solche Ausgabe nicht decken, und hierin liegt ein anderer Grund zur Erweiterung einer Fabrik, indem sie aus einer hinreichenden Anzahl von Maschinen bestehen muß, um einen Arbeiter, der diese in Ordnung hält, vollständig zu beschäftigen; derselbe ökonomische Grundsatz aber würde beim Überschreiten dieser Anzahl die Notwendigkeit der Verdoppelung oder Verdreifachung der Maschinen herbeiführen, um die ganze Zeit zweier oder dreier geschickter Arbeiter zu nutzen.

§ 266. Besteht ein Teil der Beschäftigung des Arbeiters in der Ausübung physischer Kraft, wie beim Weben und vielen ähnlichen Gewerben, so gerät der Fabrikant bald auf die Idee, daß, wenn dieser Teil durch eine Dampfmaschine ausgeführt würde, derselbe Mann beim Weben zwei oder drei Stühle zugleich warten könnte, und angenommen, daß ein oder mehrere praktische Maschinisten angestellt worden sind, so muß die Zahl ihrer Stühle so eingerichtet werden, daß ihre Zeit vollständig durch das in Ordnung halten der Dampfmaschine und der Stühle ausgefüllt wird. Eins der ersten Ergebnisse wird sein, daß die Stühle durch die Maschine fast zweimal so schnell als früher in Bewegung gesetzt werden, und da jeder Arbeiter, wenn er der körperlichen Anstrengung enthoben wird, zwei Stühle zu versehen imstande ist, so kann nun Einer so viel weben, als früher Viere. Dieses Wachstum der produzierenden Kraft ist jedoch größer, als das, welches wirklich zuerst eintrat, weil die Schnelligkeit einiger Teile des Webstuhls durch die Anspannung des Fadens und die Lebhaftigkeit, womit die Bewegung beginnt, beschränkt war. Diesem wurde bald dadurch abgeholfen, daß man die Bewegung langsam anfangen und stufenweise größere Geschwindigkeit gewinnen ließ, als es geraten gewesen wäre, sie auf einmal annehmen zu lassen, so daß man die Geschwindigkeit von 100 auf 120 Stöße in der Minute steigerte.

§ 267. Befolgt man diese nämlichen Prinzipien, wird die Fabrik nach und nach so erweitert, daß die Kosten der Beleuchtung bei Nacht zu einer beträchtlichen Summe steigen, und da einige der in der Fabrik beschäftigten Personen ohnehin die ganze Nacht wachen, und daher gehörig darauf acht geben können, auch Maschinisten zur Verfertigung und Ausbesserung von Maschinen da sind, so führt die Einrichtung eines Gas-Erleuchtungs-Apparats zu neuer Ausdehnung und trägt zugleich durch Verminderung der Erleuchtungskosten und der Feuergefahr zur Herabsetzung der Produktionskosten bei.

§ 268. Lange bevor eine Fabrik diese Ausdehnung erlangt, wird man die Einrichtung einer Rechnungsabteilung für nötig befunden haben, und Diener zur Bezahlung der Arbeiter und zur Aufsicht über ihre Ankunft zu den bestimmten Stunden brauchen. Diese Abteilung muß mit den Agenten, welche die rohen Produkte anschaffen sowie mit denen, welche die Fabrikate absetzen, in Verbindung stehen.

§ 269. Wir haben gesehen, daß die *Arbeitsteilung* geeignet ist, wohlfeilere Waren zu liefern; daß sie auf diese Weise die Nachfrage vergrößert und allmählich durch Konkurrenz oder die Hoffnung wachsenden Gewinnes Veranlassung wird, große Summen Kapital in ausgedehnten Fabriken anzulegen. Betrachten wir nun den Einfluß dieser Vermehrung des Kapitals in einer einzelnen Beziehung. Erstens wird es dadurch möglich, das wichtigste Prinzip, worauf die Vorzüge der Arbeitsteilung beruhen, bis zur äußersten Grenze zu verwirklichen; denn nicht bloß kann nun für die Ausführung jedes Prozesses, sondern auch für jedes Stadium vom Rohmaterial bis zur vollendeten Arbeit, die in die Hände der Konsumenten übergeht, der genaue Betrag der erforderlichen Geschicklichkeit erkauft werden. Die Menge der durch eine gegebene Anzahl von Leuten produzierten Ware vergrößert sich bedeutend durch die Ausdehnung dieses Prinzips und hieraus entspringt natürlich ein im entsprechenden Verhältnisse herabgesetzter Preis des Fabrikats.

§ 270. Unter den Ursachen, welche auf die wohlfeilere Erzeugung eines Artikels einwirken, und die mit der Anlegung größerer Kapitalien verbunden sind, ist ferner diejenige anzuführen, durch die auch die Benutzung des geringsten Teils des Rohmaterials möglich wird. Aufmerksamkeit auf diesen Umstand veranlaßt bisweilen die Verbindung zweier Geschäfte in einer Fabrik, die sonst wohl getrennt geblieben wären.

Die Menge von Arbeiten, wozu man das Horn verwendet, bietet ein schlagendes Beispiel dieser Art von Ökonomie. Der Gerber, welcher die rohen Häute gekauft hat, löst die Hörner und verkauft sie an den Kamm- und Laternenmacher. Das Horn besteht aus zwei Teilen, einem äußeren hornigen Überzug und einer inneren kegelförmigen Masse, die fast zwischen verhärtetem Haar und Knochen in der Mitte steht. Zunächst werden nun beide Teile durch einen Schlag gegen einen Holzblock getrennt. Die hornartige Rinde wird dann mit einer Gestellsäge in 3 Teile zerschnitten.

1. Aus dem untersten, der Wurzel des Hornes zunächst gelegenen Stücke werden nach mehreren vorläufigen Prozessen Kämme gearbeitet.

2. Die Mitte wird, nachdem sie in der Hitze erweicht und mit Öl durchsichtiger gemacht worden, in dünne Platten zerspalten und bildet einen Ersatz für Glas in Laternen der gemeinsten Gattung.

3. Die Spitze wird zu Messer- und Peitschengriffen und ähnlichen Zwecken verbraucht.

4. Das Innere oder der Kern des Hornes wird in Wasser gekocht. Eine große Menge Fett tritt an die Oberfläche, welches man an die Sieder von gelber Seife absetzt.

5. Die Flüssigkeit selbst wird als eine Art Leim benutzt und den Tuchappretierern zum Steifen verkauft.

6. Die übrigbleibende unlösliche Substanz wird in die Mühle gesandt und nach dem Mahlen von den Landwirten als Dünger benutzt.

7. Außer diesen verschiedenen Zwecken, wozu die Teile des Horns verbraucht werden, verkauft man auch die beim Kammmachen abfallenden Splitter als Dünger. Im ersten Jahre nach der Ausbreitung über den Boden düngen sie nur wenig, aber während der folgenden 4 bis 5 Jahre sind sie um so wirksamer. Die Abschabsel des Laternenmachers sind viel dünner; einige werden in Figuren geschnitten und dienen, bemalt, als Spielwerk; denn da sie hygroskopisch sind, so krümmen sie sich in der warmen Handfläche. Der größere Teil der Abschabsel wird jedoch ebenfalls als Dünger verkauft und bringt, wegen seiner außerordentlichen Dünne und Verkleinerung, schon für die erste Ernte gute Wirkung hervor.

§ 271. Ein anderer zufälliger Erfolg der Anwendung großer Kapitalien ist, daß eine Klasse von Mittelspersonen, die früher zwischen Fabrikanten und Kaufmann stand, nun nicht mehr existiert. Als die Arbeiter den Kattun noch in ihrer eigenen Behausung webten, reisten Leute umher und kauften Stücke in Masse ein, um sie an den ausführenden Kaufmann abzusetzen. Nun mußten diese aber jedes Stück untersuchen, um zu wissen, ob es gut gefertigt sei und das richtige Maß habe. Freilich war dies bei der Mehrzahl der Arbeiter überflüssig, aber der Betrug einiger Weniger machte die Untersuchung unausbleiblich notwendig; denn jeder einzelne Händler konnte, selbst wenn der eine Käufer Betrug bei ihm entdeckte, immer hoffen, daß dieser Umstand nicht allen anderen bekannt werden würde.

Den Wert der Redlichkeit, wie groß er auch in allen Verhältnissen des Lebens sei, können doch geringere Händler niemals so vollständig empfinden als größere Kapitalisten; denn die größeren Summen Geldes, womit der Kaufmann verkehrt, veranlassen, daß andere seine Pünktlichkeit näher untersuchen und kennenlernen. Und so kann ein geachteter Name wie ein Zusatz zum Kapital wirken, und der mit den großen Fabrikanten handelnde Kaufmann bedarf der Kosten der Verifizierung nicht, da er weiß, daß der Verlust oder auch nur der Tadel des guten Namens dem Fabrikanten größeren Nachteil zufügen würde, als ihm aus irgendeinem einzelnen Geschäft Vorteil erwachsen kann.

§ 272. Großes, wohlbegründetes Vertrauen in den Charakter der Kaufleute und Fabrikanten ist einer der vielen Vorzüge, welche ein altes Fabrikenland vor seinen jüngeren Nebenbuhlern besitzt. In England ist dieses Vertrauen zu einem solchen Grade gestiegen, daß in einer unserer größten Städte sehr bedeutende Ein- und Verkäufe ohne irgendein geschriebenes Dokument gemacht werden.

§ 273. Eine Verletzung des Vertrauens dieser Art, welche möglicherweise die ernstlichsten Folgen nach sich zog, fand bei der letzten Expedition zu den Nigermündungen statt.

»Wir brachten«, erzählt Herr Lander, »aus England an die 100 000 Nadeln von verschiedener Größe mit, darunter eine große Anzahl von »*Whitechapel sharps*« mit der Bezeichnung »*superfein und am Öhr nicht schneidend*«. Wir hielten die so wärmstens empfohlenen Nadeln natürlich für vorzüglich; aber wie groß war unser Erstaunen, als man uns nach einiger Zeit eine Partie derselben mit der Klage zurücksandte, daß sie alle keine Öhren hätten, wodurch allerdings die Aussage des Fabrikanten, »daß sie am Öhr nicht schnitten«, mehr als zu sehr bestätigt wurde. Eine weitere Untersuchung der übrigen »*Whitechapel sharps*« zeigte an ihnen denselben Fehler, so daß wir sie, um unseren Kredit zu retten, wegwerfen mußten.«[43]

§ 274. Der Einfluß anerkannter Solidität auf Erweckung des Vertrauens wirkte sehr merklich während der Ausschließung britischer Waren vom Kontinent im Laufe des letzten Krieges. Eine unserer größten Anstalten pflegte große Geschäfte mit einem Hause im Innern von Deutschland zu machen; bei der Sperrung der Kontinentalhäfen aber waren diejenigen, die die Dekrete von Berlin und Mailand umgangen haben, mit schwerer Strafe bedroht. Der englische Fabrikant empfing nichtsdestoweniger fortwährend Aufträge, mit der Anweisung, wohin sie zu übersenden seien, und mit Bestimmungen für Art und Zeit der Zahlung, in Briefen, deren Handschrift ihm zwar bekannt, die aber nur mit dem Taufnamen Eines aus der Firma, bisweilen aber auch ganz und gar nicht unterzeichnet waren. Diese Aufträge wurden ausgeführt, und niemals fand die geringste Unregelmäßigkeit in der Zahlung statt.

§ 275. Noch muß ein anderer Umstand angemerkt werden, der den großen Fabriken einen Vorteil über die kleineren verschafft. Bei der Ausführung verschiedener Fabrikate gewährt die Regierung einen Rückzoll von einem Teile der für die Einfuhr des Rohmaterials bezahlten Steuer. Hierbei werden, um das öffentliche Einkommen vor Betrug zu sichern, gewisse

---

43 Landers *Tagebuch einer Expedition nach den Nigermündungen*, Bd. 2, S. 42.

Formalitäten beobachtet, und ein Diener oder einer der Teilnehmer am Geschäft muß sich im Zollhause einfinden. Nun braucht der Agent großer Fabriken kaum mehr Zeit, einen Rückzoll von mehreren Tausenden zu empfangen, als der kleine Ausführer für wenige Schillinge nötig hat. Ist aber die ausgeführte Menge unbeträchtlich, so wird der kleine Fabrikant durch den Rückzoll oft nicht für den Zeitverlust entschädigt, und erhebt ihn lieber gar nicht.

§ 276. In vielen großen Unternehmen unserer Fabrik-Distrikte werden die Produkte entfernter Länder und zum Teil solche Dinge verarbeitet, die nur wenigen Gegenden eigentümlich sind. Die Entdeckung einer neuen Lokalität, wo dergleichen Artikel im Überfluß vorhanden sind, ist ein Gegenstand von hoher Wichtigkeit für eine Anstalt, die große Quantitäten konsumiert, und man hat in einigen Fällen gefunden, daß die Kosten der Sendung von Leuten nach entlegenen Ländern, um solche Produkte zu entdecken und zu sammeln, reichlich ersetzt worden sind. So kam es, daß die Schneegebirge Schwedens und Norwegens, wie die wärmeren Hügel Korsikas, von einer ihrer vegetabilischen Produktionen fast entblößt wurden durch Agenten, die eines unserer ersten Unternehmen für Baumwoll-färberei ausdrücklich abgesandt hatte. Infolge großer zu Gebote stehender Kapitalien und des Maßstabes, wonach die Operationen ausgedehnter Fabriken geführt werden, erlauben ihre Einkünfte die Bestreitung der Kosten teils für Aussendung von Reisenden, welche das Bedürfnis und den Geschmack entfernter Länder erforschen, teils für die Anstellung von Experimenten, die ihnen Nutzen bringen, während sie solche Anstalten, deren Hilfsquellen geringer sind, ins Verderben stürzen würden.

Wir schließen dieses Kapitel mit einem Auszug aus dem vortrefflichen Bericht der Kommission des Unterhauses über den Handel mit Wollzeugen aus dem Jahre 1806, in welchem die Vorteile großer Fabriken zusammengefaßt sind.

»Ihre Kommission hat die freudige Überzeugung gewonnen, daß die Besorgnisse, zu welchen das Dasein von Fabriken Anlaß gegeben, nicht nur dem Prinzip nach unbegründet, sondern auch praktisch irrtümlich sind, so sehr, daß man mit Grund die ganz entgegengesetzten Prinzipien verteidigen kann. Es würde nicht schwer fallen, zu beweisen, daß die Fabriken, wenigstens in einem gewissen Umfange und in gegenwärtiger Zeit, für das Aufblühen der einzelnen Handwerke absolut notwendig erscheinen, indem sie gerade denjenigen Mängeln, woran dieses System anerkanntermaßen leidet, abhelfen; denn es liegt auf der Hand, daß der kleine Fabrikant nicht, gleich dem Besitzer eines beträchtlichen Kapitals, die nötigen Experimente anstellen, die Gefahren und Verluste überwinden kann, welche fast überall bei Erfindung und Vervollkommnung neuer Fabrikate eintreten, oder wo schon eingeführte Artikel zu größerer Vollkommenheit gebracht werden sollen.

Er kann persönlich die Bedürfnisse, Gewohnheiten, Künste, Fabriken und Verbesserungen fremder Länder kennenlernen; Fleiß, Sparsamkeit und

Klugheit sind ihm nötig, nicht aber Erfindung, Geschmack und Unternehmungsgeist; ja es wäre ihm zu verargen, wenn er etwas unternähme, wobei er sich dem Verluste eines Teils seines geringen Kapitals aussetzt. Er ist sicher, so lange er im gebahnten Wege bleibt; die Pfade der Spekulation darf er nie einschlagen. Dagegen kann der Eigner einer Fabrik, meist Herr eines großen Vermögens und die unmittelbare Aufsicht über alle seine Arbeiter führend, Versuche machen, Spekulationen wagen, kürzere oder bessere Prozesse statt der alten einführen, neue Artikel produzieren, alte verbessern und vervollkommnen, so seinem Geschmack und seiner Fähigkeit Spielraum geben, und dadurch allein unsere Manufakturen zur Konkurrenz mit ihren Handelsrivalen in anderen Ländern geschickt machen. Mittlerweile werden – was wohl zu merken ist, und durch die Erfahrung vollkommen bestätigt wird – manche dieser neuen Fabrikate und Erfindungen allgemein angenommen, wenn ihr Erfolg einmal feststeht; die kleinen Fabrikanten also genießen selbst zuletzt Vorteile von diesen großen Fabriken, die anfänglich der Gegenstand ihrer Eifersucht waren. Die Geschichte fast aller unserer Fabriken, in welchen während der letzten Jahre große Verbesserungen, bisweilen mit ungeheuren Kosten eingeführt wurden, erläutert und erhärtet diese Bemerkungen. Außerdem ist es eine anerkannte Tatsache, daß die Eigner von Fabriken oft die größten Abnehmer in den öffentlichen Warenräumen sind, wo sie die vom Tuchmacher zu Hause angefertigten Manufakturartikel kaufen und dadurch allein fähig sind, einen großen und schnellen Auftrag auszuführen; während sie zu Hause und unter eigener Aufsicht ihre eigenen Erfindungen kultivieren und mancherlei neue, kostbarere oder bessere Artikel fabrizieren lassen, auf welche sie durch das System der einzelnen Werkstellen ein größeres Kapital zu verwenden in Stand gesetzt werden. So unterstützen sich beide Systeme statt zu rivalisieren wechselseitig; jedes ergänzt die Nachteile des anderen und befördert dessen Gedeihen.

Von der Lage großer Fabriken

§ 277. Die Erfahrung weist nach, daß in jedem Land die Lage großer Fabrikanstalten auf gewisse Distrikte beschränkt ist. In der früheren Geschichte eines Manufakturstaates, ehe noch wohlfeile Transportmethoden nach einem großen Maßstab eingeführt waren, befanden sich die Fabriken fast immer in der Nähe derjenigen Orte, wo die Natur das Rohmaterial erzeugte; namentlich gilt dies von sehr ins Gewicht fallenden Dingen sowie von solchen, deren Wert mehr vom Material, als von der daran verwendeten Arbeit abhängt. Da die meisten metallischen Erze äußerst schwer und mit einer großen Menge gewichtreicher und nutzloser Stoffe vermischt sind, so müssen sie in der Nähe des Fundortes geschmolzen werden; Brennstoffe und Kraft sind die Erfordernisse all ihrer Reduzierung und bietet sich in der Umgegend irgendein Wassergefälle dar, so wird man natürlich solchen Punkt wählen, um die gröbere physische Kraft in Anspruch nehmenden Arbeiten, als Stoßen der Erze, Anblasen des Ofens, Hämmern und Walzen des Eisens u.s.w. daselbst vorzunehmen. Freilich wirken oft eigentümliche Umstände hierauf modifizierend ein: in der Nähe von Eisen findet man wohl größtenteils Kohlen und Kalkstein; aber diese Vereinigung des Brennmaterials und des Erzes fehlt bei anderen Metallen.* Geologisch gesprochen, sind die an Metallen ergiebigsten Gegenden verschieden von denen, welche Kohlen bergen; so hat Cornwall Kupfer- und Zinnadern, aber keine Kohlenlager. Das Kupfererz, dessen Reduktion eine sehr große Menge Brennstoff verlangt, wird zur See nach den Kohlenfeldern von Wales geschickt und zu Swansea geschmolzen; die dieses dorthin schaffenden Fahrzeuge nehmen gewöhnlich Kohlenladungen mit, teils zur Versorgung der zur Trockenlegung der Schachten angelegten Dampfmaschinen, teils zum Schmelzen des Zinns, da dieses Metall mit einer geringen Quantität Brennmaterial reduziert werden kann.

---

* (Anm. der dt. Übersetzung): In dem metallreichen Mittel- und Südamerika bleiben manche Minen aus diesem Grunde gänzlich unbearbeitet, und andere werfen, wegen des theuern Transportes nach dem Schmelzorte, so gut wie gar keinen Gewinn ab; vom Ersteren zeugen die direkten Aussagen des Herrn *Miers*, welcher im J. 1819 von England nach Chili ging, um dort eine Fabrik zur Bearbeitung des Kupfers anzulegen, und der seine Reise herausgegeben hat. (S. Journal der Land- und Seereisen, Jahrgang 1828). Die letztere Behauptung wird nur zu sehr durch die zweideutigen Geschäfte gewisser Amerikanischer Bergbau-Vereine gerechtfertigt.

§ 278. Flüsse, welche kohlen- und metallreiche Gegenden durchschneiden, bilden mit der Zeit die Hauptstraßen für den Transport sehr schwerer Produkte nach solchen Punkten, die mehr Bequemlichkeiten zur gehörigen Bearbeitung derselben darbieten. Später treten, diese unterstützend, Kanäle hinzu; und da die Kräfte des Dampfes und des Gases noch lange nicht überall, wo sie es könnten, angewendet werden, so ist Grund zur Hoffnung vorhanden, daß diese Vorteile auch noch Ländern zuteil werden, denen die Natur sie auf immer versagt zu haben scheint. Fabriken, Handel und Zivilisation bleiben da, wo neue und wohlfeile Verbindungswege sich eröffnen, nicht lange aus. Vor zwanzig Jahren wälzte der Mississippi seine ungeheure Wassermasse in verschwenderischem Überfluß durch Tausende von Meilen und durch Länder, die kaum einigen herumziehenden wilden Indianerstämmen Nahrung gewährten. Die Gewalt des Stroms schien allen menschlichen Anstrengungen, ihn hinaufzusteigen, zu trotzen, und gleichsam um das Unternehmen noch hoffnungsloser zu machen, pflanzten sich große aus den nahen Wäldern gerissene Bäume im Flußbett gleich Pfeilern ein, an manchen Stellen Barren, an anderen den Kern zu Sandbänken bildend, so daß der Zufall hier eine doppelte Gefahr erzeugte, wo ohne denselben gar keine gewesen wäre. Kaum daß viermonatliche mühevolle Reisen für die erschöpfte Mannschaft hinreichten, mit einem kleinen Kahn 2000 (engl.) Meilen stromaufwärts zu gelangen; während gegenwärtig dieselbe Entfernung in großen von Dampf getriebenen Fahrzeugen, mit Hunderten von Passagieren an Bord, und mit allen Bequemlichkeiten des zivilisierten Lebens versehen, in 15 Tagen zurückgelegt wird. An den Ufern, da wo früher die Hütte des Indianers und hin und wieder isolierte Blockhäuser der wenigen Ansiedler (*settlers*) gestanden haben, erheben sich jetzt Dörfer, Flecken und Städte. Wahrscheinlich wird die nämliche Maschine, welche sich der Kraft dieses gewaltigen Stroms entgegenzustemmen vermag, einst auch die Barren und Sandbänke, welche früher die Schiffahrt darauf hinderten und sie noch jetzt gefahrvoll machen, aus seinem Bette reißen[44].

---

44 Die Größe der Gefahr, welche aus dem zufälligen Festsetzen der Bäume im Flußbett entsteht, läßt sich nach der Anzahl der Dampfboote ermessen, welche durch solche Bäume (die man in dieser Stellung *snags* nennt) verunglücken. Folgende Angabe ist aus dem *American Almanach* für 1832 entlehnt: »Vom Jahre 1811 bis zum 1832 sind 348 Dampfboote auf dem Mississippi und dessen Nebenflüssen gebaut worden. Innerhalb dieses nämlichen Zeitraumes sind 150 teils verunglückt, teils abgenutzt.
Von diesen 150 sind

abgenutzt	63
verunglückt durch *snags*	36
verunglückt durch Feuer	14
verunglückt durch Zusammenstöße	3
durch nicht ermittelte Zufälle	34.

§ 279. Befinden sich in einem Distrikt viele große Fabrikanstalten, so bringt dies einen Zusammenschluß von Käufern oder deren Handelsagenten aus großen Entfernungen zuwege, und es entsteht ein öffentlicher Markt oder eine Börse. Dies trägt dazu bei, den Fabrikanten jene ihnen so nötige Kenntnis von der vorrätigen Quantität des Rohmaterials und von dem Zustand der Nachfrage zu verschaffen.* Schon der Umstand, daß von Zeit zu Zeit eine große Anzahl der Warenproduzenten und der Warenabnehmer an ein- und demselben Ort zusammenkommen, ist ausnehmend geeignet, den zufälligen Schwankungen, welchen ein kleinerer Markt stets ausgesetzt ist, vorzubeugen und den Durchschnittspreisen eine größere Gleichmäßigkeit zu geben.

§ 280. Ist erst viel Kapital in Maschinen und in der Erbauung von geeigneten Räumen dazu angelegt; sind die Einwohner der Umgegend erst mit der Bearbeitung der Maschinen vertraut, so wird solches Kapital nicht ohne sehr triftige Gründe wieder herausgenommen werden. Doch kommen dergleichen Wechsel der Fabrikstellen vor, und die zur Untersuchung der Schwankungen in der Beschäftigung der Fabrikarbeiter niedergesetzte Kommission betrachtet in ihrem Bericht dergleichen Veränderungen in der Ortslage der Anstalten als eine der Hauptursachen der Schwankungen im Arbeitslohn. Um so wichtiger ist es also für die arbeitende Klasse, daß ihr die wahren Ursachen, welche die Verlegung längst bestehender Fabrikanstalten nicht bewirkten, nicht unbekannt bleiben.

»Der Ortswechsel von Fabrikanstalten rührt bisweilen daher, daß gewisse Verbesserungen in den Maschinen an der bisherigen Fabrikstelle nicht verwirklicht werden können. Dies war der Fall mit der Wollenzeug-Fabrikation, welche großenteils aus Essex, Suffolk und anderen südlichen Provinzen nach den nördlichen ausgewandert ist, weil dort die Kohlen zum Verbrauch bei den Dampfmaschinen wohlfeiler im Preis sind. In manchen Fällen ist diese Auswanderung aber auch durch die Aufführung der Arbeiter herbeigeführt oder beschleunigt worden, indem sie sich einer billigen Herabsetzung des Arbeitslohns, oder der Einführung von Verbesserungen widersetzten; so daß während sie noch stritten, ein anderer Ort sie schon beinahe vom Markt verdrängt hatte. *Jede Beeinträchtigung des Eigentümers durch die*

Es sind also 36, das heißt, beinahe ¼ der ganzen Anzahl, durch die zufällige Wirkung der *snags* verunglückt. Man pflegt am Vorderteil der Dampfboote eine wasserdichte Kammer abzugrenzen, damit, im Fall das Schiff auf einen *snag* läuft und ein Loch bekommt, das Wasser nicht gleich in den Raum des Fahrzeugs dringen könne, wodurch das Schiff augenblicklich untergehen würde.

* (Anm. der dt. Übersetzung): Aus diesem Grunde hat der Königlich Preuß. Wirkl. Geh. Ober-Regierungs-Rath *Beuth* die gewiß sehr zweckmäßige Einrichtung getroffen, daß zur Zeit des Wollmarkts in Berlin im Hause des Königl. Gewerbe-Instituts eine Börse stattfindet, wo Käufer und Verkäufer jede ihnen wünschenswerthe Auskunft über vorhandene Vorräthe, Nachfragen, Wollpreise u.s.w. erhalten können.

Arbeiter, jede unbillige Verbindung, die sie unter sich stiften, fällt notwendig zu ihrem eigenen Nachteil aus.«[45]

§ 281. Wenn solche Fabriken schon seit langer Zeit an demselben Ort bestehen, so kann ihre Entfernung ernstliche Folgen nach sich ziehen, weil jedesmal in der Nähe von dergleichen Anstalten eine ihren Bedürfnissen entsprechende Bevölkerung heranwächst. Die Arbeiter-Verschwörungen von Personen mit dem Namen »Luddites« in Nottinghamshire haben viele Wirkerstühle aus jenen Gegenden vertrieben und die Errichtung ähnlicher Anstalten in Devonshire zur Folge gehabt. Ferner ist zu bemerken, daß, wenn eine Anstalt, um sich dem Einfluß der Arbeiter-Verschwörungen zu entziehen, nach einem neuen Distrikt verlegt wird, wo das von ihr bearbeitete Fach früher nicht existierte, in wenigen Jahren die dortigen Kapitalisten, von dem lockenden Beispiele aufgemuntert, ähnliche Fabriken anlegen, so daß der Verlust der unruhigen Arbeiter, obgleich sie nur eine Anstalt aus ihrer Mitte vertrieben, sich nicht auf die von dieser einen gelieferten Quantität Arbeit beschränkt, sondern auch der Wert der Arbeit selbst durch die Entstehung einer neuen Konkurrenz herabgedrückt wird.

§ 282. Aber auch die Beschaffenheit der Maschinen übt Einfluß auf die vorliegende Frage aus. Schweres Maschinenwerk, wie Stampfmühlen, Dampfmaschinen u.s.w., können nicht schnell fortgeschafft, sondern müssen zu diesem Zweck erst auseinandergenommen werden; besteht hingegen das Maschinenwerk einer Fabrik aus einer Menge einzelner selbständiger Maschinen, welche sämtlich durch ein und dieselbe Kraft, z.B. des Dampfes, in Bewegung gesetzt werden, so ist die Verlegung mit weit weniger Unbequemlichkeit verknüpft. Strumpfwirker- und Webstühle, Tüll-Maschinen und dergleichen lassen sich ohne bedeutendes Auseinandernehmen in verschiedene Teile nach günstigeren Punkten hin transportieren.

§ 283. Es ist von hohem Belang, daß die verständigeren Arbeiter sich selbst von der Richtigkeit dieser Ansichten überzeugen, weil sonst in manchen Konjunkturen diese ganze Klasse durch eigennützige Menschen zu einem Verfahren hingerissen werden kann, das ihrem Interesse förderlich zu sein scheint, in der Tat aber demselben höchst nachteilig ist. Gern gestehe ich die von mir gehegte Hoffnung, daß dieses Werk auch solchen Arbeitern in die Hände kommen möge, welche durch ihre nähere Beteiligung daran, besser als ich über eine Sache, die nur einen gesunden Menschenverstand erfordert, zu urteilen imstande sein dürften. Der einzige Vorzug, den ich vor ihnen voraus habe, und der mich berechtigt, ihre

---

45 Diese Passage ist im Original *nicht* kursiv gedruckt, aber aufgrund ihrer Wichtigkeit und der Überzeugung, daß eine ausführlichere Debatte darüber einen zusätzlichen Nachweis ihrer Richtigkeit geben wird, haben wir sie an dieser Stelle derartig markiert.

Aufmerksamkeit auf das Gesagte und auf die über Arbeiter-Verbindungen später noch zu machenden Bemerkungen zu lenken, ist dieser, daß ich nie das geringste pekuniäre Interesse hatte, noch wahrscheinlich je haben werde, wodurch mein Urteil über die verschiedenen von mir behandelten Gegenstände auch nur im Entferntesten hätte modifiziert werden können.

Von der Überfüllung des Marktes durch Überproduktion

§ 284. Eine natürliche und fast unvermeidliche Folge der Konkurrenz ist, daß bei weitem mehr produziert wird, als die Nachfrage verlangt. Dieses Resultat trifft in der Regel immer nach gewissen Zeitpunkten wieder ein, und es ist für Fabrikherren wie für Arbeiter gleich wichtig, dem Wiedereintritt desselben vorzubeugen, oder wenigstens davon zu wissen. In Gegenden, wo eine große Menge kleiner Kapitalisten existiert, wo jeder Meister selbst arbeitet und dabei von seiner Familie oder nur von wenigen Gesellen unterstützt wird, und wo eine große Mannigfaltigkeit von Gegenständen verfertigt wird, hat sich ein eigentümliches Ausgleichssystem gebildet, welches den Schwankungen des Arbeitslohns, die sonst sehr weit gehen könnten, ein Ziel setzt. Die Ausgleichung geschieht nämlich durch eine gewisse Gattung von Mittelsmännern oder Faktoren; diese Leute haben einiges Kapital, womit sie, sobald irgendeiner ihrer Handelsartikel im Preis sehr gefallen ist, auf eigene Rechnung kaufen, um ihn unter günstigen Umständen mit Profit wieder loszuschlagen. In gewöhnlichen Zeiten sind sie Händler oder Agenten und besorgen die Kommissionen einheimischer oder auswärtiger Kaufleute zu den Marktpreisen. Sie besitzen große Warenmagazine, teils zur Besorgung dieser Speditionsgeschäfte, teils aber auch zur Lagerung der von ihnen selbst in Zeiten, wo die Preise tief gesunken sind, gekauften Artikel; sie wirken also, wie eine Art von Schwungrad, auf die Angleichung der Marktpreise.

§ 285. Anders aber wirkt die Überfüllung des Marktes auf große Fabrikanstalten. Sind die Preise durch allzu großen Vorrat herabgedrückt, so tritt eine Verminderung entweder des Arbeitslohns, oder der Arbeitsstunden ein, letzteres mit geringerem Lohn verbunden. Im ersteren Fall bleibt das Verhältnis der Produktion wie es gewesen, im letzteren aber, da weniger gearbeitet wird, stellt sich die Produktion, sobald der vorhandene Vorrat erst verarbeitet ist, wieder ins Gleichgewicht mit der Nachfrage, und die Preise erreichen aufs neue ihre frühere Höhe. Dies letztere Verfahren zeigt sich zunächst sowohl für Herren als auch Arbeiter am Vorteilhaftesten; allein es läßt sich da, wo das Fach von vielen zugleich betrieben wird, nur mit Schwierigkeit in Ausübung bringen. Ja, wenn es gelingen soll, so ist eine Übereinkunft unter den Herren oder unter den Arbeitern; oder, was beidem stets vorzuziehen ist, ein gegenseitiges Übereinkommen

zwischen Herren und Arbeitern in der Tat zu ihrer beider Vorteil uner-
läßlich. Eine Vereinigung unter den Arbeitern hat ihr Schwieriges und ist
stets von dem Übel begleitet, daß böser Wille gegen diejenigen entsteht,
welche, was man ihnen keineswegs verargen kann, für gut finden, ein
anderes Verfahren, als das der Mehrzahl zu befolgen. Andererseits hilft
den Herren keine Vereinigung, wenn sich auch nur ein Einziger davon
ausschließt; denn, kann dieser Einzige für sein Geld mehr Arbeit liefern als
die Übrigen, so ist er auch imstande wohlfeiler zu verkaufen.

§ 286. Wieder verschieden stellt sich die Sache vom Gesichtspunkt der
Konsumenten dar. Nachdem durch eine übergroße Klasse von Fabrikanten der Preis bedeutend gesunken ist, wird einer neuen Klasse der Weg
eröffnet, sich den Artikel anzuschaffen, sowie auch die, welche ihn bisher
konsumierten, jetzt eine größere Menge davon konsumieren werden. Ein
Wiederhinaufsteigen des Preises ist also gegen das Interesse dieser beiden
Klassen. Nicht minder gewiß ist, daß ein solches Sinken, welches dem
Gewinn des Fabrikanten Abbruch tut, seine Erfindungskraft schärft; ihn
anspornt, neue und wohlfeilere Quellen zur Herbeischaffung des Rohmaterials zu ermitteln; verbesserte Maschinen zur wohlfeileren Produktion zu
erfinden, oder neue, größere Ersparnis erzielende Anordnungen in seiner
Anstalt einzuführen. Sichert ihm die Wirkung eines dieser Mittel oder die
Gesamtwirkung aller den gewünschten Erfolg, so ist dadurch ein wesentlicher Vorteil erreicht, indem nunmehr die Benutzung des Artikels einem
größeren Publikum zu einem niedrigeren Preis zugänglich gemacht ist,
während auf der anderen Seite der Fabrikant zwar für jede einzelne Operation schlechter bezahlt wird, im Ganzen aber durch den stärkeren Absatz seines Fabrikats mit seinem Kapital am Ende des Jahres fast ebensoviel Prozente gewonnen hat, als bei den höheren Preisen. Der Lohn der
Arbeiter gewinnt mittlerweile sein früheres Niveau wieder, und sie, wie
ihre Herren, sind von nun an geringeren Schwankungen in der Nachfrage
ausgesetzt, weil diese jetzt von einer größeren Anzahl Kunden abhängt.

§ 287. Höchst beziehungsreich wäre es, könnte man in der Geschichte
irgendeines großen Fabrikgeschäftes, wenn auch nur annähernder Weise,
die Wirkung nachweisen, welche eine Überfüllung an produziertem Fabrikat auf die Verbesserung des Maschinenwesens oder die Methoden der
Bearbeitung ausübten; ferner, welche Vermehrung in der jährlich produzierten Quantität infolge von dergleichen Verbesserungen stattgefunden hat.
Das Ergebnis würde wahrscheinlich folgendes sein: *daß die größere Menge
der mit demselben Kapital mittelst der verbesserten Einrichtungen erzielten
Produkte den nämlichen Gewinn abwerfe, wie andere Arten der Kapitalan-
lage.*

---

46 Sehr schätzbar wäre es mir, den Preis der Tonne Roh- und Stabeisens und der Kohlen,
    sowie der Arbeiten in den Eisenwerken nach dem Durchschnitt einer längeren Reihe von

Es eignet sich vielleicht keine Fabrikation besser zur Erläuterung unseres Vorwurfs, als die des Eisens[46]; denn hier hat man gleichzeitig und an demselben Ort den wirklichen Preis des Roh- und Stabeisens; und die Störungen, welche aus einem Wechsel des zirkulierenden Geldmittels, sowie aus anderen Quellen entspringen, wären somit entfernt.

§ 288. Gegenwärtig, da die Eisenfabrikanten klagen, daß sie bei dem niedrigen Preis ihres Produktes nicht mehr bestehen können, kommt eine neue Art des Eisenschmelzens in Gebrauch, welche, wenn sie den Angaben der mit einem Patent versehenen Erfinder entspricht, die Erzeugungskosten bedeutend vermindern dürfte. Die Erfindung besteht darin, daß die Luft, ehe man sie zum Anblasen des Ofens gebraucht, erhitzt wird. Eines der Ergebnisse ist, daß man sich der Kohlen im nicht abgeschwefelten Zustand* bedienen kann, und dieses macht jeweils eine geringere Menge Kalkstein zur Flüssigmachung des Eisensteins nötig.

Folgende Darstellung der Besitzer des Patentes ist aus *Brewster's* Journal 1832, S. 349, entlehnt:

Vergleichende Darstellung der Quantität Materialien, welche in den Eisenwerken an der Clyde zum Schmelzen einer Tonne Roh-Ganzeisens wöchentlich gebraucht wird, sowie der Quantität des in jedem Ofen geschmolzenen Roh-Ganzeisens.

	Brennmaterial in Tonnen von 20 Zentnern zu je 112 Pfund.	Eisen-stein	Kalk-stein	Wöchent-licher Er-trag an Roheisen
	Tonnen		Ztr.	Tonnen
1. Mit nicht erhitzter Luft und abgeschwefelten Kohlen	7	3¼	15	45
2. Mit erhitzter Luft und abgeschwefelten Kohlen	4¾	3¼	10	60
3. Mit erhitzter Luft und nicht abgeschwefelten Kohlen	2¼	3¼	7½	65

Anmerkungen. – 1. Zu den in der ersten und zweiten Reihe angeführten Quantitäten Kohlen sind noch 5 Zentner kleine Kohlen zum Erhitzen der Luft vonnöten.

2. Der *Apparat* zur Anwendung erhitzter Luft kostet für jeden Ofen 200 bis 300 £ St.

3. In den Eisenwerken an der Clyde werden gegenwärtig keine Kohlen abgeschwefelt, sondern das Eisen wird in allen drei Öfen mit natürlichen Kohlen geschmolzen.

Jahren zu kennen; ja ich würde auch schon für Aufschlüsse über eine kürzere Durchschnittsperiode sehr dankbar sein.

* (Anm. der dt. Übersetzung): Das heißt der Kohlen statt der *Coaks.*

4. Die drei Öfen werden von einem Zylindergebläse von 80" Durchmesser angeblasen, welches durch eine doppeltwirkende Dampfmaschine mit einem Dampfzylinder von 40" im Durchmesser betrieben wird. Dadurch wird die Luft bis auf 2½ Pfund Spannung auf den Quadratzoll verdichtet. Jeder Ofen hat zwei Einblaseöffnungen (*Formen*). Die Düsen der Blaseröhren haben 3 Zoll Durchmesser.

5. Die Luft wird bis über 600° Fahrenheit erhitzt. Blei schmilzt schon in einer Entfernung von 3 Zoll von der Mündung, durch welche die Luft ausströmt.*

§ 289. Die verstärkte Wirkung der auf diese Weise erhitzten Luft ist keineswegs beim ersten Blicke einleuchtend; überdies dürfte eine Erklärung ihrer Wirkungsweise zu neuen beherzigenswerten Ansichten in bezug auf die fernere Anwendung von Maschinen zum Anblasen der Öfen Veranlassung geben.

Jeder Kubikfuß atmosphärischer Luft, der in einen Ofen getrieben wird, besteht aus zwei Gasarten[47]: ungefähr $\frac{1}{5}$ Sauerstoffgas und $\frac{4}{5}$ Stickstoffgas.

Nach der Annahme unserer jetzigen Chemiker ist es das Sauerstoffgas allein, welches Hitze erzeugt. Die Operation, einen Ofen anzublasen, kann demnach folgendermaßen analysiert werden:

1. Die Luft wird im verdichteten Zustand in den Ofen getrieben, und da sie sich hier sogleich ausdehnt, so zieht sie die Hitze aus den umgebenden Körpern an sich.

2. Da sie selbst von mäßiger Temperatur ist, so würde sie sogar ohne Ausdehnung einen höheren Hitzegrad erfordern, um der Temperatur der heißen Substanzen, zu welchen man sie gebraucht, gleichzukommen.

3. Kommt die Luft in dem Ofen mit den glühenden Stoffen in Berührung, so vereinigt sich der Sauerstoff mit denselben und bildet Zusammensetzungen, deren spezifische Hitze geringer ist als die ihrer einzelnen Bestandteile. Einige derselben entweichen durch den Schornstein in einem gasartigen Zustand; andere bleiben in Gestalt von geschmolzenen Schlakken zurück und schwimmen auf der Oberfläche des durch die befreite Luft flüssig gemachten Eisens.

---

47 Die genauen Proportionen betragen 21 Teile Oxygen und 79 Teile Azote.
* (Beitrag der dt. Übers., S. 455f.): Dieses zuerst in Schottland ausgeführte Verfahren hat in den englischen Eisenwerken keine Nachahmung gefunden; die gewöhnliche Erfahrung zeigt vielmehr, daß die Hohenöfen, gerade wegen der kalten Luft, im Winter mehr ausbringen, als im Sommer. Eben dieses Umstandes halber werden viele kleine Oefen nur im Winter betrieben. Die größere Wirksamkeit der kalten Luft rührt unstreitig größtentheils von ihrer, durch die Kälte vermehrten Dichtigkeit her; indem diese der Temperatur-Abnahme proportional, und zwar vom Siedepunkt bis zum Frostpunkte im Verhältnis wie 8 : 11, zunimmt. Bei derselben Ausströmungs-Geschwindigkeit in der Düse wird also das in den Ofen geblasene Luftvolumen, bei niedrigen Temperatur-Graden, eine größere Luftmenge enthalten und daher dem Feuer mehr Sauerstoff zuführen, als bei hohen Temperaturgeraden.

4. Die beiden ersten soeben angegebenen Wirkungen sind auch auf das Stickstoffgas vollkommen anwendbar; dagegen bildet dieses keine Zusammensetzungen und trägt in keiner Art etwas zur Steigerung der Hitze bei.

Es wird demnach durch die Methode, die Luft zu erhitzen, ehe man sie in den Ofen läßt, die ganze Quantität Hitze erspart, welche der Brennstoff liefern muß, um die Luft im Ofen von dem Temperaturgrade der äußern Luft auf 600° Fahrenheit zu steigern; so gewinnt also das Feuer an Intensität, und die Schlacken werden flüssiger und vielleicht auch wirksamer zum Zersetzen des Eisenerzes. Dieselbe Menge Brennmaterial unmittelbar in den Ofen gebracht, würde bloß die Dauer der Hitze verlängern, aber nicht ihre Intensität steigern.*

§ 290. Deutlich geht die Mangelhaftigkeit der jetzigen Methode und das Bedürfnis einer zweckmäßigen Art der Erzeugung großer Hitzegrade aus dem Umstand hervor, daß ein so bedeutender Teil der in den Ofen getriebenen Luft[48], nämlich nicht weniger als $\frac{4}{5}$ des ganzen Quantums, nicht bloß nutzlos ist, sondern in der Tat abkühlt, statt zu erhitzen; dazu kommt noch die beträchtliche Verschwendung an mechanischer Kraft, die zur Verdichtung derselben nötig ist.

§ 291. Die große Schwierigkeit scheint darin zu liegen, das Sauerstoffgas, welches die Verbrennung fördert, von dem dieselbe hindernden Stickstoffgas zu scheiden. Würde nun aber eine der beiden Gasarten bei einem geringeren Druck tropfbar flüssig, und lägen diese Grade des Druckes innerhalb der bis jetzt gekannten Kräfte der Kompression, so wäre das Ziel erreicht.

Angenommen, daß Sauerstoffgas bei einem Druck von 200 Atmosphären, Stickstoffgas aber erst bei 250 tropfbar flüssig werde, so wird, wenn die atmosphärische Luft bis zu dem 200sten Teil des Raumes, den sie im freien Zustand einnimmt, zusammengedrückt ist, das Sauerstoffgas als liquider Niederschlag auf dem Boden des Gefäßes, worin die Verdichtung vor sich ging, gefunden werden, während der obere Raum des Gefäßes nur Stickstoff in Gasform enthält. Das auf diese Weise kondensierte Sauerstoffgas kann zur Heizung des Ofens abgezogen werden; da es aber beim Gebrauch nur einen sehr mäßigen Grad der Verdichtung haben darf, so ließe sich seine Ausdehnungskraft, noch ehe es in den Ofen übergeht, zur Bewegung einer kleinen Maschine benutzen. Auch das verdichtete Stickstoffgas im oberen Teil des Gefäßes, wiewohl zum Verbrennungsprozeß unbrauchbar, könnte man mittelst seiner Ausdehnung als Bewegungskraft

---

48   Eine ähnliche Begründung mag man auch bei Lampen anwenden. Ein *Argand*-Brenner, der zum Verbrauch von Öl und Gas verwendet wird, führt nahezu eine unbegrenzte Menge an Sauerstoff zu. Es wäre eine Untersuchung wert, ob eine geringere Quantität nicht vielleicht mehr Licht produzieren würde; und möglicherweise würde eine unterschiedliche Zufuhr mit der gleichen Menge Brennstoff mehr Hitze erzeugen.

einer zweiten Maschine verwenden*. So verlöre man von der zur ursprünglichen Kompression angewendeten mechanischen Kraft nicht mehr als den geringen Teil, der aufbewahrt wird, um den reinen Sauerstoff in den Ofen zu treiben, und den bei weitem größeren Teil, welcher durch die Friktion des Apparates verlorengeht.**

§ 292. Die vorzüglichste Schwierigkeit bei diesen Operationen scheint das Abdichten des Treibkolbens zu sein, so daß er den Druck von 200 oder 250 Atmosphären aushalte; doch dies scheint nicht unüberwindlich. Es ist möglich, daß die chemische Verbindung der beiden Gasarten, aus welchen die gewöhnliche Luft besteht, durch solchen Druck erzeugt wird. Ist dies der Fall, so wird dadurch eine neue Methode an die Hand gegeben, salpetrige oder Salpetersäure (Scheidewasser) zu fabrizieren. Experimente dieser Art könnten leicht zu Resultaten führen, die in ein anderes Fach einschlagen; führte man z.B. die Verdichtung in einem Flüssigkeit enthaltenden Gefäß aus, so wäre es möglich, daß diese in neue chemische Verbindungen träte; ist es Wasser, so dürfte sich dies durch den hohen Druck mit einer größeren Dosis Sauerstoffgases[49] vereinigen, welches dann leicht entbunden und zur Heizung des Ofens benutzt werden könnte.

§ 293. Was zur Ungewißheit der Resultate eines solchen Versuchs ferner beiträgt, ist der Umstand, daß Stickstoff (Salpetersäure erzeugender Stoff) möglicherweise wirklich zur Flüssigmachung der gemischten Masse im Ofen beitragen kann, wenn man auch bis jetzt dessen Wirkungsart noch nicht kennt. Vielleicht würde eine Untersuchung der Natur der aus den Schornsteinen der Eisenschmelzöfen entweichenden Gasarten zur Aufklärung dieses Gegenstandes dienlich sein, wie wir denn überhaupt hoffen

---

*   (Anm. der dt. Übersetzung): Diese Vorschläge lassen wenig Erfolg hoffen.
**   (Beitrag der dt. Übers., S. 456f.): Die Idee des Verfassers, den Sauerstoffgehalt der atmosphärischen Luft durch hinreichend starke Compression als eine tropfbare Flüssigkeit auszuscheiden, und diese demnächst zur Heizung der Schmelzöfen zu benutzen, erscheint nach den bis jetzt bekannt gewordenen Erfahrungen über die Liquefaction der Gase als sehr problematisch; wenigstens ist dazu ein Druck von 200 Atmosphären, wie der Verfasser annimmt, bei weitem noch nicht hinreichend. *Richmann* und *Kratzenstein* (Nov. Comment. Acad. imp. Petrop. T. II. p. 163.) haben die Luft bis 1/300 ihres Volumens im freien Zustande zusammengepreßt, ohne daß sie Elasticität verloren hätte. *Perkins* (Philos. Trans. 1826. III p. 541.) will erst bei einer 500fachen Verdichtung den Anfang einer Liquefaction bemerkt haben, und bei einem Druck von 11 bis 1200 Atmosphären, die er durch seinen Compressions-Apparat hervorbrachte, soll dieselbe vollendet gewesen sein; indessen haben berühmte Physiker gegen diese Angabe sehr gegründete Einwendungen (Gehler's Phys. Wörterb. Bd. 4. p. 1021) gemacht, weshalb diese Sache bis zur weitern Bestätigung durch unzweifelhaftere Versuche noch dahingestellt bleibt. Uebrigens haben schon *Achard* (Mém. de Berlin, année 1779.) und *Lavoisier* (Mém. de l'Acad. des Sc. de Paris, année 1782.) Sauerstoffgebläse zur Erzeugung so großer Hitzgrade angewendet, daß darin Platin schmolz, Eisen verbrannte und selbst Schmelztiegel verglaseten.
49 Wasserstoffsuperoxyd, das von *Thénard* entdeckte oxygenierte Wasser.

dürfen, durch ähnliche Untersuchungen der verschiedenen, in allen Schmelzöfen erzeugten Stoffe über manche Punkte in der Metallurgie Aufschlüsse zu erhalten.

§ 294. Möglich wäre es ferner, daß das Sauerstoffgas im flüssigen Zustand äußerst ätzend wirkte, und die dasselbe enthaltenden Gefäße daher mit Platin oder irgendeiner anderen schwer zu oxydierenden Substanz inwendig überzogen sein müßten; und höchstwahrscheinlich würden sich unter solchen Graden der Kompression neue und unerwartete Zusammensetzungen erzeugen. Bei einigen Versuchen, welche Graf *Rumford* im Jahr 1797 über die Kraft des abgefeuerten Schießpulvers anstellte, bemerkte er stets eine Zusammensetzung in fester Form im Flintenlauf, so oft das entzündete Pulver verhindert wurde, sich zu befreien; gewöhnlich war dann die nach Entfernung der zusammendrückenden Kraft entweichende Quantität Gas nur gering.

§ 295. Wahrscheinlich muß die Form des Eisenschmelzofens eine Veränderung erleiden, und vielleicht ist es nötig, die Flamme der entzündeten Brennstoffe auf das Erz hinzuleiten, statt dieses, wie es jetzt geschieht, mit jenem zu vermischen. Mittelst einer gehörigen Regulation des Zuges ließe sich eine oxydierende oder desoxydierende Flamme erzeugen, und von der Intensität der Flamme, verbunden mit ihrer chemischen Wirksamkeit, dürfte man erwarten, daß sie das widerspenstigste Erz zum Schmelzen brächte, und daß die bis jetzt fast nicht zu verflüssigenden Metalle, wie Platin, Titanium und andere, in häufigeren Gebrauch kämen, was eine Umwälzung in den Gewerben hervorbringen würde.

§ 296. Werden beim Vorkommen einer Überfüllung keine neuen und wohlfeileren Produktionsweisen entdeckt, und bleibt die Produktion fortwährend stärker als die Nachfrage, so ist es klar, daß zu viel Kapital in diesem Fach angelegt ist, und nach einiger Zeit wird der verringerte Gewinn einige der Fabrikanten zwingen, zu einem anderen Geschäft überzugehen. Wer von ihnen das bisher betriebene Geschäft wird aufgeben müssen, hängt von verschiedenen Umständen ab. Durch überlegene Industrie und Aufmerksamkeit setzen sich einige Fabriken in Stand, etwas mehr Gewinn als die übrigen zu erzielen. Durch überlegenes Kapital machen es andere auch ohne diese Eigenschaften möglich, die Konkurrenz auszuhalten; und was sie den Verlust leichter tragen macht, ist die Hoffnung, sich durch einen erhöhten Preis schadlos zu halten, nachdem sie die kleineren Kapitalisten vom Markt verdrängt haben. Besser für alle Parteien ist es jedoch, wenn dieser Kampf nicht lange dauert, sowie es andererseits wichtig ist, daß zu dessen Vermeidung kein künstlicher Zwang dazwischentrete. Ein Beispiel solcher Beschränkung und des daraus entspringenden Nachteils liefert der Hafen von Newcastle, wo einer besonderen Parlamentsakte gemäß, jedes Schiff eine Ladung erhalten muß. In dem Bericht einer Kommission des Unterhauses über den Kohlenhandel heißt es:

»Wenn mehr Schiffe sich mit dem Kohlentransport befassen, als mit Nutzen zulässig ist, so fällt der Verlust, welchen der Aufenthalt im Hafen und das Warten auf die erzwungene Befrachtung erzeugt, nach den Anordnungen dieser Akte auf alle Schiffe gemeinschaftlich, statt daß, dem natürlichen Gange überlassen, er nur auf Einige fallen, und diese dann nötigen würde die Konkurrenz aufzugeben.« (Report, S. 6)

§ 297. Es war keineswegs unser Ziel, in dieser gedrängten Übersicht sämtliche Wirkungen oder Abhilfsmittel einer Überfüllung anzugeben. Der Gegenstand ist schwierig und unterscheidet sich von einigen der schon behandelten Fragen, indem er einen vergleichenden Überblick des relativen Einflusses vieler mitwirkender Ursachen erfordert.

Vorläufige Untersuchungen zwecks der Anlage irgendeiner Manufaktur

§ 298. Es gibt mancherlei Untersuchungen, welche jedesmal angestellt werden sollten, bevor mit der Manufaktur irgendeines neuen Artikels begonnen wird. Sie beziehen sich hauptsächlich auf die Ausgaben für Werkzeuge, Maschinerien, Rohmaterialien und alle zur Hervorbringung derselben nötigen Kosten; ferner auf den Umfang, welchen die wahrscheinlich entstehende Nachfrage erreicht, auf die Zeit, in welcher das zirkulierende Kapital ersetzt sein wird, und endlich auf die Schnelligkeit oder Langsamkeit, mit welcher der neue Artikel solche, die bereits im Gebrauch sind, vom Markt verdrängt.

§ 299. Die Ausgaben für Werkzeuge und neue Maschinen sind in demselben Verhältnisse schwieriger zu ermitteln, je mehr sie von den schon gebräuchlichen abweichen; indessen ist die Mannigfaltigkeit der in unseren verschiedenen Fabriken beständig angewendeten Maschinen so groß, daß jetzt nur wenig Erfindungen vorkommen können, deren Hauptbestandteile mit anderen bereits konstruierten nicht sollten ähnlich befunden werden. Die Kosten der Rohmaterialien sind gewöhnlich mit geringerer Schwierigkeit vorher zu bestimmen; doch kann es dabei manchmal wichtig werden, zu untersuchen, ob der Bedarf zu einem gegebenen Preis immer mit Zuverlässigkeit zu bekommen sei. Denn im Fall eines geringen Konsums kann die vergrößerte Nachfrage einer einzigen Handlung eine temporäre, bedeutende Preiserhöhung bewirken, obgleich derselbe Umstand den Preis zuletzt wieder herabsetzen wird.

§ 300. Die wahrscheinliche Größe des Verbrauchs irgendeines neuen Artikels ist ein höchst wichtiger Gegenstand der Betrachtung für denjenigen, der eine neue Fabrik anzulegen beabsichtigt. Da diese Blätter nicht die Belehrung der Fabrikanten zum Zweck haben, sondern vielmehr nur einen allgemeinen Überblick des Gegenstandes gewähren sollen, so wird eine Beleuchtung der Art und Weise, wie Praktiker dergleichen fragliche Punkte ansehen, vielleicht sehr unterrichtend sein. Der folgende Auszug aus den Aussagen vor der Kommission des Unterhauses über Handwerker und Maschinenwesen zeigt den Umfang, in welchem scheinbar sehr unbedeutende Artikel verbraucht werden, und die Ansicht, welche Fabrikanten davon haben.

Die über diese Angelegenheit vernommene Person war Herr *Ostler* aus Birmingham, Fabrikant von Glasperlen und anderem Spielzeug aus Glas. Mehrere der von ihm verfertigten Artikel lagen auf der Tafel, zwecks der Besichtigung von Seiten der Kommission, die ihre Versammlung in einem der Räume des Unterhauses hielt.

Frage: Haben Sie sonst noch etwas über diesen Gegenstand zu sagen?

Antwort: Meine Herren, Sie werden vielleicht die auf der Tafel liegenden Gegenstände als außerordentlich unbedeutend betrachten, daher es Sie ein wenig überraschen dürfte, folgende Tatsache zu vernehmen: Als ich vor achtzehn Jahren meine erste Reise nach London machte, fragte mich ein achtbar aussehender Mann in der City, ob ich ihn nicht mit Puppenaugen versehen könne. Ich war töricht genug, mich halb beleidigt zu fühlen, da es mir als eine Erniedrigung meiner neuen Würde als Fabrikant vorkam, Puppenaugen zu machen. Er führte mich in einen Raum, ganz so tief und vielleicht doppelt so lang wie dieser, wo gerade Platz genug war, zwischen Aufstapelungen von Puppenteilen, die vom Boden bis an die Decke reichten, einherzugehen. »Dies«, sagte er, »sind bloß die Beine und Arme, die Rümpfe befinden sich unten.« Allein ich sah genug, um mich zu überzeugen, daß er einer großen Menge gläserner Augen bedurfte, und da dieser Artikel ganz in mein Fach einzuschlagen schien, so erklärte ich mich bereit, mich versuchsweise darauf einzurichten, worauf er mir mehrere Proben vorzeigte. Er bestellte verschiedene Quantitäten von verschiedener Größe und Beschaffenheit; diese Bestellung schrieb ich mir auf, und als ich nach meinem Hotel zurückkam, fand ich, daß sie sich im Wert bis auf 500 Pfund belief. Zu Hause angekommen, war ich bemüht, die Bestellung anzufertigen. Obgleich ich einige der geschicktesten Glassachen-Verfertiger des Königreichs in Diensten hatte, so schüttelten diese doch die Köpfe, als ich ihnen die mitgebrachten Proben vorzeigte, und äußerten dabei, sie hätten diesen Artikel zwar oft gesehen, könnten ihn jedoch nicht anfertigen. Ich bewegte sie durch Geschenke, sich darauf einzuüben; allein nach vielen fruchtlosen Versuchen und nach Verschwendung von drei bis vier Wochen Zeit sah ich mich genötigt, das Unternehmen aufzugeben. Bald nachher unternahm ich einen anderen Betriebszweig (Leuchtergeräte) und kümmerte mich um jenes nicht mehr. Seit etwa anderthalb Jahren kam ich indes auf den Spielzeughandel wieder zurück, und dies erinnerte mich aufs neue an die Puppenaugen. Vor ungefähr acht Monaten traf ich zufällig mit einem Menschen zusammen, der durch vieles Trinken in einen Zustand völliger Dürftigkeit geraten war und an der Auszehrung litt. Ich zeigte ihm 10 Sovereigns, wofür er mich in der Anfertigung der Glasaugen zu unterrichten versprach. Er befand sich in einem solchen Zustand, daß er die Ausdünstung seiner eigenen Lampe nicht ertragen konnte. Aber obgleich ich mit der Handhabung dieser Arbeit sehr vertraut war, und es Sachen betraf, die ich täglich zu sehen Gelegenheit hatte, so konnte ich doch mit seiner Beschreibung nichts anfangen. (Ich erwähne dies nur, um zu zeigen, wie schwer es ist, bloß mittelst einer Beschreibung die Art der Ausführung begreiflich zu machen.) Mein armer Kunstgenosse nahm mich mit auf sein Dachstübchen, wo er die Sparsamkeit so weit trieb, daß er, um Öl zu sparen (obgleich der Preis dieses

Artikels in der letzten Zeit durch die Konkurrenz sehr herabgegangen war) stattdessen die Eingeweide und das Fett der Geflügel vom *Leadenhall market* gebrauchte. In einem Augenblick, nachdem ich ihn hatte drei Stück machen sehen, fühlte ich mich fähig, zwölf Dutzend zu machen, und der Unterschied zwischen seiner Methode und der meiner eigenen Werkleute war so geringfügig, das mich dies aufs äußerste überraschte.

Frage: Sie können nun also Puppenaugen machen?

Antwort: Allerdings. Da es schon anderthalb Jahre her war, seit ich die erwähnte Bestellung erhalten hatte, und ich mich bei dem so bedeutenden Betrag derselben auf mein sonst treues Gedächtnis doch nicht verlassen zu können glaubte, so nahm ich gestern Abend das Verzeichnis der seitdem bis zur Hälfte herabgesunkenen Preise zur Hand und durch die Berechnung, daß in diesem Land jedes Kind vom zweiten bis zum siebenten Jahr mit einer Puppe spielt und jährlich eine neue bekommt, überzeugte ich mich, daß die Puppenaugen allein viele tausend Pfund Sterling in Umlauf setzen müssen. Ich führe dies bloß deshalb an, um zu zeigen, wie wichtig Kleinigkeiten sein können, und als einen der vielen Gründe für meine Überzeugung, daß unsere Manufakte anderswo nicht nachgemacht werden könnten, wenn es nicht Leute gäbe, welche die Anfertigung derselben persönlich beibringen.

§ 301. Meistens ist es sehr schwierig, den Absatz eines Artikels oder die Wirkungen einer Maschine vorher abzuschätzen; indessen ereignete sich neulich ein Fall, welcher, obgleich nicht gerade eine Erläuterung der wahrscheinlichen Nachfrage, doch als Leitfaden für solche Untersuchungen höchst unterrichtend ist. Eine Kommission des Unterhauses war damit beauftragt, die für Dampfwagen festzusetzenden Zölle zu untersuchen, eine offenbar schwierig zu lösende Frage, und zugleich eine solche, worüber sich die abweichendsten Meinungen gebildet haben, wenn man nach den sehr verschiedenen Zollsätzen urteilt, die für solche Wagen von verschiedenen Chaussee-Beamten festgesetzt sind. Die Grundsätze, welche die Kommission bei ihrer Untersuchung leiteten, waren diese: »Die einzige Berechtigung zu einem Zoll auf einer öffentlichen Straße besteht in der Erhebung eines Fonds, der mit Beobachtung der strengsten Sparsamkeit zur Rückzahlung des ersten Anlagekapitals und zur Bestreitung der fortlaufenden Reparaturkosten gerade hinreiche.« Die Kommission bemühte sich zuerst von kompetenten Personen zu erfahren, welchen Einfluß die Witterung allein auf die allmähliche Verschlimmerung einer gut konstruierten Straße ausübe. Anschließend suchte sie die Beschädigung zu bestimmen, welche die Straße verhältnismäßig von den Pferdetritten und von den Wagenrädern mit der Zeit erleide. Man wendete sich an Herrn Macneill, Oberaufseher der *Holyhead roads* unter Herrn Telford. Derselbe schlug vor, die relative Beschädigung nach Maßgabe der Quantität des abgenutzten Eisens von dem Beschlag der Pferde und von den Reifen der Wagenräder abzuschätzen. Nach den Ergebnissen, die er über den Verbrauch an Eisen für Wagenreifen und Pferdebeschlag bei einer der Birminghamer

Personenkutschen besitzt, schlug er die von den Pferdetritten herrührende Abnutzung der Straßen dreimal so hoch an, als diejenige, welche von Rädern verursacht wird. Angenommen, daß sich die Reparaturkosten für eine Straße, die von einer Schnellkutsche mit einer Geschwindigkeit von zehn englischen Meilen in der Stunde befahren wird, auf 100 Pfund belaufen, und daß derselbe Betrag für die Reparatur einer anderen, bloß von gewöhnlichen Wagen mit einer Geschwindigkeit von 3 Meilen in der Stunde befahrenen Straße erforderlich ist, so klassifiziert Herr Macneill die Abnutzung nach folgenden Verhältnissen:

Abnutzung, insofern sie herrührt von	Schnellkutsche	Frachtwagen
Witterungswechseln	20	20
Wagenrädern	20	33,5
Pferdetritten	60	44,5
Gesamte Abnutzung	100	100

Setzt man also als ausgemacht voraus, daß die Räder der Dampfwagen eine Straße nicht mehr angreifen, als andere Wagen von gleichem Gewicht, und die sich mit derselben Geschwindigkeit bewegen, so besaß die Spezialkommission nunmehr das Mittel der Annäherung zu einem richtigen Maße des Zolles für Dampfwagen[50].

§ 302. Als zusammenhängend mit diesem Gegenstand, und weil es einen sehr schätzbaren Aufschluß gewährt über Punkte, worüber vor den Versuchen sehr abweichende Meinungen stattfanden, ist folgender Auszug aus Herrn Telfords Bericht über den Zustand der Holyheader und Liverpooler Straßen hier mit aufgenommen. Das zur Vergleichung angewendete Instrument war von Herrn Macneill entwickelt worden, und die Straße zwischen London und Shrewsbury wurde für die Versuche ausgewählt.

Die allgemeinen Resultate, wenn ein Wagen von 21 Zentnern (= 2352 Pfund) Gewicht auf Straßen von verschiedener Beschaffenheit gebraucht wurde, sind folgende.

Die zur Fortbewegung erforderliche Zugkraft ist:

	Pfund
1. auf gut gepflastertem Wege:	33
2. auf einer mit zerschlagenem Kiesel oder Feuersteinen chaussierten Straße	65
3. auf einer bekiesten Bahn	147

---

50 Eins der Resultate aus diesen Beobachtungen ist dieses, daß jede Reisekutsche von London nach Birmingham längs der Linie zwischen diesen beiden Orten 11 Pfund Schmiedeeisen verteilt.

Pfund

4. auf einer aus zerschlagenen Kieselsteinen gebildeten Bahn
   mit roh gepflasterter Grundlage   46
5. auf einer ebensolchen Bahn mit einer zusammenhängenden
   Grundlage, die aus Parkers Zement und Kies gebildet ist   46

Die folgenden Angaben beziehen sich auf die Zugkraft, welche zum Fortziehen einer für sieben Reisende ausgelegten Kutsche, die ohne Insassen 18 Ztr. (= 2016 Pfund) wiegt, auf verschieden geneigten Straßen erforderlich ist.

Fall der ge- neigten Bahn	*Zugkraft bei 6 Meilen in der Stunde*	*Zugkraft bei 8 Meilen in der Stunde*	*Zugkraft bei 10 Meilen in der Stunde*
	Pfund	*Pfund*	*Pfund*
1 auf 29	268	296	318
1 auf 26	213	219	225
1 auf 30	165	196	200
1 auf 40	160	166	172
1 auf 600	111	120	128

§ 303. Die Zeit, in welcher die von irgendeiner neuen Fabrik verfertigte Ware zu Markte gebracht und die Einnahme bewirkt werden kann, sollte ebensowohl in Betracht kommen, als diejenige Zeit, welche der neue Artikel erfordert, um die bereits gebräuchlichen zu verdrängen. Wenn der übliche Artikel beim Gebrauch zerstört wird, so wird der neu erzeugte desto leichter einzuführen sein. Stahlfedern nahmen sehr bald die Stelle der Schwungfedern ein, und eine neue Form derselben wird, wenn sie einigen Vorteil gewährt, ebenso schnell die jetzige verdrängen. Ein neues Schloß, wie sicher und wie wohlfeil es auch sein mag, wird dagegen nicht so schnell gangbar werden; denn ist es weniger kostbar, als ein altes, so wird es in neuen Werken zwar angewendet, aber ein altes Schloß würde nur sehr selten abgenommen werden, um es durch neue zu ersetzen, und selbst wenn es vollkommene Sicherheit gewährt, werden seine Fortschritte doch nur langsam sein.

§ 304. Ein anderer, in dieser Angelegenheit nicht ganz zu übergehender Punkt ist die Opposition, welche das neue Fabrikat durch wirkliche oder scheinbare Beeinträchtigung anderweitiger Interessen hervorruft, und die wahrscheinliche Wirkung einer solchen. Dieser Umstand wird nicht immer vorhergesehen, und wenn doch, oft ungenau abgeschätzt. Bei der ersten Einrichtung von Dampfbooten von London nach Margate reichten die Eigentümer von Reisekutschen, welche diese Straßenlinie befahren, beim Unterhaus eine Petition gegen dieselben ein, weil dadurch wahrscheinlich der Ruin der Kutscheninhaber herbeigeführt würde. Nichtsdestoweniger fand sich, daß der Schaden nur eingebildet war, und in wenigen Jahren

hatte die Anzahl der Kutschen auf jener Straße sogar beträchtlich zugenommen, und zwar offenbar gerade durch den Umstand, von dem man
gefürchtet hatte, daß er die Anzahl verringern würde. Die jetzt herrschende
Furcht, daß Dampfkraft und Schienenwege eine große Anzahl von Pferden
außer Gebrauch bringen werden, ist wahrscheinlich ebenso unbegründet.
Teilweise mag eine solche Wirkung für besondere Straßenlinien hervorgehen, aber aller Wahrscheinlichkeit nach wird die Anzahl der zum Transport der Güter und Reisenden zu den großen Eisenbahn-Linien angewendeten Pferde diejenige übertreffen, welche jetzt gebraucht wird.

Über ein neues Fabrikationssystem

§ 305. Unter den Werkleuten vieler Fabrikstädte herrscht die sehr irrige und unglückliche Meinung, daß ihr eigenes Interesse und das ihrer Brotherren in Widerspruch miteinander stehen. Die Folgen davon sind, daß man kostbare Maschinen öfter nachlässig behandelt, ja sie insgeheim beschädigt; daß man Verbesserungen, die vom Fabrikherrn ausgehen, keiner gewissenhaften Prüfung unterwirft, und daß die Arbeiter ihre Fähigkeiten und ihre Aufmerksamkeit nicht auf Vervollkommnung des Verfahrens richten, bei welchem sie angestellt sind. Vorherrschend ist dieser Irrtum vielleicht mehr, wo Fabriken erst kürzlich eingerichtet sind und wo die Zahl der darin verwendeten Arbeiter nicht sehr beträchtlich ist; so herrscht er in einigen der preußischen Rheinprovinzen in weit höherem Grad als in Lancashire* vor. Der Grund seines verminderten Einflusses in unseren eigenen Manufaktor-Distrikten liegt vielleicht zum Teil in der unter den Arbeitern verbreiteten größeren Bildung und zum Teil darin, daß häufig Leute, wegen ihrer guten Führung und ihrer während einer langen Reihe von Jahren bewiesenen Sorgfalt für die Interessen ihrer

---

* (Anm. der dt. Übersetzung): Wenigstens hat dieser Wahn die Arbeiter in den Rheinprovinzen noch zu keiner solchen thätlichen Auflehnung gegen ihre Brodherren hingerissen, daß sie, wie in mehreren großen englischen Manufakturstädten, ihre Zerstörungswuth an den Maschinen ausgelassen hätten. Daß er jedoch in manchen Fabriken existire, stellen wir so wenig in Abrede, daß wir vielmehr die Behauptung des Verfassers durch Anführung einer Stelle aus einem Aufsatze in den neuesten Verhandlungen des Vereins zur Beförderung des Gewerbefleißes in Preußen (Nov. und Dez. 1832, S. 280) bekräftigen. Von dem nachtheiligen Einfluß des Nähnadelschleifens auf die Gesundheit der Arbeiter (S. § 198 [= § 230]) sprechend, sagt der Verfasser des Aufsatzes (Herr Fabriken-Commissionsrath *Wedding*): »Es sind schon manche Versuche des In- und Auslandes gemacht worden, diesem Uebelstande zu begegnen; aber ihre menschenfreundlichen Absichten haben meistentheils deshalb nicht den erwünschten Erfolg gehabt, weil sie von den Arbeitern selbst nicht unterstützt wurden. Theils waren die angewendeten Schutzmittel denselben bei der Arbeit hinderlich, theils aber wurden sie schon aus dem Grunde nicht benutzt, weil sich dieser der Gesundheit schädlichen Arbeit in der Regel nur leichtsinnige und ausschweifende Leute widmen, die außergewöhnlichen Lohn haben, und selbst bei dem menschenfreundlichsten Vorschlag gleich den Verdacht hegen, als würde derselbe nur aus dem Grunde gemacht, um sie im Lohn herabzusetzen.« – Bei dieser Gelegenheit können wir nicht umhin, noch hinzuzufügen, daß diese Stelle die Einleitung ist zur Beschreibung eines von Herrn *P.H. Pastor*, aus Burtscheid bei Aachen, erfundenen Apparats, welcher sich gegen den erwähnten Uebelstand so sehr bewährt hat, daß der genannte Verein dem Erfinder eine goldene Denkmünze dafür zuerkannt hat.

Brotherren, Werkmeister oder gar zuletzt Teilnehmer eines gewinnreichen Geschäfts werden. Zwar bin ich durch eigene Erfahrungen überzeugt, daß der gute Erfolg des Fabrikherren wesentliche Bedingung zur Wohlfahrt der Arbeiter ist; doch muß ich gestehen, daß dieser Zusammenhang in vielen Fällen für die Fassungskraft der Letzteren etwas zu tief liegt. Es ist freilich vollkommen begründet, daß die Arbeiter, im Ganzen genommen, ihren Gewinn von dem Glück ihres Brotherrn ziehen, dessen ungeachtet glaube ich nicht, daß jeder Einzelne an diesem Gewinn in dem Maße Teil nehme, in welchem er zu demselben beiträgt; auch nehme ich nicht wahr, daß der sich ergebende Gewinn des Arbeiters so unmittelbar ist, wie er bei Anwendung eines anderen Systems sein könnte.

§ 306. Von großer Bedeutung wäre es, wenn in allen größeren Anstalten die Art der Bezahlung so eingerichtet sein könnte, daß jeder Angestellte von dem Erfolg des Ganzen Vorteil zöge, und daß die Vorteile jedes Einzelnen wachsen, je nachdem die Fabrik selbst Gewinn abwürfe, ohne daß man nötig hätte, in dem Lohn irgendeine Verminderung eintreten zu lassen. Dies auszuführen ist keineswegs leicht, zumal in der Klasse, deren Tagewerk ihr das tägliche Brot verschafft. Das bei Bearbeitung der Minen von Cornwall lange befolgte Verfahren genügt zwar nicht vollständig diesen Bedingungen, doch besitzt es Vorteile, welche der Beachtung wert sind, da sie selbigen sehr nahe kommen, und bezwecken, die Fähigkeiten aller Angestellten in vollem Maße wirksam zu machen. Ich fühle mich um so mehr aufgefordert, dem Leser einen kurzen Überblick jenes Verfahrens zu geben, da dessen Verwandtschaft mit dem, welches ich nachher zu einem Versuch empfehlen will, vielleicht einigen dagegen zu machenden Einwürfen begegnet, und auch für die Ausführung einer etwa anzustellenden Probe schätzenswerte Winke enthalten möchte.

§ 307. In den Minen von Cornwall kontrahiert man fast über alle auszuführenden Arbeiten, sowohl über als auch unter der Erde. Die Weise, wie der Vertrag geschlossen wird, ist etwa folgender: Am Ende von je zwei Monaten wird das Werk, dessen Ausführung man für den nächsten Zeitraum beschlossen hat, abgesteckt. Es ist dreifacher Art: 1) *Maßgedinge* (*tutwork*) für das Absenken von Schachten, Treiben von Gängen, und Herstellen von Höhlungen; dies wird nach Faden (6 engl. Fuß) in die Tiefe oder in die Länge bezahlt, oder nach Kubikfaden. 2) *Erzgedinge* (*tribute*), das heißt, Bezahlung für das Herausschaffen und Aufbereiten des Erzes, vermittelst eines bestimmten Teils seines Wertes, nachdem es zur Ware hergestellt ist. Diese Art der Bezahlung ist es, welche so bewunderungswürdige Resultate hervorbringt. Wenn die Bergleute nach Maßgabe des Reichtums der Minen bezahlt werden, und nach der Menge des aus ihr gewonnenen Metalls, so schärft sich natürlich ihr Blick für die Entdeckung des Erzes und die Schätzung seines Wertes; und ihr Interesse erfordert, daß sie sich jeder Verbesserung bemeistern, welche es wohlfeiler auf den Markt bringen kann. 3) *Aufbereitung (dressing)*. Die »Erzgedingeträger«, welche das Erz graben und aufbereiten, sind selten imstande, die gröberen Teile dessen, was sie heben, zu dem vertragsmäßigen Preis aufzubereiten; deshalb wird dieser Teil wieder an andere Leute abgegeben, welche sich darauf verstehen, es zu einem höheren Preis zu bearbeiten.

Nachdem die Partien des aufzubereitenden Erzes und die zu betreibenden Werke einige Tage zuvor ausgewählt und von den Arbeitern untersucht sind, halten die Obersteiger der Mine eine Art von Auktion ab, in der verschiedene Truppen von Arbeitern auf die einzelnen Partien bieten. Darauf überläßt man das Werk gewöhnlich zu einem geringeren Preis, als auf der Auktion geboten wurde, demjenigen, der das niedrigste Gebot getan hat, und dieser lehnt es selten zu dem gestellten Satz ab. Das *Erzgedinge* ist eine gewisse Summe auf je zwanzig Schilling Wert des gehobenen Erzes und kann einen Unterschied geben von 3 Pence bis zu 14 oder 10 Schilling. Die Höhe des Erwerbes beim Erzgedinge ist sehr unbestimmt: wird eine Ader, die beim Anschlagen arm war, reich, so erwerben die Arbeiter sehr rasch Geld; und es gab Fälle, in denen jeder Bergmann einer Truppe in den zwei Monaten 400 Pfund erwarb. Diese außerordentlichen Fälle gewähren vielleicht den Eigentümern einer Mine größeren Vorteil als selbst den Arbeitern; denn indem die Geschicklichkeit und die Betriebsamkeit der Werkleute stark angefeuert werden, so zielt der Eigentümer stets größeren Vorteil von dem reicheren Ertrag der Adern[51]. Herr Taylor hat dieses Verfahren bei den Bleiminen von Flintshire, bei denen von Skipton in Yorkshire, und bei einigen Kupferminen in Cumberland eingeführt, und es ist wünschenswert, daß es allgemein in Anwendung komme; denn keine andere Art der Bezahlung gewährt den Werkleuten ein Maß des Erwerbes, das so genau im Verhältnis stände mit ihrer Betriebsamkeit, ihrer Redlichkeit, und mit den angewandten Fähigkeiten.

§ 308. Ich werde nun die Umrisse eines Verfahrens angeben, das mir die wichtigsten Resultate in sich zu schließen scheint, sowohl für die Klasse der Arbeiter, als für das Land im allgemeinen. Handelte man darnach, so würde es meines Erachtens die Lage der arbeitenden Klassen dauernd verbessern, und das Fabrikwesen bedeutend erweitern.

Die allgemeinen Grundsätze, worauf sich das angeregte Verfahren gründet, sind:

1) *ein beträchtlicher Teil des Lohns eines jeden Angestellten muß von dem Gewinn der Anstalt abhängen*; und,

2) *alle damit in Verbindung stehenden Leute müssen von jeder, ihrer Anstalt zugewendeten neuen Verbesserung größere Vorteile ziehen, als dies auf irgendeinem anderen Wege möglich wäre.*

---

51 Einen genauen Bericht über die Bearbeitung der Minen von Cornwall gibt eine Schrift von Herrn John Taylor, *Transactions of the geological Society*, Bd. 2, S. 309.

§ 309. Schwerlich wird man den reichen Kapitalisten bewegen, auf ein Verfahren einzugehen, das die Verteilung des Gewinnes, der aus seinem zur Betätigung der Geschicklichkeit und Arbeit verwendeten Kapital entspringt, änderte; jede Veränderung muß daher eher von den kleinen Kapitalisten erwartet werden, oder von der höheren Klasse der Werkleute, die zugleich einiges Vermögen besitzen; auch ist für diese letzteren Klassen, deren Wohlfahrt zuerst dadurch betroffen würde, eine solche Veränderung von der meisten Wichtigkeit. Nachdem ich also zuerst den Gang werde bezeichnet haben, den man bei Anstellung des Versuches zu befolgen hat, werde ich sodann das vorgeschlagene Verfahren an einem besonderen Gewerbszweig erläutern und die Vorteile und Mängel des neuen Systems einer Prüfung unterwerfen.

§ 310. Nehmen wir an, es vereinen sich in einer größeren Manufakturstadt zehn oder zwölf der einsichtsvollsten und geschicktesten Werkleute, von gutem Charakter, mäßig und solide, die unter ihrer eigenen Klasse einen guten Ruf genießen, und von denen ein jeder ein kleines Kapital besitzt. Diese treten nun mit einem oder zwei anderen, die sich zur Klasse kleiner Manufakturisten erhoben haben und daher ein etwas größeres Kapital besitzen, zusammen und gründen, nachdem sie ihre Sache reichlich erwogen haben, eine Fabrik zur Verfertigung von Feuereisen und Kamingittern. Nehmen wir ferner an, daß jeder der zehn Werkleute vierzig Pfund, und jeder der kleinen Kapitalisten zweihundert Pfund besitzt, so ergibt sich für sie ein Antragskapital von 800 Pfund. Um die Sache zu vereinfachen, setzen wir ferner voraus, die Arbeit von jeder dieser zwölf Personen habe den Wert von zwei Pfund in der Woche. Die Hälfte ihres Gesamtkapitals legen sie zur Anschaffung der für ihr Gewerbe nötigen Werkzeuge an, die als ihr stehendes Kapital anzugeben sind. Die übrigen 400 Pfund müssen als Umsatzkapital angewandt werden, zum Ankauf des zur Verfertigung ihrer Artikel nötigen Eisens, zur Bezahlung der Miete ihrer Werkstätten, und zum Unterhalt ihrer selbst und ihrer Familien, bis ein Teil davon durch den Verkauf der verfertigten Waren ersetzt ist.

§ 311. Nun ist die erste Frage, über die man sich einigen muß, wieviel vom Gewinn für die Benutzung des Kapitals, und wieviel für Geschicklichkeit und Arbeit zu bewilligen sei. Diese Frage durch einen abstrakten Gedankengang zu lösen, scheint unmöglich; ist das von jedem Teilnehmer beigesteuerte Kapital gleich, so sind freilich alle Schwierigkeiten behoben; ist es aber anders, so muß man dem richtigen Verhältnis durch Erfahrung auf die Spur zu kommen suchen, und wahrscheinlicherweise wird es nicht sonderlich schwanken. Wir nehmen ferner an, die Übereinkunft sei, daß das Kapital von 800 Pfund den Lohn eines Arbeiters erhalte. Am Ende jeder Woche empfängt jeglicher Arbeiter ein Pfund als Lohn, ein Pfund aber wird unter den Besitzern des Kapitals als Dividende verteilt. Nach Verlauf weniger Wochen werden die Einnahmen anfangen einzugehen, und sich bald ziemlich ebenmäßig stellen. Von jeder Ausgabe und allen Verkäufen müssen genaue Rechnungen gehalten, und am Schluß jeder Woche der Gewinn geteilt werden. Ein gewisser Teil wird als ein Reservefonds, ein anderer für Ausbesserung der Werkzeuge beiseite gelegt; den Rest teilt man in dreizehn Teile, deren einer unter die Kapitalisten verteilt wird, und die übrigen unter die zwölf Arbeiter. So würde bei gewöhnlichen Umständen jeder einen regelmäßigen Wochenlohn von zwei Pfund erzielen. Dieser Lohn nun würde steigen oder fallen, je nach Maßgabe des mehr oder weniger erfolgreichen Geschäftsganges. Wichtig ist, daß jeder Angestellte in dem Unternehmen, welches auch immer die Höhe des Lohns für seine Dienste sei, er sei nun Arbeiter, Handlanger, Rechnungsführer oder Buchhalter, den man nur wenige Stunden wöchentlich zur Kontrolle beschäftigt, die Hälfte dessen, was sein Dienst wert ist, als festes Gehalt empfange, die andere Hälfte aber als Tantieme, je nach dem Erfolg der Unternehmung.

§ 312. Natürlich würde man in einer solchen Fabrik die Arbeitsteilung einführen; einige Arbeiter würden beständig zum Schmieden von Feuereisen verwendet werden, andere, um sie zu Policen, noch andere, um die Kamingitter zu bohren und zu formen. Wesentlich wäre es hierbei, die für jeden Prozeß nötige Zeit und Kosten genau zu kennen, was sich bald ermitteln läßt. Fände nun ein Arbeiter den Weg zu einem kürzeren Verfahren, so wirkte er zum Vorteil aller Teilnehmer, selbst wenn sie nur einen geringen Teil des sich ergebenden Gewinnes zögen. Um solche Entdeckungen zu befördern, wäre es wünschenswert, dafür entweder eine Belohnung auszusetzen, welche ein sich von Zeit zu Zeit versammelnder Ausschuß nach gehöriger Prüfung bestimmt; oder, wenn sie sehr bedeutend sind, dem Entdecker die Hälfte oder zwei Drittel des, während des nächsten Jahres oder eines längeren Zeitraumes, daraus erzielten Gewinnes zuzusichern. Da die Vorteile solcher Verbesserungen der Fabrik offenbar Gewinn abwerfen, so springt es in die Augen, daß solch ein Anteil dem Erfinder bewilligt werden muß, der es zu seinem eigenen Interesse mache, den Vorteil der Erfindung seinen Kompagnons zuzuwenden, statt auf einem anderen Wege darüber zu verfügen.

§ 313. Das Ergebnis solcher Einrichtungen in einer Fabrik wäre:
1. Daß jede darin beschäftigte Person ein direktes Interesse an ihrem Gedeihen hätte, denn das Resultat jedes Erfolges, oder jedes Ausfalles würde fast unmittelbar eine entsprechende Veränderung in ihrer wöchentlichen Einnahme zur Folge haben.
2. Jegliche bei der Fabrik beteiligte Person hätte ein unmittelbares Interesse, jeder Verschleuderung, jedem üblen Verhalten bei allen anderen zuvorzukommen.
3. Ein jeder würde mit Energie seine Fähigkeiten auf die Verbesserung jeder einzelnen Abteilung des Geschäftes richten.

4. Nur Arbeiter von gutem Charakter und Befähigung fänden in solch einem Unternehmen Aufnahme, denn, werden noch Hilfsarbeiter erforderlich, so würde es aller gemeinsames Interesse sein, nur die Achtungswertesten und Geschicktesten zuzulassen; und weit weniger leicht würde es sein, ein Dutzend Arbeiter als einen einzelnen Fabrikbesitzer zu hintergehen.

5. Entstände irgendwie eine Überfüllung des Marktes, so würde mehr Geschicklichkeit auf die Verminderung der Produktionskosten gewandt werden, und einen Teil der Zeit der Arbeiter würde man mit Herstellung und Verbesserung ihres Gerätes besetzen, wofür ein Reservefonds das Geld böte; so hemmte man für den Augenblick die Produktion und erleichterte sie zugleich für die Zukunft.

6. Ein anderer nicht gering anzuschlagender Vorteil wäre die gänzliche Entfernung aller wirklichen oder eingebildeten Gründe für Parteiungen. Die Grenzlinie zwischen dem Arbeiter und Kapitalisten würde so sehr zerfließen, sie würden beide so *augenscheinlich* ein gemeinsames Interesse haben, und gegenseitig so genau die Quellen ihres Notstandes erkennen, daß, statt sich zu gegenseitiger Unterdrückung zu verbinden, es nur eine Verbindung geben könnte, und zwar ein höchst *tatkräftiger Verein beider Teile* zur Besiegung ihrer gemeinsamen Schwierigkeiten.

§ 314. Eine der gegen solch ein System zu machenden Einwendungen ist die, daß die Kapitalisten in dem Wahn, die Arbeiter erhielten einen zu großen Anteil von dem Gewinn, anfangs nicht wagen werden, sich darauf einzulassen. Freilich steht es fest, daß die Werkleute einen größeren Anteil, als bisher genießen würden; dennoch getraue ich mir zu behaupten, daß, da der Gesamtgewinn der Anstalt bedeutend durch dieses System gesteigert wird, ungeachtet der kleineren Rate, welche dem Kapital zu Gute kommt, dennoch der wirkliche Netto-Betrag stärker ausfallen würde, als der, welcher sich aus dem größeren Anteil des Kapitalisten bei dem jetzt beobachteten Verfahren ergibt.

§ 315. Es ist möglich, daß die gegenwärtigen Gesetze in bezug auf Kompagniegeschäfte hemmend auf so geleitete Fabriken einwirkten. Könnte man dieser Hemmung nicht dadurch begegnen, daß man die Einkäufe bei dem vorgeschlagenen Verfahren nur für bares Geld bewirkte, so wäre zu untersuchen, welche Veränderungen in den Gesetzen selbst zu dessen Bestehen notwendig sind; ein Grund mehr, die Frage von beschränkten Kompagniegeschäften einer Revision zu unterwerfen.

§ 316. Eine andere Schwierigkeit läge im Verabschieden der Arbeiter, welche sich schlecht betrügen oder die zu ihrem Werke erforderliche Fähigkeit nicht besäßen; sie entsteht nämlich aus einem gewissen Recht ihrerseits auf den Reservefonds, und aus ihrem etwaigen Anteil an dem angelegten Kapital. Ohne indes hier ins Detail zu gehen, machen wir nur die Bemerkung, daß über solche Fälle bei Zusammenkünften der ganzen

Anstalt entschieden werden könnte und daß, wenn die Gesetze solche Anstalten begünstigten, es wohl kaum schwerer sein dürfte, gerechte Anordnungen durchzusetzen, als es jetzt ist, ungerechte, mittelst Parteiungen zwischen den Meistern oder den Leuten zu erzwingen.

§ 317. Ein diesem ähnliches Verfahren ist bei verschiedenen Gewerbezweigen schon ins Leben getreten: wir wiesen schon auf die Art und Weise des Bergwerksbetriebs in Cornwall hin; bei der Bezahlung an die Mannschaft der Walfischfänger befolgt man dieselben Grundsätze. Auch der aus der Netzfischerei an den Südküsten von England entspringende Gewinn wird auf ähnliche Weise verteilt: die eine Hälfte des Ertrages gehört nämlich dem Eigner des Bootes und des Netzes; die andere Hälfte erhalten zu gleichen Teilen die Personen, welche davon Gebrauch gemacht haben, und diese sind zugleich verpflichtet, die Netze auszubessern, wenn sie schadhaft geworden sind.

Von der Erfindung der Maschinen

§ 318. Die Fähigkeit, mechanische Vorrichtungen und Zusammenstellungen von Maschinen zu erfinden, scheint keine schwierige oder seltene Gabe zu sein, wenn man nach der häufigen Ausübung derselben urteilt. Unter der zahlreichen Menge von Erfindungen, welche während einer Reihe von Jahren fast täglich zum Vorschein kommen, ist ein großer Teil verfehlt wegen der unvollkommenen Beschaffenheit des ersten Versuchs, während ein noch größerer Teil, der die mechanischen Schwierigkeiten umgangen hat, bloß deshalb, weil auf die Eigentümlichkeit der Operationen nicht hinreichend geachtet wurde, fehlschlug.

Die Kommission zur Untersuchung der gegen das Nachmachen der Banknoten vorgeschlagenen Methoden sagt in ihrem Bericht, daß unter einhundertachtundsiebzig mitgeteilten Projekten nur zwölf von höherer Geschicklichkeit zeugten, und nur neun, die eine nähere Prüfung erforderten.

§ 319. Obgleich aber die Fähigkeit, Maschinen zusammenzusetzen, so gewöhnlich ist, so sind doch – merkwürdig genug – die schöneren Kombinationen außerordentlich selten. Solche, welche sowohl wegen der Genauigkeit ihrer Wirkungen als auch wegen der Einfachheit ihrer Mittel unsere Bewunderung erregen, sind nur unter den glücklichsten Produktionen des Genies anzutreffen.

Bewegungen, selbst der zusammengesetzteren Art, zu erzeugen, ist nicht schwer. Es gibt eine große Anzahl bekannter Vorrichtungen für alle gewöhnlicheren Zwecke, und wenn die Ausübung einer mäßigen Kraft der Zweck des auszuführenden Mechanismus ist, so läßt sich die ganze Maschine auf dem Papier konstruieren und sowohl die angemessene Festigkeit eines jeden ihrer Teile und des Gerüsts, welches sie trägt als auch die Stärke ihrer endlichen Wirkung, lange bevor noch ein einzelner Teil der Maschine ausgeführt ist, beurteilen. In der Tat müßte überhaupt jede Erfindung und jede Verbesserung zuvor durch eine Zeichnung veranschaulicht werden.

§ 320. Auf der anderen Seite gibt es Wirkungen, die von physischen oder chemischen Eigenschaften abhängig sind, und zu deren näherer Bestimmung Zeichnungen von gar keinem Nutzen sein können. Diese sind recht eigentlich Gegenstände direkter Versuche. Zum Beispiel, wenn das Endresultat einer Maschine darin besteht, Buchstaben in eine kupferne Platte mit Hilfe stählerner Stempel einzudrücken, so gehören alle diejenigen Mechanismen, vermittelst welcher die Stempel und die Kupferplatte in bestimmten Zeitintervallen zu bewegen und miteinander in Berührung zu bringen sind, in den Bereich der Zeichnung, und die Maschine läßt sich ganz auf dem Papier anordnen. Aber dabei kann sich vernünftigerweise das Bedenken aufwerfen, ob nicht der Wulst, welcher sich rings um den in die Kupferplatte eingedrückten Buchstaben erheben wird, den Stempel in seiner eigentümlichen Wirksamkeit beim Eindrücken des nächst angrenzenden Buchstabens hinderlich ist. Auch ist zu befürchten, daß durch das Eindrücken des zweiten Buchstabens, wenn derselbe hinreichend nahe bei dem ersten zu stehen kommt, die Gestalt des letzteren teilweise wieder zerstört werde; und wenn auch keines von diesen Übeln eintreten sollte, so steht doch zu erwarten, daß die durch das Eindrücken der Buchstaben erzeugten Wülste der Güte der von der Kupfertafel erhaltenen Abdrucke nachteilig sein werden, und daß die Platte selbst, nachdem sie, bis auf die Ränder ganz mit Zeichen bedeckt ist, von der ungleichmäßigen Verdichtung, die sie durch diesen Prozeß zu erleiden hat, so ihre Gestalt ändern werde, daß es sehr schwer sein wird, gute Abdrucke von ihr zu erhalten. Diese Schwierigkeiten durch irgendeine Zeichnung zu beseitigen, ist unmöglich, und nur durch Versuche läßt sich ihre Wirkung bestimmen. Solche Versuche sind gemacht worden, und man hat herausgefunden, daß, wenn die Seiten der Stahlstempel auf die Fläche der Buchstaben beinahe rechtwinklig sind, alsdann nur ein sehr unbedeutender Wulst entsteht; daß bei der geringen Tiefe, welche für den Kupferdruck hinreichend ist, keine Verzerrung der angrenzenden Buchstaben stattfinden kann, selbst wenn dieselben auch sehr dicht beieinander zu stehen kommen; daß der um jeden Buchstaben entstehende geringe Wulst sehr leicht abgeschabt werden kann; endlich, daß die Kupfertafel selbst, durch die Verdichtung des Metalles keine nachteilige Änderung der Gestalt erleidet, und, nachdem sie durch diesen Prozeß gegangen ist, für den Druck vollkommen geeignet ist.

§ 321. Der nächste Schritt in dem Fortgang der Erfindung, nachdem die Zeichnungen beendigt und die etwa nötigen vorläufigen Versuche gemacht worden sind, ist die Ausführung der Maschine selbst. Es kann denjenigen, welche sich auf Ersinnung neuer Maschinen legen, nicht tief genug eingeprägt werden, daß, je ausgeführter alle Teile in der Zeichnung sind, desto erfolgreicher der Versuch ausfallen werde, und mit desto weniger Kosten sich das gewünschte Resultat erreichen lasse. Die wirkliche Ausführung nach den Werkzeichnungen ist vergleichsweise eine leichte Arbeit, stets vorausgesetzt, daß gute Werkzeuge angewendet und Arbeitsmethoden befolgt werden, bei welchen die Vollkommenheit der Teile weniger von der persönlichen Geschicklichkeit der Arbeiter, als von der Sicherheit der Methoden abhängig ist.

§ 322. Die Ursachen der Fehler in der Ausführung liegen meistens in Irrtümern, die bei den erwähnten Vorbereitungsarbeiten stattgefunden haben, und es wird genügen, die Quellen derselben bloß mit wenigen Worten anzudeuten. Häufig entspringen die Fehler aus der Vernachlässigung der Rücksicht, daß die Metalle nicht vollkommen unbiegsam, sondern elastisch sind. Ein stählerner Zylinder von geringem Durchmesser darf nicht als eine unbiegsame Rute betrachtet werden, vielmehr muß er, damit seine vollständige Verrichtung als Radwelle gesichert sei, in angemessenen Zwischenräumen unterstützt werden. Ebenso muß man die Festigkeit und Steifheit des Gerüstes, welches die Maschine trägt, sorgfältig mit in Betracht ziehen. Man sollte sich jederzeit erinnern, daß die Anhäufung überflüssiger Massen in den unbeweglichen Teilen einer Maschine nicht von denselben Übeln begleitet ist, welche entstehen, wenn das Gewicht der bewegten Teile zunimmt, weil dadurch am Falle kein Vergrößern des Trägheitsmoments erzeugt wird.

Die Steifheit des Gerüstes einer Maschine führt noch einen anderen wichtigen Vorteil mit sich. Sind die Zapfenlager der Welle einmal in eine gerade Linie gebracht, so werden sie fortwährend darin verharren, wenn das Gerüst unbeweglich ist; wohingegen, sobald letzteres seine Gestalt, wenn auch noch so wenig, ändert, unmittelbar eine beträchtliche Vergrößerung der Reibung entsteht. Diese Wirkung wird in den Distrikten, wo unsere Spinnereien zahlreich sind, so gut eingesehen, daß bei Veranschlagung der Betriebskosten einer neuen Fabrik fünf Prozent von der Kraft der Dampfmaschine weniger angerechnet werden kann, wenn das Fabrikgebäude feuerfest ist. Diese Ersparnis ist gänzlich eine Folge der größeren Festigkeit und Steifheit eines feuerfesten Gebäudes, indem dadurch verhütet wird, daß die langen die Maschinerie treibenden Schafte oder Wellen von der Reibung, die aus der geringsten Ausweichung eines der Zapfenlager entspringt, in ihrer Bewegung gehindert werden.

§ 323. Es ist ein großer Irrtum vorauszusetzen, daß zu einem Versuch irgendein unvollkommenes mechanisches Werkzeug gut genug sei. Verdient die Sache einen Versuch, so muß er auch mit all den Vorteilen angestellt werden, welche der Zustand der Mechanik darbietet. Denn ein unvollkommener Versuch kann das Aufgeben einer Idee zur Folge haben, die sich bei besserer Ausführung der Arbeit vielleicht als praktisch ausführbar bewiesen hätte. Wenn aber der Erfolg derselben, vermöge guter Ausführung, einmal dargetan ist, so wird es leicht sein, denjenigen Grad der Vollkommenheit zu bestimmen, der für die genaue Wirksamkeit der Maschine ausreicht.

§ 324. Teils *der Unvollkommenheit der Originalversuche*, teils der allmählichen Verbesserung der Maschinenbaukunst ist es zuzuschreiben, daß manche Erfindungen nach Versuchen in dem einen Stadium der Kunst aufgegeben, in einer anderen Periode vom besten Erfolg gekrönt wurden.

Die Idee des Druckens vermittelst beweglicher Typen wurde wahrscheinlich in der Vorstellung mancher Leute erzeugt, die mit Stempel- oder Siegelabdrücken vertraut waren. Unter den in den Ruinen von Pompeji und Herculanum gefundenen Instrumenten gibt es Stempel für Worte, die in einem Stück Metall ausgearbeitet sind und mehrere Buchstaben enthalten. Es konnte kaum fehlen, daß der Gedanke, diese Buchstaben zu trennen und sie zum Behuf des Buchdruckens in anderen Worten wieder zu kombinieren, sich Mehreren aufdrängte; allein sicher würden gerade die bewandertsten Mechaniker jener Zeit diesen Gedanken am ersten verworfen haben, weil sie auf der Stelle die Unmöglichkeit eingesehen hätten, mehrere tausend Holz- oder Metallstückchen so vollkommen und genau zuzurichten und dieselben so gleichmäßig anzuordnen, wie es bei den Typen oder Holzstempeln, welche in der Buchdruckerkunst gebraucht werden, nötig ist.

Das Prinzip der Presse, welche den Namen »Bramah« trägt, war nahezu anderthalb Jahrhunderte bekannt, ehe die Maschine selbst, wozu es Veranlassung gab, existierte; allein der unvollkommene Zustand der Mechanik zur Zeit des Erfinders mußte denselben von der Anwendung jenes Prinzips zur Kraftausübung in der Praxis wirksam abschrecken.

Diese Betrachtungen beweisen, wie nützlich es ist, nach Verlauf von Zeiträumen, während welchen die Maschinenbaukunst einige große Fortschritte gemacht hat, die Prüfung derjenigen Methoden zu wiederholen, welche früher, obgleich auf richtigen Prinzipien beruhend, fehlgeschlagen sind.

§ 325. Aber auch wenn die Zeichnungen richtig angefertigt sind, die Maschine gut ausgeführt worden ist, und die von ihr produzierte Arbeit alle Eigenschaften besitzt, die man davon erwartet hat, so kann die Erfindung doch eine verfehlte sein, insofern nämlich als sie nicht in allgemeinen Gebrauch kommt. Am häufigsten rührt dies von dem Umstand her, daß sie ihre Arbeiten mit größeren Unkosten erzeugt, als andere Methoden.

§ 326. Sooft die neue oder verbesserte Maschine die Basis einer Manufaktur werden soll, ist es ein wesentliches Erfordernis, daß die sämtlichen Ausgaben, die mit ihren Operationen verbunden sind, vollständig in Betracht gezogen werden, bevor ihre Konstruktion unternommen wird. Die Schätzung dieser Unkosten ist fast jedesmal sehr schwer; je zusammengesetzter der Mechanismus, desto schwieriger, und in Fällen einer sehr komplizierten und ausgedehnten Maschinerie, beinahe unmöglich. Man hat überschläglich berechnet, daß die Erbauung des ersten Exemplars einer neu erfundenen Maschine ungefähr fünfmal so viel kostet, als die Konstruktion des zweiten; eine Schätzung, welche der Wahrheit ziemlich nahe kommen mag. Soll die zweite Maschine der ersten genau gleich werden, so kann man dieselben Zeichnungen und Modelle dafür benutzen; bieten sich, wie es sich gewöhnlich ereignet, bei dem Versuch mit der ersten

Maschine einige Verbesserungen dar, so ist freilich dieses und jenes zu ändern, sind aber erst zwei oder drei Maschinen vervollständigt, und es werden noch mehrere verlangt, so können diese gewöhnlich zu einem weit über fünfmal geringeren Preis als das erste Exemplar hergestellt werden.

§ 327. Selten vereint ein und dasselbe Individuum die Kunst der Erfindung, der Zeichnung und der Ausführung im höchsten Grade der Vollkommenheit; weshalb man hier, wie in anderen Künsten, seine Zuflucht zur *Arbeitsteilung* nehmen muß. Der beste Rat, den man dem Urheber einer neuen mechanischen Erfindung erteilen kann, ist der, einen tüchtigen Zeichner anzustellen. Besitzt er viel Erfahrung in seiner Kunst, so läßt sich durch seinen Beistand bald zu ermitteln, ob die Erfindung neu sei, und dann kann er die Werkzeichnungen davon anfertigen. Der erste Schritt aber: die Vergewisserung, inwiefern die Erfindung das Prädikat der Neuheit verdiene, bleibt der wichtigste; denn für alle Künste und Wissenschaften gilt der Grundsatz, *daß derjenige, welcher durch neue Entdeckungen nach Reichtum und Ruhm trachtet, vorher unverdrossen die Kenntnisse seiner Zeitgenossen sorgfältig zu erforschen habe, wenn er nicht seine Anstrengungen damit erschöpfen will, das noch einmal zu erfinden, was wahrscheinlich schon lange vor ihm besser ausgeführt worden ist.*

§ 328. Nichtsdestoweniger ist dies ein Gegenstand, der selbst von geistreichen Personen häufig unbeachtet geblieben ist. Es gibt vielleicht kein Gewerbe, worin so viel Pfuscherei, so große Unkenntnisse der wissenschaftlichen Prinzipien und der Geschichte der betreffenden Kunst, mit Rücksicht auf deren Ursprung und Umfang herrschte als unter den mechanischen Projektemachern. Der selbstgeschaffene Ingenieur, geblendet von der Schönheit einer vielleicht wirklich originellen Erfindung, tritt sein neues Amt keck und sorglos wie ein Staatsmann oder ein Parlamentsmitglied* das seinige an, ohne nur zu ahnen, daß Unterricht, Nachdenken

---

* (Anm. der dt. Übersetzung): Es konnte nicht fehlen, daß in diesem zweiten, das staatswirthschaftliche Verhältniß behandelnden Abschnitte seines Werkes der Verfasser irgendwie sein politisches Glaubensbekenntnis ablegen werde. Der *aufmerksame* Leser wird es im § 299 [= § 332] in einer gewissen Stellung der Worte finden; hier nun thut der Verfasser beiläufig einen derben Seitenhieb auf die Unwissenheit so manches Diplomaten, so manches Senatoren seines Vaterlandes – ein Mangel, dem die Parlamentsreform keineswegs abgeholfen hat, noch abhelfen konnte. Doch blieb es bei der neulichen allgemeinen Wahl zum ersten Reform-Parlamente nicht ohne Versuche, der Wissenschaft tüchtigere Repräsentanten im britischen Senate zu verschaffen. Man bemühte sich, für einen derjenigen Stadtbezirke Londons, denen durch die Reform-Akte die Wahl eines Parlamentsgliedes bewilligt worden, den Verfasser selbst ins Parlament zu bringen. Das *Mechanic's Magazine* machte einen energischen Aufruf an die Wähler: »Seid Ihr«, heißt es darin, »ein Erfinder, den die ungerechte Patentsteuer von der Concurrenz ausschließt, und wollt Ihr diese Steuer aufgehoben wissen, so stimmt für Hrn. *Babbage.* Seid Ihr ein Fabrikant, belästigt und gehemmt in Euren Operationen durch fiskalische Verfügungen, und wollt Ihr die Industrie frei wissen, wie die Luft, die Ihr athmet, so geht und stimmt für Hrn. *Babbage.* Seid Ihr ein Handwerker, dessen täglich Brot von der Nachfrage nach Eurem

und mühsame Arbeiten zu dessen erfolgreicher Ausübung nötig seien. Viel von diesem falschen Selbstvertrauen entspringt aus den über die Schwierigkeit mechanischer Erfindung vorherrschenden Wahnbegriffen, und es ist daher von großer Wichtigkeit für das persönliche und Familienwohl derjenigen, welche, von der eigenen Gabe der Erfindsamkeit und einigem Beifall Nichtsachverständiger hingerissen, ein ihnen ungemesseneres Gewerbe aufgeben, sie und das Publikum zu belehren, daß viele Menschen die Gabe besitzen, neue mechanische Kombinationen zu machen, und daß dazu keineswegs Talente vom ersten Range gehören. Möchten sie doch – denn dies ist noch wichtiger – recht sehr beherzigen, daß die Männer, welche in diesem Fach sich ausgezeichnet haben, ihr großes Verdienst und ihren guten Erfolg fast ausschließlich ihren langjährigen Erfahrungen und reifen Kenntnissen verdanken, die sie mit unablässiger Ausdauer auf ihre glücklichen Erfindungen anwendeten.

Produkt abhängt, und seid Ihr von dem Einfluß der Gewerbefreiheit auf Euren Vermögenszustand so überzeugt, als Ihr solltet, so stimmt für Hrn. *Babbage*. Seid Ihr endlich ein Verehrer der Wissenschaft um ihrer selbst willen, und möchtet Ihr sie geehrt sehen in Denen, die ihre ersten Zierden sind, so kommt nur ja heute nach *Islington Green* und gebt Eure Stimmen für Hrn. *Babbage* ab.« – Hr. *Babbage* wurde *nicht* gewählt, indessen zählte er doch mehr Stimmen, als zwei andere Mitbewerber; er darf also hoffen, daß ein späteres Experiment ein günstigeres Resultat haben werde. Wie ganz anders und besser ist es aber in der Wahlkammer eines der jüngsten constitutionellen Staaten! Würtemberg zählt seine eminentesten Gelehrten und Literatoren unter seinen Volksrepräsentanten. Dort herrscht aber auch kein Wahlcensus, keine Geldaristokratie, wie in dem Mutterlande der Constitutionen.

Von den zur Anwendung der Maschinen sich eignenden Umständen

§ 329. Der erste Zweck bei Maschinen und die vorzüglichste Ursache ihres Nutzens besteht darin, daß sie die Artikel in möglichster Vollkommenheit und Wohlfeilheit herstellen. Jedesmal wenn eine große Anzahl von Gegenständen, alle von ganz gleicher Beschaffenheit, geliefert werden soll, ist die rechte Zeit da, Werkzeuge oder Maschinen zur Verfertigung derselben zu konstruieren. Wegen einiger Paare baumwoller Strümpfe einen Strumpfwirkerstuhl zu bauen, wäre ein albernes Beginnen und Zeit- und Geldverschwendung, da hierzu vier Stricknadeln hinreichen. Dagegen bezahlt sich der Zeit- und Geldaufwand zur Herstellung eines Wirkstuhls mehr als genug, wenn viele tausend Paar Strümpfe verlangt werden, und zwar durch die Zeitersparnis bei der Verfertigung. Dasselbe gilt beim Kopieren der Briefe: sind nur 3 oder 4 Abschriften nötig, so ist gewöhnliches Abschreiben die wohlfeilste Methode; braucht man Hunderte, so kann man zum Steindruck seine Zuflucht nehmen; beträgt aber der Bedarf Hunderttausende, so gibt es keinen ökonomischeren Weg als die Maschinerie einer Druckanstalt.

§ 330. Sehr oft indessen kommt es vor, daß auch da, wo wohlfeile Produktion nicht Hauptzweck ist, die Verfertigung von Maschinen oder Werkzeugen Bedürfnis ist. Sollen wenige Exemplare, diese aber mit der strengsten Genauigkeit verfertigt werden, z.B. Teile von Maschinenwerk, so ist es selbst den geschicktesten Händen unmöglich, der Bedingung zu genügen, und es bleibt nichts übrig, als ausdrücklich Werkzeuge dazu anzufertigen, wenn diese auch, wie oft der Fall ist, mehr kosten sollten als das Produkt, welches nachher mit denselben hergestellt wird.

§ 331. Die Anwendung von Maschinen ist auch dann, selbst bei vermehrten Ausgaben, zu rechtfertigen, wenn der Wert des Produktes von der Kürze der Zeit, in welcher es produziert wird, abhängt: zum Beispiel die täglich erscheinenden Zeitungen. Oft dauern die Parlamentsdebatten bis 3 und 4 Uhr Morgens, also bis wenige Stunden vor dem Erscheinen der Zeitung. Die Reden müssen von Berichterstattern (*reporters*) notiert werden, dann haben diese sich nach dem vielleicht eine halbe Stunde entfernten Verlagsgebäude des Blattes zu begeben, und ihre stenographischen Notizen umzuschreiben; jetzt erhält sie der Setzer, sodann der Korrektor, dann gehen sie zum Druck, und nun erst ist die Verteilung unter das Publikum möglich. Einige dieser Zeitungen setzen 5000 bis 10 000 Exemplare ab. Angenommen, die Auflage sei 4000 Exemplare stark, und es werden in der Stunde 500 auf einer Seite gedruckt; – mehr aber konnten 2 Drucker und 1 Knabe auf der früheren Handpresse nicht liefern – so wären zum Druck der ganzen Menge sechzehn Stunden erforderlich; so daß die Nachrichten schon veraltet wären, ehe die letzten Abdrucke zu ihren Abonnenten gelangten. Diesen Übelstand zu vermeiden, mußte die Zeitung oft doppelt, ja wenn es spät war, dreifach gesetzt werden; allein die Verbesserungen in den Druckmaschinen sind so groß, daß man gegenwärtig die eine Seite von 4000 Exemplaren in einer Stunde drucken kann.

§ 332. Die Zeitungsanstalt der *Times* ist eine nach einem großartigen Maßstab geleitete Fabrik, und liefert ein bewundernswertes Beispiel von dem hohen Grade, den die Teilung geistiger wie körperlicher Arbeit zu erreichen, und von der Ersparnis, welche eine musterhafte innere Einrichtung zu bewirken vermag. Schwerlich haben die Tausende in verschiedenen Weltteilen, welche die *Times* lesen, einen Begriff davon, welche wohlgeregelte Tätigkeit nächtlich in dem Verlagsgebäude herrscht, und wie viel Talent und mechanische Geschicklichkeit in Tätigkeit gesetzt wird, um ihnen Unterhaltung und Belehrung zu verschaffen.[52] An hundert Personen arbeiten hier, und solange die Parlamentssitzungen dauern sind wenigstens zwölf *Reporter* beständig im Unter- und Oberhause beschäftigt, welche abwechselnd nach halbstündiger Arbeit sich zurückziehen, um die steno-

---

52 Der Verfasser besuchte neulich mit einem Freund dieses interessante Institut nach Mitternacht, während im Parlament eine sehr wichtige Debatte gehalten wurde. Die Anstalt war mit Gas erleuchtet und hell wie bei Tage; nirgends Lärm, noch unruhiges Treiben, und die Fremden wurden mit solcher Ruhe und Höflichkeit empfangen, daß sie in dem Augenblick gar nicht bemerken, wie sehr ein Besuch zu einer Zeit, wo das Geschäft so sehr drängte, unbequem fallen müsse, noch daß die von ihnen so bewunderte Stille das Ergebnis angestrengtester und wohlgeordneter Beschäftigung war; erst nachher wurde ihnen dies klar. Wie hindernd solche Besuche wirken müssen, erhellt daraus, daß die eine Seite von 4000 Zeitungen in einer Stunde gedruckt werde; mithin jede versäumte *Minute* einen Verlust von 66 Abzügen herbeiführt. Dem Fremden kommt es gar nicht unbillig vor, daß man der Befriedigung seiner Neugierde eine Viertelstunde, ihm freilich nur eine Kleinigkeit, erlaube; allein die Viertelstunde verursacht vielleicht, daß tausend Exemplare zu spät ausgegeben und eine verhältnismäßige Anzahl von Lesern in den entfernteren Punkten des Reiches, wohin die Zeitungen mit den frühesten Morgenkutschen gehen, umsonst auf ihre Zeitung harren.

Diese Note hat übrigens den allgemeineren Zweck, besonders Fremden, welche unsere größeren Fabrikanstalten zu sehen wünschen, die Hauptursache anzudeuten, weshalb ihnen oft so viele Schwierigkeiten gemacht werden. Bei Anstalten von sehr bedeutendem Umfang, wo die verschiedenen Arbeitszweige mit großer Geschicklichkeit abgeteilt sind, entsteht die Ausschließung von Fremden nicht etwa aus illiberaler Eifersucht, auch – wenigstens in der Regel – nicht aus dem Wunsche des Geheimhaltens, was in den meisten Fällen abgeschmackt sein würde; sondern aus dem wesentlichen Nachteil des Zeitverlustes, der sich, selbst bei kurzen gelegentlichen Besuchen, durch die ganze Reihe der ineinander greifenden Operationen fühlbar machen würde.

graphisch nachgeschriebene Rede in gewöhnliche Schrift zu bringen. Unterdessen arbeiten 50 Setzer an der Debatte; einige sind eben mit dem Anfang fertig, während andere das noch nasse Manuskript, welches die Fortsetzung enthält, bearbeiten, während der mittlere Teil in der Tasche eines eiligen *Reporters* schon unterwegs nach der Druckerei ist, und der beredte Schluß vielleicht in dem nämlichen Augenblick den Beifall der Zuhörer hervorruft, daß die Wände von St. Stephen* davon erdröhnen. Kaum sind die Typen zusammengesetzt, so gehen sie in andere Hände, bis zuletzt die zerstreuten Bruchstücke der Debatte, welche, mit den gewöhnlichen Artikeln verbunden, achtundvierzig** Kolumnen ausmachen, in der Form vollkommen geordnet auf die Druckmaschine gebracht werden. Jetzt ist für die menschliche Neugier die Hand der Menschen viel zu langsam, doch die Kraft des Dampfes kommt ihr zu Hilfe. Durch den vollkommensten Mechanismus wird den Typen schnell die Farbe zugeführt; vier Arbeiter legen unaufhörlich die Kanten großer weißer Bogen da an, wo zwei ungeheure Walzen sich berühren, welche das Papier mit unersättlichem Appetit zu verschlingen scheinen, das aber von anderen Walzen nach den schon mit Farbe versehenen Typen gebracht, rasch darüber hinweggeführt, und, durch die fast nur augenblickliche Berührung vollkommen bedruckt, am entgegengesetzten Ende der Maschine wieder zu Tage gefördert wird, wo vier andere Arbeiter es in Empfang nehmen. So werden in einer Stunde 4000 Bogen Papier auf einer Seite gedruckt und in 6 Stunden ist eine Auflage von 12 000 Exemplaren von einem über 300 000 bewegliche Typen enthaltenden Satz vollständig hergestellt.

§ 333. Auch bei anderen Zeitschriften ist Maschinendruck und eine zweckmäßige Einrichtung in der Verbreitung von großer Wichtigkeit, und es ist wohl der Mühe wert, zu untersuchen, wieso es möglich wird, sie zu einem so geringen Preis herzustellen. Wir wählen *Chamber's Journal* als Beispiel: diese Zeitschrift wird zu Edinburg herausgegeben. Die Nummer kostet 11 Pence. Bald nach ihrer ersten Erscheinung in diesem Jahre (1832) betrug die Auflage in Schottland allein 30 000 Exemplare, und man mußte daher, um der Nachfrage aus London zu genügen, eine zweite Auflage machen; der Satz verringerte jedoch den Gewinn so sehr, daß man schon im Begriff war, die Auflage für London eingehen zu lassen, als der Verleger auf den Gedanken geriet, doppelte Stereotyp-Platten gießen zu lassen. Dies geschieht jetzt 3 Wochen vor dem Tage der Herausgabe. Die eine Suite von Platten wird mit der Post nach London geschickt, wo der Abdruck durch Dampfkraft geschieht, und dem Agenten bleibt somit Zeit, mit den

---

* (Anm. der dt. Übersetzung): Das Gebäude, wo das Parlament seine Sitzungen hält.
** (Anm. der dt. Übersetzung): Der Verfasser spricht von der Times im doppelten Format, wie sie bei wichtigen Debatten zu erscheinen pflegt.

wohlfeilsten Transportgelegenheiten Pakete nach den verschiedenen größeren Städten abzuschicken, während einzelne Exemplare durch Buchhändlerpakete nach den kleineren Orten gefördert werden. Hierdurch werden viele Auslagen an Kapital erspart, 20 000 Exemplare von London als Mittelpunkt nach allen Teilen Englands vertrieben, etwaige fehlende Nummern mit Leichtigkeit ergänzt, und nicht mehr Exemplare abgezogen, als das Publikum verlangt.

§ 334. Der Transport der Briefe ist ebenfalls ein Gegenstand, bei welchem Ersparnis an Zeit die Anlegung eines hierfür bestimmten Mechanismus, wäre er auch sehr kostspielig, völlig rechtfertigen würde. Der Schnelligkeit des Pferdes hat die Natur Grenzen gesetzt, welche durch keine Vervollkommnung der Rasse noch der Chausseen überschritten werden kann; diese Grenze aber ist bei uns schon beinahe erreicht, und die Voraussetzung, daß die Zeit, wo statt der Pferde zum Brieftransport ein Mechanismus, wenigstens versuchsweise werde substituiert werden, ist um so weniger unvernünftig, als kein Geld- oder Zeitaufwand zu groß ist, wenn es gilt, irgendeine Theorie oder Kunst auf die letzte Stufe der Vollendung zu heben.

§ 335. Der jeden Abend nach Bristol, einer unserer größten Städte, mit der Post beförderte Postsack wiegt in der Regel keine hundert Pfund. Das erste nun, was sich der Betrachtung aufdrängt, ist, daß zur Fortschaffung dieser Briefe über eine 120 engl. Meilen betragende Strecke, eine Kutsche nebst Apparat, welche zusammen über 30 000 Pfund wiegen, in Bewegung gesetzt werden muß.[53]

Bei einem zwecks des Brieftransportes etwa einzuführenden Mechanismus' würde offenbar die Verminderung des Gewichts aller gleichzeitig mit den Briefen transportierten Gegenstände eine wünschenswerte Bedingung sein; ebenso auch die Verminderung der Schnelligkeit der dazu angewendeten Tierkraft, weil das Pferd in demselben Maße weniger Gewicht ziehen kann, als es schnell getrieben wird. Aus den verschiedenen Vorrichtungen, die sich zu diesem Zweck erdenken lassen, heben wir eine heraus, welche, wiewohl sich manches dagegen einwenden läßt, einige der gewünschten Bedingungen erfüllt, und die keine bloße Theorie mehr ist, da einige Versuche, freilich nur nach äußerst beschränktem Maßstab, bereits damit gemacht worden sind.

§ 336. Man denke sich eine Reihe hoher Pfeiler, die in vielen Zwischenräumen von vielleicht einigen 100 Fuß zwischen zwei Poststädten in möglichst gerader Linie aufgestellt sind. Ein eiserner oder stählerner Draht

---

53 Freilich werden durch diesen Apparat auch die Passagiere befördert; allein dies ist ein untergeordneter Zweck, um dessentwillen der Hauptzweck, die Beförderung der Briefe, nicht verspätet werden müßte.

läuft nun über die mit Stützbalken (*supports*) versehenen Pfeiler und endet alle 3 oder alle 5 Meilen an einem sehr starken Pfeiler, durch welchen er straffer gespannt werden kann. An jedem dieser Ausgangspunkte muß sich eine kleine Wohnung für einen Stationsbeamten befinden. Auf dem Draht nun rollen zwei Räder, an welchen eine die Briefe enthaltende schmale zylindrische Büchse aufgehangen ist. Diese Büchse muß so konstruiert sein, daß sie den Rädern beim Übergang über die Stützbalken nicht hinderlich wird. Ein endloser Draht von weit kleinerem Durchmesser läuft um zwei Trommeln, von denen die eine am Anfang, die andere am Ende der Station angebracht ist. Dieser Draht wird von Rollen gehalten, die in geringer Entfernung oberhalb der Joche des dickeren Drahtes befestigt sind. So hätte man zwei Linien des dünneren Drahtes, welche die des dickeren stets begleiten; und die Stationsbeamten an beiden Endpunkten brauchten nur die Trommel zu drehen, um den ersteren mit großer Geschwindigkeit in entgegengesetzte Richtungen zu bewegen. Der Briefzylinder wird mittelst einer Schnur oder eines Hakens (*catch*) mit einer oder der anderen Linie des Drahtes ohne Ende in Zusammenhang gebracht und sodann schnell fortbewegt, bis ans Ende der Station, wo der Beamte ihn auf die nächste überträgt, um auf dieselbe Weise weiter befördert zu werden. Es wäre überflüssig, uns hier in die Details einzulassen, welche dieser oder irgendein ähnlicher Plan erfordern würde. Daß Schwierigkeiten vorhanden sind, weiß ich recht gut; sind diese aber zu beseitigen, so hat man außer der Schnelligkeit noch viele andere Vorteile erlangt; denn durch die Anstellung von Stationsbeamten fielen die Kosten, welche zwei oder drei Briefausgaben täglich verursachen, großenteils weg; ja selbst Eilbotschaften ließen sich dann mit verhältnismäßig unbedeutenden Kosten jeden Augenblick abfertigen und es ist sogar nicht unmöglich, daß man sich des gespannten Drahtes zu einer Art von noch schnellerer telegraphischer Mitteilung bedienen könnte.*

Was die Hauptstadt betrifft, so könnten die Kosten der Stadtpost (*two penny post*) vermindert, und jede halbe Stunde eine Briefausgabe durch eine ungefähr ähnliche Vorrichtung hergestellt werden. Man müßte nämlich gewisse, sich dazu am besten eignende Kirchturmspitzen mittels einiger Zwischenstationen mit irgendeinem großen Zentralgebäude, wie z.B. die *St. Paul's*-Kirche, in Verbindung bringen; und an der Spitze jedes Turmes dürfte sich ein Apparat befinden wie der eben beschriebene, nebst einem Beamten, der denselben den Tag über handhabe.

---

* (Anm. der dt. Übersetzung): Einer ähnlichen Vorrichtung bedienten sich die Franzosen häufig während der Belagerung von Festungen. Die Vorposten nahmen den Parlamentärs die Depeschen ab, legten sie in eine an einem Draht hängende Büchse, welche mittelst Drehens einer Trommel in die Festung befördert wurde. Auf dieselbe Weise gelangte die Antwort durch entgegengesetzte Drehung wieder heraus.

§ 337. Doch dürfte die Dampfkraft mit der Schnelligkeit aller solcher Vorrichtungen bald wetteifern können; man fängt auch schon an, die Zweckmäßigkeit der Anwendung derselben einzuräumen, nämlich da, wo große Schnelligkeit Haupterfordernis ist. Die verschiedenen Vorteile, welche sie gewährt, sind in folgenden Auszügen aus dem Parlamentskommissions-Bericht über Dampfwagen deutlich auseinandergesetzt:

»Einer der vorzüglichsten Vorteile beim Gebrauch des Dampfes besteht vielleicht darin, daß man ihn ebenso wohlfeil bei schneller als bei langsamer Fortbewegung anwenden kann, was bei Pferden nicht der Fall ist, indem die Kosten im Verhältnis mit der Schnelligkeit höher steigen. Man ist vollkommen berechtigt zu erwarten, daß das Reisen auf Dampfwagen einst eine Schnelligkeit erreichen werde, welche den höchstmöglichen Grad der bisherigen Methoden mit Pferden bei weitem hinter sich zurückläßt, kurz, daß sie keine andere Grenze als die der Sicherheit der Passagiere haben werde. Bei der Zugkraft der Pferde findet das Entgegengesetzte statt: Pferde verlieren durchgängig weit mehr an Zugkraft als sie an Schnelligkeit gewinnen, daher denn auch, wie gesagt, die Arbeit durch Pferde in demselben Verhältnis teurer wird, als sie schneller geschehen muß.

So werden wir also eine Kraft erhalten, die ohne Kostenvermehrung der inneren Kommunikation eine Geschwindigkeit sichert, weit hinausgehend über die äußerste Schnelligkeit der Zugpferde. Zwar haben die Dampfwagen dieses Ziel noch nicht erreicht; steht es aber einmal fest, daß bei gleicher Schnelligkeit der Dampf mit weniger Kosten als die Pferde sich anwenden lasse, so ist es nicht zu viel vorauszusagen, daß mit der täglich wechselnden Erfahrung in der Behandlung der Maschinen auch die Geschicklichkeit, das Zutrauen und die Schnelligkeit zunehmen werden.

Die Wohlfeilheit des Transportes wird wahrscheinlich eine Zeitlang nur ein sekundärer Zweck bleiben. Kann man gegenwärtig den Dampf mit ebenso geringen Kosten benutzen als die Pferde, so gilt die Konkurrenz mit den bisherigen Fortbewegungsmitteln fürs Erste bloß der Geschwindigkeit. Erst wenn der Vorzug der Dampfwagen außer allen Zweifel gestellt ist, tritt durch die Konkurrenz Ersparnis im Betrieb derselben ein; eine Behauptung, zu welcher die Aussage der Herrn Macneill berechtigt, indem derselbe dargetan hat, daß Maschinen auf Eisenbahnen mit weniger Auslage für Brennmaterial größere Schnelligkeit erlangen. Die Kommission ist daher überzeugt, daß die Erfahrung bald Verbesserungen sowohl in bezug auf die Maschinen selbst als auch auf die wohlfeilere Dampferzeugung lehren werde.

Doch größere Schnelligkeit und Verminderung der Kosten sind nicht die einzigen Vorzüge der Dampfkraft: auch die Gefahr wird dadurch vermindert. Werden Pferde angewendet, so vermehrt die gesteigerte Schnelligkeit nicht bloß die Kosten, sondern auch die Gefahr; das Entgegengesetzte ist bei der Dampfkraft der Fall: hier ist die Gefahr des Durchgehens oder des Umstürzens um vieles verringert. Vier Pferde, die kräftig genug sind, einen schweren Wagen in einer Stunde zehn Meilen weit zu ziehen, lassen sich, wenn sie scheuen, oder durchgehen wollen, schwer bändigen, und dennoch muß man sie, um schneller fortzukommen, so gut füttern, daß sie stets zum Durchgehen geneigt sind, besonders bergab, oder bei plötzlichen Wendungen der Straßen. Dagegen ist beim Dampf diese Gefahr nur gering, da man ihn stets in seiner Gewalt hat, und wenn der Weg bergab geht, die Kraft desselben vielmehr als Hemmungsmittel gebrauchen kann. Alle Aussagen der Zeugen haben den Beweis erbracht, daß der Fahrzeugführer die Bewegung des Wagens beständig in voller Gewalt behalten könne. Ohne die geringste Mühe kann er da innehalten oder wenden, wo Pferde durchaus keiner Gewalt gehorchen würden.«

§ 338. Wir führen noch ein Beispiel an, wo der zu erreichende Zweck so wichtig ist, daß er die Anwendung von sehr kostspieligen Maschinen, wiewohl man ihrer nur selten bedürfte, rechtfertigt. Ein Schiff mit Mannschaft an Bord, welches unterhalb der Meeresoberfläche eine Strecke weit sich rudern ließe, wäre in vielen Fällen von unschätzbarem Wert. Maschinen, zu welchen Feuer erforderlich ist, können offenbar zur Fortbewegung eines solchen Fahrzeuges nicht benutzt werden. Wenn man aber eine bis zum tropfbar flüssigen Zustand verdichtete Luft mitnehmen und mit ihr eine fortbewegende Kraft erzeugen könnte, welche hinreichte, das Schiff eine bedeutende Strecke vorwärts zu bringen, so würden die Kosten schwerlich ein Hindernis abgeben, diese Kraft gelegentlich in Anwendung zu bringen.[54]

§ 339. *Holzleitung am Pilatus-Berg in der Schweiz.* – An vielen der unzugänglichsten Stellen der Bergwälder in der Schweiz wächst das herrlichste Bauholz. Aus diesen unerschöpflichen Vorräten aber würden die Bewohner keinen Vorteil ziehen können, wenn kostspielige Straßen angelegt werden müßten, selbst angenommen, daß die Lokalitäten solche Weganlagen gestatteten. Aber gerade dadurch, daß das Holz sich in einer so bedeutenden Höhe über dem Fleck befindet, wo man es benutzen kann, eignet sich die Anwendung von Maschinen zum Transport desselben und die Einwohner bedienen sich der Schwerkraft, um sich eines Teils der Arbeit zu entledigen. Die geneigten Ebenen, welche sie in verschiedenen Wäldern konstruierten, auf welchen das Zimmerholz bis an das Wasser herabgeleitet wird, haben die Bewunderung aller Reisenden erregt. Diese Holzleitungen besitzen außer dem Verdienst der Einfachheit noch dieses, daß zu ihrer Konstruktion kein weiteres Material erforderlich ist, als das an Ort und Stelle wachsende.

Die bedeutendste dieser Holzleitungen ist die bei Alpnach, wegen der großen Entfernung und der unzugänglichen Lage, von woher das Holz herabgeleitet wird. Folgende Beschreibung dieser Holzleitung aus *Gilbert's Annalen* (1819), die im zweiten Band des *Brewster's Journal* übersetzt ist, mag eine Vorstellung davon geben:

---

54 Einen Vorschlag zu einem Fahrzeug dieser Art nebst Beschreibung seiner Konstruktion findet man in der *Encyclopaedia Metropolitana*, unter dem Artikel *Diving Bell* (Taucherglocke).

»Seit Jahrhunderten bedecken undurchdringliche Wälder die schroffen Felsenwände und Klüfte des Pilatus-Berges, die, von Felsvorsprüngen und Abgründen so umgeben, kaum dem Fuße des Gemsenjägers erreichbar sind, so daß die Talbewohner nie eine Axt dahin brachten, und die Waldung sich selbst überlassen blieb und nutzlos emporwuchs. Ein jagender Ausländer, durch flüchtende Gemsen dahin geführt, sah diese schönen Gehölze und machte einige Schweizer auf ihre Größe und vorzügliche Gattung aufmerksam; allein viele geschickte Männer erklärten das Herabschaffen des Holzes für unmöglich. Erst der geschickte Werkmeister Rupp aus Reutlingen überzeugte sich und drei Schweizer, welche sich mit ihm verbanden, daß die Sache ausführbar sei, und nachdem er im November 1816 den Plan, welchem eine trigonometrische Messung zu Grunde lag, entworfen hatte, begann er den Bau einer Holzleitung, welche er im Frühjahr 1818 glücklich zu Ende gebracht hat.

Für die Rutsche von Alpnach sind etwa 25 000 Stämme Holz verwendet worden, welche bloß durch kluge Zusammensetzung, ohne jegliches Eisen, verbunden sind. Im Durchschnitt haben 160 Menschen 1½ Jahr daran gearbeitet, und der Aufwand beläuft sich auf über 100 000 Franken, oder 4250 Pfund. Ihre Unterseite ist aus drei geschälten Tannen zusammengesetzt, bildet eine Art von Mulde, die etwa 6 Fuß weit und 3 bis 6 Fuß tief ist, und ihr Mittelbaum hat die ganze Leitung herunter eine Rinne, in welche durch angebrachte Zubringer von vielen Stellen Wasser einfällt und das Holz benetzt. Der ganze Bau hat etwa 2000 Stützen, die von 10 zu 10 Fuß stehen und auf vielen Stellen auf eine bewunderungswürdige Art an den abschüssigen Granitwänden angeheftet und gegründet sind. Sie türmen sich bis auf 120 Fuß übereinander frei in die Luft und bilden Brücken über lange Tiefen, auf deren Höhe die Leitung getragen wird.

Sie läuft bald gerade, bald in Schlangenlinien unter Neigungen von 10 bis 18°, teils an den Seiten der Hügel und Felsen, teils auf deren Rücken, stellenweise auch unter der Erde, oder auf 10 bis 120 Fuß hohen Gerüsten frei in der Luft, ununterbrochen 3 Stunden Weges herunter. Sie ist ca. 3 Meilen oder 44 000 engl. Fuß lang und endet im Luzerner See.

Aber weit mehr als dieser Aufwand muß die Kühnheit der Unternehmung, die Klugheit der Anordnung, besonders aber die Energie des Meisters bewundert werden. Die bloßen Messungen erforderten, daß in den undurchdringlichen Dickichten mehrere tausend Bäume gefällt wurden. Beim weiteren Vordringen mußten von Strecke zu Strecke Menschen angestellt werden, damit der Rückweg nicht verloren wurde. Und um in den Schlünden Stellen zu der Gründung der Pfeiler zu finden, mußte Rupp sich oft mehrere hundert Fuß tief an Stricken über Felsenwände herunterlassen. Ein heftiges Fieber befiel ihn in den ersten Monaten der Arbeit und raubte ihm beinahe alle Körperkräfte; aber auch dieses vermochte seine Beharrlichkeit nicht zu besiegen. In einem Tragsessel ließ er sich täglich von Bergleuten auf das Gebirge tragen, um die Arbeiten zu leiten. Und zu dieser Leitung gehörte nicht wenig Gewandtheit, da er kaum zwei gute Zimmerleute unter seinen Arbeitern besaß, und mehrenteils nur heimatlose Menschen, welche keine Einsicht von der Sache hatten, zu dieser außerordentlichen Arbeit bekommen konnte. Überdies hielt ihn anfangs der Pöbel der Gegend für einen mit dem Teufel im Bunde stehenden Menschen und Ketzer, und erschwerte ihm deswegen alles im höchsten Grade, und das um so mehr, als man das Ganze für eine unsinnige, unausführbare Unternehmung hielt.

Aber alles das wurde überwunden, und der Ingenieur hatte zuletzt die Befriedigung, die Bäume blitzschnell den Berg herabgleiten zu sehen. Die Schnelligkeit, mit welcher die 100 Fuß langen und am dünnsten Ende 10 Zoll dicke Tannen herunterlaufen, ist so außerordentlich, daß sie einen Weg von *3 Stunden* oder *fast neun Meilen in 2½ Minuten* zurücklegen, und im Vorübergleiten den unten danebenstehenden kaum einige Fuß lang erscheinen.

Die Art, wie man beim Herunterlassen verfährt, ist höchst einfach. Von dem unteren Ende der Leitung an, bis zum höchsten Punkt, wo die Bäume eingelegt werden, stehen in gewissen Entfernungen Arbeiter, und sobald alles in Ordnung ist, ruft der Unterste dem nächsten zu: »*Laß laufen*« (*Lâchez*). Dieser Ruf geht von Posten zu Posten, und kommt innerhalb *3* Minuten oben an, und nun wird ein Baum losgelassen. Voraus geht der Ruf von oben herunter: »*Er kommt*« (*Il vient*). Der Baum läuft auf einen freien Platz am Vierwaldstädter See. Kaum ist der erste Baum angelangt, so steigt der Ruf wieder hinauf, und so kommt regelmäßig alle 5 bis 6 Minuten ein Baum an, wenn nicht etwas an der Leitung zerschmettert wird, welches selten der Fall ist und sogleich wieder ausgebessert wird.

Um die ungeheure Kraft des anprallenden Holzes zu zeigen, ließ Herr Rupp einige Bäume mittelst einer getroffenen Vorrichtung unten am Berg seitwärts aus der Leitung schießen. Sie drangen mit ihren dicken Enden 18 bis 24 Fuß tief in die Erde, und als zufälligerweise ein Baum gerade auf einen vorher angekommenen stieß, wurde dieser, wie vom Blitz, der Länge nach gespalten.

Man bringt das Holz in Flößen auf dem See zu seiner Hauptbestimmung nach Luzern, dort in die Reuß, dann bei Brugg in die Aar und bei Waldshut in den Rhein, und nach Basel und sogar zum Meer wenn es nötig war.

Schade, daß diese großartige Struktur nicht mehr existiert, und jede Spur davon an den Abhängen des Pilatus-Berges verschwunden ist. Als politische Umstände die Hauptquelle der Nachfrage nach Bauholz verstopften, und kein anderer Markt dafür gefunden wurde, mußte das Fällen und Leiten des Holzes notwendig aufhören.«[55]

Professor Playfair, welcher dieses merkwürdige Werk besuchte, erzählt, daß es gewöhnlich 6 Minuten dauerte, bis der Baum von oben herunter an den See kam; bei feuchtem Wetter indessen nur 3 Minuten.

Der große Nutzen springt in die Augen, den dieses Werk dem Unternehmer der Gemeinde Alpnach, dem Kanton Unterwalden und durch das Holzflößen auch den Anwohnern der Reuß, der Aar und des Rhein bringt. Die richtige Spekulation des Unternehmers vergrößert diesen Nutzen noch.

---

55 Die Bolanos-Bergwerke in Mexiko werden von den nächsten Bergen mittelst einer ähnlichen Leitung, wie die von Alpnach, mit Holz versehen. Sie wurde von Herrn Floresi erbaut, welcher die Schweiz sehr gut kannte.

Um nicht das kleine Holz unbrauchbar liegen zu lassen, hat er im Walde große Köhlereien angelegt, Magazine zum Aufbewahren der Kohlen gebaut, und Veranstaltungen zum Verfertigen von Fässern getroffen, in welche die Kohlen verpackt werden. Im Winter, wenn die Holzleitung beschneit ist, läßt man diese Fässer in schlittenförmigen Verbindungsstangen hinunterlaufen. Das nicht zu Kohlen taugende kleine Holz wird zusammengetragen und an besonderen Stellen zu Asche gebrannt, die ebenfalls verpackt und zum Versenden im Winter bereit gehalten wird.

Dieses große und sinnreiche Werk, dessen Ausführung man nur von den Kräften eines Staats hätte erwarten sollen, hat ein Privatmann zu Stande gebracht, dessen Vermögen und Kredit nebst denen seiner Mitteilhaber kaum hinreichte, die dazu nötigen Summen aufzubringen, der aber durch Talente und Tätigkeit ausgezeichnet und des sicheren Erfolgs gewiß, allen Hindernissen mit Festigkeit Trotz bot, und sich nun dadurch die Achtung der Schweizer und fremder Regierungen, und jedes dahin kommenden Reisenden erworben, und die Schweiz mit einem neuen Gegenstand von hohem Interesse bereichert hat.

Über die Dauer von Maschinen

§ 340. Die Zeit, bis zu welcher eine Maschine regelmäßig ihre Schuldigkeit tun wird, hängt hauptsächlich von der Vollkommenheit ab, mit welcher sie von Hause aus konstruiert worden ist; von der Sorgfalt, die darauf verwendet wird, sie zu erhalten, insbesondere jedem Losewerden und Schlottern der Achsen gleich zu begegnen; und von der geringen Masse und mäßigen Geschwindigkeit ihrer Bewegungsteile. Jeder heftige Stoß, jede plötzliche Änderung der Richtung der Bewegung ist nachteilig; Maschinen zur Erzeugung von Kraft, wie Windmühlen, Wassermühlen und Dampfmaschinen, halten in der Regel lange aus.[56]

§ 341. Zahlreiche Verbesserungen, die an den Dampfmaschinen gemacht wurden, haben sich beim Verbessern der Konstruktion der Kessel oder der Feuerstellen ergeben. Die folgende Tabelle von der von den Dampfmaschinen in Cornwall geleisteten Arbeit, weist die Wichtigkeit von konstanter Vermessung nach und zeigt auch die fortschreitenden Vorteile, welche bei der Konstruktion und dem Umgang mit diesen Maschinen gemacht wurden.

Tabelle der von den Dampfmaschinen in Cornwall geleisteten Arbeit

Jahr	Zahl der registrierten Maschinen	Durchschnittswert aller Maschinen	Durchschnittsleistung der besten Maschinen
1813	24	19 456 000	26 400 000
1814	29	20 534 232	32 000 000
1815	35	20 526 160	28 700 000
1816	32	22 907 110	32 400 000
1817	31	26 502 259	41 600 000
1818	32	25 433 783	39 300 000
1819	37	26 252 620	40 000 000
1820	37	28 736 398	41 300 000
1821	39	28 223 382	42 800 000
1822	45	28 887 216	42 500 000
1823	45	28 156 162	42 122 000
1824	45	28 326 140	43 500 000

56 Eine stationäre und als Bewegungskraft dienende Dampfmaschine soll nach ziemlich allgemeiner Annahme 10 Prozent ihres Kostenpreises Ertrag liefern.

1825	50	32 000 741	45 400 000
1826	48	30 486 630	45 200 000
1827	47	32 100 000	59 700 000
1828	54	37 100 000	76 763 000
1829	52	41 220 000	76 234 307
1830	55	43 350 000	75 885 519
1831	55[57]	44 700 000	74 911 365
1832	60	44 400 000	79 294 114
1833	58	46 000 000	83 306 092

§ 342. Die Vorteile des Registrierens der von den Dampfmaschinen in Cornwall geleisteten Arbeit sind so groß, daß die Eigentümer von einer der größten Mine, wo mehrere Maschinen stehen, es wirtschaftlich fanden, einen Mann einzustellen, der die von den Maschinen jeden Tag geleistete Arbeit mißt. Dieser Tagesbericht ist auf eine bestimmte Stunde festgesetzt und die Ingenieure warten stets ungeduldig darauf, die Daten von ihren Maschinen zu erfahren. Da die allgemeinen Berichte monatlich erstellt werden, kann es, wenn es zufällig aus irgendeinem Grund zu einem Stillstand im Heizkanal in einem der Kesel kommt, ohne diese tägliche Prüfung, zwei bis drei Wochen dauern, bis es durch das Nachlassen der Produktion der Maschine entdeckt wird. In verschiedenen Minen ist jeder Maschine eine wichtige Aufgabe zugewiesen, und wenn die Maschine mehr arbeitet, geben die Eigentümer dem jeweiligen Ingenieur eine vom Ertrag abhängige Prämie. Diese wird »Millionengeld« (*million money*) genannt und ist ein großer Anreiz, die Maschine wirtschaftlich arbeiten zu lassen.

§ 343. Allein Maschinerie zur Beschaffung irgendeines stark gesuchten Artikels nutzt sich selten ganz ab; meist treten schon vor dieser Periode Verbesserungen ein, durch welche diese Leistungen schneller, auch wohl besser gemacht werden können: es wird daher ziemlich allgemein angenommen, daß eine gute brauchbare Maschine sich in 5 Jahren bezahlt haben und nach 10 Jahren durch eine bessere verdrängt sein muß.

»Ein Baumwollspinner«, so sprach einer der Zeugen vor einem Ausschuß des Unterhauses, »der vor sieben Jahren Manchester verlassen hatte, würde durch die jetzt dort Wohnenden gewiß vom Markt verdrängt werden, wenn er sich nicht bemüht hat, gleichen Schritt mit denen zu halten, die während der Zeit alle nach und nach eingetretenen Fortschritte und Erfindungen genutzt haben.«

§ 344. Treten Verbesserungen im Maschinenwesen ein, so scheint auch bald darauf die Produktion zuzunehmen, und zwar aus nachfolgendem Grund. Ein Fabrikant, der sein angelegtes Kapital in herkömmlicher Art nutzt, mit Stühlen oder anderen in gutem Zustand sich befindenden Ma-

---

57 Diese fünfundfünfzig Maschinen verbrauchten im Durchschnitt, bezogen auf das Jahr 1837, insgesamt 81 867 Scheffel Kohlen, das heißt 1488 Scheffel pro Maschine.

schinen versehen ist, von denen ihm jede nach den bestehenden Preisen hundert Pfund Sterling kostet, ermittelt einige Verbesserungen. Diese sind jedoch von der Art, daß sie nicht an den Maschinen, die er besitzt, angebracht werden können. Seine Berechnung aber ergibt, daß nach dem Preis, zu welchem er sein Fabrikat losschlagen kann, jede neue Maschine innerhalb von 3 Jahren sich nicht nur selbst bezahlt machen, sondern auch noch das Kapital wie gewöhnlich verzinsen würde. Ferner schließt er infolge seiner Kenntnis vom Geschäft, daß die Verbesserung, die er in Anwendung bringen will, nicht wohl innerhalb dieser Zeit von den anderen Fabrikanten allgemein angenommen werden wird. Nach diesen Betrachtungen liegt es nun in seinem Interesse, die Maschinen, die er jetzt besitzt, zu verkaufen, ja selbst zum halben Preis, und nun neue nach der verbesserten Art zu bauen. Da nun der Käufer, der nur 50 Pfund Sterling für die alten Maschinen ausgegeben hat, kein so großes Betriebskapital zu verzinsen hat, als der, von dem er die Maschinen gekauft hat, dennoch aber dieselbe Quantität fabriziert, so wird sein Profit größer sein. Die Ware wird auch im Wert fallen. Einerseits, weil sie mit Hilfe der neuen Maschinen wohlfeiler hergestellt werden kann, andererseits, weil der Betrieb der alten, zu einem niedrigeren Preis gekauften Maschinen mehr Nutzen abwirft. Dieser Wechsel ist indessen nur vorübergehend, denn es tritt eine Zeit ein, nach welcher die alten Maschinen, auch wenn sie in gutem Zustand erhalten sind, dennoch wertlos werden. Die Verbesserungen, die vor nicht langer Zeit an den Stühlen zur Tüllherstellung eintraten, waren so bedeutend, daß eine gute brauchbare Maschine, die 1200 £ Sterl. gekostet hatte, nach Verlauf von wenigen Jahren für 60 £ Sterl. verkauft wurde. Während der großen Geschäfte mit diesem Fabrikat folgte eine Verbesserung der anderen so schnell, daß Maschinen, die noch gar nicht fertiggestellt waren, von den Verfertigern selbst in den Winkel gestellt wurden, denn die neuen Verbesserungen machten sie durchaus wertlos.

§ 345. Die Dauer der Taschenuhren, wenn sie sonst gut gemacht sind, ist sehr bedeutend. So wurde eine in funktionstüchtigem Zustand dem zur Untersuchung des Uhrenhandels beauftragten Ausschuß des Unterhauses vorgelegt, die im Jahre 1660 gemacht war; und es befinden sich mehrere sehr alte im Besitze der Uhrmacherzunft, die noch *in gutem Zustand erhalten werden*. Im Jahre 1798 betrug die Fabrikation von Uhren für den Hausgebrauch nahe an 50 000 jährlich. Bezog sich dieser Bedarf nur auf Großbritannien, so wurde er von nahezu zehneinhalb Millionen Menschen genutzt.

§ 346. Für manche Fabrikationszweige werden auch Maschinen verliehen, und für deren Gebrauch jährlich eine bestimmte Summe als Miete bezahlt. Dies ist besonders der Fall bei den Strumpfwirkern. Herr Henson bemerkt in seinem Bericht über den Betrag der Zahlung für den Gebrauch solcher Stühle, daß der Besitzer eine Miete bezieht, wodurch nach Abzug des vollen Zinsbetrags seines Kapitals, meist in neun Jahren der Wert der Stühle selbst ersetzt wird. Berücksichtigt man die Schnelligkeit, mit der eine Verbesserung der anderen folgt, so erscheint dieses Einkommen eben nicht so sehr bedeutend. Dergleichen Stühle sind oft 13 Jahre hintereinander bei geringer oder gar keiner Reparatur benutzt worden. Dann und wann aber tragen Umstände das ihrige dazu bei, sie für eine Zeit lang, auch wohl für immer, außer Gebrauch zu setzen. So wurde vor einigen Jahren ein neuer Artikel, eine Art geschorener Ware (*cut-up work*) eingeführt, durch den die Strumpfwirkerstühle sehr im Preis herabgedrückt wurden. Aus der Aussage des Herrn Rawson geht hervor, daß infolge dieses Wechsels in der Art der Bearbeitung *jeder Stuhl die Arbeit von zweien liefern konnte*, so daß viele Strumpfwirkerstühle außer Tätigkeit gesetzt wurden und *volle drei Viertel* ihres Wertes verloren.[58]

Wenn die hier gegebenen Zahlen annähernd richtig sind, und wenn keine anderen Gründe vorlagen, den Preis der Stühle herabzusetzen, so ist diese Notiz in der Tat von hoher Wichtigkeit; denn sie zeigt das numerische Verhältnis der gesteigerten Produktion dieser Maschinen zu ihrem hierdurch herabgesetzten Werte.

§ 347. Wie wichtig es ist, alle Verhandlungen zwischen Herren und Arbeitern zu vereinfachen, und mit Ruhe den Einfluß irgend vorgeschlagener Änderungen mit letzterem zu besprechen, ist genügsam durch ein Mißverständnis der Strumpfwirker, in welches leider beide Teile unabsichtlich verfielen, und dadurch sehr viel Unglück veranlaßten, bewiesen. Die Geschichte desselben ist von einem dabei beteiligten Strumpfwirker, William Allen, so gut erzählt, daß ein Auszug seines 1812 vor der betreffenden Untersuchungskommission abgegebenen Zeugnisses dies am besten erläutern wird:

»Ich bitte, einige Worte mit Bezug auf die Stuhlrente sagen zu dürfen. Bis zum Jahre 1805 betrug die Rente, die für Strumpfwirkerstühle bezahlt wurde, 1 Sch. 6 P. pro Woche und pro Stuhl. Es gab damals nicht viel Veranlassung für Leute, die nicht in diesem Fabrikationszweige Geschäfte machten, Stühle zu kaufen und sie zu vermieten. Zu jener Zeit wurde von einem oder zwei Häusern, infolge eines Streits zwischen diesen und einem anderen großen Hause, der Versuch gemacht, den bisher den Arbeitern gezahlten Lohn herabzusetzen. Da in dem Preis, welchen die besagten Häuser zahlten, eine kleine Differenz stattfand, so wurde ich von den Arbeitern aufgefordert zu versuchen, dem heranrückenden Übel zu begegnen. Wir nahmen Rücksprache mit den beteiligten Personen, fanden sie aber unbeugsam: die beiden Häuser, welche eben den Preis herabsetzen wollten, erklärten, sie würden entweder gleich den Preis der Strumpfwaren

---

58 Bericht der Kommission des Unterhauses zur Untersuchung der Petition der Strumpfwirker vom April 1819.

herabsetzen, oder aber die Stuhlrente erhöhen. Die Differenz zwischen dem einen und anderen war für die Arbeiter besonders groß; bei der Lage der Sache, wie sie eben war, litten sie weniger, wenn die Rente erhöht, als wenn der Preis der Ware herabgesetzt würde. Sie wählten daher nach ihrer damaligen Meinung das geringere Übel, allein das Blatt wendete sich ganz anders; denn, kaum war die Rente nach dem Kapitalbetrag der Stühle erhöht, so sah sich auch schon jedermann, der ein kleines Kapital hatte, veranlaßt, es auf den Ankauf von Stühlen zu verwenden. Diese Stühle wurden an Arbeiter gegeben, die imstande waren, für sie in den Lagerhäusern zu arbeiten; sie waren meist gezwungen, eine hohe Rente zu zahlen, und dann wohl auch noch genötigt, bei denen, die ihnen die Stühle geliehen hatten, ihren Bedarf an Fleisch, Gewürz oder Kleidung zu kaufen. Die auf den Stühlen haftende Hypothekenlast verfiel auf sie; trat nun eine geringere Nachfrage nach der Ware ein, so mußten sie dieselbe zu sehr niedrigen Preisen annehmen, aus Furcht vor den Folgen, die ihnen von denen, welche den Stuhl gekauft hatten, zuteil werden mochten. So hat das Übel täglich zugenommen, dergestalt, daß, nachdem sich auch noch andere Übelstände in diesen Gewerbezweig eingeschlichen haben, derselbe fast zu Nichts herabgekommen ist.«

§ 348. Wird nicht für jedes Werkzeug und für die damit gefertigte Ware der *richtige Wert* festgestellt, oder besteht zwischen dem Fabrikherrn und den Arbeitern kein vollkommen genauer, einfacher und abgeschlossener *Vertrag*, so ist das Übel häufig sehr groß. Die Arbeiter finden es meist schwer, den mutmaßlichen Betrag ihrer Arbeit zu bestimmen; beide Teile werden daher oft veranlaßt, Arrangements zu treffen, die, wären sie vorher wohl überlegt worden, wahrscheinlich wegen des mit dem wahren Interesse beider nicht übereinstimmenden Erfolges verworfen worden wären.

§ 349. In Birmingham werden Prägewerkzeuge und Pressen für eine Menge von Artikeln verliehen. Sie sind meist von Leuten gemacht, die ein kleines Kapital haben, und werden von den Arbeitern gemietet. Ebenso wird Betriebskraft gemietet. In großen Gebäuden mit verschiedenen Räumen sind mehrere Dampfmaschinen errichtet, und hier kann, wer will, ein, zwei oder jede beliebige Zahl von Pferdekräften nach seinem Bedürfnis mieten. Könnte ein Mittel ausfindig gemacht werden, eine Betriebskraft ohne viel Verlust durch Reibung nach entfernten Orten zu befördern, und auch gleichzeitig den Teil, der an irgendeiner besonderen Stelle konsumiert wird, genau zu ermitteln, so würde sicherlich in mancher Hinsicht in dem jetzt herrschenden Fabrikationswesen ein beträchtlicher Wechsel eintreten. Es würden dann vielleicht einige Hauptmaschinen zur Krafterzeugung in unseren großen Städten errichtet, und ein Teil der Kraft, die irgendein Fabrikant für sein Geschäft gebrauchte, demselben überlassen und nach seinem eigenen Hause geleitet werden können. So könnte, wenn es der Nutzen erheischte, ein Übergang stattfinden von dem System der größeren Fabriken zu dem der häuslichen Werkstätten.

§ 350. Zur Verteilung der Kraft könnte man sich vielleicht der Bewegung des Wassers in Röhrenleitungen bedienen, allein die Reibung würde gar zuviel hiervon absorbieren. In manchen Fällen möchte die in der Münzanstalt stattfindende Anordnung von Nutzen sein. Sie besteht darin, die Luft aus einem großen Behälter durch die Kraft einer Dampfmaschine herauszusaugen. Der Behälter ist durch Röhren mit einem kleinen Kolben, der an jedem Prägezeug befestigt ist, verbunden; sobald ein Hahn geöffnet wird, treibt der Druck der äußeren atmosphärischen Luft den Kolben hinein. Die Luft tritt hierauf in jenen großen Behälter und wird durch die Dampfmaschine wieder herausgepumpt. Die Luftverdichtung könnte vielleicht zu demselben Zwecke dienen; doch muß hierbei bemerkt werden, daß es bei dieser elastischen Flüssigkeit noch einige bis jetzt nicht erklärte Zustände gibt, die erst weitere Beobachtungen und Experimente erfordern, ehe irgendein Gebrauch derselben für die Fortpflanzung von Kraft nach beträchtlichen Entfernungen gemacht werden kann. So z.B. fand man bei einem Versuch, den man anstellte, um für den Betrieb eines Hochofens den erforderlichen Wind mittelst eines Wasserrades nach einer fast eine Meile betragenden Entfernung durch gußeiserne Leitungsröhren zu schaffen, daß am entgegengesetzten Ende eine kaum merkbare Wirkung hervorgebracht wurde. Anfänglich glaubte man, daß vielleicht irgendwo Hindernisse in der Röhre vorhanden sein möchten, und man jagte deshalb an dem einen Ende eine Katze hinein; da diese jedoch ohne Aufenthalt an dem anderen Ende zum Vorschein kam, so ersah man bald aus diesem Versuch, daß nicht Verstopfungen innerhalb der Röhre jenes Phänomen veranlaßt hatten.

§ 351. Die beweglichste Form für sehr bedeutend gesteigerte Kraft möchte vielleicht darin bestehen, Gasarten tropfbar flüssig niederzuschlagen. Es ist nämlich bekannt, daß mehrere schon bei gewöhnlichen Temperaturgraden durch sehr großen Druck tropfbar flüssig werden. Kohlensaures Gas z.B. erfordert einen Druck von 60 Atmosphären*, um

---

* (Beitrag der dt. Übers., S. 457f.): Nach den im Jahr 1823 von *Faraday* angestellten Versuchen wird kohlensaures Gas bei 0° *Cels.* durch einen Druck von 36 Atmosphären in eine tropfbare Flüssigkeit verwandelt (Philosoph. Transactions. 1823. p. 160 u. 183). Dieser berühmte Physiker bemerkt dabei, daß das comprimierte Gas durch geringe Erhöhung seiner Temperatur eine bedeutend größere Kraft entwickeln kann, als diejenige, unter deren Druck es tropfbarflüssig wurde, und *Sir Humphrey Davy* nimmt hieraus Veranlassung, das flüssig gemachte kohlensaure Gas als bewegendes Princip, woraus die Mechanik Nutzen ziehen könne, zu empfehlen. Im Jahr 1826 nahm der Ingenieur *Brunel* in England ein Patent auf eine Gasmaschine, welche durch das erwähnte Prinzip auf eine ähnliche Weise, wie die Dampfmaschine durch Wasserdampf, bewegt werden soll (Repertroy of pat. inv. Vol. II. p. 137 und *Dingler's* polyt. Journ. Bd. XX p. 209.); jedoch scheint wenig Anwendung davon gemacht worden zu sein, obschon ein Versuch mit einem Dampfbote die Ausführlichkeit dargethan hat. Wahrscheinlich werden sich die Kosten der Gasbereitung und der Maschine selbst, welche außer dem Gasometer und der Compressionspumpe aus 5 Cylindern besteht, zu hoch belaufen.

in einen tropfbar flüssigen Zustand gebracht zu werden. Einen großen Vorteil erlangt man bei dem Gebrauch dieser Fluida: der Druck, den sie erzeugen, ist nämlich bleibend, bis der letzte Tropfen in Gas verwandelt ist. Wäre es möglich, zu ermitteln, daß nur der eine Bestandteil der atmosphärischen Luft in einen tropfbar flüssigen Zustand gebracht werden könnte, ehe seine Vereinigung mit dem anderen Bestandteil in eine ätzende Flüssigkeit stattfindet, so würden wir ein Mittel besitzen, Kraft in beliebiger Größe und nach jeder Richtung hin zu befördern. Wahrscheinlich wird Wasserstoffgas die größte Kompressionskraft erfordern, um es tropfbar flüssig zu machen, und deshalb mag es dann auch da angewendet werden können, wo die höchste Konzentration der Kraft verlangt wird. In allen diesen Fällen können die niedergeschlagenen Gase als Federn betrachtet werden, die durch Kraft recht tüchtig zusammengepreßt, demnächst, wenn es verlangt wird, fast die ganze hierauf verwendete Kraft wieder abliefern.* Diese Naturfedern weichen in mancher Beziehung von den künstlichen Stahlfedern ab; denn bei der Kompression derselben entweicht eine sehr bedeutende Menge latenter Wärme, die, beim Zurücktreten in den gasförmigen Zustand, auch in gleicher Quantität wieder aufgenommen wird. Könnte nun diese Eigentümlichkeit nicht mit Vorteil in jenen Fällen Anwendung finden?

Eine mechanische Schwierigkeit verbleibt aber doch zu beseitigen: die Anordnung der Ventile und das Abdichten, um jene Flüssigkeiten auch unter dem Druck, dem sie ausgesetzt werden, zu erhalten; auch ist bis jetzt noch nicht der Einfluß der Wärme auf diese Gase hinreichend ermittelt, um genau angeben zu können, in welchem Verhältnis bei ihrer Anwendung die Kraft zunimmt.

Sehr oft wird auch die Elastizität der Luft statt der Stahlfedern benutzt: so wird bei einer der großen Druckerpressen in London der gewaltige Stoß einer großen in Bewegung befindlichen Masse dadurch fast aufgehoben, daß die in einem Zylinder eingeschlossene Luft durch einen Kolben, auf den jene Masse trifft, verdichtet wird.

§ 352. Die Konkurrenz, wohlfeile Artikel zu liefern, trägt oft dazu bei, daß sie weniger dauerhaft ausfallen. Werden dann solche Artikel, zwecks des Absatzes, nach anderen vom Fabrikationsort entfernten Gegenden geschafft, so kommt es wohl oft vor, daß die Wiederherstellung zerbrochener Artikel bei der Verschiedenheit des Arbeitspreises oft mehr kostet, als sie neu zu kaufen. In großen Städten ist dies häufig der Fall mit den ganz gewöhnlichen Schlössern, mit Türbändern und mit manchen anderen Eisenwaren.

---

* (Anm. der dt. Übersetzung): Ueber die mechanische Anwendung der condensirten Gase siehe *Mechanics' Magazine*, vol. V. pag. 138.

Über Verbindungen zwischen Fabrikherren gegen Arbeiter und zwischen diesen gegen jene

§ 353. Fast unter allen Klassen von Arbeitern findet man bestimmte Regeln und Gesetze, nach denen sich ihre Handlungen untereinander und gegen ihre Brotherren richten. Außer diesen Hauptregeln hat fast jede Fabrik noch ihre besonderen, die in vielen Fällen aus einem stillschweigenden Einverständnis der Parteien unter sich entstanden sind. Dergleichen Regeln sind selten anderen, als den in den verschiedenen Gewerbszweigen Tätigen, bekannt; da es jedoch von Wichtigkeit ist, daß sowohl ihr Vorteil als auch ihr Nachteil gehörig erkannt werde, so sollen zunächst einige Bemerkungen hierüber folgen.

§ 354. Die Grundsätze, wonach solche Gesetze geprüft werden sollten, sind:

Erstens: *daß sie zu der Wohlfahrt aller hierbei Beteiligten beitrage.*

Zweitens: *daß sie Betrug hindern.*

Drittens: *daß sie so wenig wie möglich die freie Tätigkeit jedes Individuums beschränken.*

§ 355. In vielen Fabriken ist es üblich, daß jeder neu eintretende Arbeiter den übrigen Arbeitsgenossen eine kleine Summe spenden muß. Es ist augenscheinlich ungerecht, hierauf zu bestehen, und sogar abscheulich und nachteilig, wenn jenes Geld zum Trinken verwandt wird, was leider nur zu oft geschieht. Als Grund der Forderung wird angeführt, daß der Neuling erst mit den Gebräuchen der Werkstätte und mit der Handhabung der verschiedenen Werkzeuge bekannt gemacht werden, und daß dieser Unterricht seinen Mitarbeitern notwendig Zeit rauben müsse. Würde diese Spende samt dem sonst einzuzahlenden Geld von den Arbeitern der Fabrik gesammelt, und zu gewissen Zeiten verteilt, oder als eine Unterstützung in Krankheitsfällen bestimmt, so wäre weniger dagegen einzuwenden, weil dadurch dem zu häufigen Wechsel von Arbeitern aus einer Fabrik in eine andere vorgebeugt würde. Unter keinen Umständen aber sollte es eine Zwangsmaßregel sein, und nur die Vorteile, die aus einem solchen Fonds für die Arbeiter entstehen, sollten einen jeden zur Unterzeichnung bewegen.

§ 356. In vielen Werkstätten sind die Arbeiter auch dann, wenn sie ganz verschiedenartige Arbeiten liefern, in manchen Fällen voneinander abhängig. So kann ein Schmied in einem Tage so viel schmieden, um vier oder fünf Dreher während des nächsten Tages hinlänglich zu beschäftigen. Wenn derselbe nun aus Faulheit oder Unmäßigkeit seine Arbeit vernachlässigt, und nicht den nötigen Bedarf beschafft, so werden die Dreher (bei der Voraussetzung, daß sie pro Stück bezahlt werden) ihre Zeit nicht genügsam ausgefüllt haben, und demnach in ihrem Lohn verkürzt werden. In solchem Fall ist es vernünftig, eine Strafe festzusetzen, um eine Wiederholung zu verhindern. Es ist aber auch nützlich, daß der Fabrikherr mit den Arbeitern bei Festsetzung einer solchen Regel Rücksprache nehme, daß diese jedem Arbeiter vor seinem Annehmen mitgeteilt werde, und höchst wünschenswert ist es endlich, daß die gezahlten Strafgelder nicht für Alkohol ausgegeben werden.

§ 357. In manchen Unternehmen ist es gebräuchlich, daß der Fabrikherr eine kleine Vergütung gibt, wenn ein Arbeiter einen besonderen Grad von Geschicklichkeit gezeigt, oder an Materialien gespart hat. So erhält man meist beim Spalten von Horn in Blätter für Laternen fünf bis acht solcher Blätter; spaltet der Arbeiter aber das Horn in zehn oder mehrere Blätter, so erhält er von dem Fabrikherrn ein Pint Ale. Diese Vergütungen sollten jedoch nicht zu hoch sein, weil die Arbeiter dadurch leicht zu nicht erfolgreichen Versuchen angereizt werden, und dann Material verwüsten. Werden aber solche Anordnungen vernünftig getroffen, so sind sie wohltätig, sie fördern die Geschicklichkeit der Arbeiter, nutzen dem Fabrikherrn und mindern die Preise für die Abnehmer.

§ 358. In einigen wenigen Fabriken, in denen der Arbeitslohn stückweise gezahlt wird, ist es gebräuchlich, den Arbeiter, wenn ein Teil der von ihm abgelieferten Arbeit, der schlechten Ausführung wegen, von dem Fabrikherrn zurückgesetzt werden muß, dafür zu strafen. Ein solcher Gebrauch trägt dazu bei, eins der Übel, die bei dieser Art von Zahlung obwalten, zu beseitigen, und unterstützt bedeutend den Fabrikherrn, indem sein eigenes Gutachten durch kompetente und vorurteilslose Richter bestätigt wird.

§ 359. Oft bestehen Verbindungen unter den Arbeitern, da, wo sie in größeren Massen beisammen sind, und ebenso gibt es welche unter den Fabrikherren, die sich mit demselben Fabrikzweige beschäftigen. Diese Vereinigungen haben verschiedene Zwecke; wünschenswert bleibt es aber, daß die Folgen derselben von den Mitgliedern auch wohl verstanden werden, und daß die Vorteile, die aus denselben entstehen und gewiß groß sind, soviel wie möglich von den Übeln und Fehlern getrennt werden, die sich unglücklicherweise nur zu oft einschleichen. Vereinigungen zwischen Fabrikherren und Arbeitern können mit Vorteil stattfinden, um sich über von beiden Teilen zu beachtende Regeln zu verständigen, zwecks Abschätzung des verhältnismäßigen Wertes verschiedener Gegenden der in ihrem Geschäft vorkommenden Waren; teils wird hierdurch Zeit gespart, und anderenteils Streitigkeiten unter ihnen vorgebeugt. Sie können auch vorteilhaft sein, um sich genau über die Anzahl der in den verschiedenen Abteilungen einer Fabrik beschäftigten Arbeiter, der Höhe ihres Lohns, der Zahl der von ihnen benutzten Maschinen, und von anderen statistischen Gegenständen zu unterrichten. Kenntnisse dieser Art sind höchst schätzbar, sowohl als Anhaltspunkt für die dabei am meisten interessierten Parteien als auch, um sie in Stand zu setzen, im Falle eines etwaigen Unterstützungsgesuchs bei der Regierung, oder vorzunehmender gesetzlicher Verfügungen, mit den Details versehen zu sein; denn ohne solche kann nicht wohl über die Zweckmäßigkeit der zu treffenden Staatsregeln entschieden werden. Dergleichen Daten können von denen, die tätig in irgendeinen Teil des Geschäftes eingreifen, mit weit weniger Zeitopfer gesammelt werden, als von Personen, die nicht so gut unterrichtet, und auch wohl weniger dabei interessiert sind.

§ 360. Einer der rechtmäßigsten und einflußreichsten Gründe für Vereinigungen der erwähnten Art ist wohl, über ein sicheres und bestimmtes Mittel übereinzukommen, wie die von den Arbeitern gemachten Leistungen abzuschätzen seien. Lange Zeit hindurch herrschten hierüber in der Tüllfabrikation Schwierigkeiten, die besonders von den Arbeitern hart beklagt wurden. Die Einführung eines Zählers (*rack*), der die Anzahl der Maschen in der Länge des Stückes angibt, hat diese arge Veranlassung zu Streitigkeiten durchaus gehoben. Hierauf wurde durch den Ausschuß vom Jahre 1812 besonders aufmerksam gemacht, und die Hoffnung ausgesprochen, daß dieselbe Erfindung auch bei den Strumpfwirkerstühlen in Anwendung treten möchte. Es würde in der Tat dem fleißigen Arbeiter, sowie dem Besitzer einer Fabrik zu großem wechselseitigen Vorteil gereichen, wenn die hierbei benutzten Maschinen die Quantität des gefertigten Gutes ganz in derselben Art, wie eine Dampfmaschine die Zahl ihrer Stöße zählen und angeben könnten. Die Einführung solcher Erfindungen feuert den ehrlichen und fleißigen Arbeiter mehr an, als man sich vielleicht denkt, und beseitigt eine der Quellen von Mißverständnissen zwischen den dabei beteiligten Parteien, deren wahres Interesse durch dergleichen Reibungen nur leiden kann.

§ 361. Vereinigungen unter den Arbeitern wirken fast immer nachteilig auf letztere. Man hat viele Beispiele, wonach das Publikum bei einer Erhöhung des Preises für einen Augenblick leidet, bei der später eintretenden Reduktion aber der gewinnende Teil bleibt; während auf der anderen Seite die Verbesserungen, die infolge einer einstimmigen Kündigung (*strike*) der Arbeiter bei Maschinen veranlaßt werden, gerade den Veranlassern selbst auf längere oder kürzere Dauer einen Schaden zufügen. Da nun der Nachteil für die Arbeiter und deren Familien stets bedeutender ist, als für ihre Brotherren, so ist es für das Wohl und Glück der ersteren von hoher Wichtigkeit, sich klare und deutliche Begriffe hierüber anzueignen. Vielleicht haben einige Erläuterungen des hier aufgestellten Grundsatzes mehr Gewicht, als ein allgemeineres, wenn auch aus den bewährtesten Sätzen der Staatswirtschaft entnommenes Raisonnement. Solche Beispiele gewähren überdies den Vorteil, daß sie sich auf Tatsachen beziehen, welche vielen von denen, deren Wohl diese Bemerkungen zur Absicht haben, bekannt sind.

§ 362. Bei der Fabrikation von Gewehrläufen gibt es einen Prozeß zur Anfertigung dessen, was in der Handelssprache Platinen (*skelps*) genannt wird. Eine Platine ist ein Stück oder eine Stange Eisen, ungefähr 3 Fuß lang und 4 Zoll breit, aber an einem Ende dicker und breiter als am anderen. Ein Gewehrlauf wird durch Ausschmieden solcher Stücke in den angegebenen Maßen gebildet, dann der Breite nach gebogen und in eine zylindrische Form gebracht, bis die Kanten sich decken, so daß sie zusammengeschweißt werden können.

Vor ungefähr 20 Jahren bestanden Arbeiter, die in einer sehr ausgedehnten Fabrik mit der Fertigung solcher Platinen aus Stabeisen beschäftigt waren, auf einer Erhöhung des Lohnes; da ihre Forderungen aber zu hoch waren, so wurden sie augenblicklich nicht befriedigt. Währenddessen wendete der Oberaufseher der Fabrik seine ganze Aufmerksamkeit auf den Gegenstand. Er kam auf den Gedanken, daß, wenn es möglich wäre, die Peripherie der Walzen, zwischen denen das Stabeisen gestreckt wird, der Länge einer Platine oder eines Gewehrlaufes gleich zu machen, und wenn ferner die Einschnitte, zwischen denen das Eisen zusammengepreßt wird, anstatt gleich tief und breit zu sein, von einem Punkt auf der Walzenperipherie ausgehend und dahin zurückkehrend, nach und nach tiefer und breiter gemacht würden, dann auch gewiß das zwischen diesen Walzen hindurchgelassene Eisen, statt in Breite und Dicke gleich, die Form einer Platine erhalten müßte. Ein Versuch gelang vollkommen; die Handarbeit wurde durch diesen Prozeß bedeutend vermindert, und Arbeiter, die eine besondere Geschicklichkeit in der Anfertigung solcher Platinen erreicht hatten, konnten nun fernerhin keinen Nutzen mehr von derselben ziehen.

§ 363. Es ist auffallend, daß gerade in dem nämlichen Fabrikationszweig vor einigen Jahren ein anderes noch bemerkenswerteres Beispiel von der Wirkung der Verbindungen unter Arbeitern stattgefunden hat. Das Zusammenschweißen von Platinen in Gewehrläufe erfordert viel Geschicklichkeit. Nach Beendigung des letzten Krieges wurden infolge des geringeren Bedarfs an Gewehren viele der Arbeiter außer Tätigkeit gesetzt. Dieser Fall erleichterte allerdings Verbindungen, und als es sich nun traf, daß ein Kontrakt über die Lieferung eines beträchtlichen Bedarfs an Gewehren zu einem festgesetzten Tage abgeschlossen worden war, so bestanden alle Arbeiter auf einer solchen Erhöhung ihres Lohnes, daß die Erfüllung des Kontraktes mit einem sehr bedeutenden Verlust verbunden gewesen wäre.

In dieser Verlegenheit nahmen nun die durch den Kontrakt Gebundenen ihre Zuflucht zu der Methode, die Läufe zusammenzuschweißen, worauf sie bereits mehrere Jahre vor diesem Falle ein Patent gelöst hatten. Damals war der Erfolg davon nicht günstig genug, um allgemein in Gebrauch zu kommen, das Zusammenschweißen auf gewöhnliche Art mit der Hand war zu wohlfeil, und es stellten sich der Anwendung auch noch andere Hindernisse entgegen. Doch jenes eigensinnige Bestehen der Arbeiter auf Erhöhung ihres Lohnes veranlaßte den Patentinhaber, neue Versuche anzustellen, und es gelang ihm endlich, die Läufe unter Walzen mit großer Leichtigkeit zusammenzuschweißen, und darin solche Vollkommenheit einzuführen, daß man, aller Wahrscheinlichkeit nach, künftig nur sehr wenige durch Handarbeit wird zusammenzuschweißen brauchen.

Der Prozeß dieser Arbeit besteht darin, einen Stab Eisen, von ungefähr einem Fuß Länge, in Zylinderform zu rollen, und zwar so, daß die Kanten sich ein wenig überdecken. Er wird dann in einem Ofen in eine Schweißhitze gebracht, und nachdem bei der Herausnahme ein Dorn oder ein eiserner Zylinder hineingeschoben worden ist, schnell zwischen einem Paar Walzen hindurch gelassen. Der Erfolg dieses Verfahrens ist, daß das Zusammenschweißen in einer einzigen Hitze bewerkstelligt wird; das Längerstrecken, und zwar bis zur Länge eines Gewehrlaufes, wird in ähnlicher Art gemacht, nur bei einer geringeren Temperatur. Die Arbeiter, welche sich verbündet hatten, waren nun nicht weiter nötig, und statt also durch ihr Bündnis Vorteile zu erreichen, waren sie durch diese eingeleitete Verbesserung des Gewerbes für immer auf einen beträchtlich geringeren Lohn reduziert; denn sie hatten bisher, der besonderen Geschicklichkeit und Erfahrung wegen, die der frühere Prozeß erheischte, mehr Lohn als andere Arbeiter ihrer Klasse erhalten. Anschließend war die neue Art des Zusammenschweißens der Textur des Eisens weniger nachteilig, da es jetzt nur einmal, früher dagegen wohl drei, auch vier Male der Schweißhitze ausgesetzt wurde; das Publikum gewann also hier teils durch die bessere Qualität, teils auch durch die Billigkeit. Ein anderer Vorteil entsprang ferner aus dieser Anfertigungsweise; der neue Prozeß wird nämlich nun auch bei der Fertigung von eisernen Röhren angewendet, und ist so einflußreich auf den Preis derselben, daß er deren Gebrauch allgemeiner macht. Fast in allen größeren Eisenhandlungen findet man jetzt solche Röhren von verschiedenen Längen und von verschiedenen Durchmessern, mit Schraubengewinden an ihren Enden; sie stehen im fortwährenden Gebrauch zur Weiterförderung von Gas zur Erleuchtung, oder von erwärmtem Wasser zur Heizung der Gebäude.

§ 364. Ähnliche Fälle werden gewiß allen, die sich einigermaßen mit unseren Fabriken beschäftigt haben, vorgekommen sein. Indes sind die eben angeführten schon ausreichend, die Folgen solcher Verbindungen zu zeigen. Es würde jedoch keineswegs billig sein, die Schlußfolgerung aus solchen Fällen bis zum Äußersten zu treiben. Beide oben angegebenen Beispiele ergeben wohl klar, daß der Erfolg jener Verbindung nur dauernd nachteilig für die Arbeiter gewesen, und sie hinsichtlich des Lohns fast auf der Stelle auf eine niedrigere Stufe, als sie vorher eingenommen, versetzt hat; doch beweisen sie nicht, daß gerade *alle* dergleichen Verbindungen *dieselbe Wirkung* hervorbringen. Ganz klar ist es aber, daß sie wohl alle dieselbe *Tendenz* haben; es ist ebenso gewiß, daß es wohl vieler Anreize bedarf, um jemand zu einer neuen und kostbaren Arbeitsweise zu vermögen, und daß in beiden angeführten Fällen die Verbesserung wohl nicht würde gemacht worden sein, wenn die Furcht vor barem Verlust nicht den Antrieb gesteigert hätte. Hätten daher die Arbeiter in jedem der obigen Fälle sich nur vereinigt, um eine geringe Erhöhung ihres Lohnes zu erhalten, so wäre ihnen dies, aller Wahrscheinlichkeit nach, gelungen, und das Publikum würde viele Jahre die Erfindung, zu welcher jene Bündnisse Veranlassung gaben, entbehrt haben. Es muß bemerkt werden, daß die nämliche Geschicklichkeit, vermöge welcher diese Leute nach langer Übung einen höheren Lohn als ihre anderen Mitarbeiter erhalten konnten, viele von ihnen davor bewahrt haben dürfte, für *immer* in die Klasse gewöhnlicher Handwerker herabzusinken. Der geringere Lohn dürfte für sie nur so lange fortbestehen, bis sie durch Übung eine Geschicklichkeit in Fertigung anderer und schwererer Arbeitsweisen erlangt haben. Inzwischen ist und bleibt ein geringerer Lohn, wenn auch nur für ein oder zwei Jahre, ein sehr hartes Geschick für jeden, der von Tagearbeit lebt. Die Folge solcher Verbindungen ist demnach in diesen Fällen gewesen: für die Arbeiter – Herabsetzung ihres Lohnes; für das Publikum – Ermäßigung des Preises, und für den Fabrikbesitzer – ein größerer Absatz seiner Waren infolge dieser Ermäßigung.

§ 365. Es ist indessen wichtig, noch zu untersuchen, welches die Folgen von Verbindungen in einer anderen und weniger deutlichen Beziehung sind. Die Furcht vor Verbindungen unter seinen Arbeitern wird natürlich den Fabrikbesitzer veranlassen, den Betrag der Bestellungen, die er zu irgendeiner Zeit in Händen hat, den Arbeitern zu verheimlichen, und diese werden folglich mit der Höhe des Bedarfs ihrer Arbeiten weniger bekannt sein, als sonst wohl der Fall sein würde. Dies ist ihrem Interesse deshalb nachteilig, weil, anstatt durch die allmähliche Abnahme der Bestellungen die Zeit, wo sie außer Tätigkeit kommen, voraussehen und sich darauf vorbereiten zu können, sie nun einem viel plötzlicheren Wechsel, als unter anderen Umständen, ausgesetzt sind.

Der Mechaniker Galloway bemerkt in seinen Aussagen:

»Wenn Brotherrn ihren Arbeitern nachweisen können, daß das Geschäft stetig und gut geht, und wenn letztere sich überzeugen, daß sie wahrscheinlich anhaltend beschäftigt sein werden, werden sie dann immer mehr Anstand und gesetztere Begriffe haben, welches sie zu besseren Menschen und tüchtigeren Arbeitern macht, und allen, die bei deren Anstellung interessiert sind, großen Vorteil bringt.«

§ 366. Da der Fabrikherr bei Abschluß eines Kontraktes keine Sicherheit dafür hat, daß sich die Arbeiter nicht gegen ihn verbinden, und ihm dann aus dem Kontrakt statt Vorteil nur Nachteil erwächst, so ist er neben der Vorsichtsmaßregel, sie von der Kenntnis desselben fern zu halten, noch genötigt, den Preis, für den er die Arbeiten unter anderen Umständen liefern könnte, um ein Geringes zu erhöhen, um sich gegen ein solches Ereignis zu decken. Hat eine Fabrikanlage mehrere Arbeitsabteilungen, die gleichzeitig betrieben werden müssen, wie z.B. Eisenerzförderungen, Hochöfen und eine Steinkohlengrube, der jeweils bestimmte Klassen von Arbeitern gehören, so ist es nötig, bedeutende Vorräte von Materialien zu halten, die nicht erforderlich wären, wenn die Sicherheit da wäre, daß solche Verbindungen nicht entstehen würden.

Wollten die Kohlenleute zum Beispiel einen höheren Lohn erzwingen, und ein Vorrat an geförderten Kohlen wäre nicht da, so würden die Hochöfen ausgeblasen, und die Bergleute selbst außer Tätigkeit gesetzt werden müssen. Einen Erz- und Kohlenbestand in gefördertem Zustand zu halten, ist aber gerade so, als wenn der Geldbetrag ungenutzt in einem Geldkasten läge (nur daß die Steinkohlen dadurch, daß sie dem Einfluß der Witterung ausgesetzt werden, auch noch an ihrer Güte leiden). Die Zinsen dieses Betrages müssen daher als der Preis einer Versicherung gegen den möglichen Verlust, der durch eine unter den Arbeitern stattfindende Verbindung herbeigeführt werden kann, betrachtet werden; dies muß nun wieder in demselben Grade den Preis des fabrizierten Artikels steigern, und mithin den Begehr, der sonst da sein würde, verringern. Jeder Umstand aber, der die Nachfrage drückt, ist auch für die Arbeiter nachteilig; denn je größer der Bedarf ist, desto weniger ist er Schwankungen unterworfen.

Die Wirkung, worauf hier angedeutet wurde, ist keineswegs bloß ein theoretischer Schluß: der Verfasser kennt die Besitzer eines Werkes der eben erwähnten Art, welche immer einen Bestand von geforderten Materialien im Wert von ungefähr 10 000 Pfund Sterling für 6 Monate halten. Erwägt man, daß das auf diese Weise bloß aus Furcht vor *Verbindungen der Arbeiter* unbenutzt bleibende Kapital, unter anderen Umständen zur Beschäftigung von einer größeren Anzahl verwendet werden könnte, so wird die Notwendigkeit, ein System einzuführen, welches keine Lockungen zu dergleichen Vereinigungen darbiete, noch einleuchtender.

§ 367. Daß solche Verbindungen unter Arbeitern denselben nur große Unfälle bereiten, wird wohl allgemein zugestanden; nicht weniger wahr ist es, daß in vielen Fällen selbst ein glücklicher Erfolg sie doch keineswegs in eine ebenso günstige Lage bringt, als in der sie sich vor ihrer Auflehnung befanden. Das kleine Kapital, in dessen Besitz sie waren, und welches sorgfältig für die Zeit der Krankheit oder Not gespart werden sollte, ist verzehrt; und häufig leiden sie, bloß um einem Stolz zu huldigen, über dessen Existenz man sich freuen muß, selbst indem man seine falsche Richtung nur bedauern kann, lieber die bittersten Entbehrungen, ehe sie für früheren Lohn zur Arbeit zurückkehren. Leider bildet sich auch noch bei vielen Arbeitsleuten während solcher Perioden ein Hang zur Faulheit aus, der schwer auszurotten ist; und fast bei allen, die sich einmal in solche Kontroversen eingelassen hatten, sind die zarteren und besseren Gefühle des Herzens erstorben und Leidenschaften geweckt, welche nicht bloß dem Glück eines solchen Menschen hinderlich sind, sondern auch das Zutrauen zerstören, welches zu erhalten sowohl im Interesse des Brotherrn als auch in dem seiner Arbeiter ist. Verweigert einer der Mitarbeiter die Teilnahme an solchen Aufständen, so vergißt die Mehrzahl nur zu häufig in der Aufgeregtheit ihrer Gefühle die Gebote der Gerechtigkeit, und übt nur zu leicht eine Art von Tyrannei aus, die in einem Land der Freiheit nicht geduldet werden kann. Räumt man also den arbeitenden Klassen das Recht ein, zwecks Erlangung höheren Lohnes sich, wenn sie es geraten finden, zu verbinden (doch immer in der Voraussetzung, daß sie alle ihre übrigen bestehenden Verpflichtungen erfüllt haben), so sollten sie dabei nicht vergessen, daß dieselbe Freiheit, die sie für sich in Anspruch nehmen, auch anderen, die vielleicht abweichende Ansichten von den Vorteilen solcher Vereinigung haben, zugute kommen muß. Jeder Versuch, den Vernunft und Güte vorschreiben, sollte angestellt werden, ihre Beschwerden zu beseitigen, ihre eigene Vernunft zu überzeugen und ihnen die Folgen ihrer Aufführung zu zeigen: aber auch der strenge Arm der Gerechtigkeit, unterstützt von der öffentlichen Meinung, wie es wohl in solchen Fällen immer sein wird, sollte augenblicklich und ohne Zagen angewandt werden, um sie zu hindern, die Freiheit eines Teiles ihrer eigenen Gewerbsgenossen, oder die einer anderen Klasse zu verletzen.

§ 368. Zu den Übeln, die endlich schwer auf die Arbeiter selbst zurückfallen, wenn sie es aus mißverstandenen Ansichten versuchen, ihren Brotherren in der Art der Geschäftsführung Vorschriften zu machen, muß auch noch das Verlegen von Fabriken nach anderen Gegenden, wo die Besitzer frei von der unbilligen Kontrolle ihrer Arbeiter leben, gezählt werden. Die Verlegung einer großen Zahl von Wirkstühlen nach den westlichen Provinzen, die infolge der Zusammenrottungen in Nottinghamshire stattgefunden hat, ist bereits erwähnt worden. Andere Fälle sind auch vorgekommen, wo leider durch die Verpflanzung von Geschicklichkeit und Kapital des Inlandes nach dem Auslande, das Unglück noch größer wird. Dies hat sich z.B. in Glasgow ereignet, wie in dem fünften Parlamentsbericht über Handwerker und Maschinerie dargelegt worden ist. Einer der Teilhaber einer großen Baumwollspinnerei, beleidigt durch die unbillige Aufführung der Arbeiter, siedelte sich in dem Staate von New York an, woselbst er seine Maschinen wieder aufbaute, und dem unserem Handel ohnehin schon furchtbaren Rivalen nun die Modelle unserer besten Maschinen und die vorteilhafteste Art sie anzuwenden zeigte.

§ 369. Ist die Beschaffenheit des Werkes der Art, daß es nicht nach einem anderen Ort hin verlegt werden kann, wie z.B. bei Bergwerken, so sind die Eigentümer noch mehr den durch Verbindungen unter den Arbeitern entstehenden Nachteilen ausgesetzt. Da jedoch solche Eigentümer in der Regel über ungewöhnlich bedeutendes Kapital verfügen, so gelingt ihnen meistenteils die Herabsetzung des Lohnes, wenn diese wirklich in der Sache selbst begründet ist.

So bestand neulich eine weitverzweigte Verbindung unter den Kohlenarbeitern im Norden von England, die leider zu mehreren Gewalttätigkeiten Veranlassung gab. Die Inhaber der Kohlengruben mußten sich infolgedessen mit Bergleuten aus anderen Teilen Englands versehen, welche für den herabgesetzten Lohn, den man zu geben imstande war, sich willig finden ließen. Zum Schutze dieser letzteren mußte die bürgerliche, in einigen Fällen die militärische Gewalt herbeigerufen werden. Mehrere Monate lang dauerten diese Umtriebe, und es handelte sich nun darum, welche Partei sich bei dem verringerten Gewinn am längsten würde halten können; es ließ sich aber leicht voraussehen, daß die Eigentümer zuletzt den Sieg davon tragen würden.

§ 370. Um solchen Vereinigungen unter Arbeitern zu begegnen, wendet man unter anderem das Mittel an, mit den Arbeitern Kontrakte auf lange Perioden einzugehen, und diese so zu ordnen, daß sie nicht alle gleichzeitig ablaufen. Dies ist besonders in Sheffield und an manchen anderen Orten geschehen. Es hat dies freilich die Unbequemlichkeit für die Meister, daß sie auch bei geringerer Nachfrage dieselbe Anzahl Leute beschäftigen müssen; doch führt gerade dieser Umstand oft zu Verbesserungen der Anlage; so kennt der Verfasser selbst ein Beispiel, daß man während einer Überfüllung des Marktes die Leute weit nützlicher zum Ausheben eines großen Reservoirs verwendete, wodurch nicht bloß dem Wasserrad eine beständigere Versorgung gesichert, sondern auch ein angrenzendes Stück Feld, vorher fast gänzlich unfruchtbar, mittelst des ausgegrabenen Moders in fruchtbaren Ackerboden verwandelt wurde.

§ 371. In einigen der Manufakturgegenden hat man wohl auch die Anordnung getroffen, den Lohn der Arbeiter in Artikeln zu zahlen, die sie konsumieren, und nannte dies das *Tauschsystem*. Da dies in vielen Fällen einer Vereinigung der Brotherren gegen die Arbeiter gleichkommt, so verdient es hier eine besondere Betrachtung; es darf jedoch mit einem anderen System von ganz verschiedener Tendenz, das vorher berücksichtigt werden soll, nicht verwechselt werden.

§ 372. Die Zahl der gewöhnlichen Bedürfnisse für den Unterhalt eines Arbeiters und seiner Familie ist sehr gering; meist werden sie von ihm in kleinen Quantitäten wöchentlich angekauft. An solchen Quantitäten, die von den Detaillisten verkauft werden, wird meist ein großer Profit gemacht; und wenn die Qualität eines solchen Artikels, wie der des Tees, nicht leicht zu ermitteln ist, so kommt noch ein besonderer Profit dadurch hinzu, daß der Kaufmann den Arbeitern schlechtere Ware gibt.

In Fällen, wo die Zahl der an einem Ort wohnenden Arbeiter groß ist, würde es vielleicht vorteilhaft sein, wenn sie sich einigten und einen Agenten hielten, der solche Artikel, wie Tee, Zucker, Speck etc. *en gros* ankaufte, und sie dann wieder zu Preisen absetzte, wodurch bloß der Kostenbetrag erstattet, und noch etwas für die Bemühungen des Agenten bezahlt würde. Wird diese Angelegenheit durch einen Ausschuß von Arbeitern, die von ihren Brotherren vielleicht mit gutem Rat unterstützt werden, ausschließlich geleitet, und der Agent auf eine Art bezahlt, daß ihm daran liegt, sich gute und brauchbare Artikel anzuschaffen, so gereicht sie gewiß zum Nutzen der Arbeiter; und wenn überdies der Plan dazu beiträgt, die Preise der Bedürfnisse der Arbeiter zu ermäßigen, so liegt es offener im Interesse des Fabrikbesitzers, ihn zu fordern. Der Fabrikant kann den Ankauf im Ganzen erleichtern, darf aber niemals so Teil daran nehmen, daß ihm selbst aus dem Verkauf der Artikel ein Profit erwüchse. Auf der anderen Seite müßten die Arbeiter, die zur Einrichtung eines solchen Verkaufsplatzes unterzeichnet haben, dadurch auch nicht im Entferntesten verpflichtet sein, daselbst ihre Bedürfnisse anzukaufen; die Güte und der wohlfeile Preis müßten einzig und allein sie hierzu bestimmen.

Man könnte nun wohl einwenden, daß der Plan eigentlich nichts weiter sei, als einen Teil des den Arbeitern gehörigen Kapitals zu einem Kleinhandel zu verwenden, und daß ohnedies die Konkurrenz unter den kleinen Ladenbesitzern den Preis der Artikel so ziemlich zu demselben Preis herabbringen werde. Diese Einwendung würde haltbar sein, wenn die Gegenstände des Bedarfs keiner *Gewährleistung* bedürften; wenn man jedoch hiermit das verbindet, was bereits über den Preis gesagt worden ist[59], so scheint der Plan eben keinen ernstlichen Einwürfen unterworfen zu sein.

§ 373. Das *Tauschsystem* wirkt auf eine ganz verschiedene Weise. Der Fabrikherr nämlich führt einen Kleinhandel mit Artikeln, die seine Arbeiter bedürfen, und bezahlt ihnen ihren Lohn entweder mit diesen Waren, oder nötigt sie geradezu durch Verpflichtungen oder indirekt durch unredliche Mittel, ihren ganzen oder doch einen Teil ihres Lohnes in seinem Laden anzubringen. Befaßte sich der Brotherr nur in der Absicht mit dem Handel, um seinen Arbeitern gute Artikel und zu billigen Preisen zu beschaffen, und zwänge er sie auf keine andere Weise, in seinem Laden zu kaufen, als bloß durch die besondere Wohlfeilheit seiner Artikel, dann

---

59 *Siehe* Kapitel 15, S. 108.

würde es gewiß für die Arbeiter vorteilhaft sein. Leider ist dies aber nicht immer der Fall, und die Versuchung für den Besitzer, bei drückenden Zeitverhältnissen den Lohn, welchen er zahlt, wirklich herabzusetzen (durch Steigerung des Preises der Waren seines Ladens) ohne den nominellen Betrag der Zahlung zu ändern, ist oft zu groß, um ihr zu widerstehen. Hätte er bloß die Absicht, seinen Arbeitern gute Artikel zu liefern, so würde er diese besser erreichen, wenn er ein kleines Kapital zu mäßigem Zinssatz hergäbe, und einem Ausschuß der Arbeiter gestattete, in Gemeinschaft mit seinem eigenen Agenten die Details der Handlung zu führen, den Arbeitern aber von Zeit zu Zeit die Einsicht in die Bücher der Handlung erlaubte.

§ 374. In der Regel geschieht überall, wo die Arbeiter mit Waren bezahlt oder genötigt werden, in des Herrn Handlung zu kaufen, diesen viel Unrecht, und manches andere Übel entspringt daraus. Welches auch immer die Absicht des Brotherrn in einem solchen Falle gewesen sein mag, die Wirkung ist und bleibt dieselbe, nämlich daß der Arbeiter über den Betrag, den er für seine Mühe erhält, getäuscht wird. Die Grundsätze, worauf das Wohl dieser Klasse der Gesellschaft beruht, sind ohnehin schwierig genug, selbst für die Erkenntnis derjenigen, die so glücklich sind, bessere Gelegenheit zu ihrer Untersuchung zu haben; und doch ist die Bekanntschaft mit diesen sie betreffenden Grundsätzen von weit größerer Wichtigkeit für die arbeitende Klasse, als für irgendeine andere in der Gesellschaft. Es ist daher sehr wünschenswert, sie in der Auffassung ihrer Lage durch Vereinfachung aller Beziehungen, in denen sie zueinander und zu ihren Brotherren stehen, so sehr als möglich zu unterstützen. Arbeiter sollten jederzeit ganz mit Geld ausgezahlt, der Betrag ihrer Arbeit durch einen unparteiischen sich nimmer irrenden Mechanismus gemessen, die Arbeitszeit aber bestimmt und pünktlich abgehalten werden. Die Beiträge, die sie für ihre auf Gegenseitigkeit beruhenden Versicherungsvereine (*benefit societies*) liefern, sollten nach Grundsätzen, wonach keine außerordentlichen Zuschüsse erforderlich sind, festgestellt sein. Kurz, die Hauptsache für alle die, welche wünschen, ihr Wohl zu fördern, besteht darin, ihnen auf die einfachste Weise die Mittel an die Hand zu geben, die Höhe der Summe, die sie durch ihre Beschäftigung erwerben können, sowie derjenigen, die sie für ihren Unterhalt bedürfen, im voraus zu wissen; so würden sie auf die klarste Weise den gewissen Erfolg ihres Fleißes und ihrer Ausdauer kennenlernen.

§ 375. Die Grausamkeit, welche der Arbeiter durch dieses Tauschwesen gewöhnlich erleiden muß, ist oft sehr hart. Die kleinen Bedürfnisse, die er für seine Frau und Kinder, vielleicht für Medizin in Zeiten der Krankheit, braucht, muß er sich alle durch Tausch verschaffen, und seine Zeit vergeuden im Austausch von Sachen, die er zu einem geringeren Preis, als sie ihm in Rechnung gestellt worden, wieder zu verkaufen gezwungen ist. Der

Familienvater, vielleicht von heftigem Zahnweh gepeinigt, muß einen schnellen Handel mit dem Dorfarzt abschließen, um nur seine Plage los zu werden; die trostlose Mutter ist genötigt, ihre entwerteten Waren im Austausch zu opfern, um sich nur den Sarg für ihr dahingeschiedenes Kind zu verschaffen. Der hier beigefügte Auszug aus dem Bericht des Parlamentsausschusses zur Untersuchung des Gesuchs der Strumpfwirker zeigt deutlich, daß die eben gemachten Bemerkungen keineswegs übertrieben sind.

»Es war in unserer Stadt so üblich, Waren an Geldes Statt zu zahlen, daß viele meiner Nachbarn sich genötigt sahen, Waren gegen Waren einzutauschen, Zucker zu geben, um Apothekerwaren aus dem Drogerieladen zu empfangen; andere waren gezwungen, Zucker für Kleider und dergleichen zu zahlen, und diese Tauschweise oftmals zu wiederholen. Ich bin sehr glaubwürdig unterrichtet, daß jemand ein halbes Pfund Zehnpfennigszucker und einen Pfennig zahlte, um sich einen Zahn ausziehen zu lassen. So erzählte mir auch ein glaubhafter Nachbar, daß der Totengräber für das Ausgraben eines Grabes Tee und Zucker erhielt. Kurz nachdem ich erfuhr, daß ich zwecks Zeugenaussage über diesen Gegenstand würde erscheinen müssen, bat ich meinen Freund den Totengräber zu fragen, ob die Tatsache zuverlässig sei. Der Totengräber schwieg eine Zeitlang, um nicht die Person, welche jene Artikel gezahlt, in Verlegenheit zu bringen; endlich aber sagte er: ja ich habe dergleichen Artikel öfters empfangen – ich weiß, daß dergleichen Waren sehr häufig in dieser Art als Bezahlung gegeben werden.«

Über die Vereinigungen der Fabrikbesitzer gegen die Öffentlichkeit

§ 376. Eine Art von Vereinigung findet manchmal unter Fabrikbesitzern gegen Personen statt, die ein Patent haben. Dergleichen Verbindungen sind stets ebenso nachteilig für die Öffentlichkeit, als ungerecht gegen die Erfinder. Vor einigen Jahren erfand jemand eine Maschine, mit welcher Zeichnungen und Schnitzwerk in Mahagoni und andere feine Hölzer geschnitten wurden. Die Maschine ähnelte zum Teil den Bohrapparaten an Kunstdrehbänken, machte sehr schöne Arbeit, und zu sehr mäßigen Preisen, allein die Kunsttischler vereinigten sich untereinander gegen diese Maschine, so daß das Patent gar nicht *in Anwendung* gekommen ist. Derselbe Fall kam bei einer Maschine zur Fertigung von Furnieren mit Hilfe einer Art Messer vor. Das Holz konnte hiermit weit dünner, als mit der Kreissäge geschnitten werden, und es blieb fast gar kein Abfall übrig; doch die sogenannte »Zunft« lehnte sich gegen die Erfindung auf, und nach manchen schweren Unkosten wurde sie aufgegeben.

Als Entschuldigung für diese Opposition führten die Kunsttischler die Besorgnis an, daß, wenn dem Publikum der Artikel erst bekannt wäre, der Patentinhaber den Preis erhöhen würde.

Ähnliche Beispiele* von Parteiungen scheinen nicht selten zu sein, wie sich aus dem Bericht des Parlamentsausschusses zur Untersuchung der Patente für Erfindungen, Juni 1819, ergibt. Siehe das Zeugnis des Herrn Holdsworth.

§ 377. Es findet noch eine andere Verbindung gegen das Publikum statt, der sich schwer begegnen läßt. Sie artet gewöhnlich in ein Monopol aus, und das Publikum ist dann der Diskretion der Monopolisten preisgegeben, welche den Preis bis zum *äußersten Grenzpunkt der Billigkeit erhöhen,* –

---

* (Beitrag der dt. Übers., S. 458): Als Beispiel einer Verbindung der Erfinder selbst gegen das Publikum mag folgende Anekdote aus »*Taylor's* Records of his life« hier nicht am unrechten Orte sein. Drei Brüder Namens *Pinchbeck*, Erfinder einer nach ihnen genannten Metallcomposition (eine Art rothen Messings oder Tomback; die Composition ist jetzt nicht mehr im Gebrauch), annoncirten gegen einander in den Zeitungen, jeder Anspruch auf die Erfindung machend und sein Produkt zum Nachtheil der Uebrigen herausstreichend. Dies geschah aber bloß, um der Aufmerksamkeit des Publikums auf sich zu ziehen; denn jeden Abend kamen die drei Brüder zusammen, lachten das Publikum aus und theilten brüderlich den täglichen Gewinn, den ihre List ihnen verschaffte.

das heißt, *sie gehen in der Preiserhöhung nur so weit, als die Rücksicht, daß das Publikum sich endlich gegen die Auflage sträuben werde, ihnen nur immer gestattet.* Dies ereignet sich, wenn zwei Kompagnien den Konsumenten Wasser oder Gas mit Hilfe von unter dem Straßenpflaster versenkten Röhren zuführen; es kann aber auch vorkommen bei Docks, Kanälen und Eisenbahnen u.s.w., und in anderen Fällen, wo das erforderliche Kapital sehr groß, die Mitbewerbung aber nur gering ist. Vereinigen sich Wasser- oder Gaskompagnien, so verliert das Publikum augenblicklich allen Vorteil der Konkurrenz, und meistens hat es sich ergeben, daß am Ende einer Periode, während welcher eine die andere zu unterbieten sich bemühte, die verschiedenen Kompagnien es für angemessen gefunden haben, den ganzen Distrikt, den sie versorgt hatten, in zwei oder mehr Parzellen zu teilen, und daß dann jede Kompagnie alle ihre Röhren, mit Ausnahme der in ihrem eigenen Distrikt, wieder aus den Straßen herausgeschafft hat. Diese Herausnahme schadet aber nur dem Straßenpflaster, und wenn eine neue Kompagnie durch die Höhe der gesteigerten Preise ins Dasein gerufen wird, so entstehen jene Übelstände aufs neue. Ein Mittel gegen solcherlei Übel möchte vielleicht darin bestehen, diesen Kompagnien ein Privileg zu erteilen, worin ein gewisses Maximum als Dividende festgestellt, und die Verpflichtung auferlegt wäre, allen über dieses Maximum hinausgehenden Profit zur Abtragung des anfänglichen Kapitalbetrages anzusammeln. Dies hat bereits in verschiedenen Fällen, wo das Parlament die Errichtung solcher Kompagnien genehmigte, stattgefunden. Das Maximum des Profits müßte jedoch nicht kärglich sein, um für das Risiko zu entschädigen; das Publikum sollte seine Sachwalter haben, und die Rechnungen müßten jährlich publiziert werden, um Überschreitungen der Begrenzung vorzubeugen. Jedoch ist nicht in Abrede zu stellen, daß dies eine Einmischung in Kapitalanlagen darstellt, die, bis überhaupt allgemeine Grundsätze aufgestellt sind, jedesmal nur nach ganz besonderer Untersuchung des individuellen Falles geschehen sollte.

§ 378. Ein Instrument, Gasmesser genannt, das die Quantität des von den Abnehmern genutzten Gases mißt, ist eingeführt worden, und gewährt auf genügende Weise, den Betrag der Zahlung, den jeder Abnehmer an die Gaskompagnie zu machen hat, festzustellen. Ein in seiner Wirkung diesem ähnliches Instrument, könnte vielleicht für den Absatz des Wassers dienen; aber es wäre dann der Nachteil zu befürchten, daß die Quantität des Wassers, das ungenutzt abläuft, sich vermindern würde; da nämlich die Ströme von Wasser, die durch die Rinnsteine und Kanäle Londons laufen, großenteils hierdurch erhalten werden, so würden bei einer Verminderung der Quantität dieses Wassers die Ableitungen der Hauptstadt notwendig darunter leiden.

§ 379. Lange Zeit hindurch hat ein sehr mächtiges Bündnis unter den Kohlegrubenbesitzern im Norden von England bestanden, und das Publikum hat durch Zahlung erhöhter Preise bedeutend gelitten. Die letzte Untersuchung durch die hierzu beauftragte Parlamentskommission hat die Operationsweise dieser Verbindung an den Tag gebracht, und den Vorschlag getan, einstweilen den Kohlenverkauf auch der Mitbewerbung anderer Distrikte zu überlassen.

§ 380. Gerade jetzt besteht eine weitverbreitete Verbindung anderer Art, welche auf den Preis dieser Zeilen, deren Bestimmung es ist, Aufklärungen darüber zu geben, wesentlich einwirkt. Ein für jeden Leser, und mehr noch für jeden Fabrikanten des Artikels, den der Leser konsumiert, so wichtiger Umstand, verlangt wohl eine aufmerksame Untersuchung.

In Kapitel 21, S. 155 wurden die verschiedenen Bestandteile der Kosten, welche jedes Exemplar dieses Werkes verursacht, angegeben, und es ergab sich, daß der Gesamtbetrag der Kosten für die Erzeugung desselben, mit Ausnahme des Honorars an den Autor für seine Bemühung, 2 Sch. 3 P. ausmachte.[60]

Dem Leser ist es praktisch bekannt, daß er seinem Buchhändler 6 Schillinge für das Buch bezahlt hat. Wir wollen nun die Verteilung dieser 6 Schillinge näher untersuchen, um durch genaue Kenntnis der Tatsachen besser in Stand gesetzt zu sein, über die Natur und die Wirkung der letzterwähnten Verbindung ein Urteil zu fällen.

Verteilung des Gewinnes an einem 6 Schilling kostenden Buche

	Kauft zu		Verkauft zu		Gewinnt durch das angelegte Kapitel
	Sch.	P	Sch.	P	
Nr. I. Der *Verleger*, welcher dem Autor jedes Exemplar, das er empfangen hat, in Rechnung stellt	3	10	4	2	10 %
Nr. II. Der Buchhändler, der es an das Publikum absetzt:	4	2	6	0	44
Oder	4	6	6	0	33½

Nr. I. *Der Verleger* ist ein Buchhändler; er ist eigentlich des Autors Agent. Seine Pflicht ist es, die Auflage in Empfang zu nehmen, und für den jedesmaligen Vorrat Raum bereitzustellen; dem Autor die Zeit und die Art der Bekanntmachung mitzuteilen, und die Bekanntmachungen zu besorgen. Da er noch andere Bücher selbst verlegt, so läßt er ohnehin Anzeigen von diesen bei ihm erschienenen Werken drucken, und ist so in den Stand gesetzt, durch Vereinigung mehrerer Annoncen in eine einzige die Be-

---

60 Alle folgenden Details beziehen sich auf die erste Auflage des Originals.

kanntmachung mit geringeren Kosten zu bewirken. Er bezahlt dem Autor nur die Exemplare, die er wirklich verkauft. Folglich macht er durchaus keine Auslage an Kapital, mit Ausnahme dessen, was er für die Bekanntmachungen zahlt, wohingegen er das Risiko schlechter Schulden übernimmt. Von den eingehenden Remittenden nimmt er gewöhnlich einen Profit von 10%.

Nr. II. ist der *Buchhändler*, welcher das Werk an das Publikum absetzt. Beim Erscheinen eines neuen Buches lädt der *Verleger* alle Buchhändler zur Unterzeichnung auf eine Anzahl von Exemplaren ein, mindestens zwei. Diese Exemplare werden den Subskribenten im Durchschnitt 4 bis 5% billiger als zum späteren Ladenpreis überlassen; im gegenwärtigen Falle bezahlen sie für ein Exemplar 4 Schilling 2 Pence. Am Tag nach der Erscheinung beträgt der vom Verleger dem Buchhändler gestellte Preis 4 Schilling 6 Pence. Bei einigen Werken pflegen die Besteller von 21 Exemplaren deren 25, also 4% Reduktion, zu erhalten. So geschah es bei gegenwärtigem Buch. Verschiedene Verleger bieten den Subskribenten verschiedene Bedingungen; auch ist es Gebrauch, daß der Verleger nach Ablauf von 6 Monaten eine neue Unterzeichnung eröffnet, so daß, wenn das Buch zu denen gehört, die einen stetigen Absatz haben, die Buchhandlungen diese Gelegenheit wahrnehmen, sich ihren wahrscheinlichen Bedarf zum Subskriptionspreis anzuschaffen.[61]

§ 381. Das vom Verleger mit 4 Sch. 2 P., oder mit 4 Sch. 6 P. angekaufte Buch wird dem Publikum von dem Buchhändler mit 6 Sch. berechnet. In dem ersten Falle macht er einen Gewinn von 44, im anderen aber einen von 33%*. Selbst der kleinere von diesen beiden Gewinnen erscheint nach dem dazu verwandten Kapital noch zu hoch zu sein. Es ereignet sich oft, daß, wenn ein Käufer nach einem Buch verlangt, der Detaillist erst quer über die Straße nach dem Großhändler sendet, und dann für diese kaum zu erwähnende Mühe ein Viertel dessen erhält, was der Käufer zahlt; und manchmal genießt der Detaillist 6 Monate Kredit für die Summe, welche er für das Buch bezahlt hat.

§ 382. In Paragraph 256 haben wir den Kostenpreis eines jeden Prozesses in der Fabrikation des gegenwärtigen Buches angeführt. Es folgt eine

---

61 Zwar sind die obigen Angaben weder auf alle Bücher noch auf alle Verleger anwendbar; allein in Beziehung auf Werke wie das vorliegende sind sie dem Wesen nach richtig.

* (Beitrag der dt. Übers., S. 458f.): Nach den Angaben eines alten Buchhändlers in London beträgt der Gewinn des Verlegers bei Werken, welche auf das Risiko des Verfassers herausgegeben werden, nicht 33, sondern nur 10 pro Cent vom wirklichen Verkaufe, wozu noch das Risiko von schlechten Schuldnern hinzukommt. Dem Buchhändler wird das Buch zu $\frac{2}{3}$ des Ladenpreises überlassen, und bei Abnahme von 25 Exemplaren noch 4 pro Cent bewilligt. Der Sortiments-Buchhändler bewilligt seinen Kunden einen Rabatt von 10 pro Cent, und es bleiben ihm also noch 15 pro Cent. Es verteilen sich demnach die 33 pro Cent, von welchen der Verfasser spricht, unter 3 Parteien, dem Verleger, dem Sortiments-Buchhändler und dem Consumenten.

Analyse der Gesamtkosten für die Beförderung des Buches in die Hände des Publikums:

	Pfd.	Sch.	P.
Der Detail-Preis, 6 Schilling, von 3052 Exemplaren macht	915	12	0
1. Gesamtkosten für Druck und Papier	207	5	$8\frac{7}{11}$
2. Abgaben für Papier und Anzeigen	40	0	11

	Pfd.	Sch.	P.
3. Provision an den Verleger, als Agenten zwischen Verfasser und Drucker	18	14	$4\frac{4}{11}$
4. Provision an den Verleger, als Agenten für den Absatz des Buches	63	11	8
5. Gewinn aus der Differenz zwischen Subskriptions- und Handelspreis, 4 Pence pro Band	50	17	4
6. Gewinn aus der Differenz zwischen Handels- u. Detailpreisen, 11/2 Sch. pro Band	228	18	0
	362	1	$4\frac{4}{11}$
7. Bleibt für Honorar	306	4	0
Gesamt	915	12	0

Diese Rechnung scheint mit der auf Seite 157 nicht übereinzustimmen; man wird jedoch bemerken, daß die drei ersten Posten der dort angegebenen Summe von 266 £ 1 Sch. gleichkommen. Die scheinbare Differenz entsteht aus einem in der ersten Auflage dieses Werkes unerwähnt gebliebenen Umstand: es enthielt nämlich die dort gegebene und hier wieder abgedruckte Rechnung von 205 £ 18 Sch. noch eine besondere Berechnung von 10% außer den wirklichen Rechnungen des Druckers und Papiermachers.

§ 383. Der Verleger pflegt als Agent zwischen Verfasser und Drucker eine Provision von 10% für alle zu machenden Zahlungen anzurechnen. Wird dies, wie im gegenwärtigen Falle, dem Verfasser vor Beginn des Werkes angezeigt, so hat er keinen Grund sich zu beklagen, da es ihm ja frei steht, statt den Verleger als Mittelsperson zu gebrauchen, den Drucker selbst anzustellen.

Für diese Provision macht der Verleger die Geschäfte mit dem Drucker ab sowie, wenn Holzschnitte oder Kupferstiche nötig sind, mit den betreffenden Künstlern. Eine vermittelnde Person zwischen dem Verfasser und dem Drucker zu haben, ist namentlich dann eine Bequemlichkeit, wenn der Erstere die vom Letzteren angerechneten Kosten zu hoch findet. Wenn ein Verfasser keine genauere Kenntnis von dem Druckgeschäft besitzt, so macht er Einwendungen gegen Kosten, die er bei näherer Vertrautheit mit der Sache mäßig finden würde; in solchen Fällen muß er sich auf den Verleger verlassen, welcher in der Regel Einsicht im Druckerwesen hat. Ganz besonders gilt dies von den Änderungen und Korrekturen, welche, wie unbedeutend sie dem Anschein nach auch sein mögen, dem Setzer, der sie machen soll, viel Zeit wegnehmen. Auch muß bemerkt werden, daß der Verleger für die in dieser Beziehung zu leistenden Zahlungen verantwortlich ist.

§ 384. Es ist nicht nötig, daß der Verfasser sich dieser Vermittlung bediene, obgleich es im Interesse des Verlegers liegt, daß er es tue, und die Buchhändler gewöhnlich behaupten, daß er sich Papier und Druck nicht wohlfeiler verschaffen könne, selbst wenn er sich unmittelbar an die Produzenten wende. Dies erhellt aus den vor dem Ausschuß des Unterhauses »über Verlagsrecht« (8. Mai 1818) gemachten Aussagen.

Einer der Angehörten war Herr O. Rees, von der Buchhandlung *Longman et Comp.*:

>*»Frage*: Angenommen, es übernähme ein Verfasser den Verlag seines Werkes auf eigene Rechnung und mache alle Auslagen selbst: könnte er das Ries Papier zu 30 Schilling bekommen?
>
>*Antwort*: Ich glaube nicht; ich glaube, ein Papierfabrikant würde das Papier einem Privatmanne nicht zu denselben Preisen überlassen, wie dem Buchhändler.
>
>*Frage*: Die Kommission befragte Sie, ob ein Privatmann, wenn er ein Werk auf eigene Rechnung herausgebe, nicht mehr für das Papier zahlen müsse, als Leute vom Buchhändlergewerbe; die Kommission wünscht nun zu wissen, ob der Drucker einem Privatmann keinen höheren Preis stelle als einem Verleger.
>
>*Antwort*: Ich glaube, er rechnet gewöhnlich einen Aufschlag für das Papier.
>
>*Frage*: Rechen ihm die Drucker für den Druck selbst nicht auch einen höheren Preis an als dem Buchhändler?
>
>*Antwort*: So viel ich weiß, immer.«

§ 385. Es scheint aber, daß zu einer solchen Unterscheidung zwischen dem Verfasser und dem Verleger, in bezug auf den Druckpreis, kein hinlänglicher Grund vorhanden sei, vorausgesetzt, der Erstere sei ebenso sicher in Hinsicht auf Bezahlung, als der Letztere. Was den Aufschlag auf das Papier betrifft, so ist er nur alsdann billig, wenn der Verfasser den Ankauf durch den Druckherrn oder Verleger besorgen läßt, weil sie, als verantwortlich für die Bezahlung, eine mäßige Entschädigung für das Risiko erhalten müssen; kauft aber der Verfasser seinen Bedarf unmittelbar vom Papierfabrikanten, so ist es Unrecht, daß ihm nicht dieselben Bedingungen, wie dem Druckherrn zugestanden werden; ja wenn er, von dem in diesen Gewerben üblichen langen Kredit keinen Gebrauch machend, bar bezahlt, so sollte er sogar sein Papier bedeutend wohlfeiler erhalten.

§ 386. Es wäre aber wohl an der Zeit, dergleichen Übereinkünfte zwischen verschiedenen Gewerben zu beseitigen. In einem Land, dessen Reichtum so ganz besonders von der Industrie seiner Manufakturen abhängt, ist es wichtig, daß keine *schroffen* Unterscheidungen zwischen verschiedenen Ständen existieren, und daß die vornehmsten Aristokraten stolz darauf sind, entweder persönlich oder durch ihre Verwandten an den Unternehmungen, von denen ihres Vaterlandes Größe abhängt, beteiligt zu sein. Schon sind die reicheren Fabrikanten und Kaufleute mit jener Klasse verschmolzen, und die größeren, ja sogar mittleren Kaufleute findet man bereits häufig in Gesellschaft mit dem niederen Adel.* Es ist gut, daß solcher Ehrgeiz genährt werde, nicht dadurch, daß die Gewerbsleute es den Vornehmen an Aufwand gleichzutun trachten, sondern durch einen edlen Wetteifer zwischen beiden in bezug auf Kenntnisse und Bildung. Wenige Dinge aber würden zu einem so wünschenswerten Zweck wesentlicher beitragen, als die Vertilgung aller den obigen ähnlichen engherzigen Gesinnungen. Die Vorteile, welche den höheren Klassen hieraus erwüchsen, wären: mehr Vertrautheit mit den erzeugenden Künsten des Landes, eine bessere Würdigung der Wichtigkeit, sich in allem als pünktliche Geschäftsmänner zu zeigen; ganz vorzüglich aber ein allgemeines Gefühl, daß es in jedem Range der Gesellschaft ehrenvoll sei, durch Anwendung der uns verliehenen Talente zur Erzeugung oder Verbreitung des Reichtums unseren und unseres Vaterlandes Wohlstand zu mehren.

§ 387. Noch ein hierher gehöriger Umstand, welcher in der ersten Auflage unerwähnt geblieben ist, bezieht sich auf den sogenannten *Überschuß* (*overplus*). Werden von einem Werke 600 Exemplare abgezogen, so erfordert jeder Bogen desselben ein Ries Papier. Nun besteht aber ein Ries Papier bei den Druckern aus 21½ Buch oder 516 Bogen. Dieses Mehr von 16 Bogen ist nötig zu »Revisionen«; ferner, die Presse zur gehörigen Anfertigung ihres Werkes vorzubereiten und in Stand zu bringen, und solche Bogen zu ergänzen, welche teils während des Druckens beschmutzt oder zerrissen, teils durch den Buchbinder beschädigt werden. Es ergibt sich aber, daß keine 3% zerstört werden, und daß überhaupt die Beschädigung desto geringer ist, je geschickter und sorgfältiger die Arbeiter sind.

Zufolge der Aussagen mehrerer höchst achtenswerter Buchhändler und Druckherren vor der letztgenannten Kommission des Unterhauses vom Mai 1818, beträgt die Durchschnittszahl von Überschußexemplaren, bei einer Auflage über 500, zwei bis drei, bei geringeren Auflagen weniger, bei größeren mehr; in einigen Fällen wird die volle Zahl von 500 Exemplaren nicht geliefert, und der Drucker hat alsdann für die Vervollständigung zu bezahlen; niemals aber sind sämtliche 16 Extra-Exemplare vervollständigt

---

* (Anm. der dt. Übersetzung): *Gentry*; es ist dies ein Stand, der durch keinen ähnlichen in Deutschland repräsentirt wird, und der im Texte gewählte Ausdruck ist daher nur uneigentlich darauf anwendbar. Jeder Landgutsbesitzer, wenn er kein anderes Gewerbe treibt, gehört zur *Gentry*, aber darum noch nicht zu den Aristokraten (*Nobility*), obgleich diese meistentheils große Gutsbesitzer sind.

worden. Bei dem vorliegenden Buch, dessen Auflage aus 3000 Abzügen bestand, belief sich der Überschuß auf 52; ein Umstand, welcher den Verbesserungen im Drucken und der größeren Sorgfalt der Drucker zuzuschreiben ist. Nun sollte aber dieses mehr zum Besten des Verfassers mit in Anschlag gebracht werden, und wie ich glaube, tun dies auch alle soliden Verleger.

§ 388. Man hat verschiedene Mittel angewendet, um den Drucker zu hindern, eine größere Anzahl von Abzügen zu machen, als er dem Verleger oder Verfasser abliefert. Bei einigen Werken bediente man sich eines eigens für dieselben angefertigten Wasserzeichens im Papier: so erscheinen als Wasserzeichen in den zwei ersten Bänden des großen Werkes von Laplace die Worte »*Mécanique Céleste*«. Wenn das Werk von Kupferstichen begleitet ist, würde ein solcher Betrug ohne Mitwirkung des Kupferdruckers vergeblich sein. In Frankreich pflegt man auf der Rückseite des Titelblattes die Notiz zu drucken, daß alle nicht vom Verfasser unterzeichneten Exemplare unecht seien; unter dieser Notiz steht des Verfassers Name, entweder geschrieben oder mittelst eines Holzschnitts aufgedrückt. Allein trotz dieser Vorsichtsmaßregel habe ich neulich ein zu Paris gedrucktes Buch gekauft, welches zwar die Notiz, aber nicht die Namensunterschrift hatte. In London ist die Gefahr vor dergleichen Betrug nicht groß, weil die Drucker Kapitalisten sind*, welche sich aus dem durch dieses Verfahren zu erzielenden Gewinn nichts machen, und die Entdeckung einer Wahrheit, die notwendig vielen ihrer Werkleute bekannt wird, ein solches Risiko für sie darstellt, daß sie töricht sein würden, derartige Versuche zu machen.

§ 389. Man kann vielleicht einem selbst herausgebenden Verfasser keinen besseren Rat erteilen, als den, seine Anordnungen unmittelbar mit dem Druckherrn selbst zu treffen; es gehört weiter nichts dazu, als gesunder Menschenverstand von Seiten des ersteren und Rechtschaffenheit von der des letzteren.

§ 390. Will aber der Autor sein Werk nicht auf eigenes Risiko herausgeben, so tut er wohl daran, mit dem Verleger eine mäßige Auflage zu kontrahieren; *auf keinen Fall aber verkaufe er das Eigentumsrecht.* Ja, enthält das Werk Holzschnitte oder Kupferstiche, so sollte er sich im Kontrakt ausbedingen, daß diese sein Eigentum werden, damit er sie zu etwaigen späteren Auflagen benutzen könne. Oft ist das Übereinkommen auch so gestellt, daß der Verleger gegen gleiche Teilung des Gewinnes das Geld vorschießt und das Risiko übernimmt. Dieser Gewinn betrug bei dem vorliegenden Werk 306 £ 4 Sch., wie oben in § 382 bemerkt wurde.

§ 391. Nach dieser auf den Druck des gegenwärtigen Buches bezüglichen Auseinandersetzung kehren wir zu dem Paragraphen 382 zu-

---

* (Anm. der dt. Übersetzung): Alle? Ich kenne mehrere, welche keineswegs in diese Kategorie gehören.

rück, um die Verteilung der vom Publikum bezahlten 915 Pfund näher zu beleuchten. Von dieser Summe kamen 207 £ auf die Kosten des Buches, 40 auf Abgaben, 362 auf Provisionen der Buchhändler und 306 bleiben als Gewinn des Verfassers. Die Buchhändler haben also den größten Teil davon in die Tasche gesteckt, und da sie kein Kapital vorschießen und auch nur sehr wenig riskieren, so erscheint dies allerdings ein unbilliger Gewinn; namentlich aber ist der Rabatt von 33% für die Detaillisten ganz übertrieben.

Entgegnet wird, daß alle Sortimentsbuchhändler ihren Kunden, bei Bestellungen über 20 Sch., einen Rabatt von 10% gewähren und daß demnach der nominelle Gewinn von 44% oder 33% beträchtlich vermindert werde. Wenn dies der Fall ist, so kann man wohl mit Grund fragen, warum z.B. der Preis von 2 £ auf der Rückseite eines Buches gedruckt steht, während jeder Buchhändler bereit ist, es für 1 £ 16 Sch. zu verkaufen, und warum diejenigen, die mit diesem Umstand nicht bekannt sind, verurteilt sein sollen, mehr als andere, besser Unterrichtete zu zahlen?

§ 392. Zur Rechtfertigung dieses so großen Profits führt man verschiedene Gründe an:

Erstens: Man behauptet, daß der Käufer langen Kredit nimmt. Dies ist vielleicht bisweilen der Fall, und ihn zugestanden, so kann kein Vernünftiger etwas gegen einen verhältnismäßigen höheren Preis einwenden. Aber ebenso klar bleibt es, daß derjenige, der bar bezahlt, nicht zu demselben Preis sollte verurteilt sein, als solche, die ihre Zahlungen auf eine lange Zeit hinausschieben.

Zweitens: Großer Verdienst ist nötig, sagt man, um die großen Auslagen, welche die Buchhandlung veranlaßt, zu decken. Die Miete, heißt es, sei hoch, die Abgaben schwer, und die großen Buchhändler würden ohne solchen Gewinn für den Absatz mit den kleineren Buchhändlern nicht konkurrieren können. Hierauf läßt sich erwidern, daß dem Buchhandel dieser Übelstand keineswegs eigentümlich ist, sondern daß er denselben mit jedem anderen Detailgeschäft gemein hat. Dagegen hat ein großes Geschäft stets den Vorzug vor kleineren, daß sich die Arbeiten mehr teilen, und folglich mehr Ersparnisse dabei erzielen lassen; schwerlich dürften die Buchhändler die einzige Klasse von Geschäftsleuten sein, welche von diesem Vorteil Gebrauch zu machen verabsäumte.

Drittens: Dieser hohe Gewinn soll das Risiko des Buchhändlers, daß einige Exemplare unverkauft bleiben, decken. Aber er braucht dem Verleger ja kein einziges Exemplar mehr abzukaufen, als er bestellt hat; kauft er also dennoch mehr zum Subskriptionspreis, so beweist er dadurch nur, daß er selbst dieses Risiko auf nicht mehr, als 4 bis 8% anschlägt.

§ 393. Viele Exemplare von Büchern werden durch Personen verdorben, welche in den Laden kommen, sich dies und jenes besehen, und dann doch nichts kaufen. Dies ist nur zum Teil wahr; denn manche werden gerade durch das Durchblättern von Büchern zum Kaufen veranlaßt, selbst wenn sie ohne diese Absicht in den Laden treten; auch ist es nicht auf alle Buchhändler oder alle Bücher anwendbar: sehr kostbare Werke oder solche, die wenig Nachfrage haben, hüten sich die Buchhändler auszulegen. Was das gegenwärtige Buch betrifft, so verdient der Buchhändler an 3 Exemplaren 4½ Schilling, so viel also, als ihm das eben im Laden beschädigte eine Exemplar kostet, wofür er wahrscheinlich nachher noch ein Drittel oder die Hälfte des Kostenpreises in einer Bücherauktion realisiert. Mangel an Absatz und Beschädigung der Bücher sind daher ganz unhaltbare Einwendungen des Verlegers gegen den Verfasser. Es darf ferner nicht unbemerkt bleiben, daß der Verleger in der Regel das Geschäft nicht bloß *en gros*, sondern auch *en detail* betreibt, und daß ihm außer dem Gewinn für jedes Exemplar, welches er als Agent absetzt, zusätzlich zugestanden wird, dem Verfasser den Absatz in Anrechnung zu bringen, als wenn jedes Exemplar zum Subskriptionspreis von 4 Sch. 2 P. verkauft worden wäre; daß er für Bücher, die er in seinem eigenen Laden verkauft, denselben Profit nehmen werde, wie alle übrigen Großhändler, versteht sich von selbst.

§ 394. In der Provinz lassen sich für die bedeutende Differenz zwischen dem Sortimentshändler und dem Publikum allerdings viele Gründe anführen. Einmal wird der Profit des Buchhändlers auf dem Lande schon durch die Beschaffung des Buches aus London vermindert; dann aber auch muß er seinem Londoner Agenten für alle nicht in dessen eigenem Verlag erscheinenden Bücher eine Provision von gewöhnlich 5% bezahlen. Fügt man nun den Rabatt von 5% hinzu, den die Buchhändler der Provinz jedem bar zahlenden Kunden, und den von 10%, welchen sie den Lese-Klubs bewilligen, so ist der übrigbleibende Gewinn freilich nicht zu groß.

Einige von denen, welche gegen die in der ersten Auflage gemachten Bemerkungen öffentlich aufgetreten sind, haben sogar zugegeben, daß der scheinbare Gewinn der Buchhändler *zu groß* sei, behaupten aber, meine Voraussetzung, daß 3000 Exemplare abgesetzt würden, sei eine zu günstige. Wenn der Leser Paragraph 382 nachschlagen will, wird er finden, daß die Ausgaben für die ersten drei Posten dieselben bleiben, die Anzahl der abgesetzten Exemplare mag so oder so sein; und in Anbetracht der noch übrigen Exemplare wird ihm deutlich werden, daß der Buchhändler, welcher sehr wenig Risiko und gar keine Auslage bei der Sache hat, genausoviel Gewinnprozente macht, er mag viel oder wenig Exemplare verkaufen. Das ist aber mit dem unglücklichen Verfasser nicht der Fall, sondern auf ihn fällt der ganze Verlust ungeteilt. Meine obenerwähnten Kritiker haben auch die Behauptung aufgestellt, daß der Profit deshalb ein so hohes Verhältnis habe, weil sonst bei dem durch *andere* Werke unvermeidlich entstehenden Verlust die Buchhändler nicht bestehen könnten. Von allen

Widerlegungen ist dies die schwächste.* Mit ebensoviel Gerechtigkeit könnte ein Kaufmann eine übertriebene Provision für ein Unternehmen, womit kein Risiko verbunden ist, anrechnen, um sich für den bei anderen Geschäften erlittenen, vielleicht durch Mangel an Geschicklichkeit selbst verschuldeten Verlust bezahlt zu machen.

§ 395. Daß der Gewinn beim Buchhandel wirklich zu hoch ist, wird durch mehrere Umstände bewiesen. Erstens, daß derselbe nominelle Gewinn im Buchhandel schon seit einer Reihe von Jahren existiert, obgleich große Schwankungen im Zinsfuß auf Kapital, die in anderen Geschäften untergebracht wurden, stattgefunden haben. Zweitens, daß erst ganz kürzlich viele Buchhändler in allen Teilen Londons mit einem kleinem Profit zufrieden waren, und sowohl für Bargeld als auch mit Kredit auf kurze Zeit, an Personen unbescholtenen Charakters zu einem Gewinn von nur 10%, und in manchen Fällen sogar zu einem noch geringeren Prozentsatz, statt des von 25% des publizierten Preises, zu verkaufen bereit waren. Drittens, daß sie diesen hohen Gewinn nicht anders, als durch einen Verein behaupten können, dessen Zweck darin besteht, alle Konkurrenz zu unterdrücken.

§ 396. Einige Londoner Buchhändler haben nämlich vor einiger Zeit untereinander ein Bündnis geschlossen. Eine ihrer Absichten dabei war, jeden Buchhändler zu zwingen, kein Buch für weniger als 10% unter dem Ladenpreise zu verkaufen; und um diesen Grundsatz durchzuführen, überlassen sie keinem Buchhändler, welcher sich weigert, sich ihrem Vereine anzuschließen, irgendein Buch unter dem Ladenpreis. Nach und nach sind viele dazu bewegt worden, diesem Bündnis beizutreten, denn die Folge einer Ausschließung ließ den kleineren Kapitalisten keine Wahl, wenn sie ihr Geschäft nicht ruiniert sehen wollten. Am Ende haben beinahe alle 2400 Buchhändler sich gezwungen gesehen zu unterzeichnen.

Natürlich mußten bei einer solchen, vielen der Kontrahenten selbst nachteiligen, Zustimmung Streitigkeiten entstehen. Mehrere Buchhändler, welche der Verein für straffällig erklärt hat, behaupten, daß sie seine Regeln nicht verletzt haben, und beschuldigen denselben, Spione etc. gebraucht zu haben, um sie bei Verletzungen zu ertappen.[61]

---

* (Anm. der dt. Übersetzung): Und dennoch kommt ein Correspondent in einem der neuesten Hefte des *Mechanics' Magazine*, unter anderen irrelevanten Materien, gerade auf dieses Argument zurück »Der Buchhandel«, so schließt er es, »ist wie jedes andere Gewerbe. Ist der Gewinn sehr groß dabei, so werden viele Kapitalien schnell darin angelegt, und die Concurrenz drückt dann den Gewinn wieder herab. Es gab nur e i n e n *Walter Scott*, und der hatte seinen eigenen Preis für seine Werke; aber es gibt v i e l e Buchhändler, und das Publikum hat die Wahl, wo es kaufen will.« Wenn aber der Buchhandel, wie jedes andere Gewerbe ist, so müssen die vorgebrachten Klagen, wenn sie gegründet sein sollen, auch *mutatis mutandis* auf alle Gewerbe anwendbar sein.

61 Es heißt jetzt, daß dieser Gebrauch, Spione umherzuschicken, aufgegeben sei; ferner ist bekannt, daß insgeheim viele wieder unter dem Preis verkaufen, so daß der Schaden, welcher aus diesem willkürlichen Verfahren der großen Buchhändler entsteht, ausschließlich, oder doch am Empfindlichsten die Achtbarsten trifft, nämlich diejenigen, welche so ehrlich sind, selbst ein abgezwungenes Versprechen zu halten. *(Anm. zur 2. Aufl.)*

§ 397. Die Veranlassung zu diesem Bündnis ist durch Herrn Pickering, aus der Chancery Lane, der selbst ein Verleger ist, in einem kleinen Bericht, »Das Monopol der Buchhändler« betitelt, öffentlich bekannt gemacht worden.

Nachstehende Liste von Buchhändlern, die den Ausschuß zur Leitung dieses Bündnisses bilden, ist aus den Mitteilungen des Herrn Pickering entnommen:

> Allen, J., 7. Leadenhall Street.
> Arch, J., 61. Cornhill.
> Baldwin, R., 47. Paternoster Row.
> Booth, J.
> Duncan, J., 37. Paternoster Row.
> Hatchard, J., Piccadilly.
> Marshall, R., Stationers' Court.
> Murray, J., Albemarle Street.
> Rees, O., 39. Paternoster Row.
> Richardson, J.M., 23. Cornhill.
> Rivington, J., St. Paul's Churchyard.
> Wilson, E., Royal Exchange.

§ 398. Der Gewinn mag nun zwischen Verleger und Buchhändler geteilt werden, wie er wolle, die Tatsache bleibt, daß der Leser für das in seinen Händen befindliche Buch 6 Sch. bezahlt, und der Autor nur 3 Sch. 10 P. erhalten hat, von welcher letzteren Summe auch noch die Kosten des Druckes bezahlt werden mußten; so daß, nachdem dieses Buch erst durch zwei Hände gegangen, schon ein Gewinn von 44% erreicht ist. Dieser so bedeutende Gewinn hat daher bewirkt, daß im Buchhandel ein weit größeres Kapital angelegt wurde, als wirklich gut ist; und die Konkurrenz so vieler Teile dieses Gesamtkapitals hat am Ende natürlich zu dem System des billigeren Verkaufens, dem eben jenes Bündnis begegnen will, geführt.[62]

§ 399. Zwei Teile leiden besonders bei einem solchen Bündnis – das Publikum und der Autor. Das Publikum kann selten zu einem tätigen Anteil an irgendeiner Beschwerde vermocht werden; und wirklich wird wenig mehr von ihm verlangt, als eine aufrichtige Unterstützung der Schriftsteller in ihren Bemühungen, ein beiden Teilen so nachteiliges Bündnis zu zerstören. Mancher geschäftstüchtige Buchhändler würde gern das Buch, das der Leser in der Hand hält, und für welches er 6 Sch. bezahlt hat, für 5 Sch. verkaufen; und für *Bargeld* würde der Geschäftsmann, der

---

62 Die Fälle des Monopols, Nr. 1,2,3, die von Herrn Pickering bekannt gemacht worden, sollten wohl beherzigt werden; und da das Publikum besser in den Stand gesetzt wird, ein Urteil zu fällen, wenn es auch die Gegenpartei hört, so steht zu hoffen, daß der Vorsitzende des Kommitees (Herr Richardson) jene Zunft-Regeln ebenfalls *bekannt machen* werde, zumal da, wie Hr. Pickering gesteht, *sogar denen, die sie selbst unterzeichnet haben*, Abschriften davon verweigert werden.

4 Sch. 6 P. für das Buch bezahlte, doch noch, ohne das mindeste Risiko, einen Gewinn von 11 Prozent von dem verwendeten Geld beziehen. Eine der Absichten des Bündnisses, das soeben erwähnt wurde, besteht darin, die kleinen Kapitalisten abzuhalten, ihr Kapital für denjenigen Gewinn, der ihnen am vorteilhaftesten erscheint, anzulegen; solche Handlungsweise aber ist offenbar ungerecht gegen das Publikum.

§ 400. Ich habe selbst wenig pekuniären Vorteil aus meinen literarischen Produkten gezogen, und da ich überzeugt bin, daß sie wegen der Beschaffenheit ihres Inhalts wohl kaum die Kosten der Herausgabe decken können, so mag mir vergönnt sein, meine Meinung, auf die sowohl ebensowenig der Verdruß getäuschter Erwartungen als auch irgendeine andere Erwartung künftiger Vorteile Einfluß hat, zu äußern.

Doch bevor ich mich in den Kampf gegen Paternoster Row* einlasse, möchte es nötig sein, dem Leser die Hilfsquellen des Feindes und dessen Angriffs- und Verteidigungsmittel mitzuteilen. Mehrere der bedeutenderen Buchhändler finden es bequem, Eigentümer von *Reviews, Magazinen, Journalen* und selbst von *Zeitungsblättern* zu sein. Die Herausgeber werden in manchen Fällen für ihre Aufsicht ganz anständig besoldet, es ist daher wohl kaum zu erwarten, daß sie zu hart über Werke, durch deren Verkauf ihre Ernährer bereichert werden, aburteilen werden. Die großen und populären Werke des Tages werden allerdings mit großer Sorgfalt, und mit Achtung gegen die öffentliche Meinung rezensiert; einmal, weil sonst die Journale nicht bestehen würden, dann eher auch, weil es bequem ist, solche Artikel als Beispiele von Unparteilichkeit zitieren zu können. Unter solchem Schutz wird dann einer Vielzahl an ephemeren Produkten eine flüchtige Popularität erschrieben, und mit Hilfe dieses Verfahrens die Läden der Buchhändler, sowie die Taschen des Publikums geleert. Diese Mittel werden in einem solchen Maßstab benutzt, daß einige der periodischen Blätter des Tages nur als Anzeigen-Maschinen betrachtet werden sollten. Damit der Leser sich gegen eine solche List, sein Urteil zu bestechen, in acht nehmen könne, sollte er genau acht haben, ob das rezensierte Werk von dem Buchhändler, der auch gleichzeitig der Besitzer des Journals ist, herausgegeben wird; etwas, wovon man sich manchmal durch den Titel des Buches, der vorne angegeben ist, überzeugen kann. Doch ist dies keineswegs ein sicheres Zeichen, indem bei manchen Publikationen zwischen den Buchhandlungen Kompagnien bestehen, die dem Publikum nicht bekannt sind; so daß man nie ganz sicher sein wird, so lange keine dem Einfluß der Buchhändler gänzlich entzogene literarischen Blätter vorhanden sind.

§ 401. Dem Bündnis zwischen den Buchhändlern zu begegnen, scheint nichts geeigneter, als ein Gegenbündnis der Autoren. Wenn ein guter Teil

---

* (Anm. der dt. Übersetzung): Eine Straße, in welcher fast lauter Buchhändlerläden sind.

der literarischen Welt vermocht werden könnte, sich zu einigen, und ein solches Bündnis zu schließen, und wenn ihre Interessen durch einen Ausschuß wahrgenommen werden, so könnte viel geleistet werden. Hauptzweck einer solchen Einigung müßte sein, jemand, der im Drucken und im Buchhandel wohlerfahren ist, zu beschäftigen, und an einem Zentralpunkt als Agenten zu etablieren. Jedes Mitglied dieses Bündnisses müßte die Freiheit haben, einige oder alle seine Werke diesem Agenten zum Verkauf zu überweisen, dagegen aber erlauben, daß Annoncen oder eine Liste von Büchern, die von Mitgliedern publiziert werden, am Ende seiner eigenen Produkte abgedruckt oder beigefügt werden; die Unkosten hiervon müßten natürlich unter die Eigentümer der bekannt gemachten Bücher getragen werden.

Die Pflichten des Agenten würden nun darin bestehen, dem Publikum Exemplare der von Mitgliedern publizierten Bücher für *bares Geld* zu verkaufen; den Buchhändlern zu festen Preisen jede Zahl von Exemplaren, die sie verlangen, abzulassen; ferner, zu sorgen, daß in Journalen oder am Schluß der von Mitgliedern publizierten Bücher jede Bekanntmachung, die der Ausschuß oder die Autoren selbst für gut halten, aufgenommen werde; einen Hauptkatalog von den Werken der Mitglieder anzufertigen; und endlich, jedem Mitglied der Gesellschaft beim Drucken irgendeines Werkes behilflich zu sein.

Ein solches Bündnis würde natürlich auch andere Vorteile mit sich führen, und da jeder Schriftsteller den Preis nach eigenem Gutdünken auf seine Produkte festsetzen kann, so würde auch das Publikum den Gewinn haben, daß durch Mitbewerbung unter den Autoren bei ein und demselben Gegenstand, sowie durch die wohlfeilere Art, es zu publizieren, eine Ermäßigung im Ankaufspreis entstünde.

§ 402. Vielleicht würde aus einem solchen Bündnis die Gründung einer guten und unparteiischen kritischen Zeitschrift entstehen; ein Mangel, der schon seit vielen Jahren spürbar ist. Die beiden lange bestehenden und berühmten kritischen Blätter, die unbeugsamen Anwälte ganz entgegengesetzter politischer Meinungen, geben aus sehr verschiedenen Gründen unzweifelhafte Beweise von Abgelebtheit und Verfall. Das *Quarterly Review*, dieser Verfechter despotischer Grundsätze, bleibt gewaltig hinter der mächtig fortschreitenden Intelligenz des Zeitalters zurück, und die neue Kraft und Stellung, welche diese Intelligenz für sich eingenommen hat, verlangt, um sich auszusprechen, neue Organe, die sich als Vertreter sowohl der intellektuellen als auch der moralischen Kraft darstellen; andererseits ist das Zepter des Rivalen im Norden aus den tapferen Händen derer, die es gegründet haben, in schwächere übergegangen.

---

* (Anm. der dt. Übersetzung): Das *Edinburgh Review* wurde früher von dem jetzigem Lord-Advokaten Schottlands, Hrn. *Jeffrey,* redigirt.

§ 403. Entgegnen läßt sich, daß gerade die, welche am meisten geeignet wären, Kunstrichter zu sein, sehr beschäftigt sind. Allein viele, die für Journale literarische Rezensionen liefern, mißbilligen die politischen Grundsätze derselben durchaus, so daß – wenn erst ein achtunggebietendes und wohlunterstütztes kritisches Blatt[63] eingerichtet wäre, fähig, denen die dazu Beiträge liefern, ebenso anständige Honorare wie den wohlhabendsten seiner Konkurrenten zu bewilligen – dasselbe gewiß bald mit den besten Materialien, die das Land nur liefern kann, versehen sein würde.[64] Eine solche Verbindung unter den Verfassern dürfte aber andererseits wieder zu sehr die Partei dieser Klasse in Schutz nehmen. Der Herausgeber eines kritischen Journals ist in seinen Kritiken der doppelten Versuchung ausgesetzt, das Interesse der Eigentümer des Journals und das seiner Kollegen zu sehr zu berücksichtigen. Die erste Versuchung wird freilich durch den vorgeschlagenen Plan beseitigt; allein die Beseitigung der anderen ist um so schwieriger.

---

63 Gerade in dem Augenblick, wo diese Ansicht von der Notwendigkeit der Einführung eines neuen kritischen Blattes abgedruckt wird, unterrichtet man mich, daß die Vorkehrungen zu einem solchen Unternehmen bereits getroffen werden.

64 Man hat mir die Besorgnis geäußert, daß die Behauptungen, die in diesem Kapitel von mir aufgestellt wurden, das vorliegende Buch der Opposition des Bündnisses, gegen das es sich aufgelehnt hat, aussetzen würden. Ich teile diese Meinung nicht, und zwar aus dem Grunde, weil die Buchhändler eine zu verschmitzte Klasse von Menschen sind, um auf solche bewundernswürdige Weise die Werbung zu unterstützen, da sich ihre Opposition als allgemein verdächtig herausstellen würde. [*Spätere Anmerkung von Babbage in der 2. Aufl.*: In dieser Voraussetzung habe ich mich geirrt; *alle* Buchhändler sind nicht so verschmitzt, wie ich mir eingebildet habe, denn einige weigerten sich, das Buch zu verkaufen, wodurch freilich andere wieder um so mehr absetzten. – In der Vorrede zur zweiten Auflage finden sich noch einige Bemerkungen über die Folgen des Buchhändler-Bündnisses.] Sollten meine Leser jedoch verschiedener Ansicht sein, so könnten sie zur Heilung dieses Übels sehr leicht dadurch beitragen, daß ein jeder zweien seiner Freunde die Existenz dieses Buches mitteilte.

Von der Wirkung der Maschinen auf die Herabsetzung der Nachfrage nach der Arbeit

§ 404. Eine der am häufigsten vorgebrachten Einwände gegen Maschinen ist, daß sie die Tendenz haben, den größten Teil der bisher beschäftigten Handarbeiten zu verdrängen, und freilich könnte eine Maschine nie in Aufnahme kommen, wenn sie die zur Herstellung eines Artikels nötige Arbeit nicht verminderte. Allein wenn diese Folge auch nicht zu leugnen ist, so nötigt sie doch den Maschinenbesitzer, um seinen Absatz zu vermehren, die Ware zu einem geringeren Preis als seine Konkurrenten zu verkaufen. Hierdurch aber werden diese ihrerseits gezwungen, die neue Maschine ebenfalls einzuführen, so daß der Preis notwendig bald allgemein fallen muß, bis der Gewinn vom Kapital unter dem neuen System sich auf denselben Fuß stellt, auf dem er unter dem früheren gestanden hatte. Obgleich daher der Gebrauch der Maschinen zunächst die Tendenz hat, Handarbeiter außer Beschäftigung zu setzen, so absorbiert doch die vermehrte Nachfrage, welche der herabgesetzte Preis bewirkt, fast unmittelbar einen Teil, und in manchen Fällen vielleicht das Ganze der von ihnen angefertigten Waren, die sonst keinen Absatz gefunden hätten.

Daß eine neue Maschine die zur Gewinnung *derselben* Quantität des fabrizierten Artikels erforderliche Arbeit vermindere, läßt sich veranschaulichen, wenn wir uns eine Gesellschaft vorstellen, in welcher die Arbeitsteilung nicht eingeführt ist, sondern ein jeglicher alle seine Bedürfnisse selbst verfertigt. Angenommen, jedes Individuum arbeite täglich zehn Stunden, wovon eine Stunde dem Schuhmachen gewidmet sei, so ist klar, daß, wenn ein Werkzeug oder eine Maschine eingeführt wird, die es den Mitgliedern der Gesellschaft möglich macht, die nötigen Schuhe in der Hälfte der Zeit zu verfertigen, sie dieselben Bequemlichkeiten wie früher genießen können und doch nicht mehr als 9½ Stunden zu arbeiten brauchen.

§ 405. Soll demnach bewiesen werden, daß nicht die sämtliche Quantität Handarbeit durch die Maschinen überflüssig gemacht werde, so müssen wir ein anderes Prinzip der menschlichen Natur mit in die Berechnung ziehen. Der nämliche Beweggrund aber, welcher den Menschen überhaupt in Tätigkeit setzt, wirkt noch weit mächtiger, sobald er findet, daß er sich seine Bedürfnisse mit weniger Arbeit verschaffen könne; unter solchen Umständen ist es daher nicht unwahrscheinlich, daß viele die so gewonnene Zeit zur Erfindung neuer Werkzeuge für ihre anderen Beschäftigungen benutzen werden. Wer gewohnt war, täglich zehn Stunden zu arbeiten, wird die durch die neue Maschine ersparte halbe Stunde anwenden, um irgendeinem anderen Bedürfnis zu begegnen; und da eine jede neue Maschine neuen Zeitgewinn veranlaßt, so bieten sich dem Blicke neue Bedürfnisse dar, welche dann bald durch Gewohnheit ebenso unentbehrlich werden wie die früheren.

§ 406. In Ländern, wo die Arbeitsteilung eingeführt ist, bewirken Fortschritte im Maschinenwesen fast unausbleiblich eine größere Nachfrage nach den Waren. Häufig ist anfänglich mehr Geschicklichkeit zur Anfertigung der neuen Arbeit vonnöten, und es tritt alsdann der Übelstand ein, daß die bisher beschäftigten Werkleute nicht immer beibehalten werden können, und einige von ihnen eine Zeitlang nichts zu tun haben. Dies setzt allerdings die arbeitenden Klassen auf so lange Zeit in große Verlegenheit. Um so wichtiger ist es für ihren Wohlstand, daß ihnen diese Folge bekannt sei, und sie sich frühzeitig die nötigen Qualifikationen aneignen, wodurch sie den Schlag weniger empfindlich machen können.

§ 407. Eine sehr belangvolle Frage hierbei ist: *Ob es mehr im Interesse der arbeitenden Klasse sei, daß die Verbesserungen im Maschinenwesen gleich so vollkommen seien, um alle Handarbeiten sofort zu verdrängen, und sämtliche Handarbeiter mit einem Male überflüssig zu machen*; oder ob man besser daran tue, durch langsame und stufenweise Fortschritte der Maschinen, *sie allmählich aus dem Gewerbe zu verdrängen?* Die Not, welche ein plötzlicher Übergang zur Folge hat, ist ohne Zweifel größer, aber auch nicht so dauernd, als wenn die Sache nur langsam vor sich geht; denn sobald der Handarbeiter merkt, daß die Konkurrenz vollkommen hoffnungslos ist, entschließt er sich ohne Weiteres zum Erlernen eines anderen Zweiges in seinem Gewerbe. Wenn aber auch neue Maschinen mehr Geschicklichkeit bei denen, welche sie machen, erhalten und abwarten, voraussetzen, so gibt es andererseits doch auch wieder Fälle, wo gerade durch sie Kinder und untergeordnete Werkleute in Stand gesetzt werden, Arbeiten zu verrichten, welche früher mehr Fertigkeit erforderten. Unter solchen Umständen eröffnet sich, selbst wenn die durch den herabgesetzten Preis verstärkte Nachfrage allen Arbeitern schnell wieder Beschäftigung verschaffen sollte, unter der arbeitenden Klasse selbst ein weites Feld der Konkurrenz.

Daß Maschinen auch bei ihrer ersten Einführung *nicht immer* die Handarbeiter außer Brot setzen, kann gar nicht in Abrede gestellt werden; aber es ist auch von Sachverständigen behauptet worden, daß sie *nie* eine solche Folge haben. Die Lösung dieser Frage hängt von Tatsachen ab, welche leider noch nicht gesammelt sind. Dieser Umstand, daß wir die Daten, die zur Untersuchung eines so belangvollen Gegenstandes notwendig sind, nicht besitzen, liefert einen Grund mehr, alle hieran Beteiligten von der Wichtigkeit zu überzeugen, von Zeit zu Zeit genaue Verzeichnisse von der Anzahl der Personen, welche in besonderen Fabrikzweigen beschäftigt sind, von der Anzahl der von ihnen bearbeiteten Maschinen und von dem Lohn, den sie beziehen, anfertigen zu lassen.*

§ 408. In Zusammenhang mit der eben erwähnten Frage stehen folgende Bemerkungen über Tatsachen, die mir selbst zur Kenntnis gekommen sind; zu bedauern habe ich dabei, daß ich nur so wenige numerische Angaben zur Bekräftigung hinzuzufügen vermag. Als die Handarbeit einer großen Anzahl junger Frauen in Cornwall, welche mit dem mühsamen Zerkleinern der Erze mittels flacher Hämmer beschäftigt waren, durch *Quetschwerke (crushing mill)* überflüssig wurden, erfolgte keine Not. Die Ursache mag darin gelegen haben, daß die Bergwerksbesitzer, als ein Teil ihres Kapitals durch die größere Wohlfeilheit der von den Quetschwerken ausgeführten Arbeit frei wurde, es ihrem Interesse gemäß fanden, um so mehr Kapital auf andere Arbeiten zu verwenden. Die Frauen, einer bloß ermüdenden Arbeit enthoben, werden nun nützlicher mit dem *Aufbereiten (dressing)* der Erze beschäftigt; eine Arbeit, die schon mehr Geschicklichkeit und Urteil in der Auswahl voraussetzt.

§ 409. Folgende Tabelle zeigt, wie sehr Verbesserungen der Maschinen, oder der Art, sie zu gebrauchen, die Produktion vermehren. Eine in der Baumwollspinnerei »Grobstuhl« (*Stretcher*) genannte Maschine, welche von einem Mann bearbeitet wird, produzierte:

Jahr	Pfund der gesponnenen Baumwolle	Aufspinnlohn pro 20 Stück		Wöchentlicher Verdienst	
		Sch.	P.	Sch.	P.
1810	400	1	3½	25	10 [65]
1811	600	0	10	25	0
1813	850	0	9	31	10½
1823	1000	0	7½	31	3

---

* (Anm. der dt. Übersetzung): Der Mangel, den der Verfasser hier bedauert, fängt nachgerade an, allgemeine Rüge auf sich zu ziehen; so liest man in einem geachteten engl. Blatte: »Es fehlt uns an einem Departement des öffentlichen Dienstes, welches einen so nützlichen und in einem Lande, wie England so unumgänglichen Zweck erfüllte, umfassende statistische Nachrichten zu sammeln. Die bloße Ersparniß an Zeit und Arbeit, die das Parlament damit verschwendet, sich über den Zustand der verschiedenen Interessen genau zu unterrichten und immer wieder auf dergleichen Nachforschungen zurückzukommen, würde allein die Kosten eines solchen Instituts aufwiegen, und schwerlich würde dasselbe so viel kosten, als man jetzt jährlich für den Druck von Parlaments-Berichten verausgabt.« – Wir fügen nur noch hinzu, daß die statistischen Büreaus verschiedener Continental-Staaten, unter andern Preußens, Großbritannien, wenn es nicht zu stolz wäre, zum Muster dienen könnten.

65 Im Jahr 1810 wurde den Werkleuten ein wöchentlicher Verdienst von nicht weniger als 26 Sch. garantiert.

Derselbe Arbeiter, an einem anderen Grobstuhl beschäftigt, der etwas feiner ausspinnt, produzierte:

Jahr	Pfund der gesponnenen Baumwolle	Aufspinnlohn per 20 Stück		Wöchentlicher Verdienst	
		Sch.	P.	Sch.	P.
1823	900	0	7½	28	1½
1825	1000	0	7	27	6
1827	1200	0	6	30	0
1832	1200	0	6	30	0

Hier stieg also die Produktion allmählich, bis nach Verlauf von 22 Jahren dreimal so viel Arbeit verrichtet wurde, als am Anfang dieser Periode, und dennoch ist die dabei beschäftigte Zahl von Werkleuten dieselbe geblieben. Ihr wöchentlicher Verdienst hat nicht sonderlich geschwankt und, im Ganzen, eher zu- als abgenommen. Doch wäre es unvorsichtig, zu viel aus einem alleinstehenden Faktum ableiten zu wollen.

§ 410. Es lieferten 480 Spindeln an Mulegarn (*Mule yarn spinning*) zu verschiedenen Perioden folgende Resultate:

Jahr	Strähnen von etwa 40 aufs Pfund	Arbeitslohn pro Tausend	
		Sch.	P.
1806	6668	9	2
1823	8000	6	3
1832	10 000	3	8

§ 411. Nachstehende Übersicht des Zustands der Weberei mit Hand- und Maschinenwebstühlen (*hand- and power-looms*) in Stockport während der Jahre von 1822 bis 1832 ist einer Aufzählung der in 65 Fabriken befindlichen Maschinen entlehnt, und war ursprünglich zur Vorlegung vor eine Unterhaus-Kommission bestimmt.*

	1822	1832		
Arbeiter für Handwebstühle	2800	800	Abnahme	2000
Personen, welche Maschinenwebstühle gebrauchten	657	3059	Zunahme	2402
Personen, die Kette zu schlichten	98	388	Zunahme	290
Gesamtzahl der beschäftigten Arbeiter	3555	4247	Zunahme	692
Maschinenwebstühle	1970	9177	Zunahme	8207

---

* (Beitrag der dt. Übers., S. 459): Hier dürfte folgende statistische Notiz am rechten Orte sein. Im Flecken Stockport giebt es gegenwärtig 10,000 Maschinenwebstühle, wovon ein jeder im Durchschnitt wöchentlich 125 Yards Baumwollenzeug liefert, also zusammen 1,250,000 Yards, was eine Strecke von 710 engl. Meilen u. 400 Yards bedecken würde. Die Anzahl der bei diesen Maschinen beschäftigten Leute ist 15,000, und zur Bearbeitung der Maschinen sind 1428 Pferdekräfte und 734 Tonnen u. 17 Centner Kohlen wöchentlich nöthig.

Während dieses Zeitraums schmolz die Anzahl der sich in Gebrauch befindlichen Handwebstühle auf weniger als ein Drittel des früheren Bestands zusammen, dagegen wuchs die Anzahl der Maschinenwebstühle um mehr als das Fünffache*. Die Gesamtzahl der Werkleute nahm ungefähr um ein Drittel zu; der Betrag der fabrizierten Waren aber (wenn wir annehmen, daß jeder Maschinenwebstuhl nur so viel wie drei Handwebstühle verfertige) ist 3½ Male größer als früher.

§ 412. Es kann allerdings hierbei nicht in Abrede gestellt werden, daß die durch die Maschinenwebstühle in Tätigkeit gesetzten Personen nicht alle aus derselben Klasse sind, zu welcher die 2000 Menschen gehören, die außer Beschäftigung gesetzt worden. Bei einem Handweber ist körperliche Stärke wesentliche Bedingung; nicht so bei demjenigen, der einen Maschinenwebstuhl zu warten hat; hier finden daher auch Weiber und junge Leute beiderlei Geschlechts von 15 bis 17 Jahren Anstellung. Allein dies wäre ein viel zu beschränkter Gesichtspunkt, um die Tätigkeit zu beurteilen, welche durch die Einführung der Maschinenwebstühle hervorgerufen wird: der Anbau neuer Fabriken, die Zusammensetzung neuer Webstühle, der Bau von Dampfmaschinen zur Bewegung der letzteren, die Erfindung von Verbesserungen in der Struktur der Stühle, die Anordnung der inneren Ökonomie der Fabriken – alles das sind Dinge, welche Tätigkeiten höherer Gattung in Anspruch nehmen, als die gewesen sind, welche durch die Maschinen verdrängt worden; und wahrscheinlich ist der Betrag nicht bloß qualitativ, sondern auch quantitativ zum Vorteil der neuen Methode, nur daß uns hier zulängliche numerische Angaben fehlen. Ferner darf in diesem Überblick die Tatsache nicht unberücksichtigt bleiben, daß, wenngleich die Anzahl von Handwebstühlen ohne die Einführung der Dampfmaschinen zugenommen haben würde, die ungemeine Vermehrung der Maschinenwebstühle doch eigentlich der Wohlfeilheit der von denselben fabrizierten Waren zuzuschreiben ist. Nun ist es aber bekannt, daß, wenn der Preis des einen Handelsartikels verringert wird, die Folge stets eine vermehrte Tätigkeit derjenigen ist, welche einen anderen produzieren. Die Anzahl der Handwebstühle in England und Schottland im Jahr 1830 belief sich auf ungefähr 240 000; eine beinahe gleiche Anzahl existierte im Jahr 1820. Anders verhält es sich mit den Maschinenwebstühlen, ihrer gab es 1820 nur 14 000 im Jahr 1830 aber 55 000.

---

* (Anm. der dt. Übersetzung): Ein merkwürdiges Beispiel des schnellen Wachsthums des Gewerbfleißes liefert die Fabrikation der Schnür-Bänder in St. Etienne in Frankreich. Sie begann im J. 1807 mit einem Webestuhle und zählt jetzt deren 2000, welche zusammen täglich über 200,000 Ellen Schnürband verfertigen, und dies ist so wohlfeil, daß das Stück von 36 fr. Ellen, nicht mehr als $25\frac{2}{3}$ Cts. kostet. Die Fabrik des Hrn. R. *Chambovet* verbraucht allein 600 Ctr. rohen Materials. S. das neulich erschienene Werkchen: *Mémoires sur la ville et le commerce de St. Etienne.*

Erwägt man nun, daß ein jeder Maschinenwebstuhl ebensoviel Arbeit verrichtet, wie drei mit der Hand bearbeitete, so kam die Vermehrung der produzierenden Kraft nicht weniger als 123 000 Handwebstühlen gleich.

§ 413. Durch Verbreitung der Kenntnisse unter den arbeitenden Klassen werden diese befähigt, einige der Verbesserungen vorauszusehen, welche eine Zeit lang den Wert ihrer Arbeit herabdrücken. Einigermaßen dürften die Sparbanken und die *friendly societies*, deren Vorteile ihnen nicht oft genug empfohlen werden können, dem Übel abhelfen; nützlich ist aber auch der Wink, daß es zur Linderung der aus den Schwankungen des Arbeitswertes entstehenden Not viel beitragen würde, wenn die Mitglieder ein und derselben Familie nicht alle ein und dasselbe Fach betrieben, indem sie dann nicht alle gleichzeitig außer Beschäftigung kommen könnten.

---

* (Anm. der dt. Übersetzung): *Friendly Societies* sind Kranken- und Todtenladen, Vereine Einzelner, meist desselben Gewerbes, einander bei Krankheits- oder Sterbefällen durch Geldunterstützung vor Verarmung und Elend zu bewahren. Bei uns in Deutschland sind diese Vereine leider noch nicht so verbreitet, wie in Großbritannien, wo jetzt wohl nahe an anderthalb Millionen Menschen sich in denselben befinden. Die *Highland Society* in Edinburg hat 1825 einen ausführlichen Bericht hierüber drucken lassen, in welchem sie durch Erfahrung angiebt, wie groß die wahrscheinliche Krankheitsdauer in jedem Lebensalter, so wie die Lebensdauer sei, um als Anhalt bei Stiftung solcher Vereine zu dienen. Der Verfasser will also »Arbeitslosigkeitsladen«, die sich aber sehr schwer in Wahrscheinlichkeits-Tafeln fügen werden, aus Gründen, die er selbst in diesem Werke entwickelt hat.

Über den Einfluß von Steuern und gesetzlichen Auflagen auf Fabrikate

§ 414. Sobald eine Steuer auf einen Artikel gelegt ist, wendet sich der Scharfsinn der Produzenten und Konsumenten auf die Mittel, wodurch man soviel als möglich dieser Steuer entgehen könne, was oft auf eine vollkommen gesetzliche Weise ausführbar ist. Gegenwärtig muß alles Schreibpapier eine Abgabe von 3 Pence[66] per Pfund zahlen. Diese Steuer bewirkt, daß eine große Menge von außerordentlich feinem Papier fabriziert wird, damit das Gewicht einer gegebenen Zahl von Bogen so gering als möglich ausfalle. Bald nach der ersten Einführung der Fenstersteuer, welche durch die Anzahl und nicht durch die Größe bestimmt wurde, legte man in neuen Häusern weniger und größere Fenster als früher an. Man beleuchtete die Treppen durch außerordentlich lange Fenster, die 3 bis 4 Stiegen hell machten. Als nun die Auflage erhöht und die *Größe* der Fenster beschränkt wurde, wenn sie nur als eins in der Besteuerung gelten sollten, trug man noch mehr Sorge, so wenig Fenster als möglich zu haben, und nahm häufig seine Zuflucht zur Beleuchtung von innen. Auch diese wurde einer Abgabe unterworfen, aber es war leicht, der Entdeckung auszuweichen, und als das Parlament durch seine letzte Akte die festen (*assessed*) Steuern herabsetzte, wurde diejenige auf innere Beleuchtung ganz aufgehoben. Man könnte aus den auf diese Weise nach und nach entstandenen Veränderungen in Zahl, Gestalt und Lage der Fenster einen leidlich sicheren Schluß auf das Alter eines Hauses ziehen.

§ 415. Eine Fenstersteuer unterliegt dem doppelten Einwand, daß sie *Licht* und *Luft* entzieht und in beiden Rücksichten der Gesundheit nachteilig ist. Die Wichtigkeit des *Lichtes* für die Gesundheit wird vielleicht noch zu wenig anerkannt; sie ist in den kalten und veränderlichen Klimagebieten noch größer, als in den warmen Ländern.

§ 416. Der Einfluß der Akzise-Reglements bei unseren heimischen Fabrikaten bringt oft große Unbequemlichkeiten hervor, und stört auf eine empfindliche Art die natürlichen Fortschritte zum Besseren. Es ist nicht selten für die Staatseinnahme notwendig, die Fabrikanten zu zwingen, Lizenzen zu lösen, nach gewissen Regulierungen zu arbeiten und bei jeder

---

66 28 Schilling der Zentner feineres, 21 Sch. der Zentner Konzept-Papier.

Operation gewisse bestimmte Quantitäten zu fertigen. Sind diese Quantitäten, was gewöhnlich der Fall ist, groß, so hindert das den Fabrikanten, Versuche anzustellen, und stört so zugleich die Art der Anordnung der Prozesse und die Einführung neuer Materialien. Bei den Versuchen mit Gläsern für optische Zwecke sind Schwierigkeiten dieser Art vorgefallen; jedoch haben in diesem Fall sachkundige Männer die Erlaubnis bewirkt, ohne Dazwischenkunft der Akzise zu experimentieren. Eine solche Erlaubnis aber, wenn sie oft und ohne Unterschied erteilt wird, dürfte mißbraucht werden; der größte Schutz gegen dergleichen Mißbrauch werde darin gefunden werden, daß man die Kraft der öffentlichen Meinung auf wissenschaftliche Männer hin leitete, und so die betreffenden Behörden, wenn sie sich auch selbst nur wenig mit der Wissenschaft beschäftigen, in den Stand setzte, aus dem öffentlichen Charakter solcher Bittsteller auf die Angemessenheit der Erlaubnis zu schließen.

§ 417. Aus den im Jahre 1808 vor der Unterhaus-Kommission »Über die Destillation aus Rohzucker und Melasse« gemachten Aussagen erhellt, daß bei einer anderen, als der vom Akzise-Amte vorgeschriebenen Destillationsmethode, der aus einem gegebenen Gewichte Korn bereitete Spiritus, welcher damals 18 Gallonen betrug, leicht auf 20 Gallonen vermehrt werden könnte. Es war weiter nichts nötig, als die sogenannte *Maische* (*wash*) schwächer zu machen, wodurch die Gärung in größerer Ausdehnung gefördert wird. Man wandte ein, daß durch diese Abweichung die Steuererhebung großen Schwierigkeiten unterworfen sei, und der Brenner nicht viel gewinnen würde, indem sein Preis für den Käufer sich bei jeder Vermehrung der Fabrikationskosten erhöhen müsse. Dies ist also ein Fall, worin eine bis zum neunten Teil der Gesamtproduktion steigende Quantität für das Land ganz verloren geht. Eine ähnliche Wirkung tritt beim Kohlenhandel infolge einer Steuer ein; denn einem Zeugnisse vor dem Hause der Gemeinen zufolge, geht dadurch eine beträchtliche Menge der besten Kohlen zu Grunde. Die so verlorengehende Quantität ist nicht in allen Werken gleich groß, in einigen aber beträgt sie ein Drittel.

§ 418. Die Wirkungen der Steuern auf die Einfuhr fremder Fabrikate sind nicht minder bemerkenswert. In den Vereinigten Staaten kam der seltene Fall vor, daß *Stabeisen* bei der Einführung einer Steuer von 140% *nach dem Werte* unterlag, während Eisenwaren (*hardware*) nur 25% zahlten. In Folge dieser Steuer wurden große Mengen schmiedeeiserner Schienen für Eisenbahnen nach Amerika unter dem Namen *harte Ware* eingeführt, indem die Differenz von 115% in der Steuer die Kosten, das Eisen vor seiner Einführung in Schienen zu formen, aufwog.

§ 419. Wenn Steuern, Rückzölle und Vergütungen hoch im Betrage sind, so geben sie Gelegenheit zu dem sehr gewichtigen Einwand, daß daraus Betrügereien entstehen. Vor verschiedenen Kommissionen des Unterhauses ist die Angabe gemacht worden, daß man oft Kattun appre-

tiert und ihm das Aussehen von Leinwand gegeben hat, um die Ausfuhr-
vergütigung zu erhalten; denn der so zugerichtete Kattun gilt nur 1 Sch.
4 P. das Yard, während Leinwand von gleicher Feinheit 2 Sch. 8 P. bis
2 Sch. 10 P. wert ist. Die Zeugenaussagen ergaben, daß ein Unternehmen
in 6 Monaten 500 solche Stücke Kattun verkaufte.

Fast in allen Fällen sind schwere Zölle oder Verbote nicht bloß nachteilig, sondern auch unwirksam; denn wenn die ausgeschlossenen Artikel
nicht sehr große Dimensionen haben, so bildet sich immer ein Preis, zu
welchem Schmuggler die Ware heimlich ins Land bringen. Man sollte also
bei neuen, oder bei der Abänderung alter Auflagen stets die Ausdehnung
berücksichtigen, welche der Schleichhandel gewinnen kann. Unglücklicherweise wird derselbe so weit und zwischen unserem Land und Frankreich so systematisch getrieben, daß alle Welt die Prozente kennt, zu
welchen die meisten Schmuggelwaren geliefert werden können. Aus dem
Zeugnis des Herrn Galloway geht hervor, daß die Versicherung auf die
Ausführung verbotener Maschinen aus England 30 bis 40% betrug, und
daß man sich mit weniger begnügte, je nach der bedeutenderen Größe der
ausgeführten Quantität. Die Zeugenaussagen im Bericht des Ausschusses
»Über Taschen- und Schlaguhren-Verfertiger«, im Jahr 1817, beweisen,
daß gewisse Personen fortwährend beschäftigt waren, Uhren, Spitzen,
Seidenzeuge und ähnliche wertvolle, leicht ausführbare Artikel in Frankreich zu empfangen und dieselben mit 10% über den abgeschätzten Wert
nach England zu liefern, in welcher Summe Transportkosten und das
Risiko des Einschmuggelns mit eingeschlossen waren.

§ 420. Der Arbeitsprozeß in den Manufakturen hängt oft davon ab, nach
welcher Art die Steuer berechnet ist, ob auf die Materialien oder auf die
produzierten Artikel. Augengläser werden in England von Arbeitern gefertigt, welche Kugeln von fünf oder sechs Zoll im Durchmesser von den Glas-
hütten erwerben. Aus diesen brechen sie mit Hilfe von einem Stück rotheißer
Tabakspfeife, das rund um ein auf der Kugel plaziertes Augenglas-Modell
geführt wird, fünf andere heraus, die später an den Ecken geglättet und matt
geschliffen werden. In Tirol werden die ungeschliffenen Augengläser auf
einmal von der Glashütte geliefert. Die Arbeiter legen sofort nachdem die
Kugel geblasen ist, einen Ring aus kaltem Glas auf die Kugel, um ein Stück
von der Größe des Augenglases herauszubrechen. Der übriggebliebene Teil
von dieser Kugel wird unmittelbar darauf zerbrochen und geht zurück in
den Schmelztiegel. Dieser Prozeß könnte in England nicht mit der gleichen
Wirtschaftlichkeit übernommen werden, weil sämtliches Glas, das aus dem
Tiegel kommt, mit einer Verbrauchssteuer belegt wird.

§ 421. Die hier beiläufig gemachten Beobachtungen über bestimmte
Arten von Steuern wurden nicht erhoben, um diese Steuern abzuschaffen;
ihre Tauglichkeit oder Untauglichkeit muß dem Urteil einer größeren
Untersuchung anheim gestellt werden, die nicht das Ziel und der Gegen-

stand dieses Werkes sind. Steuern sind notwendig für die Sicherheit, sowohl der Freiheit als auch des Eigentums, und die schlechten, welche erwähnt wurden, mögen die letzten sein unter denjenigen, welche hätten ausgesucht werden können. Es ist jedoch wichtig, daß die verschiedenen Auswirkungen jeder Steuer untersucht werden sollten, und daß diese Steuern übernommen werden sollten, welche im ganzen die produzierende Industrie des Landes am wenigsten hemmen.

§ 422. Bei Untersuchung der durch eine Besteuerungsart hervorgebrachten oder befürchteten Wirkung ist es nötig, die Interessen beider Parteien, sowohl derjenigen, welche den Plan billigt als auch derjenigen, die gegen denselben Einwände macht, in Betracht zu ziehen. Es hat Fälle gegeben, wo steuerzahlende Personen selbst sich jeder Reduktion widersetzt haben. Dies geschah unter anderem von einer Klasse Kattundrucker, deren Interesse durch eine Aufhebung der Steuer auf das Drucken in der Tat wesentlich verletzt wurde. Sie empfingen von den Fabrikanten die Bezahlung für die Steuer zwei Monate früher, als sie dieselbe an die Regierung zahlen durften, und infolgedessen hatten sie allezeit ein beträchtliches Kapital in Händen. Die diesen Umstand bestätigende Zeugenaussage ist ganz geeignet, eine vernünftige Umsicht bei solchen Untersuchungen anzuempfehlen.

»*Frage*: Wissen Sie vielleicht etwas von dem Einspruch der Kattundrucker gegen eine Aufhebung der Steuer auf gedruckte Kattune?
Antwort: Ich habe allerdings von einer solchen Opposition sprechen hören, und sie nimmt mich nicht Wunder. Einige wenige Individuen sind in der Tat an der Beibehaltung der Steuer interessiert: es gibt nämlich zwei Klassen von Kattundruckern; die einen drucken ihre eigenen Tuchwaren, senden die Ware auf den Markt und verkaufen sie auf eigene Rechnung. Diese zahlen häufig ihre Steuer im voraus an die Regierung und bezahlen dieselbe bar, ehe noch ihre Waren verkauft, wenigstens ehe sie bezahlt sind, da sie gewöhnlich auf 6 Monate kreditieren. Diese müssen natürlich die Aufhebung der Steuer wünschen. Die andere Klasse von Kattundruckern druckt für andere Leute auf Lohn und empfängt bei Ablieferung des gedruckten Zeuges den Betrag der Steuer, den sie durchschnittlich nur erst 9 Wochen nach dem Stempeln der Güter einzuzahlen aufgefordert wird. Gehen die Geschäfte im Großen, so steigen die Steuerrückstände nicht selten auf 8000 bis 10 000 £ St., und verschaffen diesen Herren ein disponibles Betriebskapital; weshalb man sich nicht wundern darf, wenn sie sich unserer Petition widersetzen.«

§ 423. Es ist sehr die Frage, ob es wirklich staatsklug sei, Vergütungen auf einheimische Produktionen zu gewähren, und solche, die man in anderen Ländern wohlfeiler erzeugen kann, mit vermehrten Beschränkungen zu belegen, ja man kann dieses Verfahren wohl nur in einem Land verteidigen, wo man ein neues Fabrikat einführen will, und wo der Handels- oder

Fabriken-Geist erst angeregt werden soll. Jede zufällige Methode, eine Klasse der Bürger (die Konsumenten) in ungemessener Ausdehnung zu besteuern, um eine andere Klasse (die Fabrikanten) zu unterstützen, welche sonst diese Art, ihr Kapital anzulegen, aufgeben würde, ist höchst tadelnswert. Nur ein Teil des Preises der unter solchen Umständen produzierten Artikel besteht aus den wirklichen Kosten nebst der gewöhnlichen Provision vom angelegten Kapital; der andere Teil muß wie ein Almosen betrachtet werden, wodurch man den Fabrikanten ermuntern will, in dem unvorteilhaften Gebrauch seines Kapitals fortzufahren, damit er seinen Arbeitern Beschäftigung gebe. Wäre die Summe allgemein bekannt, welche die Käufer auf diese Weise bloß wegen dergleichen künstlicher Beschränkungen zu zahlen genötigt sind, so würde ihr Betrag *selbst die Verteidiger* solcher Maßregeln in Erstaunen setzen, und beide Teile würden einsehen, daß man die Anlegung von Kapital in diesem Gewerbe aufgeben müsse.

§ 424. Die Beschränkung von den in einer Fabrik produzierten Artikeln auf eine gewisse Größe hat in ökonomischer Rücksicht die gute Folge, daß weniger Werkzeuge zur Verfertigung nötig sind, und seltener Abänderungen in der Anpassung derselben vorkommen. Bei der Flotte ergibt sich eine ähnliche Quelle der Ersparnis aus der Einteilung der Schiffe in eine gewisse Anzahl von Klassen, deren jede Fahrzeuge von denselben Dimensionen umfaßt, weshalb das für ein Schiff gemachte Takelwerk für jedes andere aus derselben Klasse paßt; ein Umstand, welcher den Ersatz an entlegenen Stationen leichter macht.

§ 425. Oft ist die Wirkung der Aufhebung eines Monopols von großer Wichtigkeit, was vielleicht niemals augenfälliger als im Bobinet-Handel in den Jahren 1824 und 1825 wurde. Diese Wirkungen wurden freilich durch die allgemein in jener sonderbaren Periode vorherrschende Spekulationswut noch erhöht. Eins der dem Herrn Heathcote zugehörigen Patente auf eine Bobinet-Maschine war damals gerade erloschen, während ein zweites auf eine Verbesserung in einem einzelnen Teil solcher Maschinen, *Wiederwender (turn-again)* genannt, noch einige Jahre gültig blieb. Viele Lizenzen waren für den Gebrauch des ersteren Patents bewilligt worden, in einem Verhältnis von etwa 5 £ jährlich für jedes Viertelyard in der Breite, so daß ein sogenannter *Sechsviertel-Stuhl* (der $\frac{6}{4}$ Yards breiten Bobinet liefert) jährlich 30 £ zahlte. Das zweite Patent wurde endlich im August 1823 aufgegeben, weil Verletzungen desselben stattgefunden hatten.

Es konnte nicht überraschen, wenn bei Aufhebung des durch dieses Patent begründeten Monopols eine Menge Personen einen Handelszweig zu ergreifen wünschte, welcher bis dahin einen sehr großen Gewinn abgeworfen hatte. Die Bobinet-Maschinen nehmen nicht viel Platz ein, und sind also zu häuslicher Fabrikation sehr geeignet. Die bereits vorhandenen Maschinen gehörten größtenteils Fabrikanten; aber Personen aller Art, die ein kleines Kapital verwenden konnten, wurden von einer gewissen Manie ergriffen, welche Fleischer, Bäcker, Klein-Pächter, Gastwirte, Bediente, ja selbst Geistliche zum Besitz von Bobinet-Maschinen reizte.

Einige wenige Maschinen wurden gemietet; meistenteils aber kaufte sich der Arbeiter seine Sechsviertel-Maschine durch Abschlagszahlungen von 3 bis 6 £ wöchentlich, und manche, mit der Gebrauchsart der also erkauften Maschinen nicht vertraut, bezahlten noch den Unterricht Erfahrener bisweilen mit 50 bis 60 Pfund. Der glückliche Erfolg bei den ersten Spekulanten verführte andere, ihrem Beispiele zu folgen, und die Maschinenbauer wurden mit Aufträgen auf Bobinet-Stühle fast überhäuft. Der Wunsch, sich dergleichen zu verschaffen war so lebhaft, daß viele einen großen Teil oder das Ganze des Preises in die Hände der Mechaniker gaben, um zuerst bedient zu werden. Hierdurch stieg, wie man denken kann, der Arbeitslohn der Maschinenbauer-Werkleute, und man empfand dies selbst in beträchtlicher Entfernung von Nottingham, dem Zentrum dieser Manie. Schmiede, nicht einmal im *Schlichten* oder *Flachfeilen* geübt, die aus entfernten Gegenden kamen, verdienten 30 bis 42 Sch. wöchentlich. Mit der Arbeit vertraute Feinschmiede erwarben wöchentlich 3 bis 4 £. Der Grobschmied gewann, wenn er seine Arbeit verstand, 5 bis 6 £, ja einige bis 10 £ die Woche. Zur Anfertigung dessen, was man in der Fachsprache »*Gehendes Zeug*« (*insides*) nennt, und welches am besten bezahlt wurde, brauchte man vorzüglich die Uhrmacher aus der ganzen Umgegend, welche wöchentlich 3 bis 4 £ erhielten. Die *Aufsteller* (*setters-up*), Personen, welche die Teile der Maschine zusammensetzen, bekamen für ihren Beistand 20 £, und eine Sechsviertel-Maschine konnte in 2 bis 3 Wochen zusammengesetzt sein.

§ 426. Indem nun auf diese Weise gute Arbeiter dazu verleitet wurden, weniger einträgliche Zweige ihres Geschäftes zu verlassen, um dieser außerordentlichen Nachfrage genug zu tun, fanden sich die Meister in anderen Gewerben bald von Gehilfen entblößt, ohne den unmittelbaren Grund zu bemerken; bald aber ermittelten ihn einige der Verständigsten. Sie begaben sich von Birmingham nach Nottingham, um nach den Umständen zu forschen, welche die Uhrmachergehilfen von ihrer Arbeit abbrächten, und so erfuhren sie, daß Leute, welche zu Birmingham für 20 Sch. wöchentlich Schlaguhren gemacht hatten, nun in Nottingham mit der Verfertigung von Bobinet-Stühlen 2 £ verdienen konnten.

Als nun die Uhrmacher die Beschaffenheit dieser einträglichen Arbeit untersuchten, sahen sie, daß ein Teil der Bobinet-Maschinen, welcher die Klöppel hält, leicht in ihren eigenen Werkstätten gemacht werden könnte. Sie kamen also mit den Maschinenbauern überein, welche ohnehin mehr Arbeit hatten, als sie ausführen konnten, die *Klöppelhalter* (*bobbin-carriers*) zu einem Preis zu liefern, der sie bei ihrer Nachhausekunft in Stande setzte, den Lohn hinlänglich zu erhöhen, um ihre Arbeiter zu behalten und doch selbst einen guten Nutzen daraus zu ziehen. So wurde die Erbauung von

Bobinet-Maschinen erleichtert, und die Folge war nicht schwer vorauszusehen. Die außerordentliche Masse von Bobinet, womit nun die Märkte überschwemmt wurden, drückte die Preise herab, wodurch auch die Maschinen im Werte sanken; nur einige der ersten Produzenten führten eine kurze Zeit lang einen guten Handel, aber der größte Teil wurde in seinen Erwartungen getäuscht und viele ruiniert. Der geringe Preis, zu welchem das Fabrikat abging, trug in Verbindung mit der Leichtigkeit und Schönheit der Ware noch zur Ausdehnung des Verkaufs bei, und zuletzt machten neue Maschinen-Verbesserungen alle älteren Werke noch wertloser.

§ 427. Jetzt ist der Bobinet-Handel ausgedehnt und im Wachsen, und da er wahrscheinlich in Zukunft eine größere Aufmerksamkeit verdienen dürfte, so wird es interessant sein, von dem gegenwärtigen Zustand eine kurze Übersicht zu geben.

Ein Bobinet-Stuhl nach den neuesten Verbesserungen, der ein Stück von 2 Yards Breite arbeitet, verfertigt, wenn er Tag und Nacht tätig ist, wöchentlich 620 sogenannte *racks*. Ein *rack* enthält 240 Löcher, und da in der Maschine, von der wir sprechen, 3 *racks* der Länge eines Yard gleichkommen, so werden jährlich 21 493 Quadrat-Yards Bobinet darauf produziert. Drei Leute erhalten diese Maschine in Arbeit, und im Jahr 1830, wo sie stückweise bezahlt wurden, verdienten sie ein jeder etwa 25 Sch. wöchentlich. Zwei Knaben, welche nur bei Tage arbeiten, reichen hin, um die Klöppel für diese Maschine zu bereiten, und erhalten, je nach ihrer Fertigkeit, von zwei bis vier Schilling wöchentlich. 46 Quadrat-Yards dieses Gewebes wiegen 2 Pfund 3 Unzen, also jedes Quadrat-Yard etwas über ¾ Unzen.

§ 428. Zwecks einer gedrängten und allgemeinen Übersicht des gegenwärtigen Zustands dieses Handels, beziehen wir uns auf einen Bericht des Hrn. William Felkin von Nottingham, den er im September 1831 herausgab, unter dem Titel: »Tatsachen und Berechnungen zur Erläuterung des gegenwärtigen Zustands des Bobinet-Handels«. Der Bericht enthält auf einem einzigen Bogen eine Menge sorgfältig zusammengestellter Tatsachen von der größten Wichtigkeit.[67]

§ 429. Das ganze in den Fabriken zur Zubereitung der Baumwolle, in denen zum Weben des Bobinets und in den verschiedenen Prozessen, die mit dem Gewebe vorgenommen werden, angewendete Kapital, beträgt etwa zwei Millionen £ St., und über 200 000 Menschen ernähren sich durch die Bearbeitung dieses Stoffes.

---

67 Ich kann diese Gelegenheit nicht ungenutzt lassen, ohne meine Hoffnung auszusprechen, daß man dieses Beispiel auch in anderen Handelszweigen befolgen werde. Wir würden so einen für den Arbeiter, den Kapitalisten, den Gelehrten und Staatsmann gleich wichtigen Unterricht erhalten.

Vergleichung des Wertes des eingeführten Rohmaterials mit dem der daraus fabrizierten Waren.

Betrag des jährlichen Verbrauchs von See-Insel-Baumwolle 1 600 000 Pfund, im Wert von 120 000 £ St.; es wird zu Garn im Gewichte von 1 000 000 Pfund, und im Wert von 500 000 £ St. versponnen.

25 000 Pfund rohe Seide, welche 30 000 £ St. kosten, werden in 20 000 Pfund drellierte, im Wert von 40 000 £ St. versponnen.

Rohmaterial	Fabrikat	Anzahl der Quad.-Yards	Wert der Quad.-Yards	Gesamtwert
			Sch. P.	£ St.
Baumwolle,	Maschinen-Tüll	6 750 000	1 3	421 875
1 600 000 Pfund	Hand-Tüll	15 750 000	1 9	1 378 125
	Muster-Tüll	150 000	3 6	26 250
Seide, 25 000 "	Seidenwaren	750 000	1 9	65 625
		23 400 000		1 891 875

Die rohen Tülls (*brown-nets*), welche auf dem Markt von Nottingham verkauft werden, gehen zum Teil durch die Hände der Agenten von 12 bis 15 großen Fabrikanten, im Betrage von etwa 250 000 £ St. jährlich. Der Hauptteil des Überrestes, ungefähr 1 050 000 Pfd. St. jährlich, wird durch etwa 200 Agenten verkauft, welche die Waren von einem Warenlager nach dem anderen zum Verkauf bringen.

Beinahe die Hälfte dieser Produktion wird ohne Stickerei ausgeführt. Der meiste Bobinet geht nach Hamburg zum Verkauf am Ort, oder auf den Frankfurter und Leipziger Messen; nach Antwerpen und Belgien überhaupt; als Schmuggelware nach Frankreich; dann nach Italien, Nord- und Südamerika. So passend der Artikel auch ist, geht doch bis jetzt ostwärts vom Vorgebirge der guten Hoffnung eine zu geringe Quantität, als daß es der Rede wert wäre. Drei Achtel der ganzen Produktion werden ohne Stickerei im Inlande verkauft. Das letzte Achtel wird im Land gestickt, und steigert den letzten Wert folgendermaßen:

Stickerei	Vermehrung des Wertes £ St.	Letzter Wert £ St.
Auf Maschinen-Tüll	131 840	553 715
Auf Hand-Tüll	1 205 860	2 583 985
Auf Muster-Tüll	78 750	105 000
Auf Seiden-Tüll	109 375	175 000
Lohn für sämtliche Stickereien und Profit	1 525 825	Gesamtbetrag 3 417 700

Hieraus sieht man, daß bei den Operationen dieses etwa erst seit 20 Jahren bestehenden Handels 120 000 £ St. ursprüngliche Kosten der Baumwolle durch die Fabrikation einen endlichen Wert von 3 242 700 £ St. erhalten.

Über den bezahlten Wochenlohn geben diejenigen, welche mit den verschiedenen Zweigen bekannt sind, folgendes Urteil:

Für feines Spinnen und Zwirnen, Erwachsene 25 Sch., Kinder 7 Sch.; 12 Stunden Arbeit täglich.

Bei der Bobinet-Fabrikation: Männer zur Maschinenarbeit 18 Sch.; Lehrlinge, junge Leute von 15 Jahren und darüber, 10 Sch. Mit Maschinenkraft 15 Stunden; mit der Hand 8 bis 12 Stunden, je nach der Breite.

Für Ausbesserungen: Kinder 4 Sch., Frauen 8 Sch.; 9 bis 14 Stunden Arbeit, *nach Belieben.*

Für Wickeln, Zwirnen u.s.w., Kinder und junge Frauenzimmer 5 Sch.; Arbeit unregelmäßig, je nach dem Fortgang der Maschinen.

Für Stickerei: Kinder von 7 und mehr Jahren 1 bis 3 Sch.; 10 bis 12 Stunden Arbeit. Frauen, bei regelmäßiger Arbeit 5 bis 7½ Sch.; 12 bis 14 Stunden Arbeit.

Zum Beweise, wie hoch der Lohn für Tüllstickerei sich belaufe, mag angeführt werden, daß ein Strumpfwirker auf dem Lande oft nur 7 Sch. wöchentlich verdient, während Frau und Kinder am Stickrahmen 7 bis 14 Sch. mehr einnehmen.

§ 430. Der größte Teil der bei der Bobinet-Fabrikation gebrauchten Handmaschinen arbeitet in Werkstätten von Privathäusern. Die folgende Liste zeigt die Arten der bei uns im Gebrauch stehenden Maschinen und die Klassen von Leuten, denen sie zugehören.

Gegenwärtig im Reiche arbeitende Bobinet-Maschinen

Handhebel	6	Viertel	500	Handscheiben	6	Viertel	100
	7	Viertel	200		7	Viertel	300
	8	Viertel	300		8	Viertel	400
	10	Viertel	300		9	Viertel	100
	12	Viertel	30		10	Viertel	300
	16	Viertel	20		12	Viertel	100
	20	Viertel	1	Handquerhölzer, Stößer, Grad-			
Handräder	10	Viertel	50	hölzer u.s.w. durchschnittlich	5	Viertel	750
	12	Viertel	50				———
			———				2050
			1451				

Gesamtzahl der Handmaschinen 3501

Mit Dampfmaschinen	6	Viertel	100
	7	Viertel	40
	8	Viertel	350
	10	Viertel	270
	12	Viertel	220
	16	Viertel	20

Gesamtzahl der Dampfmaschinen 1000

Gesamtzahl der Maschinen 4501

---

* (Anm. der dt. Übersetzung): Dieser Willkühr, welche oft in Tyrannei ausartet, Grenzen zu setzen, ist man jetzt beschäftigt. Die vor der betreffenden Parlaments-Commission geschehenen Aussagen ergeben, daß man die unglücklichen Kinder, welche in Fabriken beschäftigt werden, oft mit der unmenschlichsten Härte behandelt.

Von 700	Personen besitzen jede	1	Maschine(n)	700	Maschinen
226		2		452	
181		3		543	
96		4		384	
40		5		200	
21		6		126	
17		7		119	
19		8		152	
17		9		153	
12		10		120	
8		11		88	
6		12		72	
5		13		65	
5		14		70	
4		16		64	

Von 25 besitzen respektive 18, 19, 20, 21,
23, 24, 25, 26, 27, 28, 29, 30, 32, 33, 35,
36, 37, 50, 60, 68, 70, 75, 95, 105, 206   1192

1382 Maschineneigner, die zusammen besitzen   4500 Maschinen

Die Handarbeiter bestehen aus den oben genannten Besitzern	1000
und aus Gehilfen und Lehrlingen	4000
	5000

Die Maschinen sind verteilt, wie folgt:

Nottingham	1240
New-Radford	140
Old-Radford und Bloomsgrove	240
Ison Green	160
Beeston und Chilwell	130
New and Old-Snenton	180
Derby und Umgegebung	185
Loughborough und Umgegebung	385
Leicester	95
Mansfield	85
Tiverton	220
Barnstable	180
Chard	190
Insel Wight	80
Verschiedene andere Plätze	990
	4500

»Von den obigen Eigentümern bearbeiten 1000 ihre eigenen Maschinen, und gehören also einerseits zu der Klasse der Gehilfen, andererseits aber, insofern sie auf das Lohnverhältnis einwirken, zu der der Herren. Wenn sie den Preis ihrer Waren auf dem Markt herabsetzen, so wirkt sich dies anfänglich nur auf ihren eigenen Lohn aus, am Ende aber verringert es natürlich das Lohnverhältnis im ganzen Gewerbe. Es ist eine sehr beklagenswerte Tatsache, daß die Hälfte oder noch mehr von den 1100 Personen, die in der Liste als Eigner von einer, zwei und drei Maschinen aufgeführt sind, sich genötigt gesehen haben, ihre Maschinen über ihren Marktwert zu verpfänden, und daß sie oft ganz insolvent sind. Ihre Maschinen sind meist schmal und arbeiten kurze Stücke, während das absurde System, Stücke von jeder Länge und Breite zu gleichem Preis zu bleichen, und die verschiedenen Breiten zu gleichem Preis zu appretieren, verursacht hat, daß alle neuen Maschinen breit und zur Produktion langer Stücke eingerichtet sind; natürlich zum größten Nachteil, wenn nicht zum gänzlichen Ruin der Besitzer kleiner Maschinen.

Es ist oben bemerkt worden, daß der Lohn in den letzten beiden Jahren verringert worden ist, und zwar um 25% oder von 24 auf 18 Schilling wöchentlich. In derselben Zeit hat sich die Zahl der Maschinen um ein Achtel vermehrt, oder von 4000 auf 4500, und in der Produktionsfähigkeit um ein Sechstel. Mögen alle Eigentümer der jetzt vorhandenen Maschinen ernsthaft berücksichtigen, daß in diesem Augenblick Maschinen von solcher Produktionskraft im Gewerbe eingeführt werden, daß der Wert ihres Eigentums (in Ermangelung großer Zunahme der Nachfrage) mehr als jemals sinken muß.

§ 431. Wir können aus dem Vorliegenden ein Urteil über die Wichtigkeit des Bobinet-Handels fällen. Aber das folgende, von Herrn Felkin bezeugte Faktum, mag eine Vermutung gewähren, bis zu welchem Grade derselbe in Zukunft ausgedehnt werden könne, sobald die östlichen Märkte unserer Industrie mehr offen stehen: »Wir können,« sagt Hr. Felkin, »einen dauerhaften und eleganten Artikel in Baumwoll-Bobinet zu 4 Pence das Quadrat-Yard ausführen, der sich in gewissen nützlichen und zierlichen Zwecken eignet, wie zu Vorhängen und dergleichen, und einen anderen Artikel für mancherlei Frauenputz zu 6 Pence das Quadrat-Yard.«

§ 432. *Über Patente.* Um die Erfindung, Verbesserung oder Einführung von Maschinen und Entdeckungen in bezug auf Fabrikation zu befördern, hat man in vielen Ländern den Erfindern oder ersten Einführern ein ausschließliches Privileg auf eine bestimmte Zeit gewährt. Man nennt solche Monopole *Patente*, und sie werden nach Bezahlung gewisser Gebühren auf verschiedene Perioden von 5 zu 20 Jahren zugestanden.

Die folgende Tabelle, zusammengetragen aus dem 1829 abgestatteten Bericht der Unterhaus-Kommission »Über Patente«, zeigt die Kosten und die Dauer von Patenten in verschiedenen Ländern an.

Länder	Kosten			Anzahl der Jahre	Zahl der auf 6 Jahre erteilten, im Jahre 1826 abgelaufenen Patente
	£	s.	d.		
England	120	0	0	14	914
Irland	125	0	0	14	
Schottland	100	0	0	14	
Amerika	6	15	0	14	
Frankreich	12	0	0	5	1091
	32	0	0	10	
	60	0	0	15	
Niederlande	6 £ bis 30£			5, 10, 15	
Österreich	42	10	0	15	1099
Spanien[68] – Erfinder	20	9	4	15	
– Verbesserer	12	5	7	10	
– Einbringer	10	4	8	6	

§ 433. Natürlich ist es von Wichtigkeit, jedem Erfinder den alleinigen Gebrauch seiner Erfindung zu sichern, bis er sowohl für die Gefahr und Kosten, die er gehabt, hinlänglich entschädigt als auch für das Talent, das er zur Vollendung aufgewendet hat, belohnt ist. Aber die Grade des

---

68 Die Kosten eines Patents in Spanien werden im Bericht auf 2000, 1200 und 1000 Realen angegeben. Sind dies *Realen* von Vellon, worin man gewöhnlich zu Madrid rechnet, so sind die obigen Summen richtig; sind es aber Silber*realen* (*Reales de Plata*), so müssen jene fast verdoppelt werden. (Anm. der dt. Übers.: Spricht man schlechtweg von *Realen*, so sind nur die *de Vellon* gemeint, indem man bei Erwähnung der andern *de Plata* hinzuzufügen pflegt, 17 der letzteren sind gleich 32 der ersteren.)
(Beitrag der dt. Übers., S. 459f.): Zur Vervollständigung der in diesem Paragraphen enthaltenen Vergleichungstabellen fügen wir noch Folgendes hinzu:
    Nach dem *Publicandum* der Preuß. Regierung über die Ertheilung von Patenten, d. d. Paris den 14 Oktober 1815, wird in Preußen, außer den gewöhnlichen tarifmäßigen Stempel- und Sportelkosten, die sich auf etwa 3 bis 5 Thlr. belaufen mögen, *keine besondere Patentsteuer* bezahlt, wenn nur der Patentirte, gleich allen übrigen Gewerbetreibenden, die gesetzmäßige Gewerbesteuer entrichtet. Dagegen war der Patentirte bisher verbunden, spätestens innerhalb 6 Wochen nach Vollziehung des Patents in den Amts- und Intelligenzblättern jeder Provinz, auf welche sich das Patent erstreckt, bekannt zu machen, daß und worüber er ein Patent erhalten habe, mit Hinweisung auf die niedergelegte Beschreibung. Neuerdings ist auch diese Verpflichtung, um den Patentirten die manchmal nicht unbedeutenden Insertionskosten zu ersparen, aufgehoben, und die erforderlichen Bekanntmachungen werden von Seiten der Regierung *ex officio* veranlaßt.
    Dieser grelle Gegensatz zu den Patentkosten in England und Frankreich hat darin seinen Grund, daß in diesen Ländern bei Verleihung der Patente keine Untersuchung über die Neuheit oder Eigenthümlichkeit der Erfindungen stattfindet, sondern dergleichen Erörterungen erst dann im Wege des Prozesses vorgenommen werden, wenn die Gültigkeit des Patents angefochten wird, und daß man durch die mit der Patentertheilung verbundenen großen Kosten von dem Fordern unnützer Patente abzuhalten sucht; während in Preußen die Patentfähigkeit *vor* Ertheilung des Patents durch die Königl. Technische Deputation für Gewerbe in Berlin untersucht, und auch auf Gegenstände, die zweckwidrig und geringfügig sind, gar kein Patent ertheilt wird (Conf. Verh. des Gewerb-Vereins in Preußen, 1ster Jahrgang S. 108 u. f.).

Verdienstes sind so verschieden und die Schwierigkeiten der Gesetzgebung hierüber so groß, daß es sich beinahe als unmöglich erwiesen hat, irgendein Gesetz abzufassen, gegen welches sich in der Praxis nicht die ernstlichsten Einwendungen machen ließen.

Die Schwierigkeit, ein englisches Patent vor irgendeinem Gerichtshof zu verteidigen, ist sehr groß, und der Beispiele, daß eine Verteidigung erfolgreich gewesen, gibt es verhältnismäßig nur wenige. Dieser Umstand hat einige Fabrikanten veranlaßt, ein Patent nicht länger als ein Privileg zu betrachten, wodurch ihnen ein Monopolpreis sicher wäre; sondern sie verkaufen den patentierten Artikel zu solchem Preis, welcher dem gewöhnlichen, aus einem Kapital zu ziehenden Gewinn gleichkommt, und sichern sich auf diese Weise die Fabrikation, indem kein Rivale von der Verletzung eines so mäßig benutzten Patentes Vorteil ziehen kann.

§ 434. Das Gesetz über das Eigentum von Schriften ist mit dem über Patente einigermaßen verwandt. Seltsam genug, daß gerade solches Eigentum, welches die höchsten Talente und die größte Ausbildung verlangt, und mehr als irgendein anderes die reine Schöpfung des Geistes ist, am spätesten vom Staat Anerkennung gefunden hat. Zum Glück ist es nicht schwer, über einen Eingriff in literarisches Besitztum zu entscheiden; aber die gegenwärtigen Gesetze erzeugen in einigen Fallen beträchtliche Nachteile und sind dem Fortschreiten der Wissenschaften hinderlich.

§ 435. Bei der Untersuchung der allgemeinen Zweckmäßigkeit von Beschränkungen ist es vielleicht nicht unerwünscht, eine hervorzuheben, die Vorteil zu versprechen scheint, obschon auch sie keineswegs ganz von wichtigen Einwänden frei ist. Die Frage über die gesetzliche Zulässigkeit von Partnerschaften, wo die Verantwortlichkeit eines oder mehrerer der Kompagnons sich auf einen bestimmten Betrag beschränkt, ist vorzüglich wichtig in Rücksicht auf Fabrikation und Handelsgeschäfte. In ersterer Beziehung scheint sie die Arbeitsteilung zu begünstigen, deren Vorzüge bei Geistes- wie bei körperlichen Arbeiten wir schon erwiesen haben, und sie könnte möglicherweise eine vorteilhaftere Verteilung der Talente und der Verbindungen derselben veranlassen, als gegenwärtig existiert. In England gibt es viele Besitzer mäßiger Kapitalien, welche selber in mechanischen und chemischen Gewerben keine Erfindungen machen können, doch aber ziemlich gute Beurteiler solcher Erfindungen und ausgezeichnete Kenner des menschlichen Charakters sind. Solche Leute könnten mit großem Erfolg sich mit der Auswahl erfinderischer Arbeiter beschäftigen, welche durch Mangel an Kapital an der Verwirklichung ihrer Projekte gehindert werden. Könnten sie nun mit diesen in eine abgegrenzte Partnerschaft treten, so würden sie verhindern, daß die Einbildungskraft des Erfinders ihn nicht über die richtigen Grenzen hinausreiße, und indem sie das Kapital zu vernünftigen Vorschlägen hergäben, dem Land einen Dienst erweisen und sich selbst Gewinn verschaffen.

§ 436. Unter den für das allgemeine Wohl unserer Fabriken beabsichtigten Beschränkungen befand sich vor einigen Jahren eine, wodurch es Arbeitern verboten wurde, außer Landes zu gehen. Ein mit den Grundsätzen der Freiheit in so offenem Widerspruch stehendes Gesetz hätte niemals in Kraft gesetzt werden sollen. Doch wurde es nicht eher aufgehoben, als bis die Erfahrung die Gesetzgeber von seiner Unwirksamkeit überzeugt hatte. Als nach dem letzten Kriege der erneuerte Verkehr zwischen England und dem Kontinent bedeutend wurde, sah man die Unmöglichkeit ein, die verschiedenen Verkleidungen zu entdecken, welche den Arbeitern zu Gebote standen, und bei der Gefahr der Bestrafung ging die Wirkung des Gesetzes mehr dahin, Auswanderer von der Rückkehr abzuschrecken, als ihnen die Neigung zum Auswandern zu nehmen.

§ 436a.[69] Das Prinzip, *daß die Regierung so wenig wie möglich in das Verhältnis zwischen den Arbeitern und ihren Arbeitgebern eingreifen soll*, ist so gut etabliert, daß es wichtig ist, es gegen seine falsche Anwendung zu schützen. Es ist nicht unvereinbar mit dem Prinzip, darauf zu bestehen, daß die Arbeiter mit Geld bezahlt werden – das ist nicht allein deswegen, um sie davor zu schützen, betrogen zu werden; und noch weniger ist es eine Abweichung von dem Grundsatz, festzulegen, wieviele Stunden die Kinder in den Fabriken arbeiten dürfen; oder das Alter festzulegen, ab welchem Alter sie bestimmte Arbeiten erst durchführen dürfen. – Für sie gibt es keine Fürsprecher, noch sind sie fähig alles richtig zu beurteilen, wenn sie dazu in der Lage sind; und beide, Politik und Humanität fallen in der Forderung nach gesetzlichem Schutz zusammen. In beiden Fällen ist es richtig, daß die schwächere Partei vor Betrug und Gewalt geschützt wird, und es wäre gerade unpolitisch, wenn sie nicht einschreitet und den Mindestarbeitslohn festlegt.

---

69 Im Jahre 1824 wurde das Gesetz gegen Arbeiter, die ins Ausland gingen, sowie die Gesetze, welche Verbindungen unter denselben verhindern sollten, nach vollständiger Untersuchung vor der Parlaments-Kommission aufgehoben. 1825 machte man zwar einen Versuch, einige der fehlerhaftesten wieder einzuführen; er schlug aber fehl.

Über die Ausfuhr von Maschinen

§ 437. Es sind erst wenige Jahre vergangen, seit es unseren Arbeitern nicht bloß durch eine Parlamentsakte verboten war, selbst in Länder auszuwandern, wo ihre Industrie ihnen höheren Lohn verschaffen könnte, sondern auch die meisten Maschinen, welche sie daheim fabrizierten, auszuführen. Der für dieses Verbot angegebene Grund lag in der Befürchtung, daß die Fremden sich unserer verbesserten Maschinen bemächtigen und so mit unseren Fabrikanten rivalisieren möchten. In der Tat war es die Aufopferung der Interessen einer Klasse von Personen, der Maschinenbauer, zum eingebildeten Vorteil einer anderen Klasse, derer nämlich, die die Maschinen benutzen. Unabhängig von der schlechten Politik, sich zwischen beide Klassen ins Mittel zu legen, ist zu erwägen, daß die Klasse der Maschinenbauer weit mehr Intelligenz besitzt, als die der Maschinenbenutzer, und ob sie gleich gegenwärtig nicht so zahlreich ist, gibt es doch gute Gründe zu glauben, daß, wenn die Aufhebung des Verbots, das ihren Erfindungsreichtum drückt, eine Zeit lang gewirkt hat, ihre Zahl beträchtlich anwachsen, ja wohl gar einst die der Maschinenbenutzer übersteigen werde.

§ 438. Die Verteidiger dieser Verbote in England scheinen sich allzusehr auf die Möglichkeit zu verlassen, daß man die Verbreitung der Kenntnis neuer Vorrichtungen in anderen Ländern gänzlich verhindern könne; allein dies ist eine allzu beschränkte Ansicht von den möglichen, ja wahrscheinlichen Fortschritten des Maschinenwesens.

§ 439. Um diese Frage zu untersuchen, wollen wir beispielsweise die Lage von zwei Fabrikanten desselben Artikels betrachten, von denen der eine in einem Land lebt, wo die Handarbeit sehr wohlfeil, die Maschinen schlecht und die Transportmittel langsam und kostspielig sind; während der andere in einem Land arbeitet, wo der Arbeitslohn sehr hoch, das Maschinenwesen aber vortrefflich und die Transportmittel schnell und billig sind. Sie sollen beide ihre Ware nach demselben Markt senden und jeder einen Preis erhalten, der ihm den durch sein Kapital im eigenen Land gewöhnlich erreichbaren Nutzen gewährt. Unter solchen Umständen läßt sich mit ziemlicher Gewißheit voraussagen, daß die erste Verbesserung im Maschinenwesen in demjenigen Land eintreten wird, welches in der Zivilisation am weitesten vorgerückt ist, weil, selbst vorausgesetzt, daß der

Erfindungsreichtum in beiden Ländern gleich groß sei, die Mittel zur Ausführung sehr verschieden sind. Die Wirkung des verbesserten Maschinenwesens im reichen Land wird am gemeinsamen Markt dadurch verspürt werden, daß der Preis des Artikels ein wenig fällt, und dies gibt dem Fabrikanten des armen Landes den ersten Wink, der nun durch erhöhten Fleiß und Sparsamkeit in seiner Fabrik den Abschlag im Verkaufspreis zu decken sucht und bald eher erkennen muß, daß diese Abhilfe nur vorübergehend ist, indem der Marktpreis zu fallen fortfährt. Er wird hierdurch veranlaßt, das konkurrierende Fabrikat zu untersuchen, um aus dessen Zusammensetzung die verbesserte Fabrikationsmethode zu erraten. Sollte er, was wohl meist der Fall sein dürfte, hierin keinen Erfolg haben, so muß er bei seinen eigenen Maschinen Verbesserungen anzubringen suchen; oder aber, Erkundigungen über die in den Fabriken des reicheren Landes verfertigten einziehen. Nach einem erfolglosen Versuch briefliche Nachrichten zu erhalten, entschließt er sich vielleicht, die Fabriken seiner Konkurrenten persönlich zu besuchen. Aber einem Fremden und Rivalen sind solche Anstalten nicht leicht zugänglich, und je neuer die Verbesserungen, um so schwerer wird es ihm werden, Zugang zu denselben zu erlangen. Sein nächster Schritt ist also, die Kenntnisse, denen er nachspürt, von den beim Gebrauch oder beim Bau der Maschinen angestellten Arbeitern zu erlangen. Ohne *Zeichnungen* oder eine Untersuchung der *Maschinen* selbst ist dies ein langsames und langwieriges Verfahren, abgesehen davon, daß er am Ende doch noch der Hinterlist der Arbeiter und vielen Wahrscheinlichkeiten des Fehlschlags ausgesetzt ist. Gelingt es ihm aber trotzdem, sich vollkommene Zeichnungen und Instruktionen zu verschaffen, so muß er dann erst anfangen, seine verbesserten Maschinen zu Hause nachzubauen, was er weder so wohlfeil noch so gut als seine Konkurrenten im reichen Land auszuführen vermag. Nehmen wir indessen an, daß nach Verlauf einiger Zeit die mit so vieler Mühe verbesserten Maschinen endlich vollständig und bis zum arbeitsfähigen Zustand gediehen seien.

§ 440. Wir wollen nun betrachten, wie es unterdessen dem Fabrikanten im reichen Land geht. Erstlich hat er einen Gewinn bewirkt, indem er den inländischen Markt zum gewöhnlichen Preis mit einem Artikel versorgte, dessen Produktion ihn weniger kostete; dann aber setzt er selbst den Preis auf dem eigenen und fremden Markt herab, um sich einen ausgedehnteren Absatz zu verschaffen. In dieser Periode fühlt der Fabrikant des armen Landes zuerst die Wirkungen der Konkurrenz, und wenn zwischen der ersten Einführung der neuen Verbesserung im reichen Land und dem Anfang ihrer Anwendung im armen auch nur ein Zeitraum von zwei bis drei Jahren liegt, so wird doch der Erfinder, vorausgesetzt sogar, daß er in dieser ganzen Zeit keine weitere Verbesserung angebracht habe, einen so großen Teil der erforderlich gewesenen Auslagen schon gedeckt haben, daß er eine viel größere Reduktion im Preis seines Produktes vornehmen kann, wodurch der Gewinn seines Nebenbuhlers notwendig geringer ausfallen muß als der seinige.

§ 441. Man behauptet, daß bei der Erlaubnis, Maschinen auszuführen, die fremden Fabrikanten ebenso gute wie die unsrigen erhalten würden. Gegen diesen Einwand bietet das vorliegende Werk überall die Antwort dar: *daß, um mit Erfolg zu fabrizieren, es nicht bloß notwendig ist, gute Maschinen, sondern auch eine höchst sorgfältig eingerichtete innere Ökonomie der Fabrik zu besitzen.*

Die Wahrheit und Wichtigkeit dieses Prinzips ist in dem Bericht der Unterhauskommission »Über die Ausfuhr von Werkzeugen und Maschinen« so gut entwickelt, daß ich meinen eigenen Bemerkungen die dort vorgelegten Meinungen und Beweise voranschicke:

> »Zugegeben auch, daß man sich auf dem Kontinent dieselben Maschinen wie in England verschaffen könnte, so ist es doch die Meinung einiger der Einsichtsvollsten unter den Zeugen, daß auswärtige Fabriken – durch den Mangel teils in ihrer Einrichtung, teils in der Arbeitsteilung, die geringere Geschicklichkeit und Ausdauer der Arbeiter und den schwachen Unternehmungsgeist der Herren, verbunden mit der vergleichsweisen Geringschätzung, womit man auf dem Kontinent die Fabrikherren betrachtet, dem vergleichsweisen Kapitalmangel und mancherlei anderen uns vorteilhaften Umständen – zu jeder umfassenderen Konkurrenz mit unseren größeren Fabrikanten unfähig sind. Folgendes Zeugnis über diesen Gegenstand ist der Aufmerksamkeit des Hauses nicht unwürdig:
>
>> »*Frage:* Ich wünschte zu wissen, ob Sie überhaupt glauben, daß für unsere Fabrikanten eine gefährliche Konkurrenz entstehen würde, wenn Frankreich mit gleich guten und gleich wohlfeilen Maschinen, als wir besitzen, versorgt würde?
>>
>> *Antwort:* Sie werden immer hinter uns zurückbleiben, bis ihre allgemeine Lebensweise sich der unsrigen nähert; ja, aus mancherlei von mir früher dargelegten Gründen müssen sie uns notwendig nachstehen.
>>
>> *Frage:* Warum das?
>>
>> *Antwort:* Aus denselben Gründen, weshalb z.B. ein Baumwollfabrikant, der Manchester vor 7 Jahren verlassen hat, auf dem Markte von den Leuten, die nun an jenem Ort leben, verdrängt werden würde; vorausgesetzt, daß seine Kenntnisse nicht gleichen Schritt mit denen gehalten haben, die während dieser Zeit immerfort aus den vorschreitenden Verbesserungen, die unterdessen eingetreten sind, Nutzen zogen. In dieser vorschreitenden Kenntnis und Erfahrung besteht eben unsere überlegene Kraft, unser großer Vorzug.«

Es darf auch nicht übersehen werden, daß die beständigen, ja fast täglichen Verbesserungen, welche in unserem Maschinenwesen selbst und in der Anwendungsart eintreten, die beständige Wirksamkeit aller uns eigentümlichen Mittel und Vorteile voraussetzen. Es ist daher die Meinung verschiedener Zeugen, daß die Fabrikanten des Vereinigten Königreiches, wegen der natürlichen und erworbenen Vorteile ihres Landes, auf Jahrhunderte hinaus den Vorzug haben würden, selbst wenn Europa jedes gegenwärtig bei uns gebräuchliche Werkzeug samt dem Beistand englischer Werkleute in beliebiger Anzahl besäße. Auch sind viele der Ansicht, daß, wenn die Maschinenausfuhr gestattet wäre, dieselbe oft in solchen Werkzeugen und Maschinen bestehen würde, welche jetzt, wenn auch bereits durch neuere Erfindungen veraltet, aus Mangel an Gelegenheit, sie loszuwerden, zum Schaden des Handels und der Fabriken im Land noch ferner benutzt werden. Ferner ist es der Beachtung wert, und durch die Zeugnisse vollständig dargetan, daß ein solcher Zuwachs auswärtiger Nachfrage nach Maschinen dem Erfindungsreichtum und der Geschicklichkeit unserer Arbeiter einen umfassenderen Spielraum eröffnen würde. Ungeachtet der Wichtigkeit der jüngsten Verbesserungen im Maschinenwesen, müßten diese unter solchen Umständen wohl in einem Grade anwachsen, der alles frühere überträfe.

Die vielen wichtigen Erleichterungen für Maschinenbau und für die Fabrikation von Waren, deren wir uns erfreuen, besitzt kein anderes Land; es ist auch nicht annehmbar, daß sie ein anderes Land in gleicher Ausdehnung auf eine längere Zeit je besitzen werde. *Jedermann gesteht ein, daß unsere Geschicklichkeit keine Rivalen hat, daß der Gewerbsfleiß und die Kraft unseres Volkes ohne gleichen, sein in den fortwährenden Verbesserungen des Maschinenwesens entwickelter Erfindungsreichtum über jeder Vergleichung und wie es scheint, unbegrenzt ist**. Die Freiheit, die unter unserer Regierung ein jeglicher genießt, Kapital, Arbeit und Talente in der seinen Interessen angemessensten Weise anzulegen, ist ein unschätzbarer Vorteil; durch die freiwillige Vereinigung von Personen, deren Lokalkenntnisse sie geschickt machen, die wünschenswertesten Lagen auszukundschaften, sind Kanäle gegraben, Eisenbahnen angelegt worden – und so große Vorteile können bei weniger freien Regierungsformen niemals existieren. Diese Umstände zusammengenommen geben unserem Volk ein so entschiedenes Übergewicht, daß man vernünftigerweise an eine schädliche Konkurrenz im Maschinenbau oder in der Warenfabrikation gar nicht denken darf.

§ 442. Wäre es aber auch wünschenswert, die Ausfuhr irgendeiner Gattung von Maschinen zu hindern, so ist es doch überaus erwiesen, daß, während die Ausfuhr anderer Gattungen gestattet ist, es unmöglich wird, dem Hinausschmuggeln der verbotenen zuvorzukommen, und daß in der Tat das hinzutretende Risiko vom Schmuggler wohl berechnet worden ist.

---

*   (Anm. der dt. Übersetzung): Aus der Anführung dieser Stelle des Berichtes möchte man fast schließen, daß der Verf. nicht ganz frei von der nationalstolzen Befangenheit vieler seiner Landsleute ist, welche, blind für eigene Mängel, wie für fremdes Verdienst, gar sehr zu der nachtheiligen Meinung beitragen, die manche höchst geistreiche Schriftsteller des Continents (unter den deutschen zum Beispiel *Schleiermacher*), von dem britischen Insel-Volke gefaßt haben. Man halte doch nur gegen obigen Ausspruch die Ergebnisse der geschätzten »Beiträge zur Kenntniß des gewerblichen und commerciellen Zustandes der Preuß. Monarchie, vom Geh. Ober-Finanzrathe *Ferber*«. Sie werden manche interessante, und nicht immer obigen Ausspruch rechtfertigende Vergleichungspunkte darbieten.

§ 443. Auch geht aus verschiedenen Tatsachen hervor, daß die unmittelbare Ausfuhr verbesserter Maschinen nicht so ganz sicher stattfindet, als man gemeinhin annimmt; daß vielmehr das mächtige Prinzip des eigenen Interesses die Verfertiger antreibt, lieber ihren Absatz in einer anderen Richtung zu erweitern. Wenn ein großer Maschinenbauer eine neue Maschine für einen besonderen Prozeß erfunden, oder große Verbesserungen bei den bereits allgemein gebrauchten eingeführt hat, wohin wird er sich natürlich zuerst wenden, um seine neuen Maschinen zu verkaufen? In den meisten Fällen doch zweifelsohne an die nächsten und besten Kunden, mit denen er genau bekannt ist, und deren Vermögen, einen Kontrakt zu erfüllen, ihm am genauesten bekannt ist. Mit diesen tritt er in Verbindung und bietet sich zur Annahme ihrer Aufträge für die neue Maschine an; und so lange er die heimische Nachfrage hinreichend findet, um alle Kräfte seiner Anstalt dafür zu verwenden, denkt er nicht an Absatz nach dem Auslande. Der Maschinenbauer ist folglich selbst daran interessiert, seinen Landsleuten den ersten Vorteil einer neuen Erfindung zu gewähren.

§ 444. In der Tat ziehen auch die Londoner Maschinenbauer heimische Aufträge bei weitem vor, und steigern gewöhnlich den Preis für auswärtige Käufer. Das Maß dieses Unterschieds kann man ebenfalls aus dem Zeugnis vor der Kommission »über die Maschinenausfuhr« ersehen. Die verschiedenen Maschinisten schätzen dasselbe verschieden; es scheint von 5 bis 25% auf den Belauf der Bestellung zu variieren, und die Gründe hiervon sind:

1. Wenn die Maschine kompliziert ist, so muß einer der besten und von der Art der Arbeit in der Fabrik wohl unterrichteten Arbeiter mitgeschickt werden, um sie aufzustellen, wobei es immer eine große Wahrscheinlichkeit ist, daß er durch Angebote verführt werde, auswärts zu bleiben.

2. Ist das Werk einfacherer Art, so daß es ohne den Beistand eines englischen Arbeiters zusammengesetzt werden kann, so werden doch wegen des Kredits des liefernden Hauses, und um den leicht aus dem Mangel hinreichender Kenntnis entstehenden Zufällen vorzubeugen, die Teile meist sorgfältiger bearbeitet und aufmerksamer untersucht, als für einen englischen Käufer. Auch würde die Ersetzung eines Defektes oder Schadens auswärts mehr Kosten als in England verursachen.

§ 445. Die Klasse der Arbeiter, welche Maschinen *bauen*, besitzt viel mehr Geschicklichkeit und wird weit höher bezahlt als die, welche Maschinen bloß *benutzen*. Bei dem Zugeständnis freier Ausfuhr würde jene bessere Klasse ohne Zweifel auch mehr anwachsen; denn ungeachtet des höheren Lohnes kann doch in diesem Augenblick kein Land so gute und wohlfeile Maschinen liefern als England. Wir würden also, zum offenbaren Vorteile sowohl für uns selbst als auch für unsere Abnehmer, die ganze Welt mit Maschinen versehen. In Manchester und der Umgegend sind viele Tausende beschäftigt, Maschinen zu bauen, was vielen Hunderttausenden, die sich ihrer bedienen, Arbeit verschafft; und doch ist es noch nicht so lange her, daß die Gesamtzahl der Letzteren nicht größer war, als jetzt die der Ersteren ist. Sollte daher England einst das große Ausfuhrland von Maschinen werden, so würde es notwendig eine große Klasse von Arbeitern enthalten, für die Geschicklichkeit ein unentbehrliches Erfordernis wäre, und die infolgedessen höheren Lohn erhielten; und obgleich seine Fabrikanten dann vergleichsweise an Zahl geringer sein würden, so wären sie doch ohne Zweifel die Ersten, welche aus jeder Verbesserung Vorteil zögen. Unter solchen Umständen würde eine Verminderung in der Nachfrage nach Maschinen eine Klasse treffen, die weit fähiger ist, sie zu ertragen, als diejenige, welche gegenwärtig bei jedem Nachlaß im Verbrauch fabrizierter Waren leidet, und das hieraus entspringende Elend würde folglich einen milderen Charakter annehmen.

§ 446. Man hat gefürchtet, daß, wenn andere Länder erst einmal unsere Maschinen gekauft hätten, sie aufhören würden, neue zu verlangen. Um dies zu widerlegen, verweisen wir auf die gegebene Darstellung der gewöhnlichen Fortschritte in der Verbesserung der Maschinen, die zu einer Fabrikation benutzt werden, und der durchschnittlich verlaufenden Zeit, ehe diese durch solche Verbesserungen veralten. Nähmen unsere auswärtigen Käufer die von uns neu erfundenen Maschinen nicht sobald an als sie sich dieselben verschaffen könnten, so würden unsere Fabrikanten ihre Unternehmen ausdehnen und auf den eigenen Märkten ihrer Rivalen wohlfeiler als diese verkaufen.

§ 447. Einige könnten vielleicht behaupten, es gäbe in jeder Art von Maschinenwesen ein Maximum erreichbarer Vollkommenheit, über das man unmöglich hinauskäme, und allerdings sind die spätesten Fortschritte, im Vergleiche zu denen, welche ihnen vorhergehen, die langsamsten; man übersehe jedoch nicht, daß solche Fortschritte meist geschehen, wenn die Zahl der benutzten Maschinen bereits groß, und folglich ihr Einfluß auf die Produktionskraft sehr beträchtlich ist. Zugegeben aber, daß irgendeine Art von Maschinen nach langer Zeit zu einem Grade der Vollkommenheit gelangen könne, der keine Hoffnung auf weitere Verbesserungen übrigließe, so läßt sich doch nicht annehmen, daß dies in bezug auf alle Arten von Mechanismen möglich sei. Es ist vielmehr faktisch, daß die äußerste Grenze der Verbesserung selten erreicht wird, ausgenommen in ausgedehnten Zweigen der National-Manufakturen, deren Zahl, selbst in jetziger Zeit, sehr klein ist.

§ 448. Ein anderer Beweisgrund zugunsten der Maschinenausfuhr ist, *daß dieselbe die Übertragung von Kapital auf jede vorteilhaftere Anlegungsart, welche sich darbieten würde, erleichtert.* Wäre die Ausfuhr von Maschinen gestattet, so würde gewiß neue und vermehrte Nachfrage entstehen, und wenn dann ein besonderer Fabrikzweig nicht mehr den durchschnittlichen Profit abwürfe, so würde der Verlust des Kapitalisten weit geringer sein, wenn er einen Markt für den Verkauf seiner Maschinen an solche offen fände, denen günstigere Umstände die Benutzung derselben gestatten. Werden neue Verbesserungen im Maschinenwesen erfunden, so kann der Fabrikant sie schneller in Ausführung bringen, sobald der fremde Markt ihm zum Verkauf der alten Maschinen offensteht. Es ist eine ausgemachte Tatsache, daß England, trotz seiner hohen Besteuerung und seines bedeutenderen Arbeitslohnes, gegenwärtig andere Nationen unterbieten kann; dies rührt aber von der größeren Güte und Billigkeit der Rohmaterialien für Maschinen, der Metalle, von der Vortrefflichkeit der Instrumente und den bewundernswerten Anordnungen in der inneren Ökonomie unserer Fabriken her.

§ 449. Der verschiedene Grad von Leichtigkeit, womit ein Kapital von einer Art der Anwendung auf eine andere übertragen werden kann, hat eine wichtige Wirkung auf das Verhältnis des Profits in verschiedenen Handelszweigen und Ländern. Angenommen, daß alle anderen Ursachen, welche die Profitverhältnisse in einer gegebenen Periode modifizieren, auf Kapitalien, die in verschiedenen Gewerben angelegt sind, gleichmäßig einwirken, so würde dessenungeachtet der Gewinn nicht lange derselbe bleiben, teils weil bei dem Übertragen des Kapitals von einer Anwendungsart auf eine andere mehr oder weniger verloren wird, teils weil in der Wirkung jener Ursachen die eine oder andere Veränderung eintritt.

§ 450. Dies wird durch ein Beispiel deutlicher werden. Zwei Kapitalisten sollen ein jeder 10 000 £ St. in zwei Gewerbszweigen angelegt haben: A zur Versorgung eines Bezirks mit Wasser vermittelst einer Dampfmaschine und Eisenröhren, B in der Fabrikation von Bobinet. Das Kapital von A wird zur Erbauung eines Hauses und Aufrichtung der Dampfmaschine verwandt, deren Kosten wir auf 3000 £ St. anschlagen wollen, und im Legen eiserner Röhren für Zuleitung an die Käufer, mit einem Kostenbetrag von 7000 £ St. Der größte Teil der letzteren Kosten besteht im Arbeitslohn, und wenn die Röhren wieder herausgenommen werden sollten, so würden sie wegen der bei dieser Operation stattfindenden Beschädigung nur noch als altes Eisen Wert haben; zudem würden auch noch die Kosten ihrer Entfernung beträchtlich sein.

Wir dürfen also annehmen, daß, wenn A gezwungen würde, seinen Gewerbszweig aufzugeben, er nur 4000 £ durch den Verkauf seiner Anlage bar machen könnte. Dagegen angenommen, daß B durch den Verkauf seiner Bobinet-Fabrik und Maschinerie 8000 £ St. bar machte, und daß der gewöhnliche Nutzen beider angewandten Kapitalien gleich, nämlich 20% war, so haben wir:

	Angelegtes Kapital	Geld, aus dem Verkauf der Maschinerie	Jährlicher Betrag der Gewinn-Prozente	Einkommen
	£ St.	£ St.	£ St.	£ St.
Wasserwerk	10000	4000	20	2000
Bobinet-Fabrik	10000	8000	20	2000

Wenn nun durch Konkurrenz oder aus anderen Ursachen, das Nutzenverhältnis vom Wasserwerk um 10% fallen sollte, so würde dieser Umstand keine Übertragung des Kapitals auf die Bobinet-Fabrikation veranlassen, weil das verminderte Einkommen aus dem Wasserwerk, 1000 £ St. jährlich, doch noch größer sein würde, als das durch die Anlage von 4000 £ St. (der Summe nämlich, die aus dem Verbrauch des Rohmaterials des Wasserwerkes gewonnen wird) in einer Bobinet Fabrik produzierte, was zu 20% nur 800 £ St. jährlich betrüge. Kurz, die Zinsen aus Wasserwerken müssen unter 8% fallen, ehe der Eigentümer sein Einkommen durch Übertragung des Kapitals auf den Bobinet-Handel vermehren würde.

§ 451. Bei jeder Untersuchung der Wahrscheinlichkeit eines unseren Manufakturen aus der Konkurrenz anderer Länder erwachsenden Nachteils, muß man besonders die Leichtigkeit des Transports und die Existenz einer Masse von Kapital erwägen, das in Straßen, Kanälen, Maschinen usw. angelegt ist, von denen man wohl größtenteils annehmen kann, daß sie die Auslagekosten bereits gedeckt haben; ferner die Menge unseres Brennmaterials, wodurch wir imstande sind, das Eisen, diese Basis fast jeder Maschine, wohlfeil zu erzeugen. Herr von Villenbosse hat in der oben erwähnten Denkschrift sehr richtig bemerkt: »*Was man in Frankreich die Frage des Eisenpreises nennt, ist im Grunde die Frage des Holzpreises und die Frage der inneren Kommunikationsmittel durch Straßen, Ströme, Flüsse oder Kanäle.*«

In Paragraph 215 dieses Werkes sind die Eisenpreise in verschiedenen Ländern Europas bereits angegeben worden, und es erhellt daraus, daß man es in England mit den geringsten, in Frankreich mit den höchsten Kosten erzeugt. Die Länge der Straßen, die England und Wales bedecken, kann man ungefähr auf 20 000 Meilen für chaussierte* und 100 000 für unchaussierte annehmen. Die innere Wasserverbindung in England und Frankreich möchte, soweit ich imstande gewesen Nachrichten einzuziehen, sich folgendermaßen verhalten:

---

* (Anm. der dt. Übersetzung): 20,000 Engl. Meilen sind beinahe = 4286 Pr. Meilen. Die Länge sämmtlicher Kunststraßen im Preußischen Staate beträgt jetzt circa 1450 Meilen (*Ferber*'s Beiträge, p. 188). Die Länge sämmtlicher schiffbaren Strecken der Ströme und Flüsse in Preußen, mit Ausnahme der Küstenflüsse, beträgt 600 Preuß. Meilen.

In Frankreich

	Meilenzahl
Schiffbare Ströme	4668
desgl. Kanäle	915,5
desgl. Kanäle, die in der Ausführung begriffen sind (1824)	1388
	6971,5[70]

Wenn wir aber diese Zahlen im Verhältnis von 3,7 : 1 reduzieren, was das relative Areal von Frankreich im Vergleich mit England und Wales ist, so erhalten wir folgenden Vergleich:

		England[71]	Teil von Frankreich, an Größe England und Wales gleich
		Meilen	Meilen
Schiffbare Ströme		1275,5	1261,6
Tiden-Schiffahrt[72]		549,9	
Kanäle, direkte,	2023,5		
Kanäle, abgezweigte,	150,6		
	2174,1	2174,1	247,4
Angefangene Kanäle		–	375,1
Gesamt		3999,5	1884,1
Bevölkerung im Jahr 1831		13 894 500	8 608 500

Dieser Vergleich zwischen den inneren Kommunikationsmitteln beider Länder wird nicht für vollständig ausgegeben, auch wäre es unbillig, den wohlhabendsten Teil eines Landes mit dem ganzen eines anderen in Gegensatz zu stellen. Die Tabelle ist hier nur aufgenommen, um Besserunterrichtete zur Lieferung von Tatsachen zu veranlassen, worauf ein angemessener Vergleich gegründet werden könnte. Die hinzufügenden Nachrichten würden in der Angabe bestehen, wieviel Meilen an Seeküsten, Heerstrassen, und Eisenbahnen, – namentlich an solchen, auf welchen man sich der Dampfmaschinen bedient, – ein jedes Land besitze.

§ 452. Die Vermehrung der Kraft eines Landes durch schnelle Transportmittel tritt besonders auffallend hervor, wenn man von einem gewis-

---

70 Diese Tabelle ist entnommen aus Ravinet, Dictionnaire Hydrographique, 2 Bände, Paris, 1824.

71 Ich verdanke dem Herrn F. Page aus Speen den Teil dieser Tabelle, der sich auf die innere Schiffahrt Englands bezieht. Nur diejenigen, welche selbst statistische Details gesammelt haben, können den Aufwand an Zeit und Arbeit schätzen, dessen Resultat diese wenigen Zeilen enthalten.

72 Die Tiden-Schiffahrt umfaßt: die Themse, von der Mündung des Medway an; die Severn von Holmes; den Trent von seinem Einfluß in den Humber, und den Mersey von Runcorn Gap.

sen Gesichtspunkt ausgeht. Es reisen z.b. auf der Eisenbahn zwischen Liverpool und Manchester jährlich über 500 000 Menschen; wenn also jede Person nur eine Stunde an der Überfahrt von Manchester nach Liverpool spart, so wird ein Zeitgewinn von 500 000 Stunden oder 50 000 Arbeitstagen, jeder zu 10 Stunden, erlangt. Dies ist gleich einer Vermehrung der wirklichen Kraft des Landes um 167 Mann, ohne daß dadurch eine größere Quantität Nahrungsmittel nötig würde. Dabei ist wohl zu merken, daß die Zeit der so erworbenen Klasse von Leuten weit mehr wert ist, als die von bloßen Arbeitern.*

---

* (Anm. der dt. Übersetzung): Die Bahn ist 31 Englische Meilen lang und ruht auf einer Länge von 18 Meilen auf Steinblöcken, und 13 Meilen lang auf hölzernen Unterlagen. Um eine gerade Linie für sie zu erhalten, sind 63 Brücken erbaut worden. Der ganze Weg wurde von einem Wagen in 67, von einem andern sogar in 62 Minuten zurückgelegt. Ein dritter, aus 31 Fuhrwerken zusammengesetzt und mit einer Fracht von 326,160 Gewicht beladen, wozu sonst 200 Pferde nöthig gewesen wären, brauchte nicht mehr als 2 Stunden 34 Minuten.

Über die künftigen Aussichten für die Fabriken in ihrer Verbindung mit der Wissenschaft

§ 453. Überblicken wir die verschiedenen Prozesse, welche als Erläuterungen der allgemeinen Prinzipien, deren Feststellung der vornehmste Gegenstand dieses Werkes ist, dienten, so müssen wir die innige Verbindung des Gewerbe- und Fabrikenwesens im Land mit den Fortschritten der strengeren Wissenschaften benennen. Je mehr wir in der Laufbahn der Verbesserungen fortschreiten, desto mehr verlangt jeder Schritt, um erfolgreich zu sein, eine noch größere Innigkeit dieser Verbindung.

Die experimentierenden Wissenschaften leiten ihre Tatsachen aus Versuchen her; die Raisonnements aber, in denen ihr wesentlicher Nutzen besteht, liegen im Gebiete dessen, was man die abstrakte, spekulative Wissenschaft nennt. Man hat gesehen, wie die Arbeitsteilung sowohl auf die Schöpfungen des Geistes als auch auf die der körperlichen Kräfte anwendbar ist, und hieraus folgt, daß ein Land nur dann mit der größten Wahrscheinlichkeit des Erfolges nach Verbesserung seiner Manufakturen streben kann, wenn die geübtesten Theoretiker ihre Anstrengungen mit denen der erfahrensten Praktiker verbinden, und jeder sich zu dem hinwendet, wozu natürliche Anlage und erlangte Geschicklichkeit ihn am meisten befähigt.

§ 454. In den meisten Fällen wird der aus der erfolgreichen Anwendung theoretischer Grundsätze auf die Praxis entspringende Vorteil die ersten Unternehmer reichlich entschädigen; aber auch hier wird dasjenige, was wir in bezug auf *Patente* gesagt haben, beweisen, für wieviele Verbesserungen in unseren Gesetzen noch Raum ist; nun erfordert aber die Entdeckung der großen Naturgesetze einen fast ausschließlich solchen Untersuchungen sich hingebenden Geist, sehr oft kostbare Apparate und einen Zeitaufwand, der mit der Betreibung bürgerlicher Gewerbe schlechterdings unvereinbar ist. So wird es denn ein wichtiger Gegenstand der Betrachtung, ob es nicht staatsklug wäre, die mit der Pflege der höheren Gebiete der Wissenschaft Beschäftigten für einige der Entbehrungen zu entschädigen, denen sie ausgesetzt sind. Wie diese Entschädigung am besten zu bewirken sei, ist eine dem Gelehrten wie dem Staatsmann gleich sehr wichtige Frage. Solche Betrachtungen scheinen in anderen Ländern die ihnen gebührende Rücksicht gefunden zu haben, indem daselbst die Betreibung der Wissenschaften ein selbständiges Fach bildet, und diejenigen, welche ihm mit glücklichem Erfolg obliegen, nicht von fast allen ehrenvollen Staatsämtern, denen ihre Mitbürger nachstreben dürfen, ausgeschlossen sind. Ich beziehe mich auf das, was ich über diesen Gegenstand bereits in einer anderen Schrift[73] ausgesprochen habe.

§ 455. Noch eine einzige Stellung gab es in unserem Land, zu welcher reiche Gelehrte streben durften. Es verlieh diesem Amt einen hohen Rang, dessen Bedeutung und Wert aber ganz besonders aus der hohen Meinung des Publikums von den Kenntnissen des dasselbe bekleidenden Mannes herzuleiten war. Umso merkwürdiger ist es, daß selbst diese einzige Würde – diese Lehns-Baronie in der Britischen Wissenschaft –, die Präsidentur der Royal Society, nach dem zufälligen Vorzug hoher Geburt vergeben werden sollte! Noch merkwürdiger ist es, daß ein Prinz, welcher als freisinniger Staatsmann und als Beschützer jeder dem Elend seiner niedriger gestellten Mitmenschen abhelfenden Anstalt gleich sehr ausgezeichnet ist, welcher von seinen Freunden als ein Bewunderer und eifriger Beförderer der Wissenschaft dargestellt wird, so schlecht von diesen nämlichen Freunden beraten wurde, daß er der Wissenschaft die einzige Bürgerkrone entriß, womit ihr Haupt sich noch schmücken durfte.[74]

Indessen kann der Präsident durch das alleinige Mittel, das seinem hohen Range noch zugänglich ist, sich selbst überzeugen, daß die Übel, welche als Folge seiner Wahl befürchtet wurden, nicht bloß eingebildete geblieben; dagegen die Vorteile, welche andere sich von dieser Wahl versprachen, noch nicht zum Vorschein gekommen sind. Es dürfte auch nicht überflüssig sein zu bemerken, daß mancher Verdruß, welchen der Präsident der *Royal Society* seitdem erfahren mußte, gerade dem Benehmen seiner Freunde zuzuschreiben ist, während diejenigen, welche bei der Wahl eine Opposition für ihre Pflicht hielten, nicht ärgerlich darin beharr-

---

73 *Reflections on the Decline of Science in England, and on some of its Causes.* 8 vol. 1830, Fellowes.

74 Es war gegen den Wunsch des Vorstandskomitees der Royal Society, gegen die öffentliche Erklärung einer Anzahl von Mitgliedern, welche die meisten derjenigen umfaßte, deren Werke der englischen Wissenschaft einen Namen machten, daß der Herzog von Sussex zum Präsidenten vorgeschlagen wurde. Die Aristokratie des Ranges und der Macht, unterstützt von den ihr allezeit zu Gebote stehenden Alliierten, erklärte der stolzeren Aristokratie der Wissenschaft den Krieg. Von ungefähr 700 Mitgliedern haben nur 230 mitgestimmt, und der Herzog erhielt eine Majorität von *acht* Stimmen. Allerdings war es also etwas Außerordentliches, daß der Herzog bei so bewandten Umständen sich herabließ, die Früchte dieses zweideutigen und wenig günstigen Sieges anzunehmen.

Der ganze Hergang dieses eigentümlichen Kampfes, von seinem Ursprung bis zu seiner Entscheidung, ist in einer sehr gut geschriebenen Broschüre (A statement on the Circumstances, connected with the late Election for the Presidency of the Royal Society, 1831, printed by R. Taylor, Red Lion Court, Fleet Street) erzählt; eine Broschüre, deren Ton einen starken Gegensatz bildet gegen denjenigen, welcher in den Geistesprodukten einiger Personen vorherrscht, von denen S.K.H. unglücklich genug war, unterstützt zu werden.

ten, nachdem ihre Gegner obgesiegt hatten. Sie warten geduldig, wohl-überzeugt, daß die Kraft der Wahrheit sich im Stillen, aber desto gewisser, Bahn brechen werde, und festen Glaubens, daß S. K. Hoheit, wenn er die Wahrheit einst kennt, der Erste sein wird, dieser Kraft zu huldigen.

§ 456. Es haben sich indessen jüngere Institute gebildet, um den Män-geln der alten abzuhelfen, und ein neuer Verein, erst vor kurzer Zeit gestif-tet und in seinen Grundsätzen von allen älteren abweichend, gibt Grund zur Hoffnung, daß das künftige Fortschreiten der Wissenschaft an ihm einen Anhaltspunkt mehr haben werde. Die »*British Association for the Advancement of Science*«, welche im Jahre 1831 zu York[75] ihre erste Ver-sammlung hielt, würde als eine mächtige Verbündete der *Royal Society* gewirkt haben, selbst wenn diese ganz das wäre, was sie sein könnte; in dem gegenwärtigen Zustand derselben aber, war eine solche Vereinigung für die Wissenschaft fast Bedürfnis geworden. In bestimmten Zeiten wie-derkehrende Zusammenkünfte von Männern, welche gleiche oder ver-schiedene Bahnen des Wissens verfolgen, befördern die Entwicklung neuer Ideen. Der lange Zeitraum der Ruhe nach einer Versammlung ist der Betä-tigung mancher zur Sprache gekommenen Hypothesen und Experimente günstig, indem die Hoffnung, in der nächsten Versammlung ein günstiges Resultat seiner Arbeiten mitteilen zu können, des Forschers Tätigkeit be-lebt. Dergleichen Zusammenkünfte führen auch eine weit größere Anzahl Gelehrter und tätiger Freunde der Wissenschaft zusammen, als dies in den gewöhnlichen Versammlungen anderer Institute, selbst in den volkreich-sten Hauptstädten, möglich ist; sie befördern also gewisse wissenschaftliche Zwecke, wozu die vereinigten Anstrengungen vieler nötig sind.

§ 457. Der größte Vorteil jedoch, welcher aus diesen Versammlungen entsteht, ist der, daß sie verschiedene Klassen der Gesellschaft in gesellige Berührung miteinander bringen. Der Gelehrte erhält praktischen Unter-richt von den großen Fabrikanten; der Chemiker wird denselben Ge-schäftsmännern die Kenntnis solcher Substanzen zu verdanken haben, die nur in kleinster Quantität vorkommen, und daher bloß bei sehr ausge-dehnten Operationen sichtbar werden. Mehr noch als beiden werden diese Versammlungen den Reichen nützlich, welche in der Nähe des jedes-maligen Zusammenkunftsortes wohnen; teils durch die wirkliche Belehrung, welche sie in bezug auf die Produkte und Manufakte ihres Landes sich verschaffen können, teils durch die geistige Genugtuung, welche der Mensch stets bei Erweiterung seiner Kenntnisse fühlt.[76]

---

75 Die zweite Versammlung fand zu Oxford im Juni 1832 statt, und übertraf selbst die sanguinischen Erwartungen der Stifter. Die dritte Versammlung wird im Juni 1833 zu Cambridge gehalten werden.

76 Reverend Herr Vernon Harcourt hat die mehrfachen Vorteile dieses Vereins in seiner bei der ersten Versammlung gehaltenen Rede trefflich auseinandergesetzt. Wir verweisen

§ 458. So wäre man also zu der Hoffnung berechtigt, die öffentliche Meinung auch mit der Gelehrtenrepublik in Wechselwirkung gebracht und einen Verkehr hergestellt zu sehen, wodurch Licht auf die Charaktere geworfen würde, so daß der Anmaßende und der Scharlatan sich bald in die verdiente Dunkelheit zurückziehen müßten. Ohne die Tätigkeit der öffentlichen Meinung würde jede Verwaltung, wie gern sie auch immer die Wissenschaft zu fördern und ausgezeichnete Gelehrten durch Geld oder Ehrenstellen zu belohnen geneigt sein mag, Gefahr laufen, gleich einem Blinden zu handeln, dem soeben durch Operation das Augenlicht wiedergegeben ist, und der, ohne Maßstab für Entfernungen, die kleinsten, ihm naheliegenden Gegenstände für die größten in der Natur hält. Um so wichtiger ist es daher, daß die Gelehrten in Berührung mit der übrigen Welt kommen.

§ 459. Es ist höchst wahrscheinlich, daß in England die nächste Generation von Gelehrten aus einer ganz anderen Klasse der Gesellschaft abstammen werden als die, welche uns bis jetzt spärlich genug damit versehen hat. Da der Erfolg ihrer Bestrebungen durch vorhergegangene Erziehung, Muße und Geld wesentlich bedingt wird, so dürften Wenige diese Erfordernisse so ganz in sich vereinigen, wie die Söhne unserer großen Fabrikbesitzer, die, durch eigene Anstrengungen in einem mit der Wissenschaft in Zusammenhang stehenden Gebiete reich geworden, den Ehrgeiz haben werden, ihre Söhne in den Gefilden der Wissenschaft sich auszeichnen zu sehen. Dabei läßt sich freilich nicht leugnen, daß dieser Wunsch der Eltern einen neuen Reiz dadurch erhalten würde, daß den glücklichen Erfolgen eines Gelehrten dann und wann auch ehrenvolle Ämter zuteil würden; dem Land würde mittelst dieser Einrichtung manches Talent gewonnen werden, welches oft nutzlos bleibt, weil es die Stellung nicht findet, die ihm von der Natur angewiesen zu sein scheint.

§ 460. Die Entdecker des Jods und des Broms, zweier bis dahin nicht chemisch analysierter Stoffe, gehören beide der Klasse der Manufakturisten an, indem der eine ein Salpetersieder aus Paris, der andere ein chemischer Fabrikant aus Marseille ist. Der Erfinder der mit verdünnter Luft gefüllten Ballons war ein Lyoner Papiermacher. Die Nachkommen Montgolfiers, des ersten Luftschiffers, setzen das Geschäft ihres Ahnherrn noch jetzt fort, und verbinden große wissenschaftliche Kenntnisse mit ausgebreiteter Erfahrung in den mannigfaltigen Gewerbefächern, welche die verschiedenen Glieder der Familie ergriffen haben.

§ 461. Die chemische Wissenschaft ist in vielen Fällen dem Fabrikanten wie dem Kaufmann von großer Wichtigkeit. Es wird eine bedeutende Menge Chinarinde in Europa eingeführt; nun hat aber die Chemie neuer-

---

daher alle, welche der Gegenstand interessiert, auf den *First Report of the British Association for the Advancement of Science*. York, 1832.

lich bewiesen, daß ein großer Teil der Rinde selbst nutzlos ist. Das daraus gewonnene Chinin (China-Alkaloid) besitzt alle die Eigenschaften, um derentwillen die Rinde geschätzt wird, und aus 100 £ Rinde können mit Hilfe der Schwefelsäure nur 40 Unzen jener Substanz extrahiert werden. Unter 40 Tonnen Rinde also, die über das atlantische Meer transportiert werden, befindet sich nur 1 Tonne nutzbaren Stoffes; die übrigen 39 Tonnen sind Abfall.

Der größte Teil des in diesem Land gebrauchten schwefelsauren Chinin wird von Frankreich eingeführt, wo der niedrige Preis des Alkohols, womit es aus der Rinde extrahiert wird*, den Prozeß wohlfeil macht. Wenn aber erst festere Regierungsformen dem Kapital mehr Sicherheit darbieten, und Südamerika mehr für die Zivilisation gewonnen sein wird**, dürfte man schwerlich das Holz samt der Arznei nach Europa verführen, sondern an Ort und Stelle die alkalische Arznei aus der holzigen Materie, welche ihre Wirksamkeit schwächt, herausziehen, um sie in der kondensiertesten Form herzustellen.

§ 462. Von wesentlichem Nutzen ist die Chemie zur Konzentrierung der Nährstoffe, um sie bei großen Reisen, wo Ersparnis des Raumes so wichtig ist, in Form von Extrakten mitnehmen zu können. So versehen die Essenz-Öle den Reisenden mit Wohlgerüchen; konzentrierte und kristallisierte Pflanzensäuren erhalten seine Gesundheit; und Alkohol liefert ihm, wenn er hinlänglich verdünnt wird, seinen täglichen Bedarf an geistigem Getränke.

§ 463. Bedenken wir, wie gering die Zahl der bis jetzt kultivierten und vom Menschen benutzten Pflanzen im Vergleich mit der Menge bekannter Arten ist, und übertragen wir dieselbe Bemerkung auf Tierwelt und Mineralreich, so erscheint das Feld, welches die Naturwissenschaft unseren Blicken darbietet, wahrhaft schrankenlos. Diese Naturprodukte – vielartig und unzählig, wie sie sind – können vielleicht alle in künftigen Tagen die Grundlage ausgedehnter Manufakturen werden und Millionen menschlicher Wesen Leben, Beschäftigung und Wohlstand gewähren. Die rohen Schätze, welche vor unseren Augen aufgehäuft sind, enthalten in sich noch andere und wertvollere Bestandteile. Auch sie alle können bestimmt sein, in ihren zahllosen, durch Jahrhunderte von Arbeit und Forschung nicht zu erschöpfenden Kombinationen, in immerwährender Folge neue Quellen des Wohlstands und Glücks zu eröffnen. Aber die Ausbreitung und das

---

* (Anm. der dt. Übersetzung): Alkohol wurde in Frankreich vor etwa 30 Jahren dazu angewendet; jetzt geschieht dort die Zubereitung allgemein mit Säuren und Alkalien.

** (Anm. der dt. Übersetzung): Schon jetzt scheint diese Aussicht sich zu verwirklichen. Nach den Nachrichten aus Columbien von Mitte Nov. 1832, hat der Präsident *Santander* eine National-Akademie zu Bogota errichtet, und auch einen Lehrstuhl für Chemie gestiftet, zu welchem er den Oberstleutnant *Acosta* berufen hat.

Wachstum der Wissenschaft und Erkenntnis ist durch ganz andere Gesetze bedingt als die, welche die Welt der Materie beherrschen. Ungleich den Anziehungskräften der Atome, die in gewissen Entfernungen zu wirken aufhören, oder denen der Gravitation, die mit der wachsenden Entfernung von ihrem Zentralpunkt schnell abnehmen, wird das Reich der Erkenntnis um so ausgedehnter, je tiefer wir in dasselbe eindringen, und die Kraft der Forschenden unterwirft sich in fortwährender Zunahme immer neue Gefilde. Weit davon entfernt, daß diese unausgesetzt und schnell anwachsende Herrschaft die Erschöpfung so fruchtbarer Felder jemals befürchten ließe, gelangen wir vielmehr bei jedem Fortschritt auf einen höheren Punkt, von wo aus dem die Vergangenheit überblickenden Geiste die Überzeugung unwiderstehlich sich aufdrängt, daß alles bereits Gewonnene in einem fortwährend abnehmenden Verhältnisse zu dem steht, was von dem immer und immer sich erweiternden Horizonte unseres Wissens umschlossen wird.

§ 464. Wenn aber die Kenntnis der chemischen und physikalischen Eigenschaften der uns umgebenden Körper und unser, wenn auch sehr unvollständiges, Wissen von den minder greifbaren Stoffen, dem Licht, der Elektrizität und Wärme, wodurch jene in ihren Verbindungen auf eine geheimnisvolle Weise umgewandelt werden, dazu beitragen, uns von derselben Tatsache zu überzeugen, so müssen wir doch noch an eine andere und höhere Wissenschaft erinnern, welche, selbst noch unerschöpflicher, mit Riesenschritten vorauseilt und, nachdem sie die mächtigen Massen des Universums erfaßt und die Gesetze ihrer Bahnen gefunden, uns in ihrer kondensierten Sprache Ausdrücke gegeben hat, die als Geschichte der Vergangenheit wie als Verkündigung der Zukunft gelten. Dieselbe Wissenschaft breitet gegenwärtig ihre Gesetze auf die kleinsten Atome aus, welche die Natur erschuf; schon hat sie den Äther sich fast unterworfen und alle die verwickelten und glänzenden Erscheinungen des Lichtes zu einem harmonischen System verbunden. Es ist die Wissenschaft der *Kalkulation*, die bei jeder Sprosse unseres Fortschreitens immer notwendiger wird, und welche zuletzt alle Anwendungen der Wissenschaft auf die Gewerbe des Lebens beherrschen wird.

§ 465. Es wäre möglich, daß bei der Betrachtung dieser immerwährenden Ausdehnung des Reiches menschlicher Erkenntnis ein Zweifel sich des Geistes bemächtigte, ob der schwache Arm des Menschen die physische Kraft haben werde, um aus all dieser Erkenntnis Nutzen zu schließen. Aber die Erfahrung der Vergangenheit hat dem Grundsatz: *Wissen ist Macht*! das unzerstörbare Gepräge der Wahrheit aufgedrückt. Sie verleiht ihren Besitzern nicht bloß die Macht über den Geist ihrer Mitmenschen, sondern sie selbst ist auch die Erzeugerin physischer Kraft. Die Entdeckung von der ausdehnenden Kraft des Dampfes, seiner Verdichtung und das Gesetz der latenten Wärme, hat zu der Bevölkerung dieses kleinen

Eilandes schon Millionen Hände hinzugefügt. Aber die Quelle dieser Kraft ist nicht ohne Grenzen, und die Kohleminen der Erde werden endlich erschöpft sein. Allein, abgesehen von der Theorie, daß sich an den Mündungen einiger unserer großen Ströme neue Lager dieses Minerals unter dem Meeresboden anhäufen, abgesehen von der Möglichkeit der einstigen Anwendung anderer Flüssigkeiten, die weniger Aufwand an Brennstoff erfordern als das Wasser: bemerken wir bloß, daß das Meer selbst eine immerwährende, und bis jetzt nahezu unbenutzte Quelle von Kraft darbietet. Die Flut hebt zweimal des Tages eine ungeheure Wassermasse, die recht wohl zum Treiben von Maschinen benutzt werden könnte. Sollte man der Erwärmung aber auch dann noch bedürfen, wenn sie durch den erschöpften Zustand unserer Kohleminen kostbar geworden sein wird, so werden gewiß lange, ehe diese Zeit eintritt, andere Methoden zu ihrer Hervorbringung erfunden sein. Seit Jahrhunderten quillt mit unveränderter Temperatur heißes Wasser an verschiedenen Erdstellen empor. An vielen Punkten auf der Insel Ischia braucht man die heißen Quellen nur um wenige Fuß zu vertiefen, so trifft man auf siedendes Wasser; es ist kaum zweifelhaft, daß, wenn man nur etwas tiefer bohrte, Dampf von hoher Druckkraft aus der Öffnung emporsteigen würde.[77]

Auf Island sind die Quellen der Wärme noch reichhaltiger, und ihre Nähe bei großen Eismassen scheint die zukünftige Bestimmung dieser Insel anzudeuten. Das Eis ihrer Gletscher wird die Bewohner in Stand setzen, Gase mit dem geringsten Aufwand mechanischer Kraft tropfbar flüssig zu machen, und die Hitze ihrer Vulkane die zu ihrer Verdichtung erforderliche Kraft hergeben. So wird in Zukunft Kraft vielleicht die hauptsächliche Handelsware der Isländer und der Bewohner anderer vulkanischer Erdstriche[78] werden, ja es ist möglich, daß der Prozeß selbst, wodurch sie diesen Tauschartikel zur Erlangung der Bequemlichkeiten glücklicherer Zonen erzeugen, einigermaßen das wilde Element zähmen dürfte, das jetzt von Zeit zu Zeit ihre Gebiete verwüstet.

§ 466. Dem nüchternen Auge empirischer Philosophen mögen diese Blicke in die Zukunft vielleicht nicht hinlänglich analog scheinen mit der Geschichte der Vergangenheit. Wenn aber die Zeit die einstigen Fortschritte unseres Geschlechtes enthüllt haben wird, so werden bis jetzt nur dunkel erkannte Gesetze klar leuchtend hervortreten, und vielleicht wird man finden, daß die Herrschaft des Geistes über die materielle Welt mit immer beschleunigter Kraft zunimmt.

---

77 Im Jahr 1828 besuchte der Verfasser Ischia, in Begleitung einer Kommission der Königlichen Akademie zu Neapel, die zur Untersuchung der Temperatur und chemischen Beschaffenheit der Quellen dieses Eilands abgesendet war. Schon in den ersten Tagen ergab sich, daß verschiedene Quellen, die in den Instruktionen als unter dem Siedepunkt erhitzt angegeben waren, bei Vertiefung der Höhlen kochendheiß hervorquollen.

78 Vgl. § 351.

Die eingesperrten Winde, welche der älteste Dichter den griechischen Krieger zum Schutze seiner gebrechlichen Barke mitführen läßt, oder die, welche in jüngeren Zeiten lappländische Zauberer den betrogenen Schiffern verkaufen – sie, die wesenlosen Schöpfungen der Phantasie oder des Trugs – durch das Machtgebot der Wissenschaft aus ihrem verborgenen Dasein hervorgerufen, gehorchen jetzt schon dieser heiligeren Beschwörung, und die unruhigen Herrscher des Dichters und Sehers werden gehorsame Sklaven des gesitteten Menschen.

Auch die seltsamen Ausgeburten satirischer Laune sind durch die Wirklichkeit späterer Jahre fast überboten worden, und gleichsam zum Spott des »Kollegiums von Laputa« hat man aus den Abfällen der Fische fast sonnenhelles Licht bereitet; mit *Davy's* Lampe Feuer gesiebt; und Maschinen statt der Dichtkunst die Arithmetik gelehrt.

§ 467. Immer neue Ursachen zur Bewunderung bieten sich dem Blicke dar, wenn er die Triumphe und Erfolge des Menschen über die seiner Herrschaft unterworfene Schöpfung aus neuen Gesichtspunkten betrachtet. Wenn aber die Wissenschaft die Visionen des Dichters ins Leben gerufen hat, wenn die angehäuften Kenntnisse der Menschenalter den schärfsten der Pfeile des Satirikers abgestumpft, sein höchstes Geschoß übertroffen haben, so verdankt auch die Sittenlehre dem Naturforscher höchst wesentliche Dienste. Die lebendigen Wunder enthüllend, welche in reicher Fülle das kleinste Atom wie die größten Massen ständig bewegter Materie umgeben, hat er den unwiderlegbarsten Beweis von einem unendlichen Plan dargelegt. Umschwebt von allen Formen belebten und unbelebten Daseins, hat die Sonne der Wissenschaft freilich erst die äußeren Hüllen des majestätischen Gewandes der Natur durchdrungen; würde aber der Philosoph aufgefordert, unter diesen zahllosen Zeugnissen der Schöpfungskraft das Wesen zu nennen, welches das Meisterwerk ihrer Macht, und die Gabe an diesem Wesen, welche das höchste Geschenk des Lebens ist: so müßte er – eingedenk der Kraft, die seinem Geschlecht die äußere Welt unterwarf, jenes höheren Vermögens sich bewußt, durch welches er sich selber die schaffende Fähigkeit erwarb, die seine schwachen Begriffe von der Gottheit kräftigte – dieses Wesen »Mensch« und diese Gabe »menschliche Vernunft« nennen.

Wie groß aber auch der Zwischenraum sei, welcher das geringste vom höchsten der fühlenden Wesen trennt, die unseren Planeten bewohnen: alle Ergebnisse der Beobachtung, erläutert durch alle Betrachtungen der Forscher, berechtigen zu der Annahme, daß in der weiten Ausdehnung der Schöpfung das stolzeste Attribut des Menschen wahrscheinlich nur die niedrigste Sprosse auf der Stufenleiter des geistigen Lebens ist. Denn da jeder Teil unserer eigenen irdischen Kugel und jedes beseelte Wesen auf derselben, bei genauerer Untersuchung immer vollkommenere Beweise für seine Bestimmung ablegt, so würde es wahrlich sehr unphilosophisch sein, zu glauben, daß die Schwester-Sphären, welche demselben Gesetz gehorchen und Licht und Wärme von derselben Quelle empfangen, daß die Glieder jener verwandten Systeme, fast in den Abständen des Raumes verloren und nur durch die zahllose Menge ihrer Körper bemerkbar, alle nichts mehr sein sollten, als ein wogendes Chaos ungeformter Materie; es wäre unphilosophisch, sagen wir, anzunehmen, daß kein lebendes Auge durch ihre Schönheit erfreut werde, kein verständiges Wesen seine Fähigkeiten an der Enträtselung ihrer Gesetze entwickele, da sie alle das Werk eines und desselben allmächtigen Gründers sind.

Charles Babbage
Passagen aus einem Philosophenleben

Mit einem Vorwort von Bernhard J. Dotzler, übersetzt aus dem Englischen von Holger Sweers, 360 Seiten, geb. (Fadenheftung) mit Schutzumschlag

Die Geschichte des Computers weist zurück ins 19. Jahrhundert, und sie führt zu dem berühmten britischen Gelehrten und Erfinder Charles Babbage (1791-1871), der mit der Erfindung der ersten programmierbaren Rechenmaschine in die Geschichte eingegangen ist. Haben die Philosophen die Welt bislang nur verschieden interpretiert, so setzt Babbage alles daran, sie umzugestalten. Er ist Mathematiker und Astronom, er schreibt eine Politische Ökonomie, er ist der erste Theoretiker des Lebensversicherungswesens, er beschäftigt sich mit der Taucherglocke und der Möglichkeit submariner Navigation, er ist Begründer der Statistischen Gesellschaft und ein Theoretiker der Gletscherbildung, er steigt in den Vesuv hinab, er beschäftigt sich mit Spieltheorie und findet darüber noch die Zeit, seine Autobiographie zu verfassen.

Man wird die *Passagen aus einem Philosophenleben* als ein Schlüsselwerk lesen können – als Lebensbeschreibung eines aufmerksamen, exzentrischen und überaus geistvollen Zeitgenossen, als Reise durch die Gedankenwelt der frühen Moderne – und zugleich: als die vergessene Initiale unserer Gegenwart, in der wir zwar den *Personal Computer* vor uns haben, aber keine Person mehr damit assoziieren.

Pressestimmen:

Charles Babbage hat im vorigen Jahrhundert den Computer erfunden. Jetzt sind seine Lebenserinnerungen endlich auf deutsch erschienen. [...] Sie zeichnen das Bild eines perfekten Organisators, bei dem selbst der Humor algorithmisch war. [...] Er war ein Querkopf, aber von kristallklarem Verstand, wenn's mathematisch wurde. Sagenhaft, wofür Babbage sich alles interessierte. [...] Vom Kampf gegen die Straßenmusik handelt ein Kapitel, das zu den unterhaltsamsten Stücken der Weltliteratur zählt. Wohldurchdacht, wie alles.

(Gero von Randow, Die ZEIT)

Rechner, Tod und Teufel. Verblüffende Einfalt, bestechender Scharfsinn: Charles Babbage verstand von allem etwas und ließ es jeden wissen. [...] Welches von unseren heutigen Büchern wird wohl im Jahre 2130 noch vergleichbar frisch sein?

(Frankfurter Allgemeine Zeitung)

KULTURVERLAG KADMOS BERLIN

Dorothy Stein
Ada. Die Braut der Wissenschaft

Übersetzt aus dem Englischen von Björn Bossmann und Sabine Kreiner, 360 Seiten, geb. (Fadenheftung) mit Schutzumschlag

Augusta Ada Lovelace, geb. am 10. Dezember 1815, die Tochter des berühmten Lord Byron und eine der schillerndsten Frauengestalten ihrer Zeit, hat als Name noch bis in unsere Tage überlebt: freilich nur als Namensspenderin einer Programmiersprache, die das amerikanische Verteidigungsministerium nach ihr benannte. *Ada* – das ist der Mythos der ersten Programmiererin, der vergessenen Mitarbeiterin des Computerpioniers Charles Babbage, aber Ada ist vor allem die Geschichte einer jungen Frau, die, vom Schatten des gesellschaftlich verfemten Vaters verfolgt, von einer erziehungswütigen Mutter traktiert, sich in die Reinheit der Mathematik flüchtet, um die »Hohepriesterin von Babbages Maschine« zu werden. Es ist diese Geschichte der enttäuschten Liebe zur Mathematik, der mißlungenen Fluchten, die Dorothy Stein in ihrer subtilen Charakterstudie erzählt. Freilich sind die Details dieses Lebens, die Ada schon zu Lebzeiten zu einem Modell der viktorianischen Novellistik werden ließ, keineswegs *bloß biographisch*. Denn sie entblößen das Frauenschicksal dieser Zeit, welche einer talentierten jungen Frau aus gutem Hause keinen Zugang zur *scientific community* gewährte, sondern sie ins Private verbannte: dorthin, wo das Reich der Träume beginnt. Und wenn Augusta Ada Lovelace eine der *großen Hysterikerinnen* ihrer Zeit war, so erzählen ihre *eingebildeten* Krankheiten von dem, was sich anders nicht hat *ausbilden* können.

Pressestimmen:

»Dieses Buch scheint lediglich eines aus einer Reihe von Büchern zur Geschichte des Computers zu sein, aber es ist weit mehr als das und verdient eine große und breite Leserschaft.

Sunday Times

Dieses Buch hat mich von Anfang bis Ende gefesselt. Mrs. Stein hat eine nützliche und nicht oft anzutreffende historische Biographie geschrieben, die uns eine historische Periode wachruft und ins rechte Licht rückt.

The New York Times

Eine tiefsinnige Studie eines menschlichen Dramas und der Sozialgeschichte am Anfang der Moderne.

Nature)

KULTURVERLAG KADMOS BERLIN

Pierre Klossowski
Die lebende Münze

Aus dem Französischen von Martin Burckhardt
96 Seiten, gebunden (»Taschenbuchformat«) mit Schutzumschlag

Geld, sagt man, ist totes Metall – und beeilt sich, die Sphäre des Geldes sorgfältig vom Bereich der *unersetzlichen Lebewesen* zu trennen. Der Gedanke, daß auch das menschliche Leben einen *Preis* haben könnte, oder stärker noch: daß es selbst Geldcharakter haben könnte, ist das vielleicht nachhaltigste Gedankentabu in einer weithin enttabuisierten Gesellschaft.

Genau hier aber liegt der Ausgangspunkt, von dem aus Klossowski die Frage des Geldes stellt. Ausgehend vom ursprünglichen Tauschakt, dem sich ein Mehrwert verdankt: nämlich der wollüstigen Begegnung der Geschlechter, die in die menschliche Fortpflanzung einmündet, entwickelt er eine Theorie des Geldes, die in ihrem Bereich ganz einzig dasteht. Zwischen Fourier und de Sade oszillierend, entsteht ein neuartiges Bild des modernen Waren- und Gesellschaftsverkehrs. Anders als gängige Verfallsphilosophien, die zumeist die Kapitalisierung des Leibes beklagen, klärt Klossowski darüber auf, warum der menschliche Leib, dem Zwang der natürlichen Reproduktion nicht mehr unterworfen, selbst zu einem Ort der Produktion werden muß, zu *lebender Münze* mithin.

Pressestimmen:

Jetzt, nachdem ich es mehrmals gelesen habe, weiß ich, daß dies das größte Buch unserer Epoche ist. Man hat den Eindruck, daß alles, was auf die eine oder andere Weise zählt – Blanchot, Bataille, Jenseits von Gut und Böse – verstohlen dorthin führte: aber jetzt ist es gesagt worden, und von einer solchen Höhe herab, daß alles zurückweicht und nurmehr die Hälfte zählt.

Michel Foucault

Sachbuchbestenliste 2/99 der Süddeutschen Zeitung/NDR/Buchjournal
Mit besonderer Empfehlung von Eike Gebhardt

Die Orgie der Ökonomie. Pierre Klossowskis raunende Studie über die Geheimnisse des Geldes. ... Auch wenn man ... sich wünscht, von Klossowski nicht nur große Theoriechecks, sondern auch nach(er)zählbares Kleingeld zu bekommen – Kauf und Lektüre des ... Buches sind eine lohnende Verausgabung.

Jochen Hörisch (Die ZEIT)

KULTURVERLAG KADMOS BERLIN